LE CHINOIS POUR LES FRANCOPHONES

法国人学汉语

编　著　邓少君
　　　　张　欣
法语翻译　李建英

外国人学汉语系列

人民教育出版社

图书在版编目（CIP）数据

法国人学汉语/ 邓少君，张欣著. —北京：人民教育出版社，2007
ISBN 978－7－107－20691－7

Ⅰ. 法…
Ⅱ. ①邓…②张…
Ⅲ. 汉语-对外汉语教学-教材
Ⅳ. H195.4

中国版本图书馆CIP数据核字（2007）第149335号

人民教育出版社 出版发行
（北京市海淀区中关村南大街17号院1号楼 邮编：100081）
网址：http://www.pep.com.cn
上海华文印刷厂印装 上海人教海文图书音像有限公司经销
2007年9月第1版 2008年12月第2次印刷
开本：787毫米×1092毫米 1/16 印张：27.5
字数：550千字 印数：1 501～3 500 册

ISBN 978－7－107－20691－7 / G·13781 定价：100.00元

如发现印、装质量问题，影响阅读，请与印刷厂联系调换。
（联系地址：上海市江杨南路702号 邮编：200439）

Avant-Propos

Notre manuel est destiné aux débutants en langue chinoise, et particulièrement aux Français et à leur famille qui vivent et travaillent en Chine.

Notre ouvrage se divise en 4 parties.

Dans la première partie, nous avons abordé les connaissances indispensables à l'apprentissage du chinois: la prononciation et la grammaire de base.

La deuxième partie est constituée de 44 unités dont chacun comprend environ 20 phrases. Ce sont des phrases élémentaires mais bien utiles dans la communication, car elles sont tirées de scènes de la vie quotidienne. Dans chaque leçon, on trouvera des notes, des points de repère importants, des phrases-types, certaines expressions courantes et leur utilisation, le vocabulaire et des exercices, le tout traduit en français. Répéter et bien connaître ces phrases est un bon début pour s'exprimer correctement en chinois.

La troisième partie comprend 225 phrases-types d'usage courant, suivies d'exemples et traduites en français. Elles ont été sélectionnées pour leur grande utilité dans la vie quotidienne. Il est recommandé de s'entrainer à les pratiquer si on veut faire des progrès.

La quatrième partie est composée de 12 textes qui, aussi courts soient-ils, permettront de mieux connaître la culture chinoise, ses fêtes, ses récits mythiques, ses fables et les histoires qui sont devenues autant de proverbes. Puis tout à la fin, on trouvera quelques devinettes chinoises. Nous espérons que cette initiation vous confortera dans votre passion pour le chinois.

Nous avons rédigé ce manuel dans une optique très pragmatique, dans l'intention d'aider les Français qui travaillent en Chine à apprendre le chinois et à vivre ainsi plus facilement dans notre pays.

À ce manuel est joint un CD qui contient l'enregistrement de la deuxième partie.

Nous aimerions adresser nos remerciements sincères au professeur de l'École Normale Supérieure de Shanghai, Madame Li Jianying, qui s'est chargée de la traduction de ce manuel en français.

Si vous trouvez des fautes dans ce travail, n'hésitez pas à nous les indiquer.

Deng Shaojun

2007 年 9 月

前　　言

本书是为初学汉语的法国人编写的教材。主要适用于来华工作的法国人及他们的家属。

全书分四大部分。

第一部分基础知识，对汉语语音和语法作简单扼要的说明。

第二部分日常会话，有 44 课；设计了 44 个日常生活的情景。每课有大约 20 个句子。这些句子都是该情景中最常用、最实用的句子，其中有近年来出现并流行的词语。每个句子都有法语翻译。希望学习者能多多朗读。此外还有注释、句型提示、词语用法举例、词语和练习。

第三部分常用句型，编入了 225 个句型。这些是汉语最基本、最常用的句型。每个句型有几个例句，并有法语翻译。学习者如能反复朗读这些例句，对掌握汉语常用句型一定大有帮助。

第四部分阅读专栏，编写了 12 篇短文。有的介绍中国的节日，有的是神话故事、寓言故事、古代人物故事和成语故事，以便学习者了解中国文化。为了增加学习者的学习兴趣，最后还收集了几则谜语。

本书注重实用，旨在帮助来华法国人掌握日常口语，顺利地在中国生活。

本书配有第二部分课文的朗读 CD 一张。请配合使用。

本书的法语部分承蒙上海师范大学李建英教授翻译，在此表示衷心感谢。

如有疏漏之处，敬请批评指正。

编　者

2007 年 9 月

目　　录　　TABLE DES MATIÈRES

LE CHINOIS POUR LES FRANCOPHONES

法国人学汉语

CONNAISSANCES ÉLÉMENTAIRES
基础知识

汉语语音(PHONÉTIQUE)

音节(Syllabes)

一个汉字是一个音节。音节一般由声母、韵母和声调组成。有的音节没有声母。

En général, chaque caractère chinois a une seule syllabe, qui est composée d'une initiale, d'une finale et d'un ton. Certaines syllabes n'ont pas d'initiales.

音节			
汉字	声母	韵母 声调	
他	t	ā	(il)
爱		ài	(aimer)
上	sh	àng	(Shanghai)
海	h	ǎi	

声母表(Tableau des initiales)

b 玻	p 坡	m 摸	f 佛
d 得	t 特	n 讷	l 勒
g 哥	k 科	h 喝	
j 基	q 欺	x 希	
zh 知	ch 蚩	sh 诗	r 日
z 资	c 雌	s 思	

韵母表(Tableau des finales)

	i　衣	u　乌	ü　迂
a　啊	ia　呀	ua　蛙	
o　喔		uo　窝	
e　鹅	ie　耶		üe　约
ai　哀		uai　歪	
ei　欸		uei　威	
ao　熬	iao　腰		
ou　欧	iou　忧		
an　安	ian　烟	uan　弯	üan　冤
en　恩	in　因	uen　温	ün　晕
ang　昂	iang　央	uang　汪	
eng　（亨）	ing　英	ueng　翁	
ong　（轰）	iong　雍		

拼写规则(Règles de l'orthographe)

1. i、u、ü 和以 i、u、ü 开头的韵母单独成音节时，应这样拼写：
   Quand *i*, *u*, *ü* et les finales commencées par *i*, *u*, *ü* composent une syllabe, il faut orthographier ainsi:

i ⟶ yi	u ⟶ wu	ü ⟶ yu
ia ⟶ ya	ua ⟶ wa	
ie ⟶ ye	uo ⟶ wo	üe ⟶ yue
iao ⟶ yao	uai ⟶ wai	
iou ⟶ you	uei ⟶ wei	
ian ⟶ yan	uan ⟶ wan	üan ⟶ yuan
in ⟶ yin	uen ⟶ wen	ün ⟶ yun
iang ⟶ yang	uang ⟶ wang	
ing ⟶ ying	ueng ⟶ weng	
iong ⟶ yong		

2. ü 在 j、q、x 的后面时，ü 上面的两点省略，写作 ju、qu、xu。
Quand *j*,*q*,*x* suivent *ü*,il faut supprimer les deux points au-dessus de *ü* et écrire *ju*,*qu*,*xu*.

jü ⟶ ju	qü ⟶ qu	xü ⟶ xu
jüe ⟶ jue	qüe ⟶ que	xüe ⟶ xue
jüan ⟶ juan	qüan ⟶ quan	xüan ⟶ xuan
jün ⟶ jun	qün ⟶ qun	xün ⟶ xun

3. iou、uei、uen 前面加声母成音节时省去 o、e。
Quand *iou*,*uei*,*uen* composent une syllabe avec une initiale,ils n'ont plus de *o*,*e*.
例如：(Par exemple:)

丢 diōu ⟶ diū　　对 duèi ⟶ duì　　敦 duēn ⟶ dūn

牛 nióu ⟶ niú　　归 guēi ⟶ guī　　论 luèn ⟶ lùn

声调表(Tableau des tons)

名称	第一声	第二声	第三声	第四声	轻声
符号	ˉ	ˊ	ˇ	ˋ	
例字	妈 mā	麻 má	马 mǎ	骂 mà	吗 ma

轻声发音轻而短，不标声调符号。
Le ton faible se prononce d'un souffle faible et court,et il s'écrit sans accent.

调值示意图(Schéma des tons)

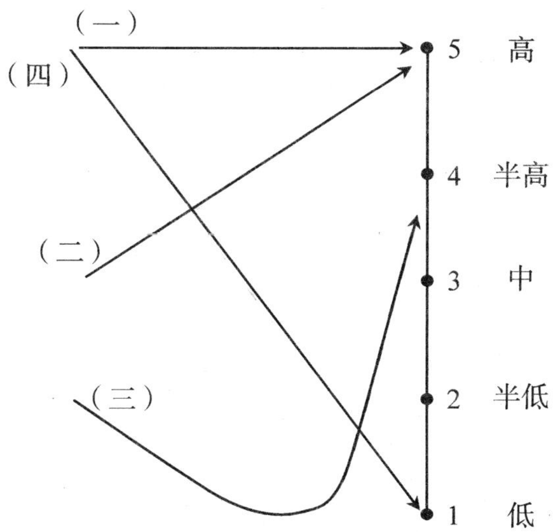

(一) 第一声(55)　高而平。
Le 1er ton(55)　aigu et égal

(二) 第二声(35)　从中(3)升到高(5)。
Le 2e ton(35)　monter du milieu (3) jusqu'à l'aigu (5)

(三) 第三声(214)　从半低(2)降到低(1)，再升到半高(4)。
Le 3e ton(214)　descendre du demi grave(2) jusqu'au grave (1), puis remonter au demi aigu (4)

(四) 第四声(51)　从高(5)降到低(1)。
Le 4e ton(51)　descendre de l'aigu (5) jusqu'au grave (1)

变调规则(Règles de modification des tons)

• 第三声变调 • La modification du 3e ton •

1. 两个第三声相连时,前一个第三声变为第二声,但调号不变。
Quand deux syllabes qui sont, toutes les deux, au 3e ton se suivent, il faut prononcer la première au 2e ton, mais l'écriture de l'accent reste toujours la même.

三声 + 三声 ⟶ 二声 + 三声

例如:(Par exemple:)

nǐ hǎo ⟶ ní hǎo　　kěyǐ ⟶ kéyǐ　　yǒuhǎo ⟶ yóuhǎo
你 好　　可以　　友好

2. 第三声在第一声、第二声、第四声和轻声前面时,变为半三声,就是只读原来第三声的前一半。
Quand le 3e ton est devant le 1er, le 2e, le 4e et le ton faible, on n'en prononce que la moitié: on descend, mais on ne remonte plus.

三声 + 一声/二声/四声/轻声 ⟶ 半三声 + 一声/二声/四声/轻声

例如:(Par exemple:)

xiǎodāo　gǎigé　bǐjiào　yǐzi
小刀　改革　比较　椅子

• "一 yī"的变调 • La modification de la prononciation de «一 yī» •

"一"在单用,在词尾和表示序数的时候,念原调"yī"。
La prononciation de «一» reste originelle si «一» ne se compose pas dans une expression avec d'autres mots, qu'il est une terminaison d'une expression et qu'il est dans un ordinal.

1. "一"在第一声、第二声、第三声前面时,变为第四声。
Quand «一» est devant le 1er, le 2e, le 3e ton, il se prononce au 4e ton.

yī　　yì
一 + 一声/二声/三声 ⟶ 一 + 一声/二声/三声

例如:(Par exemple:)

yī tiān ⟶ yì tiān　　yīzhí ⟶ yìzhí　　yī zhǒng ⟶ yì zhǒng
一 天　　一直　　一 种

2. "一"在第四声前面时,变为第二声。
Quand «一» est devant le 4e ton, il se prononce au 2e ton.

yī　　yí
一 + 四声 ⟶ 一 + 四声

例如:(Par exemple:)

yī cì ⟶ yí cì　　yī biàn ⟶ yí biàn　　yīhuìr ⟶ yíhuìr
一 次　　一 遍　　一会儿

3. "一"在两个相同的动词之间时变为轻声。
Quand «一» est entre deux verbes identiques, il se prononce au ton faible.

例如：(Par exemple：)

kàn yi kàn　xiǎng yi xiǎng　cháng yi cháng
看 一 看　想 一 想　尝 一 尝

• "不 bù"的变调 • La modification de la prononciation de «不 bù» •

1. "不"在第四声前面时变为第二声。
Quand «不» est devant le 4e ton, il se prononce au 2e ton.

bù 不 + 四声 ⟶ bú 不 + 四声

例如：(Par exemple：)

bù yào 不 要 ⟶ bú yào　bù jiàn 不 见 ⟶ bú jiàn　bù shì 不 是 ⟶ bú shì

2. "不"在两个相同的动词或形容词中间时变为轻声。
Quand «不» est entre deux verbes ou adjectifs identiques, il se prononce au ton faible.

例如：(Par exemple：)

shì bu shì　hǎo bu hǎo　qù bu qù
是 不 是　好 不 好　去 不 去

3. "不"在动词和补语中间，变为轻声。
Quand «不» est entre le verbe et le complément, il se prononce au ton faible.

例如：(Par exemple：)

tīng bu jiàn　mǎi bu dào　chī bu xià
听 不 见　买 不 到　吃 不 下

说明：本书"一"和"不"的声调按变调规则标写。
Dans ce livre, le ton de «一» et de «不» est marqué selon les règles de modification de tons.

韵母 er (Finale *er*)

韵母 er 不跟声母相拼，总是单独成音节。
La finale *er* est indépendante, elle n'a pas besoin d'initiale pour composer une syllabe.

例如：(Par exemple：)

értóng　dì-èr　ěrduo
儿童　第二　耳朵

儿化韵 (Rétroflexion terminée en *r*)

韵母 er 有时跟其他韵母结合成儿化韵母。儿化韵母在拼写时要在原韵母的后面加"r"。
Parfois, quand une finale a besoin de *er* pour composer une syllabe, il faut supprimer *e*.

zhèr　huār　xiǎoháir
这儿　花儿　小孩儿

汉语音节表（Tableau des syllabes du chinois）

声母＼韵母	a	o	e	-i	er	ai	ei	ao	ou	an	en	ang	eng	ong	i	ia	iao	ie	iou -iu	ian	in	iang	ing	iong	u	ua	uo	uai	uei -ui	uan	uen -un	uang	ueng	ü	üe	üan	ün
b	ba	bo				bai	bei	bao		ban	ben	bang	beng		bi		biao	bie		bian	bin		bing		bu												
p	pa	po				pai	pei	pao	pou	pan	pen	pang	peng		pi		piao	pie		pian	pin		ping		pu												
m	ma	mo	me			mai	mei	mao	mou	man	men	mang	meng		mi		miao	mie	miu	mian	min		ming		mu												
f	fa	fo					fei		fou	fan	fen	fang	feng												fu												
d	da		de			dai	dei	dao	dou	dan	den	dang	deng	dong	di	dia	diao	die	diu	dian			ding		du		duo		dui	duan	dun						
t	ta		te			tai	tei	tao	tou	tan		tang	teng	tong	ti		tiao	tie		tian			ting		tu		tuo		tui	tuan	tun						
n	na		ne			nai	nei	nao	nou	nan	nen	nang	neng	nong	ni		niao	nie	niu	nian	nin	niang	ning		nu		nuo			nuan				nü	nüe		
l	la	lo	le			lai	lei	lao	lou	lan		lang	leng	long	li	lia	liao	lie	liu	lian	lin	liang	ling		lu		luo			luan	lun			lü	lüe		
g	ga		ge			gai	gei	gao	gou	gan	gen	gang	geng	gong											gu	gua	guo	guai	gui	guan	gun	guang					
k	ka		ke			kai	kei	kao	kou	kan	ken	kang	keng	kong											ku	kua	kuo	kuai	kui	kuan	kun	kuang					
h	ha		he			hai	hei	hao	hou	han	hen	hang	heng	hong											hu	hua	huo	huai	hui	huan	hun	huang					
j															ji	jia	jiao	jie	jiu	jian	jin	jiang	jing	jiong										ju	jue	juan	jun
q															qi	qia	qiao	qie	qiu	qian	qin	qiang	qing	qiong										qu	que	quan	qun
x															xi	xia	xiao	xie	xiu	xian	xin	xiang	xing	xiong										xu	xue	xuan	xun
zh	zha		zhe	zhi		zhai	zhei	zhao	zhou	zhan	zhen	zhang	zheng	zhong											zhu	zhua	zhuo	zhuai	zhui	zhuan	zhun	zhuang					
ch	cha		che	chi		chai		chao	chou	chan	chen	chang	cheng	chong											chu	chua	chuo	chuai	chui	chuan	chun	chuang					
sh	sha		she	shi		shai	shei	shao	shou	shan	shen	shang	sheng												shu	shua	shuo	shuai	shui	shuan	shun	shuang					
r			re	ri				rao	rou	ran	ren	rang	reng	rong											ru	rua	ruo		rui	ruan	run						
z	za		ze	zi		zai	zei	zao	zou	zan	zen	zang	zeng	zong											zu		zuo		zui	zuan	zun						
c	ca		ce	ci		cai		cao	cou	can	cen	cang	ceng	cong											cu		cuo		cui	cuan	cun						
s	sa		se	si		sai		sao	sou	san	sen	sang	seng	song											su		suo		sui	suan	sun						
	a	o	e		er	ai	ei	ao	ou	an	en	ang	eng		yi	ya	yao	ye	you	yan	yin	yang	ying	yong	wu	wa	wo	wai	wei	wan	wen	wang	weng	yu	yue	yuan	yun

汉语词类(PARTIES DU DISCOURS DU CHINOIS)

词类 Parties du discours		例词 Exemples
míngcí 名词 (Nom)		guójiā 国家 (état *m.*) péngyou 朋友 (ami, e) shū 书 (livre *m.*) shìqing 事情 (travail *m.*) shàngwǔ 上午 (matin *m.*) zhuōzi 桌子 (table *f.*)
dàicí 代词 (Pronom)	rénchēngdàicí 人称代词 (Pronom personnel)	wǒ 我 (je) nǐ 你 (tu) tā 他 (il) tā 她 (elle)
	zhǐshìdàicí 指示代词 (Pronom démonstratif)	zhè 这 (ce, cet, cette, ces) nà 那 (cela) zhèr 这儿 (ici) nàr 那儿 (là)
	yíwèndàicí 疑问代词 (Pronom interrogatif)	shuí 谁 (qui) shénme 什么 (que) nǎ 哪 (où) nǎr 哪儿 (où)
dòngcí 动词 (Verbe)		kàn 看 (regarder) qù 去 (aller) xǐhuan 喜欢 (aimer) shì 是 (être) yǒu 有 (avoir) chī 吃 (manger)
zhùdòngcí 助动词 (Verbe auxiliaire)		néng 能 (savoir) huì 会 (pouvoir) yīnggāi 应该 (falloir) yào 要 (vouloir)
xíngróngcí 形容词 (Adjectif)		dà 大 (grand, e) xiǎo 小 (petit, e) hǎo 好 (bon, ne) lěng 冷 (froid, e) kuài 快 (vite) màn 慢 (lent, e)
shùcí 数词 (Adjectif numéral)		yī 一 (un) èr 二 (deux) bǎi 百 (cent) wàn 万 (dix mille) líng 零 (zéro) bàn 半 (demi)
liàngcí 量词 (Spécificatif)	míngliàngcí 名量词 (Spécificatif nominal)	ge 个 (pièce *f.*) tiáo 条 (morceau *m.*) běn 本 (exemplaire *m.*) zhāng 张 (feuille *f.*) yuán 元 (yuan *m.*) kè 克 (gramme *m.*)
	dòngliàngcí 动量词 (Spécificatif verbal)	cì 次 (fois *f.*) biàn 遍 (fois *f.*) huí 回 (fois *f.*)

词类 Parties du discours		例词 Exemples		
fùcí 副词 (Adverbe)		hěn 很 (très) hái 还 (encore)	zhēn 真 (vrai) cái 才 (venir de faire)	yòu 又 (de nouveau) dàgài 大概 (probablement)
jièci 介词 (Préposition)		cóng 从 (depuis) guānyú 关于 (sur)	gēn 跟 (avec) wèi 为 (pour)	duì 对 (envers) bǐ 比 (par rapport à)
liáncí 连词 (Conjonction)		hé 和 (et) ránhòu 然后 (ensuite)	huòzhě 或者 (ou) dànshì 但是 (mais)	nàme 那么 (donc) rúguǒ 如果 (si)
zhù cí 助词 (Auxiliaires)	jiégòuzhùcí 结构助词 (Auxiliaire de structure)	de 的	de 得	de 地
	用例 (Exemples)	wǒ de shū 我 的 书 (mon livre)	qǐ de zǎo 起 得 早 (se lever de bonne heure)	rènzhēn de xuéxí 认真 地 学习 (bien étudier)
	dòngtàizhùcí 动态助词 (Auxiliaire de verbe)	zhe 着	le 了	guo 过
	用例 (Exemples)	zuòzhe 坐着 (être assis)	chīle 吃了 (avoir déjà mangé)	qùguo 去过 (être déjà allé)
	yǔqìzhùcí 语气助词 (Auxiliaire de ton)	ma 吗	ne 呢	ba 吧
	用例 (Exemples)	qù ma? 去 吗? (Est-ce que tu vas bien?)	shénme ne? 什么 呢? (Quoi donc?)	qù ba! 去 吧! (Allez!)
tàncí 叹词 (Interjection)		wèi 喂 (ohé)	à 啊 (ah)	āiyā 哎呀 (eh là)
nǐshēngcí 拟声词 (Onomatopée)		hāhā 哈哈 (ha ha)	hūhū 呼呼 (hou hou)	pīngpāng 乒乓 (ping-pong)

词类简称表(Abréviations de parties du discours)

名词	(名)	nom
专有名词	(专名)	nom propre
代词	(代)	pronom
动词	(动)	verbe
助动词	(助动)	verbe auxiliaire
形容词	(形)	adjectif
数词	(数)	adjectif numéral
量词	(量)	spécificatif
副词	(副)	adverbe
介词	(介)	préposition
连词	(连)	conjonction
助词	(助)	auxiliaire
叹词	(叹)	interjection
拟声词	(拟声)	onomatopée

汉语句子成分(ÉLÉMENTS DE LA PROPOSITION DU CHINOIS)

句子成分 (Éléments de la proposition)	例句 (Exemples)
zhǔyǔ 主语　(Sujet) 主语是谓语陈述的对象。 Le sujet est celui qui énonce.	△ Tā qù Běijīng le. 他 去 北京 了。 (Il est allé à Pékin.) △ Jīntiān hěn rè. 今天 很 热。 (Aujourd'hui, il fait très chaud.) △ Zhèli shì jiàoshì. 这里 是 教室。 (Ici, c'est la classe.) △ Huār kāi le. 花儿 开 了。 (Les fleurs ont fleuri.)
wèiyǔ 谓语　(Prédicat) 谓语是陈述主语的。 Le prédicat est le verbe du sujet.	△ Tā lái le. 他 来 了。 (Il est venu.) △ Yéye hěn jiànkāng. 爷爷 很 健康。 (Le grand-père est en bonne santé.) △ Wǒ shì jiàoshī. 我 是 教师。 (Je suis professeur.) △ Bàba zài gōngsī. 爸爸 在 公司。 (Mon père est dans son bureau.)
bīnyǔ 宾语 (Complément d'objet) 宾语表示动作的对象等。 Le complément d'objet est l'objet du verbe.	△ Wǒ měi tiān xuéxí Hànyǔ. 我 每 天 学习 汉语。 (J'étudie le chinois tous les jours.) △ Tā qù xuéxiào le. 他 去 学校 了。 (Il est allé à l'école.) △ Tā xǐhuan lǚyóu. 他 喜欢 旅游。 (Il aime voyager.) △ Wǒ sòng tā yì běn cídiǎn. 我 送 他 一 本 词典。 (Je lui ai offert un dictionnaire.)

句　子　成　分 (Éléments de la proposition)		例　　句 (Exemples)
dìngyǔ 定语　(Qualifiant) 定语修饰、限制主语或宾语。 Le qualifiant précise le sujet ou le complément d'objet.		Nǐ de shū zài zhèli. △ 你 的 书 在 这里。 (Ton livre est là.) Zhè běn shū shì tā de. △ 这 本 书 是 他 的。 (Ce livre est à lui.) Zhè shì xīn de shū. △ 这 是 新 的 书。 (C'est un nouveau livre.) Wǒ xǐhuan hóng huā. △ 我 喜欢 红 花。 (J'aime les fleurs rouges.)
zhuàngyǔ 状语 (Complément circonstanciel) 状语修饰、限制谓语。 Le complément circonstanciel précise le prédicat.		Wǒ měi tiān liù diǎn qǐchuáng. △ 我 每 天 六 点 起床。 (Je me lève à 6h tous les jours.) Tā zài jiàoshì fùxí. △ 他 在 教室 复习。 (Il révise ses leçons dans la classe.) Jīntiān tā bù lái. △ 今天 他 不 来。 (Aujourd'hui, il n'est pas venu.) Tā hěn piàoliang. △ 她 很 漂亮。 (Elle est très belle.)
bǔyǔ 补语　(Complément) 补语补充说明动词或形容词。 Le complément complète le verbe ou l'adjectif.	结果补语 (Complément de résultat)	Wǎnfàn zuòhǎo le. △ 晚饭 做好 了。 (Le dîner est prêt.) Zhuōzi cā gānjìng le. △ 桌子 擦 干净 了。 (La table a été bien essuyée.) Yīfu fàng zài yīguì li. △ 衣服 放 在 衣柜 里。 (Les vêtements sont dans l'armoire.)
	程度补语 (Complément de degré)	Tā pǎo de tài màn. △ 他 跑 得 太 慢。 (Il court trop lentement.) Yǔ xià de bú dà. △ 雨 下 得 不 大。 (Il ne pleut pas beaucoup.) Tiānqì hǎojí le. △ 天气 好极 了。 (Il fait très agréable.)

句子成分 (Éléments de la proposition)	例句 (Exemples)	
bŭyŭ 补语　(Complément)	可能补语 (Complément de possibilité)	△ Tā de huà wǒ tīng de dǒng. 他的话我听得懂。 (Ce qu'il a dit, je peux le comprendre.) △ Zhè kuài shǒubiǎo xiū de hǎo. 这块手表修得好。 (On peut fixer cette montre.) △ Shízài chī bu xià le. 实在吃不下了。 (J'ai mangé à ma faim.)
	数量补语 (Complément de quantité)	△ Wǒ qùle liǎng cì Hángzhōu. 我去了两次杭州。 (J'ai été à Hangzhou deux fois.) △ Tā bǐ wǒ gāo sān límǐ. 他比我高三厘米。 (Il est plus grand que moi de 3cm.) △ Wǒ xuéle sān nián Hànyǔ. 我学了三年汉语。 (J'apprends le chinois depuis trois ans.)
	趋向补语 (Complément de direction)	△ Tā mǎilaile yí shù xiānhuā. 他买来了一束鲜花。 (Il a acheté un bouquet de fleurs fraîches.) △ Tā ná huilai yì běn zázhì. 她拿回来一本杂志。 (Elle a apporté une revue (à la maison).) △ Gàoshi yǐjīng tiē chuqu le. 告示已经贴出去了。 (L'annonce a été déjà affichée.)

汉语语序(ORDRE DES MOTS DU CHINOIS)

一、在汉语里,语序是非常重要的语法手段。一般是主语在前面,谓语在后面。宾语在动词谓语的后面。

L'ordre des mots est un phénomène grammatical très important dans la langue chinoise. Généralement, le sujet se met avant le prédicat. Et le complément d'objet suit toujours le prédicat verbal.

主语——谓语——宾语

Wǒ shì xuésheng.
△ 我 是 学生。 (Je suis étudiant.)

Xiǎo Lǐ zài jiàoshì.
△ 小李 在 教室。 (Xiao Li est dans la classe.)

Tā yǒu gēge.
△ 他 有 哥哥。 (Il a des frères aînés.)

Wǒ xuéxí Rìyǔ.
△ 我 学习 日语。 (J'étudie le japonais.)

Tā lái Shànghǎi le.
△ 他 来 上海 了。 (Il est arrivé à Shanghai.)

二、定语一定在主语或宾语的前面。

Le qualifiant se met toujours avant le sujet ou le complément d'objet.

(定语)——主语——谓语——宾语

Wǒ tàitai shì jiàoshī.
△ (我) 太太 是 教师。 ((Ma) femme est professeur.)

Bàba de bàngōngshì zài nàli.
△ (爸爸) 的 办公室 在 那里。 (Le bureau de (mon père) est par là.)

Báisè de huār kāi le.
△ (白色) 的 花儿 开 了。 (Les fleurs (blanches) ont fleuri.)

Xīn de zázhì zài shūjià shang.
△ (新) 的 杂志 在 书架 上。 (La (nouvelle) revue est sur l'étagère à livres.)

Nà běn shū diū le.
△ (那 本) 书 丢 了。 ((Le) livre est perdu.)

主语——谓语——(定语)——宾语

Wǒ yǒu Hànyǔ shū.
△ 我 有 (汉语) 书。 (J'ai un livre (de chinois).)

Wǒ xǐhuan báisè de huār.
△ 我 喜欢 (白色) 的 花儿。 (J'aime les fleurs (blanches).)

Wǒ rènshi nàge rén.
△ 我 认识 (那个) 人。 (Je connais (cette) personne.)

Tā mǎile xiǎo huāpíng.
△ 他 买了 （小） 花瓶。 （Il a acheté un (petit) vase.）

Wǒ kànle yǒuqù de xiǎoshuō.
△ 我 看了 （有趣） 的 小说。 （J'ai lu un roman (intéressant).）

三、状语一定在动词谓语或形容词谓语的前面。

Le complément circonstanciel se met toujours avant le prédicat verbal ou le prédicat adjectif.

主语——[状语]——谓语——宾语

Tā zuótiān qùle Nánjīng.
△ 他 [昨天] 去了 南京。 ((Hier) il est allé à Nanjing.)

Wǒ hěn xǐhuan méihuā.
△ 我 [很] 喜欢 梅花。 (J'aime (beaucoup) les fleurs d'abricotier du Japon.)

Tā zài jiàoshì zuò zuòyè.
△ 他 [在 教室] 做 作业。 (Il fait son devoir (dans la classe).)

Wǒmen kuài zǒu ba.
△ 我们 [快] 走 吧。 (Partons (tout de suite).)

Tā fēicháng piàoliang.
△ 她 [非常] 漂亮。 (Elle est (très) belle.)

Zhèli zhēn rènao.
△ 这里 [真] 热闹。 (C'est (vraiment) animé ici.)

Zhège bù hǎochī.
△ 这个 [不] 好吃。 (Ce n'est pas bon (à manger).)

四、补语一定在动词谓语或形容词谓语的后面。

Le complément se met toujours après le prédicat verbal ou le prédicat adjectif.

主语——谓语——〈补语〉——宾语

Zhuōzi cā gānjìng le.
△ 桌子 擦 〈干净〉 了。 (La table a été (bien) essuyée.)

Shū fàng zài shūjià shang.
△ 书 放 〈在 书架 上〉。 (On a mis le livre (sur l'étagère à livres).)

Tā chàng de hǎo.
△ 他 唱 得 〈好〉。 (Il chante (bien).)

Wǒ dúle sì biàn kèwén.
△ 我 读了 〈四 遍〉 课文。 (J'ai lu le texte (quatre fois).)

Tā nálaile bàozhǐ.
△ 他 拿〈来〉了 报纸。 (Il (a) apporte(é) les journaux.)

Wǒ lèi de yàomìng.
△ 我 累 得 〈要命〉。 (Je suis mort (de fatigue).)

Wǒ mángjí le.
△ 我 忙〈极〉 了。 (Je suis (extrêmement) occupé.)

Tā piàoliang jí le.
△ 她 漂亮 〈极〉 了。 (Elle est (extrêmement) belle.)

汉语句子类型(PHRASES-TYPES)

一、按谓语的性质分类,汉语中主语和谓语都有的句子可分为四种:

Dans la langue chinoise, pour le modèle « sujet + prédicat », il y a 4 façons de s'exprimer.

1. 名词谓语句　　由名词或数量词组作谓语的句子叫名词谓语句。

nom prédicat　　Un groupe de noms ou de nombres joue le rôle du prédicat.

Jīntiān xīngqīsān.
今天　星期三。　(Nous sommes mercredi.)

Tā Zhōngguórén.
他　中国人。　(Il est Chinois.)

Míngtiān qíngtiān.
明天　晴天。　(Il fera beau demain.)

Xiànzài shí diǎn.
现在　十　点。　(Il est dix heures.)

2. 动词谓语句　　由动词作谓语的句子叫动词谓语句。

verbe prédicat　　Le verbe joue le rôle du prédicat.

Tā bā diǎn chūfā.
他　八　点　出发。　(Il partira à huit heures.)

Wǒ mǎile shuǐguǒ.
我　买了　水果。　(J'ai acheté des fruits.)

Wǒ yǐjīng fùxí le.
我　已经　复习　了。　(J'ai fait la révision.)

Tā míngnián bìyè.
她　明年　毕业。　(Elle finira ses études l'année prochaine.)

3. 形容词谓语句　　由形容词作谓语的句子叫形容词谓语句。

adjectif prédicat　　L'adjectif joue le rôle du prédicat.

Zhège jiàoshì hěn dà.
这个　教室　很　大。　(Cette classe est grande.)

Zhè xīguā fēicháng tián.
这　西瓜　非常　甜。　(Ce melon est bien sucré.)

Zhèli hěn gānjìng.
这里　很　干净。　(C'est très propre ici.)

Zhège cài bù hǎochī.
这个　菜　不　好吃。　(Ces légumes ne sont pas bons (à manger).)

4. 主谓谓语句　　由主谓词组作谓语的句子叫主谓谓语句。

sujet-prédicat prédicat　　Le sujet-prédicat joue le rôle du prédicat.

Wǒ tóu téng.
我　头　疼。　(J'ai mal à la tête.)

Jīntiān tiānqì qínglǎng.
今天　天气　晴朗。　(Aujourd'hui il fait beau.)

Tā xīnqíng bù hǎo.
他　心情　不　好。　(Il est de mauvaise humeur.)

Huáng Shān fēngjǐng yōuměi.
黄　山　风景　优美。　(Le paysage de la Montagne Jaune est pittoresque.)

二、按语气分类，汉语句子可分为四种：

Il y a 4 propositions dans la langue chinoise.

1. 陈述句　　叙述事情或说明看法的句子叫陈述句。句末用句号（。）。

La proposition énonciative qui sert à énoncer le fait ou sert à exprimer l'opinion du narrateur, et on met «.» à la fin de la proposition.

Tā shì xuésheng.
他 是 学生。（Il est étudiant.）

Tā zài jiàoshì xuéxí.
他 在 教室 学习。（Il travaille dans la classe.）

Wǒ bú huì Yīngyǔ.
我 不 会 英语。（Je ne parle pas anglais.）

Tā shì ge hǎorén.
他 是 个 好人。（Il est gentil.）

2. 疑问句　　提出问题的句子叫疑问句。句末用问号（？）。

La proposition interrogative qui sert à poser la question et on met «?» à la fin de la proposition.

Zhè shì shénme?
这 是 什么？（Qu'est-ce que c'est?）

Nǐ shì xuésheng ma?
你 是 学生 吗？（Es-tu étudiant?）

Nǐ qù bu qù?
你 去 不 去？（Tu y vas?）

Nǐ wèi shénme chídào?
你 为 什么 迟到？（Pourquoi es-tu en retard?）

3. 祈使句　　提出要求的句子叫祈使句。句末用句号（。）或感叹号（！）。

La proposition impérative qui sert à donner une ordre ou présenter une demamde à quelqu'un, et on met «.» ou «!» à la fin de la proposition.

Qǐng zuò!
请 坐！（Asseyez-vous!）

Kuài zǒu!
快 走！（Dépêchez-vous!）

Wǒmen yìqǐ zǒu ba!
我们 一起 走 吧！（Nous y allons ensemble.）

Bié wàngjì zuò zuòyè.
别 忘记 做 作业。（N'oublie pas de faire tes devoirs.）

4. 感叹句　　抒发感情的句子叫感叹句。句末用感叹号（！）。

La proposition exclamative qui sert à exprimer le sentiment exclamatif, et on met «!» à la fin de la proposition.

Zhèli fēngjǐng tài měi le!
这里 风景 太 美 了！（Que le paysage est beau ici!）

Jīntiān zhēn rè a!
今天 真 热 啊！（Qu'il fait chaud aujourd'hui!）

Wǒ lèijí le!
我 累极 了！（Je suis épuisé!）

Tā duōme piàoliang a!
她 多么 漂亮 啊！（Qu'elle est belle!）

汉字基本笔画(TRAITS ÉLÉMENTAIRES)

笔画名称 (Nom des traits)	笔画及运笔方向 (Traits)	例　字 (Exemples)
点　diǎn	㇔ ↘	六　主　江　我　兴
横　héng	一 →	二　十　不　木　上
竖　shù	丨 ↓	中　米　忙　下　外
撇　piě	丿 ↙	人　火　丈　个　欠
捺　nà	㇏ ↘	八　大　介　及　又
提　tí	㇀ ↗	河　打　习　录　次
钩　gōu	㇖　亅　㇂　㇃　㇈ ⇁　↓　↘　↶　↳	买　小　找　心　儿
折　zhé	㇕　㇗　㇜ ↴　↳　↙	口　日　山　母　么

汉字笔顺规则(RÈGLES D'ÉCRITURE)

笔顺规则 (Règles d'écriture)	例　字 (Exemples)	笔画顺序 (Ordre des traits)
先横后竖	十	一　十
先撇后捺	人	丿　人
从上到下	立	丶　亠　亣　方　立
从左到右	川	丿　川　川
先外后内	同	丨　冂　冂　同　同　同
先外后内再封口	田	丨　冂　日　田　田
先中间后两边	小	亅　小　小

说明：汉字的运笔方向一般来说总是从左边、上边开始，到右边、下边结束。但是也有例外的，例如“边、进、延”这类字是从右边开始书写的。又如“戈、我、求”这类字的点(丶)虽然在上面，却是最后才写的。所以除了掌握一般规则以外，还要了解每个字的书写习惯。

Généralement, les caractères chinois s'écrivent toujours de gauche à droite, de haut en bas. Mais il y a aussi des exceptions. Par exemple : les caractères comme «边,进,延» s'écrivent toujours par la droite : d'abord «力», ensuite «辶». Tandis que «戈,我,求» etc., s'achèvent toujours par «丶», malgré que ce dernier élément se trouve en haut. Alors, pour écrire correctement les caractères chinois, il faut non seulement connaître les règles générales d'écriture, mais aussi les exceptions de certains caractères.

LE CHINOIS POUR LES FRANCOPHONES

法国人学汉语

CONVERSATIONS COURANTES
日 常 会 话

1 Dǎ Zhāohu 打 招呼 SALUER

1. A：Nǐ zǎo! 你早！ — Bonjour!

   B：Zǎoshang hǎo! 早上好！ — Bonjour!

2. A：Wǎnshang hǎo! 晚上好！ — Bonsoir!

   B：Nǐ hǎo! 你好注1！ — Bonsoir!

3. A：Wǎn'ān! 晚安！ — Bonne nuit!

   B：(Qǐng) zǎo diǎnr xiūxi. （请）早点儿休息。 — Reposez-vous bien.

4. A：Huānyíng! 欢迎！ — Soyez le bienvenu!

   B：Xièxie. 谢谢。 — Merci.

Nín shēntǐ hǎo ma?
5. A：您[注2] 身体 好 吗？ — Comment allez-vous?

Wǒ hěn hǎo, nǐ ne?
B：我 很 好，你 呢？ — Très bien, et vous?

Wǒ yě hěn hǎo, xièxie.
A：我 也 很 好，谢谢。 — Moi aussi, merci.

Nǐ xiānsheng shēntǐ hǎo ma?
B：你 先生 身体 好 吗？ — Comment va votre mari?

Tā hái kěyǐ. Xièxie.
A：他 还 可以。谢谢。 — Il va bien. Merci.

Zuìjìn máng ma?
B：最近 忙 吗？ — Vous êtes occupée ces jours-ci?

Hěn máng. Nǐ ne?
A：很 忙。你 呢？ — Oui, je suis très occupée. Et vous?

Wǒ bú tài máng.
B：（我）不 太 忙。 — (Moi,) ça va.

Hǎojiǔ méi jiànmiàn le.
6. A：好久 没 见面 了。 — On ne s'est pas vu depuis longtemps.

Shì de, hǎojiǔ bú jiàn le.
B：是 的，好久 不 见 了。 — Oui, c'est vrai.

Zuìjìn qù nǎli le?
A：最近 去 哪里 了？ — T'as été où ces jours-ci?

Qù Běijīng chūchāi le.
B：去 北京 出差 了。 — Je suis allé en mission à Pékin.

Xiàng nǐ tàitai wèn hǎo.
A：向 你 太太 问 好。 — Dis bonjour à ta femme.

Wǒ yě xiàng nǐ xiānsheng wèn hǎo.
B：我 也 向 你 先生 问 好。 — Merci, dis bonjour aussi à ton mari de ma part.

Zàijiàn.
A：再见。 — Au revoir.

Zàihuì.
B：再会。 — Au revoir.

Míngtiān jiàn.
7. A：明天 见。 — À demain.

B：Bāi bai. — À demain.

Nàme, huí(tóu) jiàn.
8. A：那么，回(头) 见。 — À tout à l'heure.

Yíhuìr jiàn.
B：一会儿 见。 À tout à l'heure.

☆ 注 释（Notes） ☆

1. "你好"是常用的问候语，什么时候都可以用。回答时也说"你好"。
   «你好» est une expression de salutation, on peut l'utiliser à tout moment, dont la réponse est aussi «你好».
2. "您"是"你"的敬语。
   «您» égale « vous »; «你» égale « tu ».

☆ 句型提示（Références des phrases-types） ☆

1. 您身体好吗？ 请参看 291 页句型 1。
2. 我很好，你呢？ 请参看 315 页句型 48。
3. 最近去哪里了？ 请参看 295 页句型 8。
4. 去北京出差了。 请参看 311 页句型 41。
5. 向你太太问好。 请参看 364 页句型 151。

☆ 词语用法举例（Exemples de certaines expressions） ☆

1. 好久没见面了

Wǒ hǎojiǔ méi qù Nánjīng Lù le.
(1) 我 好久 没 去 南京 路 了。

Wǒ hǎojiǔ méi chī Zhōngguócài le.
(2) 我 好久 没 吃 中国菜 了。（中国菜：la cuisine chinoise）

Bǎo'ěr lái Shànghǎi hǎojiǔ le.
(3) 保尔 来 上海 好久 了。

Tā chūqu hǎojiǔ le.
(4) 他 出去 好久 了。（出去：sortir）

2. 向你太太问好

Tā xiàng wàiguó péngyou jièshào xuéxiào de qíngkuàng.
(1) 他 向 外国 朋友 介绍 学校 的 情况。（介绍：présenter）

Tā xiàng lǎoshī shuōmíng chídào de yuányīn.
(2) 他 向 老师 说明 迟到 的 原因。（迟到：être en retard）

Wǒ xiàng tā shuōle duìbuqǐ.
(3) 我 向 他 说了 对不起。（对不起：désolé, e）

Wǒ xiàng Xiǎo Wáng dàoqiàn le.
(4) 我 向 小 王 道歉 了。（道歉：s'excuser）

3. 一会儿见

Yíhuìr wǒ zài lái.
(1) 一会儿 我 再 来。（再：de nouveau）

(2) 一会儿(Yíhuìr) 我(wǒ) 告诉(gàosu) 你(nǐ)。(告诉: dire)

(3) 一会儿(Yíhuìr) 我(wǒ) 出去(chūqu)。

(4) 一会儿(Yíhuìr) 我(wǒ) 给(gěi) 你(nǐ)。(给: donner)

☆ 词 语(Vocabulaire) ☆

1.	wǒ 我	(代)	je,moi	2.	nǐ 你	(代)	tu,toi
3.	nín 您	(代)	vous,vous	4.	tā 他	(代)	il,lui
5.	tā 她	(代)	elle,elle	6.	zǎo 早	(形)	de bonne heure
7.	diǎnr 点儿	(量)	un tout petit morceau	8.	xiūxi 休息	(动)	se reposer
9.	hěn 很	(副)	très	10.	máng 忙	(形)	occupé,e
11.	jiànmiàn 见面	(动)	se voir	12.	zhèli /zhèr 这里/这儿	(代)	ici
13.	nàli /nàr 那里/那儿	(代)	là	14.	nǎli /nǎr 哪里/哪儿	(代)	où
15.	chūchāi 出差	(动)	aller en mission	16.	qù 去	(动)	aller

☆ 练 习(Exercices) ☆

一、完成对话(Complétez les conversations)

1. A: 你父母(fùmǔ/parents *m. pl.*)身体好吗?
   B: ____________________。
2. A: 好久没见面了,你去哪里了?
   B: ____________________。
3. A: 你最近忙吗?
   B: ____________________。
4. A: ____________________?
   B: 他出差了。

二、把下列句子改成疑问句(Posez des questions d'après les phrases suivantes)

1. 他工作很忙。
2. 她先生出差了。
3. 他身体很好。
4. 彼得(Bǐdé)回(huí/retourner)法国(Fǎguó)了。

 #3

三、替换练习（Refaites les phrases en utilisant les expressions suivantes）

1. 他去北京出差了。

1. 他去北京出差了。	西安（Xī'ān）	旅游（lǚyóu/voyager）
	广州（Guǎngzhōu）	工作（gōngzuò/travailler）
	北京大学（dàxué）	学习（xuéxí/faire ses études）
	英国（Yīngguó）	留学（liúxué/faire ses études à l'étranger）
2. 向你太太问好	你先生	
	你父母	
	周（Zhōu）先生	

四、会话（Conversation）

彼得·雷米：小刘（Xiǎo Liú），你好！

刘 明 村：早！雷米（Léimǐ）先生。你好久没来这里了，出差了吗？

彼得·雷米：不，去桂林（Guìlín）旅游了。你呢？

刘 明 村：我很忙，没去旅游。你太太也去桂林了吗？

彼得·雷米：是的。

刘 明 村：你太太好吗？

彼得·雷米：她很好。你父母身体好吗？

刘 明 村：很好，谢谢。请向你太太问好。

彼得·雷米：谢谢。

刘 明 村：再见。

彼得·雷米：再见。

☆ 练习答案（Corrigés） ☆

一、1. 很好，谢谢

2. 我去北京出差了

3. 很忙

4. 你先生去哪里了

二、1. 他工作忙吗？

2. 她先生出差了吗？

3. 他身体好吗？

4. 彼得回法国了吗？

2 Xìngmíng 姓名 注1 LE NOM ET LE PRÉNOM

1\. A: Nín guì xìng?
您贵姓?
Pourriez-vous me dire votre nom?

B: Miǎn guì, xìng Zhāng.
免贵,姓张。
Bien sûr, mon nom est Zhang.

2\. A: Nǐ xìng shénme?
你姓什么?
Votre nom de famille, s'il vous plaît?

B: Wǒ xìng Wáng.
我姓王。
Mon nom est Wang.

3\. A: Nǐ jiào shénme míngzi?
你叫什么名字?
Quel est votre nom?

B: Wǒ jiào Zhāng Xiǎoyīng.
我叫张晓英。
Je m'appelle Zhang Xiaoying.

4\. A: Nǐ de péngyou jiào shénme míngzi?
你的朋友叫什么名字?
Comment s'appelle ton ami?

B: Tā jiào Chén Jiànguó.
他叫陈建国。
Il s'appelle Chen Jianguo.

5\. A：Nà wèi xiānsheng shì shuí?
那[注2] 位 先生 是 谁？
Qui est ce monsieur?

B：Tā shì Xīnghuá Gōngsī de Zhōu Sīróng xiānsheng.
他 是 兴华 公司 的 周 思荣 先生。
C'est Monsieur Zhou Sirong, de la Société de Xinghua.

6\. A：Nǎ wèi shì Lǐ Míng lǎoshī?
哪 位 是 李 明 老师？
Qui est le professeur Li Ming?

B：Zuòzhe nà wèi jiù shì.
坐着 那 位 就 是[注3]。
C'est celui qui reste assis.

7\. A：Nín shì Wáng tàitai ma?
您 是 王 太太 吗？
Vous êtes Madame Wang?

B：Bù, wǒ xiānsheng xìng Huáng.
不，我 先生 姓 黄。
Non, mon mari s'appelle Huang.

A：Duìbuqǐ.
对不起。
Pardonnez-moi.

B：Méi guānxi.
没 关系。
Ce n'est pas grave.

8\. A：Nǐ rènshi Lābèi tàitai ma?
你 认识 拉贝 太太 吗？
Tu connais Madame Labbé?

B：Rènshi, tā shì wǒ de línjū.
认识，她 是 我 的 邻居。
Oui, c'est ma voisine.

A：Nǐ rènshi Dùbāng xiānsheng ma?
你 认识 杜邦 先生 吗？
Tu connais Monsieur Dupont?

B：Zǎo jiù rènshi le. Tā shì wǒ de hǎo péngyou.
早 就 认识 了。他 是 我 的 好 朋友。
Oui, depuis longtemps. C'est un vieil ami.

A：Nǐ rènshi zhège xuéxiào de xiàozhǎng ma?
你 认识 这个 学校 的 校长 吗？
Tu connais le directeur de cette école?

B：Bú rènshi. Méi jiànguo miàn.
不 认识。没 见过 面。
Non. Je ne l'ai jamais rencontré.

☆ 注 释(Notes) ☆

1\. 中国人的姓在前，名在后。单姓多，复姓少。单名、双名都有。
Les Chinois mettent leur nom de famille avant leur prénom. Les noms de famille avec un seul caractère sont beaucoup plus nombreux que ceux composés de deux caractères. Par

contre, en ce qui concerne le prénom, on peut en avoir soit un, soit deux, ou même plus, à son gré.

2. “这、那、哪”有两种读音：zhè/zhèi、nà/nèi、nǎ/něi。口语常读 zhèi、nèi、něi。
«这，那，哪» ont chacun deux prononciations：zhè/zhèi，nà/nèi，nǎ/něi. Dans la langue parlée, ils se prononcent souvent « zhèi，nèi，něi ».

3. “就”在这里加强肯定语气。“就是”的后面省略了“李明老师”。
«就» utilisé ici pour renforcer le ton. Après «就是»，«李明老师» est omis.

☆ 句型提示(Références des phrases-types) ☆

1. 他是兴华公司的周思荣先生。 请参看 303 页句型 21、22。
2. 坐着那位就是。 请参看 308 页句型 34。
3. 早就认识了。 请参看 385 页句型 193。
4. 没见过面。 请参看 310 页句型 37。

☆ 词语用法举例(Exemples de certaines expressions) ☆

1. 没关系

(1) A：Máfan nǐ le.
麻烦 你 了。 (Je te dérange.)
B：Méi guānxi.
没 关系。

(2) A：Dǎrǎo nín le.
打扰 您 了。 (Je vous dérange.)
B：Méi guānxi.
没 关系。

(3) A：Xià yǔ le.
下 雨 了。 (下：descendre)
B：Méi guānxi, wǒ yǒu sǎn.
没 关系， 我 有 伞。 (伞：parapluie *m.*)

(4) A：Nǐ gǎnmào le, néng qù ma?
你 感冒 了， 能 去 吗？ (感冒：enrhumé，e 能：pouvoir)
B：Méi guānxi, néng qù.
没 关系， 能 去。

2. 你认识拉贝太太吗

(1) Nǐ rènshi zuòzhe de nàge rén ma?
你 认识 坐着 的 那个 人 吗？

(2) Wǒ rènshi nǐ de línjū.
我 认识 你 的 邻居。

(3) Wǒ bú rènshi qù Yùyuán de lù.
我 不 认识 去 豫园 的 路。 (路：route *f.*)

(4) Wǒ bú rènshi zhège Hànzì.
我 不 认识 这个 汉字。 (汉字：le caractère chinois)

☆ 词 语(Vocabulaire) ☆

No.	Mot	Pinyin	Catégorie	Traduction
1.	先生	xiānsheng	(名)	monsieur *m.*
2.	同志	tóngzhì	(名)	camarade
3.	师傅	shīfu	(名)	maître
4.	夫人	fūren	(名)	femme *f.*
5.	太太	tàitai	(名)	madame *f.*
6.	女士	nǚshì	(名)	femme *f.*
7.	小姐	xiǎojie	(名)	mademoiselle *f.*
8.	医生	yīshēng	(名)	médecin *m.*
9.	司机	sījī	(名)	chauffeur *m.*
10.	学生	xuésheng	(名)	étudiant,e
11.	同学	tóngxué	(名)	camarade de classe
12.	同事	tóngshì	(名)	collègue
13.	这 位	zhè wèi	(代)	celui-ci, celle-ci
14.	这个	zhège	(代)	ceci
15.	那 位	nà wèi	(代)	celui-là, celle-là
16.	那个	nàge	(代)	cela
17.	哪 位	nǎ wèi	(代)	lequel, laquelle
18.	哪个	nǎge	(代)	quel, quelle
19.	谁	shuí/shéi	(代)	qui
20.	男人	nánrén	(名)	homme *m.*
21.	女人	nǚrén	(名)	dame *f.*
22.	老人	lǎorén	(名)	un/une personne agé,e
23.	年轻人	niánqīngrén	(名)	un jeune homme
24.	孩子	háizi	(名)	enfant
25.	男孩	nánhái	(名)	garçon *m.*
26.	女孩	nǚhái	(名)	fille *f.*

☆ 练 习(Exercices) ☆

一、替换练习(Refaites les phrases en utilisant les expressions suivantes)

1. 这是我的邻居雷米太太。
   - 女朋友　李丽平(Lǐ Lìpíng)
   - 太太　良子(Liángzǐ)
   - 同事　中村(Zhōngcūn)
   - 老师　马天齐(Mǎ Tiānqí)

2. 你认识雷米太太吗?
   - 王东(Wáng Dōng)
   - 坐着的那个人
   - 她的先生
   - 你的邻居

3. 坐着那位就是李明老师。
   - 站(zhàn/debout)着那位
   - 拿(ná/tenir)着包(bāo/sac *m.*)那位

带（dài/emmener）着孩子那位
看（kàn/lire）着书（shū/livre *m.*）那位

二、对下列画线部分提问（Posez des question d'après les phrases suivantes）

1. 我姓李，叫丽平。
2. 那个人是马天齐的同学。
3. 那位是司机。
4. 我们公司的司机姓高（Gāo）。

三、回答问题（Répondez aux questions suivantes）

1. 你叫什么名字？
2. 你的汉语老师是谁？
3. 你的邻居姓什么？
4. 你认识你先生的同事吗？

四、会话（Conversation）

安　妮：你好。我是安妮·雷米（Ānnī · Léimǐ），法国人。
于雪来：你好，雷米太太。我叫于雪来（Yú Xuělái）。这是我的儿子（érzi/fils *m.*）。
安　妮：你好。你叫什么名字？
明　明：我叫郭明明（Guō Míngming）。
安　妮：妈妈姓于，儿子姓郭？
于雪来：我的先生姓郭。中国女人结婚（jiéhūn/se marier）后（hòu/après）不改（gǎi/changer）姓。

☆　练习答案（Corrigés）　☆

二、1. 你姓什么？叫什么名字？
　　2. 那个人是谁？
　　3. 哪位是司机？
　　4. 你们公司的司机姓什么？

3 Jièshào 介绍 PRÉSENTATION

1. A: Wǒ gěi nǐmen jièshào yíxià. 我给你们介绍一下[注1]。	Permettez-moi de vous présentez Monsieur
Zhè wèi shì Bōnài xiānsheng. 这位是波奈先生。	Bonet et Mademoiselle Li Ying.
Zhè wèi shì Lǐ Yīng xiǎojiě. 这位是李英小姐。	
B: Zhè shì wǒ de míngpiàn. 这是我的名片。	Voici ma carte de visite.
C: Rènshi nǐ, hěn gāoxìng. 认识你，很高兴。	Enchantée.
B: Wǒ yě hěn gāoxìng. 我也很高兴。	Enchanté.
C: Qǐng duō bāngzhù. 请多帮助。	Je vous prie de bien vouloir m'aider.
B: Yě qǐng nín duō guānzhào. 也请您多关照。	Moi aussi，j'ai grand besoin de votre aide.
A: Bōnài xiānsheng shì Fǎguó 波奈先生是法国	Monsieur Bonet est le directeur du bureau de
Xīlì Gōngsī de xiāoshòubù 西利公司的销售部	vente de la Société Xili de France.

zhǔrèn.
主任。

Lǐ Yīng xiǎojie shì Shànghǎi Dàhuá Gōngsī de gōngguānbù zhǔrèn.
李英小姐是上海大华公司的公关部主任。

Mademoiselle Li Ying est la directrice du bureau des relations publiques de la Société Dahua de Shanghai.

2. A: Wǒ lái jièshào yíxià.
我来注2介绍一下。

Permettez-moi de vous présenter:

Zhè wèi shì Zhāng tàitai. Tā de xiānsheng zài Huàshān Yīyuàn gōngzuò, shì yīshēng.
这位是张太太。她的先生在华山医院工作，是医生。

Voici Madame Zhang, son mari est médecin, il travaille à l'Hôpital Huashan.

Zhè wèi shì Luóyē tàitai. Tā de xiānsheng zài Bō'ěr Gōngsī gōngzuò, shì xiāoshòu kēzhǎng.
这位是罗耶太太。她的先生在波尔公司工作，是销售科长。

Voilà Madame Royet. Son mari travaille dans la société Boer, il est chef de la section de vente.

B: Jiàndào nǐ hěn gāoxìng.
见到你很高兴。

Très heureux de faire votre connaissance.

C: Wǒ gāng dào Shànghǎi, qǐng duō guānzhào.
我刚到上海，请多关照。

Je viens d'arriver à Shanghai et j'ai besoin de votre aide.

B: Yǒu shénme yào bāngmáng de, qǐng shuō yì shēng, bié kèqi.
有什么要帮忙的，请说一声，别客气。

Avec plaisir. Je suis à votre sevice.

3. A: Gébì de Shǐmìsī xiānsheng shì nǎ guó rén?
隔壁的史密斯先生是哪国人？

Quelle est la nationalité de notre voisin Monsieur Smith?

B: Shì Yīngguórén.
是英国人。

Il est Anglais.

A: Tā cóng nǎli lái?
他从哪里来？

D'où vient-il?

Tā cóng Lúndūn lái.
B：他 从 伦敦 来。 Il vient de Londres.

Tā de tàitai yě shì Yīngguórén ma?
A：他 的 太太 也 是 英国人 吗？ Sa femme est aussi Anglaise?

Bù, tā shì Měiguórén.
B：不，她 是 美国人。 Non, elle est Américaine.

☆ 注 释(Notes) ☆

1. 这里的"一下"在动词后面表示动作短促。如：看一下、听一下、考虑一下。
«一下» s'utilise après le verbe pour marquer une action brève, par exemple：看一下（jeter un coup d'œil），听一下（écouter un peu），考虑一下（réfléchir un peu）.
2. "来"在动词前面表示要做某件事。"我来介绍一下"和"我介绍一下"意思一样。
«来» s'utilise avant le verbe pour dire « maintenant,（je suis）là pour（faire）；venir, aller faire ». «我来介绍一下» et «我介绍一下» ont le même sens.

☆ 句型提示(Références des phrases-types) ☆

1. 我给你们介绍一下。 请参看 320 页句型 60。
2. 我给你们介绍一下。 请参看 313 页句型 45。
3. 请多帮助。 请参看 398 页句型 216。
4. 她的先生在华山医院工作。 请参看 304 页句型 25。
5. 他从伦敦来。 请参看 359 页句型 139。

☆ 词语用法举例(Exemples de certaines expressions) ☆

1. 我也很高兴

Tā tàitai yě shì jiàoshī.
(1) 他 太太 也 是 教师。 （教师：professeur *m.*）

Xiǎo Lǐ yě shì Běijīngrén.
(2) 小 李 也 是 北京人。

Wǒ yě hěn máng.
(3) 我 也 很 忙。

Mǐxiē'ěr yě qù Guǎngzhōu.
(4) 米歇尔 也 去 广州。

moi à Montréal étudier.

2. 我刚到上海

(1) 他刚去杭州。
Tā gāng qù Hángzhōu.

(2) 小陈刚结婚。
Xiǎo Chén gāng jiéhūn.

(3) 他们刚认识。
Tāmen gāng rènshi.

(4) 会议刚开始。（会议：réunion *f.*　开始：commencer）
Huìyì gāng kāishǐ.

3. 有什么要帮忙的

(1) 有什么好吃的？（好吃：délicieux, se）
Yǒu shénme hǎochī de?

(2) 有什么好玩的？（好玩：amusant, e）
Yǒu shénme hǎowán de?

(3) 有什么问题？（问题：question *f.*）
Yǒu shénme wèntí?

(4) 今天有什么客人来？
Jīntiān yǒu shénme kèren lái?

☆ 词　语（Vocabulaire）☆

1.	自我介绍 zìwǒ jièshào		se présenter
2.	互相介绍 hùxiāng jièshào		se présenter
3.	负责人 fùzérén	（名）	responsable
4.	经理 jīnglǐ	（名）	directeur, trice
5.	职员 zhíyuán	（名）	employé, e
6.	翻译 fānyì	（名/动）	interprète/interpréter
7.	院长 yuànzhǎng	（名）	le directeur de l'institut
8.	校长 xiàozhǎng	（名）	le président de l'école
9.	教导主任 jiàodǎo zhǔrèn	（名）	le directeur du service de l'enseignement
10.	学院 xuéyuàn	（名）	institut *m.*
11.	大学 dàxué	（名）	université *f.*
12.	中学 zhōngxué	（名）	l'école secondaire
13.	小学 xiǎoxué	（名）	l'école primaire
14.	公司 gōngsī	（名）	société *f.*
15.	工厂 gōngchǎng	（名）	usine *f.*
16.	办事处 bànshìchù	（名）	agence *f.*
17.	办公室 bàngōngshì	（名）	bureau *m.*
18.	加拿大 Jiānádà	（专名）	le Canada
19.	法国 Fǎguó	（专名）	la France
20.	德国 Déguó	（专名）	l'Allemagne
21.	西班牙 Xībānyá	（专名）	l'Espagne
22.	意大利 Yìdàlì	（专名）	l'Italie
23.	荷兰 Hélán	（专名）	les Pays-Bas
24.	韩国 Hánguó	（专名）	la Corée du Sud
25.	朝鲜 Cháoxiǎn	（专名）	la Corée du nord
26.	泰国 Tàiguó	（专名）	la Thaïlande

 H3

27. 新加坡 Xīnjiāpō （专名） le Singapour
28. 俄罗斯 Éluósī （专名） la Russie
29. 澳大利亚 Àodàlìyà （专名） l'Australie
30. 日本 Rìběn （专名） le Japon

☆ 练 习(Exercices) ☆

一、替换练习（Refaites les phrases en utilisant les expressions suivantes）

他是西利公司的销售部主任。

李先生	翻译
李舒(Lǐ Shū)先生	公司的经理
这个美国人	我先生的同事
我妹妹	大华公司的职员
她	我家的保姆(bǎomǔ/femme de ménage)

二、完成对话（Complétez les conversations）

1. A：____________________，这位是刘一生(Liú Yīshēng)，他是____________________。
   B：____________________，这是我的名片。
2. A：你好，我找这里的经理。
   B：____________________。
3. A：你在哪里工作？
   B：____________________。
4. A：____________________？
   B：我是法国人。

三、会话（Conversations）

彼　得：安妮(Ānnī)！
安　妮：什么事？
彼　得：这位是我们的司机小林(Xiǎo Lín)。这是我的太太安妮。
林立强：雷米太太，您好。
安　妮：你好，小林师傅。
彼　得：小林是上海人。
安　妮：我刚来上海，请你多帮助。
林立强：好的。有什么要帮忙的，请告诉我，别客气。
安　妮：谢谢。

安　妮：我来介绍，这位是小于，于……
于雪来：于雪来。我是你们的邻居。
彼　得：你好。

安　妮：这是我先生，他叫彼得（Bǐdé）。
于雪来：雷米先生，你好。
安　妮：她的先生姓郭。他们有一个儿子。
彼　得：郭先生在哪里工作？
于雪来：他是律师（lǜshī/avocat *m.*），在律师事务所（shìwùsuǒ/le cabinet d'avocat）工作。
彼　得：我太太刚来上海，请你多多帮助她。谢谢。
于雪来：别客气。

☆　练习答案（Corrigés）　☆

二、1. A：我来介绍一下　北方（Běifāng）中学的老师
　　B：你好
2. B：我就是
3. B：我在华山医院工作
4. A：你是哪国人

4 Shíjiān 时间 L'HEURE

1. A: Xiànzài jǐ diǎn?
现在 几 点？ — Quelle heure est-il?

B: · Jiǔ diǎn.
九 点。 — Il est neuf heures.

· Jiǔ diǎn guò wǔ fēn.
九 点 过 五 分。 — Il est neuf heures cinq.

· Chà shí fēn liù diǎn.
差 十 分 六 点。 — Il est six heures moins dix.

· Qī diǎn yí kè.
七 点 一 刻。 — Il est sept heures et quart.

· Wǔ diǎn sān kè.
五 点 三 刻。 — Il est six heures moins le quart.

· Liǎng diǎn bàn.
两 点 半。 — Il est deux heures et demie.

2. A: Xiànzài jǐ diǎn le?
现在 几 点 了？ — Quelle heure est-il?

B: Xiànzài shíyī diǎn le.
现在 十一 点 了。 — Il est onze heures.

3. A:	Xuéxiào shàngwǔ jǐ diǎn shàngkè? 学校 上午 几 点 上课?	À quelle heure commence la classe?
B:	Bā diǎn. 八 点。	À huit heures.
A:	Xuéxiào xiàwǔ jǐ diǎn fàngxué? 学校 下午 几 点 放学?	À quelle heure se termine la classe de l'après-midi?
B:	Sì diǎn bàn. 四 点 半。	À quatre heures et demie.
4. A:	Huìyì jǐ diǎn kāishǐ? 会议 几 点 开始?	À quelle heure commence la réunion?
B:	Shàngwǔ jiǔ diǎn bàn (kāishǐ). 上午 九 点 半 (开始)。	À neuf heures et demie du matin.
A:	Zhège huì(yì) yào kāi duō jiǔ? 这个 会(议) 要 开 多 久?	Combien de temps va durer la réunion?
B:	(Yào kāi) liǎng ge xiǎoshí. (要 开) 两注1 个 小时。	Elle va durer deux heures.
5. A:	Cóng zhèli dào chēzhàn yào zǒu duō cháng shíjiān? 从 这里 到 车站 要 走 多 长 时间?	Il faut combien de temps pour arriver à la gare?
B:	(Yào) èrshí fēnzhōng zuǒyòu. (要) 二十 分钟 左右。	Vingt minutes environ.
6. A:	Nǐ xiānsheng chūchāi yào qù jǐ tiān? 你 先生 出差 要 去 几 天?	Ton mari sera en mission pour combien de jours?
B:	Qù sì-wǔ tiān ba. 去 四五 天 吧。	4 ou 5 jours.
7. A:	Nǐ lái Shànghǎi duō jiǔ le? 你 来 上海 多 久 了?	Depuis quand vous êtes à Shanghai?
B:	Láile yì nián líng sān ge yuè le. 来了 一 年 零 三 个 月 了。	Je suis ici depuis 15 mois.
8. A:	Nǐ dǎsuan zài Xiānggǎng dāi jǐ ge xīngqī? 你 打算 在 香港 待注2 几 个 星期?	Tu vas rester à Hongkong pour combien de semaines?
B:	(Wǒ dǎsuan dāi) sān ge xīngqī. (我 打算 待) 三 个 星期。	3 semaines.

☆ 注 释(Notes) ☆

1. “两”和“二”都表示数词“2”,但用法有些不同。
   (1) 量词前一般用“两”,不用“二”。例如“两个小时”、“两个人”不说“二个小时”、“二个人”。
   (2) 序数用“二”,不用“两”。“第二”不说“第两”。
   (3) 个位数和十位数用“二”,不用“两”。例如“十二”、“二十”。
   (4) “百”前一般用“二”,也可用“两”;“千、万”前多用“两”。

   «两» et «二», tous les deux veulent dire « 2 », mais l'usage est différent :
   (1) Avant le spécificatif, on utilise «两» au lieu de «二». Par exemple: «两个小时,两个人» (deux heures, deux personnes) au lieu de «二个小时,二个人».
   (2) Dans les numéraux ordinaux, on dit «二» au lieu de «两»: «第二 (le second)», mais pas «第两».
   (3) Dans un nombre, si « 2 » est le premier chiffre ou le dernier, on dit «二» au lieu de «两», par exemple: «十二 (12, « 2 » est le dernier chiffre), 二十 (20, « 2 » est le premier chiffre)», mais pas «十两,两十».
   (4) On dit à la fois «二百(deux cent),两百», mais «两千(deux mille),两万(vingt mille)».
2. “待”是口语,书面语是“逗留”。
   «待» est utilisé dans la langue parlée, on dit «逗留» dans la langue écrite.

☆ 句型提示(Références des phrases-types) ☆

1. 现在几点?	请参见296页句型10。
2. 现在几点了?	请参看386页句型195。
3. 从这里到车站要走多长时间?	请参看359页句型141。
4. 你先生出差要去几天?	
你打算在香港待几个星期?	请参看296页句型11。
5. 来了一年零三个月了。	请参看353页句型129。
6. 来了一年零三个月了。	请参看309页句型36。

☆ 词语用法举例(Exemples de certaines expressions) ☆

1. 这个会(议)要开多久

   Qù gōngsī yào zǒu èrshí fēnzhōng.
   (1) 去 公司 要 走 二十 分钟。

   Qù Hángzhōu yào liǎng ge xiǎoshí.
   (2) 去 杭州 要 两 个 小时。

   Jìdào Rìběn de xìn yào qī tiān.
   (3) 寄到 日本 的 信 要 七 天。 (寄到日本的信: la lettre envoyée au Japon)

Diànfèi yào liǎngbǎi kuài.
(4) 电费 要 两百 块。 (电费：frais d'électricité 块：yuan)

2. 四五天

Tā chūchāi yǐjīng qī-bā tiān le.
(1) 他 出差 已经 七八 天 了。 (已经：déjà)

Xiǎo Zhōu chūqu liǎng-sān ge xiǎoshí le.
(2) 小 周 出去 两三 个 小时 了。

Tā zài Měiguó zhùle sān-sì nián.
(3) 他 在 美国 住了 三四 年。 (住：habiter)

Wǔ-liù ge yuè qián tā qù Rìběn le.
(4) 五六 个 月 前 他 去 日本 了。

3. 你打算在香港待几个星期

Wǒ dǎsuan míngnián qù Měiguó.
(1) 我 打算 明年 去 美国。

Lǐ Guófēng dǎsuan zhège yuè mǎi fángzi.
(2) 李 国峰 打算 这个 月 买 房子。 (买：acheter 房子：maison *f.*)

Zhāng Qīng dǎsuan xià ge yuè jiéhūn.
(3) 张 清 打算 下 个 月 结婚。 (下个月：le mois prochain)

Tā dǎsuan qù Fǎguó liúxué.
(4) 他 打算 去 法国 留学。

☆ 词 语(Vocabulaire) ☆

1.	yī 一(1)	(数)	un, une	2.	èr 二(2)	(数)	deux
3.	sān 三(3)	(数)	trois	4.	sì 四(4)	(数)	quatre
5.	wǔ 五(5)	(数)	cinq	6.	liù 六(6)	(数)	six
7.	qī 七(7)	(数)	sept	8.	bā 八(8)	(数)	huit
9.	jiǔ 九(9)	(数)	neuf	10.	shí 十(10)	(数)	dix
11.	líng 零(0)	(数)	zéro	12.	bǎi 百	(数)	cent
13.	qiān 千	(数)	mille	14.	wàn 万	(数)	dix mille
15.	yì 亿	(数)	cent millions	16.	sān fēn zhī yī 三 分 之 一		un tiers
17.	bǎi fēn zhī èrshí 百 分 之 二十		vingt pour cent	18.	yíbàn 一半	(数)	moitié *f.*
19.	miǎo 秒	(量)	seconde *f.*	20.	bèi 倍	(量)	fois *f.*
21.	zhōng 钟	(名)	horloge *f.*	22.	shǒubiǎo 手表	(名)	montre *f.*

☆ 练 习(Exercices) ☆

一、用汉语说出下列时间（Dites en chinois les heures suivantes）

7:13am 10:50am 11:15am 3:30pm 9:28pm

二、用汉语说出下列数字（Dites en chinois les chiffres suivants）

123 53786 2222 5001 3－4个 11－19 400－499

三、回答问题（Répondez aux questions suivantes）

1．法国的中学早上几点钟开始上课？

2．你要在中国待多久？

3．从巴黎(Bālí)坐飞机(zuò fēijī/par avion)到上海要多长时间？

4．你学了多长时间汉语(Hànyǔ)？

四、会话（Conversation）

于雪来：你早上几点起床(qǐchuáng/se lever)？

安　妮：六点半。

于雪来：你先生早上几点出门(chūmén/sortir)？

安　妮：八点。

于雪来：从你家到公司要多长时间？

安　妮：要一个小时。

于雪来：你先生每天(měi tiān/chaque jour)几点回家(huí jiā/rentrer à la maison)？

安　妮：七点半左右。

于雪来：晚上你们几点睡觉(shuìjiào/se coucher).

安　妮：十一点左右。

于雪来：你的朋友在上海待了几天？

安　妮：待了三天。

☆ 练习答案(Corrigés) ☆

一、早上七点十三分；
上午十点五十分/差十分十一点；
上午十一点十五分/十一点一刻；
下午三点半；
晚上九点二十八分

二、一百二十三；
五万三千七百八十六；
两千二百二十二；
五千零一；
三四个；
十几；
四百多

5　Rìqī 日期　LA DATE

Jīntiān shì jǐ hào?
1. A：今天 是[注1]几 号[注2]？　Quelle date sommes-nous?

Shí yuè sì hào.
B：十 月 四 号。　Nous sommes le 4 octobre.

Zuótiān jǐ hào?
A：昨天 几 号？　Le combien étions-nous hier?

Sān hào.
B：三 号。　Le 3.

Míngtiān xīngqī jǐ?
A：明天 星期 几？　Quel jour nous serons demain?

Xīngqīsì.
B：星期四。　On sera jeudi.

Jǐ yuè jǐ hào shì Guóqìng Jié?
A：几 月 几 号 是 国庆 节？　Quand aura lieu la Fête nationale?

Shí yuè yī hào.
B：十 月 一 号。　Le 1er octobre.

Nǐ érzi shì nǎ nián shēng de?
2. A：你 儿子 是 哪 年 生 的？　En quelle année est né ton fils?

Shì yījiǔbālíng nián shēng de.
B：是一九八〇年生的。 Il est né en 1980.

Nǐ nǚ'ér de shēngrì shì jǐ yuè jǐ hào?
A：你女儿的生日是几月几号？ Quelle est la date de naissance de ta fille?

Sān yuè shí'èr hào.
B：三月十二号。 Le 12 mars.

Nǐ shì shénme shíhou lái Shànghǎi de?
3. A：你是什么时候来上海的？ Depuis quand vous êtes à Shanghai?

Wǒ shì shàng ge yuè lái Shànghǎi de.
B：我是上个月来上海的。 Depuis le mois dernier.

Nǐ zhǔnbèi shénme shíhou huí Fǎguó?
A：你准备什么时候回法国？ Quand allez-vous retourner en France?

Zhège yuèdǐ huòzhě xià ge yuèchū.
B：这个月底或者下个月初。 À la fin de ce mois-ci ou bien au début du mois prochain.

Zuǒlā xiānsheng dǎsuan shénme shíhou líkāi Shànghǎi?
A：左拉先生打算什么时候离开上海？ Quand Monsieur Zola va-t-il quitter Shanghai?

Xià ge xīngqī.
B：下个星期。 La semaine prochaine.

Zhè jiàn shì shénme shíhou néng zuòhǎo?
4. A：这件事什么时候能做好？ Quand ce travail pourra-t-il être fini?

Hái yào wǔ tiān.
B：还要五天。 Dans 5 jours.

Zài guò yí ge yuè jiù shì xīnnián le. Nǐ huí Bālí ma?
5. A：再过一个月就是新年了。你回巴黎吗？ Encore un mois, ce sera le Nouvel An. Tu vas retourner à Paris?

Yào huì de
B：要 回 的。 Oui.

Shénme shíhou yào fù fángzū?
6. A：什么 时候 要 付 房租？ Quand je dois payer le loyer?

Zhège yuè wǔ hào yǐqián (yào fù fángzū).
B：这个 月 五 号 以前（要 付 房租）。 Avant le 5 de ce mois.

Wǒ shénme shíhou néng dédào dáfù?
7. A：我 什么 时候 能 得到 答复？ Quand je pourrai avoir une réponse?

Guò jǐ tiān gěi nǐ dáfù.
B：过 几 天 给 你 答复。 Dans quelques jours.

☆ 注　释(Notes) ☆

1. 这里的“是”可以省略。
   On peut omettre «是».
2. 表示某一天，口语用“号”，书面语用“日”。
   Pour dire « jour », dans la langue parlée on dit «号», dans la langue écrite «日».

☆ 句型提示(Références des phrases-types) ☆

1. 你准备什么时候回法国？
   左拉先生打算什么时候离开上海？ 请参看 334 页句型 87、88。
2. 这件事什么时候能做好？ 请参看 337 页句型 94。
3. 这件事什么时候能做好？ 请参看 348 页句型 118。
4. 还要五天。 请参看 380 页句型 183。
5. 这个月五号以前要付房租。 请参看 333 页句型 85。

☆ 词语用法举例(Exemples de certaines expressions) ☆

1. 你准备什么时候回法国

   Tā zhǔnbèi hòutiān huí guó.
   (1) 他 准备 后天 回 国。 (回国：retourner chez lui)

   Tā zhǔnbèi xià xīngqī qù Nánjīng.
   (2) 他 准备 下 星期 去 南京。

Wáng Jiànhuá zhǔnbèi shí'èr hào líkāi Sūzhōu.
(3) 王建华准备十二号离开苏州。

Zhèng Yùwén zhǔnbèi qù Àomén kàn péngyou.
(4) 郑玉文准备去澳门看朋友。

2. 这个月底或者下个月初

Wǒ shí hào huòzhě shíyī hào chūfā.
(1) 我十号或者十一号出发。 (出发：partir)

Wǒ xiǎng mǎi diǎnr píngguǒ huòzhě lí.
(2) 我想买点儿苹果或者梨。 (苹果：pomme *f.* 梨：poire *f.*)

Tā dǎsuan qù Měiguó huòzhě Yīngguó liúxué.
(3) 他打算去美国或者英国留学。

Hóngsè de huòzhě lánsè de dōu xíng.
(4) 红色的或者蓝色的都行。 (红色：rouge *m.* 蓝色：bleu *m.*)

3. 这件事什么时候能做好

Fàn shénme shíhou néng zuòhǎo?
(1) 饭什么时候能做好？

Zuòyè shénme shíhou néng zuòhǎo?
(2) 作业什么时候能做好？ (作业：devoir *m.*)

Yīfu shénme shíhou néng xǐhǎo?
(3) 衣服什么时候能洗好？

Fángjiān shénme shíhou néng dǎsǎo hǎo?
(4) 房间什么时候能打扫好？ (房间：chambre *f.* 打扫：nettoyer)

4. 再过一个月就是新年了

Zài guò wǔ tiān jiù shì wǒ de shēngrì.
(1) 再过五天就是我的生日。

Zài guò shí tiān jiù kāixué le.
(2) 再过十天就开学了。 (开学：rentrée *f.*)

Zài guò shí fēnzhōng jiù dào Guìlín le.
(3) 再过十分钟就到桂林了。

Zài guò yíhuìr jiù xiàbān.
(4) 再过一会儿就下班。 (下班：quitter le bureau)

5. 这个月五号以前要付房租

Zhège xīngqītiān wǒ yào qù gōngsī.
(1) 这个星期天我要去公司。

Xià ge xīngqī wǒ yào chūchāi.
(2) 下个星期我要出差。

Tā yào dòng shǒushù.
(3) 他要动手术。 (动手术：faire une opération)

Sān diǎn yǐqián yào dào jīchǎng.
(4) 三点以前要到机场。 (机场：aéroport *m.*)

☆　词　语 (Vocabulaire)　☆

1.	zǎoshang 早上	(名)	le petit matin	
2.	shàngwǔ 上午	(名)	matin *m.*	
3.	zhōngwǔ 中午	(名)	midi *m.*	
4.	xiàwǔ 下午	(名)	après-midi *m.*	
5.	báitiān 白天	(名)	jour *m.*	
6.	bàngwǎn 傍晚	(名)	la fin de l'après-midi	
7.	wǎnshang 晚上	(名)	soir *m.*	
8.	bànyè 半夜	(名)	en pleine nuit	
9.	qiántiān 前天	(名)	avant-hier *m.*	
10.	hòutiān 后天	(名)	après demain	
11.	xīngqīyī 星期一	(名)	lundi *m.*	
12.	xīngqī'èr 星期二	(名)	mardi *m.*	
13.	xīngqīsān 星期三	(名)	mercredi *m.*	
14.	xīngqīsì 星期四	(名)	jeudi *m.*	
15.	xīngqīwǔ 星期五	(名)	vendredi *m.*	
16.	xīngqīliù 星期六	(名)	samedi *m.*	
17.	xīngqītiān/rì 星期天/日	(名)	dimanche *m.*	
18.	shàng ge xīngqī 上个星期		la semaine dernière	
19.	zhège xīngqī 这个星期		cette semaine	
20.	xià ge xīngqī 下个星期		la semaine prochaine	
21.	shàng ge yuè 上个月		le mois dernier	
22.	zhège yuè 这个月		ce mois	
23.	xià ge yuè 下个月		le mois prochain	
24.	yuèchū 月初	(名)	le début du mois	
25.	yuèzhōng 月中	(名)	le milieu du mois	
26.	yuèdǐ 月底	(名)	la fin du mois	
27.	qùnián 去年	(名)	l'année dernière	
28.	jīnnián 今年	(名)	cette année	
29.	míngnián 明年	(名)	l'année prochaine	
30.	niánchū 年初	(名)	le commencement de l'année	
31.	niándǐ 年底	(名)	la fin de l'année	
32.	jiérì 节日	(名)	fête *f.*	
33.	yǐhòu 以后	(名)	plus tard	
34.	jìniànrì 纪念日	(名)	anniversaire *m.*	

☆　练　习 (Exercices)　☆

一、替换练习（Refaites les phrases en utilisant les expressions suivantes）

1. 我这个月五号以前要付房租。
   - 十一点以前　回家
   - 国庆节以后　去美国出差
   - 年底　给他答复
   - 新年以前　离开中国

2. 再过一个月就是新年了。
   - 两天　我的生日
   - 十天　我们的结婚纪念日

三个星期　　中秋节(Zhōngqiū Jié)
四分钟　　八点

二、对下列画线部分提问(Posez la question sur la partie soulignée)
1. 李平打算下星期三回国。
2. 他是一九七九年生的。
3. 王老师的儿子是今年五月来上海的。
4. 卡耶(Kǎyē)先生二十号出发。

三、选择正确的词语(Choisissez le bon mot)
1. 36 小时是________。
   A. 一天半　B. 一半天　C. 一个半天
2. 14 天是________。
   A. 二个星期　B. 两个星期　C. 二星期
3. 100 天是________。
   A. 三多月　B. 三月多　C. 三个多月
4. 400 天是________。
   A. 一年多　B. 一多年　C. 一个多年

四、会话(Conversation)
于雪来：你们是什么时候来上海的？
安　妮：我先生来中国已经三年了。我是上个月来上海的。
于雪来：你的汉语很好啊。你学了多久？
安　妮：在法国学了一年多。
于雪来：下星期我们打算去西安(Xī'ān)旅游。
安　妮：去多久？
于雪来：去四五天。你准备什么时候回法国？
安　妮：准备下个月底回去。
于雪来：明天是星期天，我们带(dài/emmener)孩子去公园(gōngyuán/parc *m.*)好吗？
安　妮：好的。几点出门？
于雪来：早上九点在公寓(gōngyù/résidence *f.*)门口(ménkǒu/entrée *f.*)等(děng/attendre)。

☆ 练习答案(Corrigés) ☆

二、1. 李平打算什么时候回国？
  2. 他是哪年生的？
  3. 王老师的儿子是几月来上海的？
  4. 卡耶先生几号出发？
三、1. A　2. B　3. C　4. A

6 Zài Shípǐndiàn 在 食品店 AU MAGASIN D'ALIMENTATION

1. A: Nín yào mǎi shénme?
   您 要 买 什么？ — Que désirez-vous?

   B: Zhè zhǒng nǎitáng duōshao qián yì jīn?
   这 种 奶糖 多少 钱 一 斤[注1]？ — Combiença coûte, ce bonbon au lait?

   A: Èrshíwǔ kuài (yì jīn).
   二十五 块 （一 斤）。 — 50 yuans (le kilo).

   B: Zhè zhǒng ne?
   这 种 呢？ — Et celui-ci, c'est combien?

   A: Èrshíbā kuài (yì jīn).
   二十八 块 （一 斤）。 — 56 yuans (le kilo).

   B: Gè yào yì jīn.
   各 要 一 斤。 — J'en voudrais 500 grammes de chaque sorte.

   A: Yígòng wǔshísān kuài. (Nín de qián) zhèng hǎo.
   一共 五十三 块。（您 的 钱） 正 好。 — Ça fait 53 yuans. (Ce que vous me payez), c'est bon.

2. A: Yì píng kělè duōshao qián?
一 瓶 可乐 多少 钱? — Une bouteille de Coca, ça fait combien?

B: Liù kuài qián (yì píng).
六 块 钱(一 瓶)。 — 6 yuans (la bouteille).

A: Yào liǎng píng.
要 两 瓶。 — J'en voudrais 2 (bouteilles).

B: (Qǐng fù) shí'èr kuài. Shōu nín shíwǔ kuài, zhǎo nín sān kuài.
(请 付)十二 块。收 您 十五 块,找 您 三 块。 — (Veuillez payer) 12 yuans. Voilà 15 yuans et je vous rends la monnaie 3 yuans.

3. A: Zhè shì shénme?
这 是 什么? — Qu'est-ce que c'est?

B: Wǔxiāngdòu, shì Shànghǎi tèchǎn.
五香豆, 是 上海 特产。 — Du Wu Xiang Dou, une spécialité de Shanghai.

A: Duōshao qián yì bāo?
多少 钱 一 包? — Combien coûte le paquet?

B: Shí kuài (yì bāo).
十 块(一 包)。 — 10 yuans (le paquet).

A: Yào wǔ bāo.
要 五 包。 — Je voudrais en prendre 5 paquets.

B: (Shōu nín) yìbǎi kuài. Zhè shì zhǎotou, qǐng diǎ yíxià.
(收 您)一百 块。这 是找头, 请 点 一下。 — Bon, voici 100 yuans et voici la monnaie. Veuillez vérifier si c'est bon.

Hái yào béi de ma?
还 要 别 的 吗? — Et avec ceci?

A: Gòu le, jiù mǎi zhèxiē.
够 了,就[注2] 买 这些。 — Merci! Ça va.

☆ 注 释(Notes) ☆

1. 口语中"500 克(kè)"说"一斤"。"斤、块、瓶、包"是量词。
   En langue parlée, on dit «一斤» pour « 500 grammes ». «斤,块,瓶,包» sont des mots pour indiquer l'unité.
2. "就"在这里表示限定范围。
   «就» ici veut dire la limite: seulement.

☆ 句型提示(Références des phrases-types) ☆

1. 您要买什么? — 请参看 332 页句型 83。

2. 这种呢？　请参看 302 页句型 19。
3. 一瓶可乐多少钱？　请参看 297 页句型 12。
4. 够了，就买这些。　请参看 379 页句型 181。

☆　词语用法举例（Exemples de certaines expressions）　☆

1. 您要买什么

(1) Nǐ yào chī Zhōngguócài ma?
你 要 吃 中国菜 吗？（吃：manger）

(2) Nǐ yào kàn diànshì ma?
你 要 看 电视 吗？（电视：télévision *f.*）

(3) Wǒ yào qù Xī'ān wán.
我 要 去 西安 玩。（玩：voyager）

(4) Mèimei yào dào wàimian qù wán.
妹妹 要 到 外面 去 玩。（外面：dehors）

(5) Wǒ yào mǎi zhège.
我 要 买 这个。

2. 各要一斤

(1) Qiānbǐ hé máobǐ gè yào liǎng zhī.
铅笔 和 毛笔 各 要 两 支。（铅笔：crayon *m.*　毛笔：pinceau *m.*）

(2) Píjiǔ hé pútáojiǔ gè mǎile sì píng.
啤酒 和 葡萄酒 各 买了 四 瓶。（啤酒：bière *f.*）

(3) Měi rén gè yào yì wǎn fàn.
每 人 各 要 一 碗 饭。

(4) Měi yàng gè ná liǎng tào.
每 样 各 拿 两 套。（套：un spécificatif）

3. 请点一下

(1) Qǐng diǎn yíxià chūxí de rénshù.
请 点 一下 出席 的 人数。

(2) Qǐng diǎn yíxià xíngli.
请 点 一下 行李。（行李：bagage *m.*）

(3) Wǒ diǎnguo le, xíngli dōu qí le.
我 点过 了，行李 都 齐 了。（齐：présent,e）

(4) Zhè shì yìqiān kuài, wǒ diǎnguo le.
这 是 一千 块，我 点过 了。

4. 就买这些

(1) Xíngli jiù fàng zài zhèli ba.
行李 就 放 在 这里 吧。（放：mettre）

(2) Jiù zài zhèli tíngchē ba.
就 在 这里 停车 吧。（停车：garer）

Nǐ jiù zài jiā wán ba.
(3) 你就在家玩吧。

Wǒ jiù zài ménkǒu děng nǐ.
(4) 我就在门口等你。

☆ 词　语 (Vocabulaire) ☆

1.	mǎi dōngxi 买东西		faire des achats	2.	yǐnliào 饮料	(名)	boisson *f.*
3.	kāishuǐ 开水	(名)	l'eau bouillante	4.	lěngkāishuǐ 冷开水	(名)	l'eau bouillie
5.	kuàngquánshuǐ 矿泉水	(名)	l'eau minérale	6.	hóngchá 红茶	(名)	le thé noir
7.	lǜchá 绿茶	(名)	le thé vert	8.	mòlìhuāchá 茉莉花茶	(名)	le thé au jasmin
9.	lóngjǐngchá 龙井茶	(名)	le Longjing (thé)	10.	wūlóngchá 乌龙茶	(名)	le Wulong (thé)
11.	kāfēi 咖啡	(名)	café *m.*	12.	niúnǎi 牛奶	(名)	lait *m.*
13.	suānniúnǎi 酸牛奶	(名)	yaourt *m.*	14.	chéngzhī 橙汁	(名)	le jus d'orange
15.	miànbāo 面包	(名)	pain *m.*	16.	dàngāo 蛋糕	(名)	gateau *m.*
17.	diǎnxin 点心	(名)	patisserie *f.*	18.	huāshēngtáng 花生糖	(名)	le bonbon aux cacahouètes
19.	shuǐguǒtáng 水果糖	(名)	bonbon *m.*	20.	qiǎokèlì 巧克力	(名)	chocolat *m.*
21.	mìjiàn 蜜饯	(名)	les fruits confits	22.	fēngmì 蜂蜜	(名)	miel *m.*
23.	huángyóu 黄油	(名)	beurre *m.*	24.	guǒjiàng 果酱	(名)	confiture *f.*
25.	guàntou 罐头	(名)	la boîte de conserve	26.	kè 克	(量)	gramme *m.*

☆ 练　习 (Exercices) ☆

一、完成对话 (Complétez les conversations)

1. A: ______________________?
   B: 我要牛奶、橙汁和可乐。
   A: 您要买多少?
   B: ______________________买两瓶。
2. A: 这种蛋糕______________________?
   B: 三块两毛。
   A: 我要四块。
   B: 好的，______________________十二块八。还要别的吗?

A：______________。给你二十块。
B：______________七块两毛。

二、替换练习（Refaites les phrases en utilisant les expressions suivantes）

1. 这种奶糖多少钱一斤？	面包	个（量词）	
	矿泉水	瓶	
	罐头	罐（量词）	
	点心	盒（hé，量词）	
	饮料	杯（bēi，量词）	
2. 奶糖和水果糖各要一斤。	牛奶	酸奶	两瓶
	咖啡	红茶	一杯
	龙井茶	乌龙茶	一包
	杯子（verre *m.*）	碗（wǎn/bol *m.*）	五个

三、请用汉语说（Dites en chinois）

2.40 元　　344.55 元　　7.50 元　　12003 元

四、会话（Conversation）

于雪来：安妮，你去哪儿？
安　妮：我去买牛奶。
于雪来：我也要买，我们一起（yìqǐ/ensemble）去吧。
安　妮：好啊。昨天在你家吃的蛋糕很好吃。是在哪里买的？
于雪来：在前面那家面包店买的。你看，那个就是。
（到了面包店）
售货员：你要买什么？
安　妮：要一个这种蛋糕。多少钱？
售货员：八块五。这种小饼干（bǐnggān/biscuit *m.*）很好吃。您要吗？
安　妮：好吧。多少钱一袋（dài，量词）？
售货员：九块两毛。
安　妮：小于，你不买吗？
于雪来：我家里有（yǒu/avoir）面包了。今天不买。
安　妮：就买这些，一共十七块七毛，给你。
售货员：正好。谢谢。

☆ 练习答案（Corrigés） ☆

一、1. A：　您要买什么　B：　各
　　2. A：　多少钱一块　B：　一共　A：　不要了　B：　找您

三、两元四角/两块四毛；　三百四十四元五角五分/三百四十四块五毛五；
　　七元五角/七块五；　一万两千零三元/一万两千零三块。

7 Zài Shuǐguǒdiàn 在水果店 CHEZ LE MARCHAND DE FRUITS

Zhè lí kàn shangqu búcuò, tián bu tián?
A：这梨看上去不错，甜不甜？
Ces poires semblent pas mal, elles sont assez douces?

Zhè shì zhèngzōng Tiānjīn yālí, yòu tián yòu xiāng.
B：这是正宗天津鸭梨，又甜又香。
Elles sont à la fois douces et parfumées. Ce sont bien les poires juteuses de Tianjin.

Duōshao qián yì jīn?
A：多少钱一斤？
Combien ça coûte?

Shí kuài (qián) sān jīn.
B：十块（钱）三斤。
10 yuans pour un kilo et demi.

Kěyǐ tiāo ma?
A：可以挑吗？
Je pourrais choisir?

Qǐng suíbiàn tiāo ba.
B：请随便挑吧。
Oui, comme vous voulez.

Jiù yào zhèxiē.
A：就要这些。
Voilà.

Sì jīn liù liǎng, zài jiā yí ge, mǎi wǔ jīn, hǎo ma?
B：四斤六两[注1]，再加一个，买五斤，好吗？
2 kilos 300 grammes, vous voulez en prendre un peu plus pour avoir 2 kilos et demi?

Hǎo ba.
A：好吧。
D'accord.

Zhènghǎo wǔ jīn. Hái yào bié de ma? Zhè shì Huángyán mìjú, hěn xīnxiān.
B：正好五斤。还要别的吗？这是黄岩蜜橘，很新鲜。
Voilà 2 kilos et demi pile. Il vous faut autre chose? Ce sont des clémentines de Huangyan. Elles sont très fraîches.

Suān ma?
A：酸吗？
Elles ne sont pas aigres?

Bù suān. Nín xiān chángchang.
B：不酸。您先尝尝。
Pas du tout. Vous pouvez en goûter.

Bù zěnme suān, hǎochī. Yě yào wǔ jīn.
A：不怎么酸，好吃。也要五斤。
Ce n'est pas très aigre, c'est bon. Je voudrais en prendre aussi 2 kilos et demi.

Wǔ jīn bàn, kěyǐ ma?
B：五斤半，可以吗？
2 kilos 750 grammes, ça va?

Tài duō le, wǔ jīn gòu le.
A：太多了，五斤够了。
C'est trop, je ne voudrais que 2 kilos et demi.

Hǎo de. Zhènghǎo wǔ jīn. Wǔ kuài sān jīn, wǔ jīn shì bā kuài sān, yígòng èrshísì kuài jiǔ máo.
B：好的。正好五斤。五块三斤，五斤是八块三，一共二十四块九毛[注2]。
Bon, d'accord. Voilà 2 kilos et demi. 5 yuans pour un kilo et demi, et 2 kilos et demi, c'est 8,3 yuans. En tout ça fait 24 yuans 9 jiaos.

☆ 注　释(Notes) ☆

1. 口语50克说1两。
   En langue parlée on dit « 1 两» pour « 50 grammes ».
2. 人民币的计算单位是“元”、“角”、“分”。口语中常用“块”、“毛”、“分”。“毛”或“分”在最后常常省略。
   L'unité de RMB est «元,角,分». On dit «块,毛,分» en langue parlée. «毛» ou «分» est omis souvent à la fin.

☆ 句型提示(Références des phrases-types) ☆

1. 这梨看上去不错,甜不甜? 请参看 343 页句型 106。
2. 这梨看上去不错,甜不甜? 请参看 300 页句型 16。
3. 又甜又香。 请参看 389 页句型 201。
4. 可以挑吗? 请参看 292 页句型 3。
5. 请随便挑吧。 请参看 399 页句型 218。
6. 太多了,五斤够了。 请参看 369 页句型 160。

☆ 词语用法举例(Exemples de certaines expressions) ☆

1. 这梨看上去不错

(1) Zhège cài de wèidao búcuò.
这个 菜 的 味道 不错。 (菜: plat *m.*)

(2) Zhè běn xiǎoshuō hěn búcuò.
这 本 小说 很 不错。

(3) Nǐ de zhàoxiàngjī hěn búcuò.
你 的 照相机 很 不错。 (照相机: l'appareil photo)

(4) Tā de xuéxí chéngjì búcuò.
他 的 学习 成绩 不错。

2. 请随便挑吧

(1) Qǐng suíbiàn zuò ba.
请 随便 坐 吧。

(2) Wǒ zhèxiē shū, nǐ kěyǐ suíbiàn náqu kàn.
我 这些 书, 你 可以 随便 拿去 看。

(3) A: Nǐ yào hē diǎnr shénme?
你 要 喝 点儿 什么? (喝: boire)
B: Suíbiàn ba.
随便 吧。

3. 不怎么酸

(1) Jīntiān bù zěnme rè.
今天 不 怎么 热。 (热: chaud,e)

(2) Zhìliàng bù zěnme hǎo.
质量 不 怎么 好。 (质量: qualité *f.*)

(3) Zhège cài bù zěnme hǎochī.
这个 菜 不 怎么 好吃。

(4) Zhèr de jiāotōng bù zěnme fāngbiàn.
这儿 的 交通 不 怎么 方便。 (方便: pratique)

4. 五斤够了

(1) Wǒ chī yì wǎn jiù gòu le.
我 吃 一 碗 就 够 了。

(2) A：再喝一杯吧！(Zài hē yì bēi ba!)　　B：够了，谢谢。(Gòu le, xièxie.)

(3) A：买钢琴，一万块钱够吗？(Mǎi gāngqín, yíwàn kuài qián gòu ma?)（钢琴：piano *m.*）

B：够了。(Gòu le.)

☆ 词　语（Vocabulaire）☆

1.	苹果 píngguǒ	（名）	pomme *f.*	2.	梨 lí	（名）	poire *f.*
3.	香蕉 xiāngjiāo	（名）	banane *f.*	4.	桃子 táozi	（名）	pêche *f.*
5.	橘子 júzi	（名）	mandarine *f.*	6.	菠萝 bōluó	（名）	ananas *m.*
7.	西瓜 xīguā	（名）	pastèque *f.*	8.	葡萄 pútáo	（名）	raisin *m.*
9.	柿子 shìzi	（名）	kaki *m.*	10.	柠檬 níngméng	（名）	citron *m.*
11.	樱桃 yīngtáo	（名）	cerise *f.*	12.	草莓 cǎoméi	（名）	fraise *f.*
13.	栗子 lìzi	（名）	marron *m.*	14.	哈密瓜 hāmìguā	（名）	le melon de Hami
15.	香瓜 xiāngguā	（名）	melon *m.*	16.	猕猴桃 míhóutáo	（名）	kiwi *m.*
17.	芒果 mángguǒ	（名）	mangue *f.*	18.	椰子 yēzi	（名）	la noix de coco
19.	荔枝 lìzhī	（名）	litchi *m.*	20.	桂圆 guìyuán	（名）	longane *m.*
21.	橄榄 gǎnlǎn	（名）	olive *f.*	22.	杏子 xìngzi	（名）	abricot *m.*
23.	杨梅 yángméi	（名）	la fraise de Chine	24.	橙子 chéngzi	（名）	orange *f.*

☆ 练　习（Exercices）☆

一、对下列画线部分提问（Posez la question sur la partie soulignée）

1. 这哈密瓜<u>很甜</u>。
2. 香蕉<u>不怎么新鲜</u>。
3. 两斤<u>够了</u>。

二、用括号中的词语完成句子（Complétez les phrases en utilisant les mots entre parenthèses）

1. 栗子很好吃，________________吧。（随便）
2. 这是别人（biéren/d'autres personnes）的东西，不能________________。（随便）
3. 你买的荔枝________________。（看上去）

4. A：这些苹果有几斤？　　B：＿＿＿＿＿＿＿＿＿＿。（正好）
5. 我买了桃子，你＿＿＿＿＿＿＿＿＿＿。（尝尝）

三、会话（Conversation）

小　贩：新鲜的荔枝，刚从广东（Guǎngdōng）来的。
安　妮：这荔枝多少钱一斤？
小　贩：这些大（dà/grand,e）的十七块，小（xiǎo/petit,e）的十二块。
安　妮：大的看上去好一点儿。我尝尝可以吗？
小　贩：尝吧。
安　妮：不错，很甜。要一斤吧。
小　贩：这是一斤二两，可以吗？
安　妮：太多了，一斤够了。
小　贩：好吧。收您二十块，找您三块。

☆　练习答案（Corrigés）　☆

一、1. 这哈密瓜甜不甜？
　　2. 香蕉新鲜不新鲜？
　　3. 两斤够不够？/两斤够吗？

二、1. 请随便吃
　　2. 随便拿回去
　　3. 看上去不错
　　4. 正好五斤
　　5. 尝尝吧

8 Zài Càichǎng 在菜场 AUX HALLES

1. A：Zhè huángguā tǐng xīnxiān, mǎi diǎnr ba. 这黄瓜挺新鲜，买点儿吧。	Ce concombre est très frais, prenez-en.
B：Yào sān jīn. 要三斤。	Je voudrais un kilo et demi.
A：Duōle yìdiǎnr, kěyǐ ma? 多了一点儿，可以吗？	Un peu plus, ça va?
B：Duōshao? 多少？	Combien?
A：Sān jīn bàn. 三斤半。	Un kilo 750 grammes.
B：Kěyǐ. 可以。	D'accord.
A：Zhènghǎo qī kuài qián. Hái yào bié de ma? 正好七块钱。还注1要别的吗？	C'est juste 7 yuans. Ce sera tout?
B：Zài yào liǎng ge yángcōng. 再注2要两个洋葱。	Encore 2 oignons.

Zhège shì huài de, gěi wǒ huàn yí ge.
这个 是 坏 的，给 我 换 一 个。
Celui-ci n'est pas bon, donnez-moi un autre.

Yǒu qīngjiāo ma?
有 青椒 吗？
Avez-vous des poivrons verts?

Duìbuqǐ, qīngjiāo màiguāng le.
A：对不起，青椒 卖光 了。
Désolé, tout est vendu.

Zhè shì shénme yú? Shì héyú háishi hǎiyú?
2. A：这 是 什么 鱼？是 河鱼 还是 海鱼？
Je voudrais savoir de quel poisson s'agit-il? C'est du poisson d'eau douce ou de mer?

Zhè jiào lúyú, shì héyú.
B：这 叫 鲈鱼，是 河鱼。
Ça s'appelle une perche, c'est un poisson d'eau douce.

Yào yì tiáo dà de.
A：要 一 条 大 的。
J'en voudrais une grande.

Wǔshí kuài yì jīn, yòu dà yòu xīnxiān de xiā!
3. A：五十 块 一 斤，又 大 又 新鲜 的 虾！
100 yuans le kilo, ces crevettes sont grandes et fraîches!

Tài guì le, piányi diǎnr, sìshíwǔ kuài ba.
B：太 贵 了，便宜 点儿，四十五 块 吧。
C'est trop cher. Moins cher, ça va? 90 yuans le kilo?

Bú guì de. Hǎo ba, sìshíbā kuài, zěnmeyàng?
A：不 贵 的。好 吧，四十八 块，怎么样？
Non, ce n'est pas cher. 96 le kilo, si vous voulez.

Wǒ qiántiān mǎi yě shì sìshíwǔ kuài.
B：我 前天 买 也 是 四十五 块。
J'en ai acheté à 90 yuans avant-hier.

Hǎo ba, piányi diǎnr màigěi nǐ. Yào duōshao?
A：好 吧，便宜 点儿 卖给 你。要 多少？
Bon, je vous les vends bon marché. Combien en voulez-vous?

Yào yì jīn.
B：要 一 斤。
500 grammes.

☆　注　释(Notes)　☆

1. “还”在这里表示范围的扩大。
«还» veut dire ici « encore ».
2. “再”在这里表示完成一个动作以后，将重复这个动作。例如：“再去一次”、“再吃一碗”、“再看一遍”。
«再» signifie ici la répétition d'une action. Par exemple：«再去一次(aller encore une fois)»，«再吃一碗(prendre encore un bol)»，«再看一遍(regarder encore un fois)».

☆　句型提示(Références des phrases-types)　☆

1. 这黄瓜挺新鲜。　　　请参看 370 页句型 163。
2. 再要两个洋葱。　　　请参看 372 页句型 168。
3. 青椒卖光了。　　　请参看 349 页句型 120。

☆　词语用法举例(Exemples de certaines expressions)　☆

1. 正好七块钱

(1) Tǐzhòng zhènghǎo yìbǎi jīn.
体重 正好 一百 斤。

(2) Tā lái de shíhou zhènghǎo qī diǎn.
他 来 的 时候 正好 七 点。

(3) Wǒ de gōngzī zhènghǎo liǎngqiān kuài.
我 的 工资 正好 两千 块。　(工资：salaire *m.*)

(4) Yǒu sān zhāng piào, zhènghǎo měi rén yì zhāng.
有 三 张 票， 正好 每 人 一 张。　(张：un spécificatif
票：ticket *m.*)

2. 还要别的吗

(1) Wǒ hái yào yì jīn qíncài.
我 还 要 一 斤 芹菜。

(2) Tā hái dǎsuan qù Àodàlìyà.
他 还 打算 去 澳大利亚。

(3) Wǒ hái yào zài kàn yí cì.
我 还 要 再 看 一 次。

(4) Lǐ Yǒng hái huì Fǎyǔ.
李 勇 还 会 法语。　(法语：français *m.*)

3. 再要两个洋葱

(1) Gēn wǒ zài dú yí cì.
跟 我 再 读 一 次。　(跟：suivre　读：lire)

Zài gěi wǒ yì bēi.
(2) 再 给 我 一 杯。

Jīnnián wǒ dǎsuan zài qù yí cì Huáng Shān.
(3) 今年 我 打算 再 去 一 次 黄 山。

Mèimei zhǔnbèi zài mǎi yí jiàn dàyī.
(4) 妹妹 准备 再 买 一 件 大衣。（大衣：manteau *m.*）

4. 要一条大的

Wǒ yào hóng de.
(1) 我 要 红 的。

Tā xǐhuan xián de.
(2) 他 喜欢 咸 的。（咸：salé, e）

Cháng de guì, duǎn de piányi.
(3) 长 的 贵， 短 的 便宜。（长：long, longue 短：court, e）

Dà de hǎokàn, xiǎo de bù hǎokàn.
(4) 大 的 好看， 小 的 不 好看。（好看：beau, bel, belle/joli, e）

☆ 词 语 (Vocabulaire) ☆

1.	fānqié/xīhóngshì 番茄/西红柿	(名)	tomate *f.*	2.	qīngcài 青菜	(名)	des légumes verts
3.	luóbo 萝卜	(名)	navet *m.*	4.	húluóbo 胡萝卜	(名)	carotte *f.*
5.	bōcài 菠菜	(名)	épinards *m. pl*	6.	yángbáicài/juǎnxīncài 洋白菜/卷心菜	(名)	chou *m.*
7.	tǔdòu 土豆	(名)	la pomme de terre	8.	huánggguā 黄瓜	(名)	concombre *m.*
9.	dōngguā 冬瓜	(名)	gourde *f.*	10.	yángcōng 洋葱	(名)	oignon *m.*
11.	sǔn 笋	(名)	la pousse de bambou	12.	qīngjiāo 青椒	(名)	le poivron vert
13.	làjiāo 辣椒	(名)	piment *m.*	14.	huācài 花菜	(名)	chou-fleur *m.*
15.	mógu 蘑菇	(名)	champignon *m.*	16.	xiānggū 香菇	(名)	champignon parfumé
17.	qíncài 芹菜	(名)	céleri *m.*	18.	jiǔcài 韭菜	(名)	la ciboule chinoise
19.	qiézi 茄子	(名)	aubergine *f.*	20.	máodòu 毛豆	(名)	le soja frais
21.	biǎndòu 扁豆	(名)	haricot *m.*	22.	dāodòu 刀豆	(名)	le haricot vert
23.	dòuyá 豆芽	(名)	le germe de soja	24.	jiāngdòu 豇豆	(名)	dolic *m.*
25.	lián'ǒu 莲藕	(名)	la racine de lotus	26.	yùtou 芋头	(名)	taro *m.*
27.	dòufu 豆腐	(名)	le fromage de soja	28.	dòufugān 豆腐干	(名)	le fromage de soja dur

29. 葱 cōng （名） ciboule *f.*

30. 姜 jiāng （名） gingembre *m.*

31. 大蒜 dàsuàn （名） ail *m.*

32. 鱼 yú （名） poisson *m.*

33. 虾 xiā （名） crevette *f.*

34. 螃蟹 pángxiè （名） crabe *m.*

☆ 练 习(Exercices) ☆

一、替换练习(Refaites les phrases en utilisant les expressions suivantes)

1. 这番茄多少钱一斤？

花菜	斤
青菜	把(bǎ，量词)
豆腐	盒(hé，量词)
豆腐干	块(kuài，量词)

2. 再要两个 洋葱。

三只(zhī，量词)	螃蟹
一块	姜
一把	葱
三个	胡萝卜
一条(tiáo，量词)	鱼
半个	冬瓜

二、用括号中的词语完成句子(Complétez les phrases en utilisant les mots entre parenthèses)

1. A：有蘑菇吗？ B：对不起，________________。(动词＋光)
2. A：香蕉呢？ B：昨天________________。(动词＋光)
3. 这个土豆太小，________________。(换)
4. 这个番茄不红，________________。(换)

三、对画线部分提问(Posez la question sur la partie soulignée)

1. 这是鲈鱼。
2. 这是韭菜。
3. 虾十八块钱一斤。
4. 这菠菜很新鲜。

四、会话(Conversation)

安　妮：大闸蟹(dàzháxiè/le crabe de Shanghai)多少钱一斤？

小　贩：六十块。你要多少？

安　妮：六十块，太贵了。上星期买是五十二块。

小　贩：货色(huòsè/qualité *f.*)不一样，这些好。你看这只，又大又肥(féi/gras,se)。

安　妮：五十二块吧。

小　贩：你多买就便宜一点儿。要多少？

安　妮：两斤。
小　贩：五十五块吧，怎么样？
安　妮：好吧，可以挑吗？
小　贩：随便挑。都是好的。
安　妮：这些够了。
小　贩：这些不到两斤，再加一只吧。
安　妮：好吧。那只太小，换一只吧。
小　贩：好的。

☆　练习答案(Corrigés)　☆

二、1. 蘑菇卖光了
　　2. 吃光了
　　3. 给我换个大的
　　4. 给我换个红的
三、1. 这是什么鱼？
　　2. 这是什么菜？
　　3. 虾多少钱一斤？
　　4. 这菠菜新鲜吗？

9 Zài Chāoshì 在超市 AU SUPERMARCHÉ

A：	Huānyíng guānglín. 欢迎光临注。	Bonjour!
B：	Nǎli yǒu lánzi? 哪里有篮子？	Bonjour! Où peut-on trouver un panier?
A：	Nàli yǒu lánzi hé shǒutuīchē. 那里有篮子和手推车。	Il y a des paniers et des chariots là-bas.
B：	Zhèli de shāngpǐn néng bu néng dǎ zhékòu? 这里的商品能不能打折扣？	Est-ce que vous soldez des marchandises?
A：	Zhèli de shāngpǐn bù néng jiǎnjià. Xiàwǔ liù diǎn yǐhòu miànbāo dǎ bā zhé. 这里的商品不能减价。下午六点以后面包打八折。	Non. Mais on fait une remise de 20% sur le pain à partir de 18 heures.
B：	Qǐngwèn, xiāmi fàng zài nǎr? 请问，虾米放在哪儿？	Excusez-moi, où je pourrais trouver des crevettes sèches décortiquées?

(Zài) qiánmian. A：（在） 前面。	Allez en avant.
Cháyè zài nǎr? B：茶叶 在 哪儿？	Et le thé?
Zài yòumian de jiàzi shang. A：在 右面 的 架子 上。	À droite, dans le rayon.
Zài nǎr fù qián? B：在 哪儿 付 钱？	Où dois-je payer?
Qǐng dào shōukuǎnchù fù qián. A：请 到 收款处 付 钱。	À la caisse.
Yígòng yìbǎi wǔshísān kuài. C：一共 一百 五十三 块。	Ça fait 153 yuans en tout.
Shōu nín liǎngbǎi kuài. Yǒu sān kuài qián ma? 收 您 两百 块。有 三 块 钱 吗？	C'est 200 yuans, avez-vous la monnaie?
Yǒu de. B：有 的。	Oui, voilà.
Zhèyàng, wǒ zhǎo nín wǔshí kuài. C：这样， 我 找 您 五十 块。	Merci, je vous rends la monnaie 50 yuans.
Zhèli de dōngxi bǐjiào piányi. B：这里 的 东西 比较 便宜。	Les marchandises au supermarché se vendent bon marché.
Huānyíng zài lái. C：欢迎 再 来。	Au revoir.

☆ 注 释(Note) ☆

"光临"是"来"的敬语。

«光临 honorer un endroit de votre présence » est l'expression de politesse pour dire « venir ».

☆ 句型提示(Références des phrases-types) ☆

1. 虾米放在哪儿？ 请参看 351 页句型 124。
2. 茶叶在哪儿？ 请参看 303 页句型 23。

☆ 词语用法举例(Exemples de certaines expressions) ☆

1. 下午六点以后面包打八折

   Kěyǐ dǎ diǎnr zhékòu ma?
   (1) 可以 打 点儿 折扣 吗？

Bā zhé màigěi nǐ ba.
（2）八 折 卖给 你 吧。

Huànjì jiǎnjià, quánbù dǎ liù zhé.
（3）换季 减价，全部 打 六 折。（换季：le changement de saisons）

Chāiqiān jiǎnjià, quánbù wǔ zhé.
（4）拆迁 减价，全部 五 折。（拆迁：démolir et déménager）

2. 这里的东西比较便宜

Zhèr bǐjiào ānjìng.
（1）这儿 比较 安静。（安静：tranquille）

Pǔdōng de fāzhǎn bǐjiào kuài.
（2）浦东 的 发展 比较 快。

Chéng dìtiě bǐjiào kuài.
（3）乘 地铁 比较 快。

Lǐ Zhìgāng de Rìyǔ bǐjiào liúlì.
（4）李 志刚 的 日语 比较 流利。（流利：couramment）

☆ 词　语（Vocabulaire）☆

1.	jiǔ 酒	（名）	vin *m.*	2.	yán 盐	（名）	sel *m.*
3.	yóu 油	（名）	huile *f.*	4.	jiàngyóu 酱油	（名）	la sauce de soja
5.	làjiàngyóu 辣酱油	（名）	la sauce de soja piquante	6.	làjiàng 辣酱	（名）	la pate de soja pimentée
7.	cù 醋	（名）	vinaigre *m.*	8.	táng 糖	（名）	sucre *m.*
9.	hújiāo 胡椒	（名）	poivre *m.*	10.	jièmo 芥末	（名）	moutarde *f.*
11.	máyóu 麻油	（名）	l'huile de sésame	12.	gālí 咖喱	（名）	curry *m.*
13.	wèijīng 味精	（名）	le glutamate de mono sodium	14.	shēngfěn 生粉	（名）	fécule *f.*
15.	jīdàn 鸡蛋	（名）	œuf *m.*	16.	jī 鸡	（名）	poulet *m.*
17.	yā 鸭	（名）	canard *m.*	18.	zhūròu 猪肉	（名）	porc *m.*
19.	niúròu 牛肉	（名）	bœuf *m.*	20.	huǒtuǐ 火腿	（名）	jambon *m.*
21.	xiāngcháng 香肠	（名）	saucisse *f.*	22.	zhàcài 榨菜	（名）	des légumes salés
23.	zǐcài 紫菜	（名）	l'algue comestible	24.	huāshēng 花生	（名）	cacahouète *f.*
25.	hóngzǎo 红枣	（名）	le jujube rouge	26.	liánzǐ 莲子	（名）	la graine de lotus
27.	huángdòu 黄豆	（名）	soja *m.*	28.	hétao 核桃	（名）	noix *f.*

☆ 练 习(Exercices) ☆

一、对画线部分提问(Posez la question sur la partie soulignée)

1. 这里的东西不能减价。
2. 在这里买面包可以打八五折。
3. 奶粉(nǎifěn/le lait en poudre)放在左边的架子上。
4. 这里有龙井、乌龙茶和茉莉花茶。

二、替换练习(Refaites des phrases en utilisant les expressions suivantes)

1. 在收款处付钱。	超市	买东西
	办公室	工作
	咖啡馆	跟朋友见面
	家里	学习汉语
2. 虾米放在架子上。	鸡蛋	冰箱(bīngxiāng/réfrigérateur *m.*)里
	青菜	篮子里
	苹果	桌子(zhuōzi/table *f.*)上
	酱油	厨房(chúfáng/cuisine *f.*)里

三、会话(Conversation)

于雪来:安妮,这里有篮子。

安　妮:我要买的东西比较多,有手推车吗?

于雪来:那里有。在大超市里东西的品种(pǐnzhǒng/variété *f.*)比较多。

安　妮:在超市买东西不用(búyòng/pas nécessaire de)说话(shuōhuà/parler),只用手(yòngshǒu/avec la main)拿就可以了。

于雪来:哈哈(hāha)。

安　妮:请问,调料(tiáoliào/assaisonnement *m.*)在哪儿?

服务员:在那边第三(dì-sān/le troisième)个架子上。

于雪来:安妮,刚才(gāngcái/tout à l'heure)你说(shuō/parler)了汉语!

安　妮:真的(zhēn de/c'est vrai)! 还是(háishi/encore)要说汉语啊。

☆ 练习答案(Corrigés) ☆

一、1. 这里的东西能不能减价?
2. 在这里买面包能打折吗? /在这里买面包能打几折?
3. 奶粉放在哪里? /奶粉放在什么地方?
4. 这里有什么茶叶?

10　Chéng Chūzū Qìchē 乘 出租 汽车　PRENDRE LE TAXI

1\. A：Nín (yào) qù nǎr?
您（要）去哪儿？ — Où allez-vous?

B：(Wǒ yào dào) Wàitān.
（我要到）外滩。 — Je vais sur le Bund (à Waitan).

A：(Shì) Nánjīng Lù Wàitān ma?
（是）南京路外滩吗？ — C'est sur la rue de Nanjing?

B：Shì de.
是的。 — Oui.

(Qǐng) xiàng zuǒ zhuǎn.
（请）向左转。 — Tournez à gauche.

Jiù zài zhèli tíngchē ba.
就在这里停车吧。 — Arrêtez-vous ici.

2\. A：Wǒ yào qù Huáihǎi Xīlù,
我要去淮海西路， — Je voudrais aller à l'ouest de la rue Huaihai,

Xīnhuá Lù fùjìn.
新华路附近。 — près de la rue de Xinhua.

B：Hǎo de, qǐng jìhǎo ānquándài.
好的，请系好安全带。 — OK, attachez votre ceinture, s'il vous plaît.

A：(Qǐng) xiàng yòu guǎi, ránhòu
（请）向右拐，然后 — Tournez à droite, et puis conduisez tout droit.

yìzhí xiàng qián kāi.
一直向前开。

Guòle qiánmian de shízì lùkǒu 过了 前面 的 十字 路口 tíngchē ba. 停车 吧。	Après le carrefour, arrêtez-vous.
Nín yòng xiànjīn (fù) háishi B：您 用 现金（付）还是 yòng kǎ? 用 卡？	Vous payez en liquide ou par carte de transport en public?
(Wǒ yòng) xiànjīn (fù). A：（我 用） 现金（付）。	En liquide.
Xiān qù Gǔběi Xīnqū, wǒ jiē 3. A：先 去 古北 新区，我 接 ge péngyou zài qù Shànghǎi 个 朋友， 再 去 上海 Zhíwùyuán. 植物园。	D'abord, allez au nouveau quartier Gubei pour chercher un ami, et puis, au jardin botanique de Shanghai.
Hǎo de, zhīdao le. B：好 的， 知道 了。	OK, j'ai compris.
Zài nà zuò dàlóu qiánmian A：在 那 座 大楼 前面 tíngchē. 停车。	Arrêtez devant le bâtiment, s'il vous plaît.
(Qǐng) zài zhèli děng yíxià. （请） 在 这里 等 一下。	Attendez-moi quelques instants, s'il vous plaît.
Wǒ yǒu jíshì, (qǐng) kāi 4. A：我 有 急事，（请） 开 (de) kuài diǎnr. （得）快 点儿。	J'ai une affaire urgente. Accélérez, s'il vous plait.
(Wǒ) jǐnliàng gǎn ba. B：（我） 尽量注 赶 吧。	J'essaie de mon mieux.
Wǒ yǐjing wǎn le, kěyǐ kāi 5. A：我 已经 晚 了，可以 开 de kuài diǎnr ma? 得 快 点儿 吗？	Je suis déjà en retard. Pourriez-vous conduire plus vite?
Nín chéng jǐ diǎn de fēijī? B：您 乘 几 点 的 飞机？	Quelle est l'heure de départ de votre vol?
Jiǔ diǎn yí kè. Láibují A：九 点 一 刻。来不及 le ba? 了 吧？	9:15. Je vais le rater?

Fàngxīn ba, láidejí.
B：放心 吧，来得及。 Ne vous inquiétez pas, on va arriver à l' heure.

(Qǐng) zhùyì ānquán.
A：（请）注意 安全。 Attention à la sécurité.

Jīchǎng dào le. (Chēfèi shì) Wǔshí'èr kuài. Zhè shì fāpiào. Bié wàngle nín de dōngxi.
B：机场 到 了。（车费 是）五十二 块。这 是 发票。别 忘了 您 的 东西。 On arrive à l'aéroport. Ça fait 52 yuans. Voilà la facture. N'oubliez pas vos affaires.

☆ 注　释（Note） ☆

"尽量"表示在一定的范围内尽力达到最大的限度。

«尽量»：faire quelque chose avec tous ses efforts, du mieux possible. Par exemple：

Wǒ jǐnliàng zǎo diǎnr qù.
（1）我 尽量 早 点儿 去。 Je partirai le plus tôt possible.

Qǐng nǐ jǐnliàng cānjiā.
（2）请 你 尽量 参加。 Faites tout votre possible pour être présent, s'il vous plaît.

☆ 句型提示（Références des phrases-types） ☆

1. 请向左转。 请参看 364 页句型 150。
2. 先去古北新区，我接个朋友，再去上海植物园。 请参看 390 页句型 203。
3. 请开得快点儿。 请参看 345 页句型 112。

☆ 词语用法举例（Exemples de certaines expressions） ☆

1. 我要去淮海路，新华路附近

Shípǐndiàn zài Liánhuá Chāoshì fùjìn.
（1）食品店 在 联华 超市 附近。

Wǒ jiā zhù zài Guótài Diànyǐngyuàn fùjìn.
（2）我 家 住 在 国泰 电影院 附近。（电影院：cinéma *m.*）

Chāoshì fùjìn yǒu yínháng.
（3）超市 附近 有 银行。

Zhèr fùjìn yǒu yīyuàn ma?
（4）这儿 附近 有 医院 吗？（医院：hôpital *m.*）

2. 尽量赶吧

Jǐnliàng zǎo diǎnr chūfā ba.
（1）尽量 早 点儿 出发 吧。

Jǐnliàng kuài diǎnr kāishǐ gōngzuò ba.
（2）尽量 快 点儿 开始 工作 吧。

Jīntiān jǐnliàng duō zuò diǎnr ba.
（3）今天 尽量 多 做 点儿 吧。

Nǐ zhīdao de jǐnliàng gàosu wǒ.
（4）你 知道 的 尽量 告诉 我。

3. 尽量赶吧

Wǒ jiǔ diǎn qián gǎndào gōngsī le.
（1）我 九 点 前 赶到 公司 了。

Tā zài fēijī qǐfēi qián gǎndào jīchǎng le.
（2）他 在 飞机 起飞 前 赶到 机场 了。 （起飞：décoller）

Tā cóng Běijīng gǎnlai cānjiā huìyì.
（3）他 从 北京 赶来 参加 会议。

Wǒ yào gǎn qī diǎnzhōng de huǒchē, bù chī zǎofàn le.
（4）我 要 赶 七 点钟 的 火车，不 吃 早饭 了。（火车：train *m.*）

4. 来不及了吧

Kuài zǒu ba, láibují le.
（1）快 走 吧，来不及 了。

Xiànzài qù yǐjīng láibují le.
（2）现在 去 已经 来不及 了。

Zhǐ yǒu èrshí fēnzhōng, láibují chī zǎofàn le.
（3）只 有 二十 分钟，来不及 吃 早饭 了。

Zǒulù qù láibují le.
（4）走路 去 来不及 了。

5. 放心吧，来得及

Màn diǎnr zǒu, láidejí.
（1）慢 点儿 走，来得及。（慢：lentement）

Xiànzài chūfā láidejí.
（2）现在 出发 来得及。

Hái yǒu yí ge xiǎoshí, láidejí.
（3）还 有 一 个 小时，来得及。

Chéng chē qù dehuà láidejí.
（4）乘 车 去 的话 来得及。

6. 请注意安全

Qǐng zhùyì xiūxi, bié tài lèi le.
（1）请 注意 休息，别 太 累 了。（累：fatigué，e）

Yào zhùyì yíngyǎng.
（2）要 注意 营养。 （营养：nutrition *f.*）

Lǎorén yào zhùyì tiānqì biànhuà, jiājiǎn yīfu.
（3）老人 要 注意 天气 变化，加减 衣服。

（4）下雨路滑，请注意！
Xià yǔ lù huá, qǐng zhùyì!

☆ 词 语（Vocabulaire）☆

1.	红绿灯 hónglǜdēng	（名）	les feux de circulation	2.	红灯 hóngdēng	（名）	le feu rouge
3.	绿灯 lǜdēng	（名）	le feu vert	4.	马路 mǎlù	（名）	rue *f.*
5.	公路 gōnglù	（名）	route *f.*	6.	高速公路 gāosù gōnglù	（名）	autoroute *f.*
7.	街 jiē	（名）	rue *f.*	8.	人行横道 rénxíng héngdào	（名）	trottoir *m.*
9.	高架路 gāojiàlù	（名）	viaduc *m.*	10.	天桥 tiānqiáo	（名）	passerelle *f.*
11.	停车场 tíngchēchǎng	（名）	parking *m.*	12.	交通警察 jiāotōng jǐngchá	（名）	l'agent de circulation
13.	巡警 xúnjǐng	（名）	agent de police	14.	交通堵塞 jiāotōng dǔsè		embouteillage *m.*
15.	过马路 guò mǎlù		traverser la rue	16.	叫车 jiào chē		appeler un taxi
17.	起步费 qǐbùfèi	（名）	le tarif de départ	18.	掉头 diàotóu	（动）	se retourner
19.	倒车 dàochē	（动）	faire marche arrière	20.	汽油 qìyóu	（名）	essence *f.*
21.	加油 jiāyóu	（动）	faire le plein d'essence	22.	超车 chāochē	（动）	doubler une voiture

☆ 练 习（Exercices）☆

一、替换练习（Refaites des phrases en utilisant les expressions suivantes）

1. 请开得快点儿。	走	慢	
	说	清楚（qīngchu/clairement）	
	唱（chàng/chanter）	大声（dàshēng/ à haute voix）	
	洗（xǐ/laver）	干净（gānjìng/proprement）	
2. 乘几点的飞机？	坐	早上十点半	火车
	看	晚上八点一刻	电影
	听（tīng/écouter）	七点半	新闻（xīnwén/nouvelle *f.*）
	乘	四点半	飞机
3. 向左拐。	右	转	
	前	走	
	东（dōng/l'est）	开	
	上	看	

二、用括号中的词语完成句子（Complétez les phrases en utilisant les mots entre parenthèses）

1. 师傅，我要迟到（chídào/être en retard）了，请____________________。（尽量）
2. A：现在去火车站吗？　　B：不，____________________。（先……再）
3. A：要转弯（zhuǎnwān/tourner）吗？　　B：不，____________________。（一直）
4. 八点钟上班，现在已经七点三刻了，____________________。（来不及）

三、回答问题（Répondez aux questions suivantes）

1. 法国的高速公路怎么样？
2. 在中国你自己开车吗？
3. 你出去常坐出租车吗？

四、会话（Conversations）

于雪来：师傅，到延安（Yán'ān）路，江苏（Jiāngsū）路附近。
司　机：好，请系好安全带。
于雪来：师傅，能开得快点儿吗？我们有急事。
安　妮：六点钟能到吗？
司　机：六点钟来得及。过了这个路口（lùkǒu/le coin de rue），我们就上高架。上了高架就快了。
安　妮：上海交通堵塞厉害（lìhai/grave）吗？
于雪来：上下班时间比较堵。

于雪来：向左拐。在这里停车吧。
司　机：好，车费是十四块。
于雪来：师傅，给你。
司　机：谢谢，别忘了你们的东西。
安　妮：再见。

☆ 练习答案（Corrigés） ☆

二、1. 尽量开（得）快点儿
　　2. 先去超市买些东西再去火车站
　　3. 一直向前走
　　4. 来不及了

11 Chéng Gōnggòng Qìchē 乘公共汽车 PRENDRE L'AUTOBUS

1. A：Qǐngwèn, dào Nánpǔ Dàqiáo zuò jǐ lù chē?
请问，到南浦大桥坐几路[注1]车？
Excusez-moi, quel bus arrive au pont de Nanpu?

B：(Chéng) sìshísān lù, dào zhōngdiǎn jiù xíng le.
（乘）四十三路，到终点就行了。
Le numéro 43, allez jusqu'au terminus.

A：Hái yào huàn chē ma?
还要换车吗？
Est-ce qu'il faut changer de bus?

B：Búyòng le.
不用了。
Non.

A：Sìshísān lù chēzhàn zài nǎli?
四十三路车站在哪里？
Où est l'arrêt du numéro 43?

B：Guòle zhè tiáo mǎlù, xiàng zuǒ yì guǎi jiù shì.
过了这条马路，向左一拐就是。
Traversez cette rue, tournez à gauche, et vous y êtes.

2. A：Qù Yángpǔ Dàqiáo chéng zhè lù chē duì ma? 去杨浦大桥乘这路车对吗？	Ce bus va au pont de Yangpu?
B：Duì, shàng chē ba. 对，上车吧。	Oui, montez.
A：Chēpiào duōshao qián? 车票多少钱？	C'est combien?
B：Liǎng kuài. 两块。	2 yuans.
Yángpǔ Dàqiáo dào le, qǐng xià chē. 杨浦大桥到了，请下车。	On arrive au pont de Yangpu, vous pouvez descendre.
3. A：Qù Huádōng Shīfàn Dàxué chéng shénme chē hǎo? 去华东师范大学乘什么车好？	On prend quel bus pour aller à l'École normale supérieure de Huadong?
B：Xiān chéng jiǔshísān lù, dào Tiánlín Lù, zài huàn èr'èrsì lù ba. 先乘九十三路，到田林路，再换二二四路吧。	D'abord, prenez le 93 jusqu'à la rue de Tianlin, et puis changez pour la ligne 224.
4. A：Dào Jiāotōng Dàxué hái yǒu jǐ zhàn? 到交通大学还有几站？	Il nous reste combien d'arrêts pour arriver à l'Université des Communications?
B：Hái yǒu sān zhàn. 还有三站。	Encore 3 arrêts.
A：(Rúguǒ) dào le, (jiù) qǐng gàosu wǒ yì shēng. （如果）到了，（就）请告诉我一声注2。	Signalez-moi quand on arrive.
B：Xià yí zhàn shì Jiāotōng Dàxué, xià chē de chéngkè qǐng zhǔnbèi. 下一站是交通大学，下车的乘客请准备。	Le prochain arrêt est l'Université des Communications. Apprétez-vous à descendre.
A：Duìbuqǐ, qǐng ràng yi ràng. 对不起，请让一让。	Excusez-moi, laissez-moi passer.

5. A：下一站是静安寺吗？
Xià yí zhàn shì Jìng'ān Sì ma?
Le prochain arrêt est le Temple bouddhiste de Jing'An?

B：静安寺还没到。
Jìng'ān Sì hái méi dào.
Non, pas encore.

6. A：我们坐公共汽车去吧。
Wǒmen zuò gōnggòng qìchē qù ba.
Allons-y en autobus.

B：到那儿很近，坐公共汽车不如走路。
Dào nàr hěn jìn, zuò gōnggòng qìchē bùrú zǒulù.
Ce n'est pas loin du tout. C'est mieux d'y aller à pied plutôt qu'en bus.

☆ 注　释(Notes) ☆

1. "路"指公共汽车的行车路线。
«路» est la ligne d'un autobus.
2. "声"是量词,表示声音发出的次数。
«声» est un spécificatif pour marquer la fréquence de dire.

☆ 句型提示(Références des phrases-types) ☆

1. 不用了。　　请参看 333 页句型 86。
2. 向左一拐就是。　　请参看 392 页句型 206。
3. (如果)到了,(就)请告诉我一声。　　请参看 394 页句型 210。
4. 坐公共汽车不如走路。　　请参看 326 页句型 73。

☆ 词语用法举例(Exemples de certaines expressions) ☆

1. 到终点就行了

(1) 到那儿很近，走路去就行了。
Dào nàr hěn jìn, zǒulù qù jiù xíng le.

(2) 前面有地铁站，乘地铁去就行了。（地铁：métro *m.*）
Qiánmian yǒu dìtiězhàn, chéng dìtiě qù jiù xíng le.

(3) 报纸放在这儿就行了。（报纸：journal *m.*）
Bàozhǐ fàng zài zhèr jiù xíng le.

Zhè jiàn shì, wǒ yí ge rén zuò jiù xíng le.
(4) 这件事，我一个人做就行了。

2. 还要换车吗

Chéng chē dào zhōngdiǎnzhàn, hái yào zǒu shí fēnzhōng.
(1) 乘车到终点站，还要走十分钟。

Xiàle bān hái yào kāihuì.
(2) 下了班还要开会。

Zuòle fàn hái yào xǐ yīfu.
(3) 做了饭还要洗衣服。

Qùle yínháng hái yào qù càichǎng.
(4) 去了银行还要去菜场。

3. 去杨浦大桥乘这路车对吗

Nǐ shì Fǎguórén, duì ma? Duì.
(1) A：你是法国人，对吗？ B：对。

Zhège zì zhèyàng xiě, duì bu duì? Bú duì.
(2) A：这个字这样写，对不对？ B：不对。

4. 上车吧

Dàjiā dōu shàng chē le.
(1) 大家都上车了。

Lǐ Mín shàng fēijī le.
(2) 李民上飞机了。

Tā shàngle chuán jiù shuìjiào.
(3) 他上了船就睡觉。

Huǒchē yào kāi le, wǒmen shàng chē ba.
(4) 火车要开了，我们上车吧。

5. (如果)到了，(就)请告诉我一声

Yǒu shénme yào bāngmáng de, qǐng shuō yì shēng.
(1) 有什么要帮忙的，请说一声。

Nǐ zǒu de shíhou, qǐng gàosu wǒ yì shēng.
(2) 你走的时候，请告诉我一声。

Nǐ míngtiān qǐchuáng de shíhou, jiào wǒ yì shēng.
(3) 你明天起床的时候，叫我一声。 (叫：appeler)

Nǐ hǎn yì shēng, wǒ jiù huì lái de.
(4) 你喊一声，我就会来的。 (喊：crier)

☆　词　语(Vocabulaire)　☆

1.	无人售票车 wúrén shòupiàochē	(名)	l'autobus sans receveur	2.	起点站 qǐdiǎnzhàn	(名)	station de départ
3.	终点站 zhōngdiǎnzhàn	(名)	terminus *m.*	4.	头班车 tóubānchē	(名)	le premier bus
5.	末班车 mòbānchē	(名)	le dernier bus	6.	上下车门 shàngxià chēmén	(名)	la porte du bus
7.	车内广播 chēnèi guǎngbō	(名)	la radio dans l'autobus	8.	司机 sījī	(名)	chauffeur *m.*
9.	售票员 shòupiàoyuán	(名)	receveur,euse	10.	急刹车 jíshāchē	(动)	freiner brutalement
11.	高峰时间 gāofēng shíjiān	(名)	les heures d'affluence	12.	自行车 zìxíngchē	(名)	vélo *m.*
13.	摩托车 mótuōchē	(名)	moto *f.*	14.	小客车 xiǎokèchē	(名)	minibus *m.*
15.	卡车 kǎchē	(名)	camion *m.*	16.	车祸 chēhuò	(名)	l'accident de la route
17.	交通事故 jiāotōng shìgù	(名)	l'accident de la circulation	18.	(拥)挤 (yōng)jǐ	(形)	encombré,e
19.	坐过站 zuòguòzhàn		rater l'arrêt	20.	挤 jǐ	(动)	bousculer

☆　练　习(Excercices)　☆

一、对画线部分提问(Posez la question sur la partie soulignée)

1. 去鲁迅(Lǔ Xùn)公园坐<u>十八路</u>车。
2. 二十路车的终点站在<u>中山(Zhōngshān)公园</u>。
3. 到交通大学的乘客请在<u>徐家汇(Xújiāhuì)站</u>下车。
4. 还有<u>一</u>站就到体育馆(tǐyùguǎn)了。
5. 二二四路<u>不到</u>火车站。
6. 末班车是<u>晚上十点半</u>。

二、回答问题(Répondez aux questions suivantes)

1. 你在中国坐过公共汽车吗?
2. 法国人上班坐公共汽车吗?
3. 法国的公共汽车拥挤吗?
4. 巴黎的地铁怎么样?

三、会话(Conversation)

安　妮:小于,我们坐出租车吧。

于雪来:不用。公共汽车很方便,不用换车。

安　妮:人多吗?

于雪来：现在是中午，车上不会挤。
安　妮：车站远吗？
于雪来：就在前面。
安　妮：车来了。
于雪来：这是无人售票车，从前门上。
安　妮：这儿有座位（zuòwèi/place *f.*）。我们坐几站？
于雪来：四站。在法国，你常（cháng/souvent）坐公共汽车吗？
安　妮：不常坐。我常常坐地铁、出租车。
于雪来：下一站就到了。
安　妮：对不起，请让一下。

☆ 练习答案（Corrigés） ☆

一、1. 去鲁迅公园坐几路车？
2. 二十路车的终点站在什么地方？
3. 到交通大学在哪个站下车？
4. 到体育馆还有几站？
5. 二二四路车到不到火车站？/二二四路车到火车站吗？
6. 末班车是几点钟？

12 Wèn Lù 问路 DEMANDER SON CHEMIN

1. A：Qǐngwèn, dào Yǒuyì Shāngdiàn zěnme zǒu?
请问，到友谊商店怎么走？
Excusez-moi, le grand magasin de Youyi, s'il vous plaît?

B：Yìzhí wǎng qián zǒu.
一直往前走。
Allez tout droit.

2. A：Qǐngwèn, Dì-yī Bǎihuò Shāngdiàn zài nǎr?
请问，第一百货商店在哪儿？
Excusez-moi, où est le magasin No. 1?

B：Jiù zài qiánmian, guòle shízì lùkǒu jiù shì.
就在前面，过了十字路口就是。
Allez tout droit, passez le carrefour, et vous ne le manquerez pas.

3. A：Qù Shànghǎi Shāngchéng shì wǎng yòu guǎi ma?
去上海商城是往右拐吗？
Pour aller au centre commercial de Shanghai (Shanghai Shangcheng), il faut tourner à droite?

	B：Xià ge guǎijiǎo wǎng yòu jiù shì. 下个拐角往右就是。	Oui, tournez à droite au prochain croisement.
4.	A：Xīnhuá Shūdiàn zài nàbian ma? 新华书店在那边吗？	La librairie de Xinhua est par là?
	B：Shì, wǎng qián zǒu yìdiǎnr, yǒu ge yóujú, yóujú de pángbiān jiù shì. 是，往前走一点儿，有个邮局，邮局的旁边就是。	Oui, marchez un peu et vous allez voir un bureau de poste. C'est juste à côté.
5.	A：Qǐngwèn, qù Shànghǎi Túshūguǎn, zǒu zhè tiáo lù duì ma? 请问，去上海图书馆，走这条路对吗？	Excusez-moi, cette rue conduit à la bibliothèque de Shanghai?
	B：Duì, dào hónglǜdēng nàr zài xiàng zuǒ guǎi. 对，到红绿灯那儿再向左拐。	Oui, tournez à gauche au feu de signalisation.
	A：Lí zhèr yuǎn ma? 离这儿远吗？	C'est loin?
	B：Bú tài yuǎn, zǒu shí fēnzhōng zuǒyòu jiù dào le. 不太远，走十分钟左右就到了。	Pas très loin, 10 minutes de marche environ.
6.	A：Pǔdōng lí zhèr yuǎn ma? 浦东离这儿远吗？	Est-ce que Pudong est loin d'ici?
	B：Yuǎnzhe ne. 远着呢。	Oui, très loin.
7.	A：Duìbuqǐ, qù Jìng'ān Sì gāi zěnme zǒu? 对不起，去静安寺该注怎么走？	Excusez-moi, le Temple bouddhiste de Jing'An, s'il vous plaît?
	B：Qǐng kàn zhè zhāng dìtú. 请看这张地图。	Regardez ce plan.
	A：Qǐng nǐ gěi wǒ huà yì zhāng jiǎndān de lùxiàntú. 请你给我画一张简单的路线图。	Dessinez-moi un itinéraire simple, s'il vous plaît.

Hǎo ba. Dì-èr ge shízì lùkǒu wǎng zuǒ guǎi.
B：好吧。第二个十字路口往左拐。
D'accord. Tournez à gauche au deuxième carrefour.

Duìbuqǐ, wǒ mílù le. Zhè shì shénme dìfang?
8. A：对不起，我迷路了。这是什么地方？
Excusez-moi, je me suis perdu. Ici, c'est où?

Zhè shì Yán'ān Dōnglù, nǐ yào qù nǎr?
B：这是延安东路，你要去哪儿？
C'est la rue Yan'An. Où allez-vous?

Wǒ xiǎng qù Rénmín Guǎngchǎng.
A：我想去人民广场。
Je voudrais aller à la Place du Peuple.

Wǒ yě qù Rénmín Guǎngchǎng, yìqǐ zǒu ba.
B：我也去人民广场，一起走吧。
J'y vais aussi. Allons-y ensemble.

Dìtiězhàn shì zài qiánmian ma?
9. A：地铁站是在前面吗？
S'il vous plaît, la station du métro est par là?

Duìbuqǐ, wǒ yě bù zhīdao, nǐ wènwen biéren ba.
B：对不起，我也不知道，你问问别人吧。
Désolé, je ne sais pas non plus. Demandez à quelqu'un d'autre.

☆ 注　释(Note) ☆

"该"表示按照情理或习惯必须怎么做。

«该» veut dire « il faut faire quelque chose d'après les règles ou l'habitude ». Par exemple :

Yǐjīng jiǔ diǎn le, gāi qù gōngsī le.
(1) 已经九点了，该去公司了。
Il est déjà 9 heures. Il faut aller à la compagnie.

Yǐjīng shí'èr diǎn le, nǐ gāi shuìjiào le.
(2) 已经十二点了，你该睡觉了。 Il est déjà minuit. Il faut se coucher.

☆ 句型提示(Références des phrases-types) ☆

1. 到友谊商店怎么走？　请参看 298 页句型 14。
2. 浦东离这儿远吗？　请参看 360 页句型 142。
3. 请你给我画一张简单的路线图。　请参看 320 页句型 59。

☆ 词语用法举例(Exemples de certaines expressions) ☆

1. 到友谊商店怎么走

(1) Zhège yīn zěnme fā?
这个音怎么发?

(2) Zhège zì zěnme xiě?
这个字怎么写?

(3) Zhège cài zěnme zuò?
这个菜怎么做?

(4) Qiánbāo diū le, zěnme bàn?
钱包丢了,怎么办? (钱包: bourse *f.* 丢了: perdre 办: faire)

2. 过了十字路口就是

(1) Guò mǎlù shí yào zǒu héngdàoxiàn.
过马路时要走横道线。

(2) Guòle Nánpǔ Dàqiáo jiù dào le.
过了南浦大桥就到了。

(3) Guò liǎng-sān tiān nín zài lái kànkan ba.
过两三天您再来看看吧。

(4) Guò jǐ tiān zài shuō ba.
过几天再说吧。

3. 到红绿灯那儿再向左拐

(1) Wǒ zài shízì lùkǒu nàr děng nǐ.
我在十字路口那儿等你。

(2) Wǒ gāng cóng Wáng lǎoshī nàr lái.
我刚从王老师那儿来。

(3) Xiǎo Lǐ nàr yǒu Shànghǎi dìtú.
小李那儿有上海地图。

(4) Tā nàr yǒu hǎochī de.
他那儿有好吃的。

4. 离这儿远吗

(1) Zhèr lí jīchǎng hěn jìn.
这儿离机场很近。

(2) Pǔdōng lí zhèr hěn yuǎn.
浦东离这儿很远。

(3) Wǒ jiā lí gōngsī hěn jìn.
我家离公司很近。

(4) Xuéxiào lí wǒ jiā bù yuǎn.
学校离我家不远。

5. 走十分钟左右就到了

Wǒ zài Rìběn zhùle sān nián zuǒyòu.
（1）我 在 日本 住了 三 年 左右。

Měi ge yuè de shuǐfèi yào yìbǎi kuài zuǒyòu.
（2）每 个 月 的 水费 要 一百 块 左右。（水费：frais d'eau）

Tā wǔshí suì zuǒyòu.
（3）他 五十 岁 左右。（岁：an *m.*）

Zhè suǒ xuéxiào yǒu liǎngbǎi rén zuǒyòu.
（4）这 所 学校 有 两百 人 左右。

☆ 词 语（Vocabulaire） ☆

1.	qián 前	（名）	avant *m.*	2.	hòu 后	（名）	arrière *m.*
3.	zuǒ 左	（名）	gauche *f.*	4.	yòu 右	（名）	droite *f.*
5.	dōng 东	（名）	est *m.*	6.	nán 南	（名）	sud *m.*
7.	xī 西	（名）	ouest *m.*	8.	běi 北	（名）	nord *m.*
9.	wàimian 外面	（名）	extérieur *m.*	10.	lǐmian 里面	（名）	intérieur *m.*
11.	duìmiàn 对面	（名）	en face	12.	pángbiān 旁边	（名）	côté *m.*
13.	lùkǒu 路口	（名）	le coin de rue	14.	rénxíngdào 人行道	（名）	trottoir *m.*
15.	dānxíngdào 单行道	（名）	la rue à sens unique	16.	jìnzhǐ tōngxíng 禁止 通行		passage interdit
17.	qiáo 桥	（名）	pont *m.*	18.	shízì lùkǒu 十字 路口	（名）	carrefour *m.*
19.	dīngzì lùkǒu 丁字 路口	（名）	patte-d'oie *f.*	20.	guòjiāng suìdào 过江 隧道		le tunnel sous le fleuve

☆ 练 习（Excercices） ☆

一、替换练习（Refaites les phrases en utilisant les expressions suivantes）

1. 邮局的旁边就是车站。	超级市场的左边	银行
	过了十字路口	邮局
	前面第一条马路	淮海路
	对面那座大楼	图书馆
2. 走十分钟就到邮局了。	乘地铁半个小时	到公司
	跑（pǎo/courir）几分钟	累

	学一会儿	会(pouvoir)
	坐飞机两个小时	到日本
3. 邮局离这儿很远。	体育馆	非常远
	地铁站	不太远
	车站	很近

二、用括号中的词语完成句子（Complétez les phrases en utilisant les mots entre parenthèses）

1. A：去体育馆怎么走？　B：____________________。（一直）
2. A：哪儿有超市？　B：____________________。（往）
3. A：菜场远吗？　B：____________________。（离）
4. 你去哪儿？我们____________________。（一起）
5. 晚上十点了，孩子____________________。（该）

三、会话（Converstions）

安　妮：请问，2号楼在哪儿？
路人一：对不起，我也不知道，你问问别人吧。
安　妮：去2号楼怎么走？
路人二：你到第一个路口向左转。
安　妮：谢谢。

安　妮：这是2号楼吗？
路人三：不是。你走错(cuò/se tromper)了。2号楼在那边。
安　妮：离这儿远吗？
路人三：不远了。
安　妮：啊，这个路口有指路牌(zhǐlùpái/panneau indiquant le nom de la rue)。

☆ 练习答案(Corrigés) ☆

二、1. 一直向前走　2. 往东走，前面就是　3. 菜场离这儿不太远
　4. 一起走吧　5. 该睡觉了

13 Dǎ Diànhuà 打电话[1] TÉLÉPHONER[1]

1\. A：Wèi, nǐ hǎo.
喂[注1]，你好。
Allô, bonjour.

B：Nǐ hǎo, Ābō'ěr tàitai zài jiā ma?
你好，阿波尔太太在家吗？
Bonjour, je voudrais parler à Madame Apollo?

A：Bú zài, tā chūqu le.
不在，她出去了。
Non, elle est sortie.

B：Tā shénme shíhou huílai?
她什么时候回来？
Elle revient quand?

A：Wǒ bù zhīdao, nín yǒu shénme shì?
我不知道，您有什么事？
Je ne sais pas, qu'est-ce que je peux faire pour vous?

B：Wǒ shì Lǐ Wénhuì, qǐng tā gěi wǒ huí ge diànhuà.
我是李文惠，请她给我回个[注2]电话。
C'est Li Wenhui à l'appareil, pourriez-vous lui demander de me rappeler?

Hǎo de, qǐng gàosu wǒ nín A:好的,请告诉我您	Oui, votre numéro, s'il vous plaît.
de diànhuà hàomǎ. 的电话号码。	
Liùsìsānwǔbālíng'èr, xièxie, zàijiàn. B:6435802,谢谢,再见。	64 35 802, merci et au revoir.
Wèi, Chén lǎoshī zài ma? 2. A:喂,陈老师在吗?	Allô, est-ce que je pourrais parler au professeur Chen?
Wǒ jiù shì. Nín shì nǎ wèi? B:我就是。您是哪位?	C'est lui-même. Qui est à l'appareil?
Wèi, Dīng yīshēng zài ma? 3. A:喂,丁医生在吗?	Allô, je suis bien chez le docteur Ding?
Zài, qǐng děng yíxià. B:在,请等一下。	Oui, un instant, s'il vous plaît.
Wèi, Zhāng xiānsheng zài ma? 4. A:喂,张先生在吗?	Allô, je voudrais parler à Monsieur Zhang.
Tā bú zài, guò yíhuìr zài B:他不在,过一会儿再	Désolé, il n'est pas là. Pourriez-vous rappeler
dǎlai ba. 打来吧。	plus tard?
Wèi, wǒ zhǎo Lǐ xiānsheng. 5. A:喂,我找李先生。	Allô, je voudrais parler à Monsieur Li.
Qǐng nǐ děng yíxià, bié B:请你等一下,别	Patientez et ne quittez pas.
guàduàn diànhuà. 挂断电话。	
Tā zǒukāi le, tā huílai 他走开了,他回来	Allô, il est sorti. Mais quand il revient, je vais
mǎshàng gěi nín diànhuà. 马上给您电话。	lui demander de vous rappeler tout de suite.
Wèi, nǐ shì Dàzhòng Gōngsī 6. A:喂,你注3是大众公司	Allô, est-ce que je suis bien à la Société Da
ma? 吗?	Zhong?
Bú shì, nǐ dǎcuò le. B:不是,你打错了。	Non, vous vous êtes trompé de numéro.
Wú xiānsheng, nín de diànhuà. 7. A:吴先生,您的电话。	Un appel pour vous, Monsieur Wu.

	Xièxie. B：谢谢。	Merci.
8.	Yǒu shénme shì qǐng dǎ diànhuà gěi wǒ. A：有 什么 事 请 打 电话 给 我。	Appelle-moi, si tu as besoin de moi.
	Hǎo de. B：好 的。	D'accord.
9.	Guò jǐ tiān wǒ dǎ diànhuà dáfù nǐ. A：过 几 天 我 打 电话 答复 你。	Je vais te répondre par téléphone dans quelques jours.
	Hǎo, wǒ děng nín diànhuà. B：好，我 等 您 电话。	D'accord, je l'attends.
10.	Zhè shì Huáyuán Dàshà, tīngdào líng xiǎng (yǐ) hòu, qǐng bō fēnjī hàomǎ. Cháhào qǐng bō líng. 这 是 华园 大厦，听到 铃 响（以）后，请 拨 分机 号码。查号 请 拨 零。	L'immeuble Huayuan, bonjour. Veuillez composer le numéro d'extension, et pour obtenir le standard composez le 0.
11.	Nín hǎo, zhèli shì liùsìqīsānyāowǔbā, tīngdào "bī" de yì shēng yǐhòu, qǐng liúyán. 您 好，这里 是 6 4 7 3 1 5 8，听到 "哔" 的 一 声 以后，请 留言。	Bonjour, vous êtes bien au numéro 64 73 158, laissez votre message après le « bip », merci.
12.	Duìbuqǐ, nín bō de hàomǎ shì kōnghào, qǐng cháxún. 对不起，您 拨 的 号码 是 空号，请 查询。	Pardon, le numéro que vous composez n'existe pas. Vérifiez-le, s'il vous plaît.
13.	Duìbuqǐ, nín bō de yònghù yǐ guānjī, qǐng shāohòu zài bō. 对不起，您 拨 的 用户 已 关机，请 稍后 再 拨。	Pardon, le portable de l'abonné que vous demandez est éteint, rappelez-le plus tard, s'il vous plaît.
14.	Duìbuqǐ, nín bō de yònghù 对不起，您 拨 的 用户	Pardon, le numéro que vous appelez ne

méiyǒu yìngdá.
没有 应答。　　répond pas.

☆ 注 释(Notes) ☆

1. 电话用语中,"喂"一般念"wéi"。
   «喂» se prononce « wéi » quand on fait un coup de téléphone.
2. "回个电话"是"回一个电话"的意思,动词和宾语之间的数词"一"可以省略。
   «回个电话» égale «回一个电话». On peut omettre «一» quand il est entre le verbe et le complément d'objet. Par exemple :

   Wǒ qù mǎi běn shū.
   (1) 我 去 买 本 书。 Je vais acheter un livre.

   Xiàwǔ wǒ kànle chǎng diànyǐng.
   (2) 下午 我 看了 场 电影。 J'ai vu un film cet après-midi.
3. 打电话的时候,无论询问的是人还是单位,都用"你"来称呼对方。"你"和"是"常常省略。
   Au téléphone, quel que soit l'interlocuteur, une personne ou une société, on l'appelle à la deuxième personne. Et «你» et «是» sont souvent omis. Par exemple:

   Wèi, nǐ shì Dàzhòng Gōngsī ma?
   (1) 喂, 你 是 大众 公司 吗?
   Allô, est-ce que je suis bien à la Société Da Zhong?

   Wèi, Dàzhòng Gōngsī ma?
   (2) 喂, 大众 公司 吗? Allô, la Société Da Zhong?

☆ 句型提示(Références des phrases-types) ☆

1. 阿波尔太太在家吗?　　请参看 303 页句型 23。
2. 别挂断电话。　　请参看 400 页句型 221。

☆ 词语用法举例(Exemples de certaines expressions) ☆

1. 请告诉我您的电话号码

   Qǐng gàosu Lǐ Míng xiàwǔ liǎng diǎn kāihuì.
   (1) 请 告诉 李 明 下午 两 点 开会。

   Zhè jiàn shì shì tā gàosu wǒ de.
   (2) 这 件 事 是 他 告诉 我 的。

   Zhè jiàn shì wǒ méi gàosu tā.
   (3) 这 件 事 我 没 告诉 他。

   Chēhuò de shì bié gàosu tā.
   (4) 车祸 的 事 别 告诉 她。

2. 过一会儿再打来吧

Nǐ zhème máng, wǒ guò yíhuìr zài lái ba.
(1) 你这么忙，我过一会儿再来吧。

Nǐ xiān zǒu ba, wǒ guò yíhuìr jiù lái.
(2) 你先走吧，我过一会儿就来。

Zhè zhāng bàozhǐ, wǒ hái méi kànwán, guò yíhuìr gěi nǐ.
(3) 这张报纸，我还没看完，过一会儿给你。

Gāngcái tíngdiàn le, guòle yíhuìr yòu yǒu diàn le.
(4) 刚才停电了，过了一会儿又有电了。

3. 别挂断电话

Yǔ zhème dà, bié chūqu le.
(1) 雨这么大，别出去了。

Zhèxiē píngguǒ huài le, bié chī le.
(2) 这些苹果坏了，别吃了。

Tài guì le, bié mǎi le.
(3) 太贵了，别买了。

Zài gōnggòng chǎngsuǒ bié chōuyān.
(4) 在公共场所别抽烟。（抽烟：fumer）

4. 你打错了

Wǒ xiěcuò le, zěnme bàn?
(1) 我写错了，怎么办？

Wǒ kàncuò le rìqī.
(2) 我看错了日期。

Yíngyèyuán suàncuò le, duō shōule wǒ shí kuài qián.
(3) 营业员算错了，多收了我十块钱。

Nǐ tīngcuò le, shì "yī", bú shì "qī".
(4) 你听错了，是“一”，不是“七”。

5. 听到铃响(以)后

Shōudào māma de xìn hòu, tā mǎshàng huí jiā le.
(1) 收到妈妈的信后，他马上回家了。（收到：recevoir）

Jiēdào diànhuà hòu, tā mǎshàng qù yīyuàn le.
(2) 接到电话后，他马上去医院了。

Kànle guǎnggào yǐhòu, tā jiù qù mǎi le.
(3) 看了广告以后，他就去买了。（广告：publicité *f.*）

Fàngxué yǐhòu wǒ qù mǎi dōngxi le.
(4) 放学以后我去买东西了。

☆ 词　语(Vocabulaire) ☆

1. 电话簿 (diànhuàbù)　（名）　l'annuaire du téléphone
2. 总机 (zǒngjī)　（名）　standard *m.*

3.	fēnjī 分机	（名）	extension *f.*	
4.	gōngyòng diànhuà 公用 电话	（名）	le téléphone public	
5.	tóubì diànhuà 投币 电话	（名）	le téléphone à pièce	
6.	cíkǎ diànhuà 磁卡 电话	（名）	le téléphone à carte	
7.	shǒujī 手机	（名）	le téléphone portable	
8.	chuánzhēnjī 传真机	（名）	fax *m.*	
9.	mángyīn 忙音	（名）	(la ligne est) occupée	
10.	zhànxiàn 占线	（动）	La ligne est occupée.	
11.	jiē diànhuà 接 电话		répondre au téléphone	
12.	diànhuà huài le 电话 坏 了		le téléphone en panne	
13.	guónèi chángtú diànhuà 国内 长途 电话	（名）	le téléphone interurbain	
14.	guójì chángtú diànhuà 国际 长途 电话	（名）	l'appel international	

☆ 练　习（Exercices） ☆

一、替换练习（Refaites les phrases en utilisant les expressions suivantes）

1. 请她给我回个电话。

打	个	电话
写	封（fēng，量词）	信（xìn/lettre *f.*）
泡（pào）	杯	茶（泡茶：faire du thé）
买	盒	饭

2. 过一会儿再打来吧。

过两天	去你家玩
过半个小时	休息
明天	去公园
下个星期	开会

二、用括号中的词语完成句子（Complétez les phrases en utilisant les mots entre parenthèses）

1. 这是大华公司。请______________________。（拨）
2. 他不在，请______________________。（再）
3. 他马上就来，请____________________。（别）
4. 电话铃响了，谁____________________？（接）

三、完成对话（Complétez les conversations）

1. A：喂，____？
   B：他不在，出差了。
   A：____？
   B：下星期一回来。请问您是哪位？
   A：我是____。
   B：好的，等他回来____。
2. A：（这里是）大华公司。____？
   B：我找顾宁。
   A：他走开了。____。

B：请他给我回个电话。我叫李丽平。

A：他知道________________________________吗？

B：他有我的电话号码。

3. A：你好，我是李丽平，顾宁回来了吗？

B：他回来了，________________。顾宁，来接电话。

四、会话（Conversations）

郭明明：喂？谁啊？

安　妮：是明明吗？我是安妮。你妈妈在吗？

郭明明：妈妈不在。您有什么事吗？

安　妮：我过一会儿再打来吧。

郭明明：好的。啊！等一等，妈妈回来了。妈妈，快点儿，电话！

于雪来：谁来的电话？

郭明明：是安妮阿姨（āyí/tante *f.*）

于雪来：安妮，你好。什么事啊？

安　妮：是这样。你知道音乐厅（yīnyuètīng/la salle de musique）的电话号码吗？

于雪来：我也不知道。你可以打 114 问。

安　妮：114 是什么？

于雪来：114 是电话查号台（cháhàotái/services des renseignements）。

安　妮：明白了。谢谢。

服务员：您好，这里是 114 查号台，请讲。

安　妮：我想问上海音乐厅的电话号码。

服务员：请稍等。请记录（jìlù/prendre note）：53866666。

☆　练习答案（Corrigés）　☆

二、1. 拨分机号码　　2. 过一会儿再打来

3. 别挂断电话　　4. 去接电话

三、1. A：李明在吗　他什么时候回来　王小良

B：叫他打电话给你

2. A：你找谁　请过一会儿再打来吧　你的电话号码

3. B：请你等一下

14 Dǎ Diànhuà 打电话$_2$ TÉLÉPHONER$_2$

1. A: Wèi, shì Gōngyù Guǎnlǐchù ma?
喂，是公寓管理处吗？
Allô, est-ce que je suis bien au bureau de la résidence?

B: Shì de, yǒu shénme shì ma?
是的，有什么[注]事吗？
Oui, est-ce que je peux vous aider?

A: Wǒ shì yāosìlíng'èr shì, kōngtiáo huài le, qǐng lái xiūlǐ.
我是1402室，空调坏了，请来修理。
L'air conditionné de la chambre 1402 est en panne; pourriez-vous venir le réparer?

B: Nǐmen shénme shíhou zài jiā?
你们什么时候在家？
Quand serez-vous à la maison?

A: Xiàwǔ sān diǎn yǐhòu.
下午三点以后。
Après 15 heures.

B: Hǎo de, wǒmen xiàwǔ sān diǎn qù.
好的，我们下午三点去。
D'accord, nous viendrons à cette heure-là.

2. A：	Wèi, zhèli shì Bìchún Gōngsī. 喂，这里是碧纯公司。	La Société Bichun, bonjour.
B：	Nǐ hǎo, qǐng sòng sì tǒng shuǐ lai. 你好，请送四桶水来。	Bonjour, veuillez nous envoyer 4 bidons d'eau, s'il vous plaît.
A：	Nín shì nǎli? 您是哪里？	Où habitez-vous?
B：	Xiāngshān Gōngyù sānlíngsì, wǒ xìng Lǐ. 香山公寓 304，我姓李。	J'habite la résidence Xiangshan, Appartement 304. Mon nom est Li.
A：	Míngtiān shàngwǔ shí diǎn sòngqu kěyǐ ma? 明天上午十点送去可以吗？	Nous vous en enverrons demain matin, à 10 heures. Ça vous convient?
B：	Míngtiān shàngwǔ wǒ bú zài jiā, xiàwǔ liǎng diǎn sònglai, hǎo ma? 明天上午我不在家，下午两点送来，好吗？	Non, demain matin je serai absent. À 14 heures, ce serait possible?
A：	Hǎo de. 好的。	Oui, ça marche.
3. B：	Wèi, Bìchún Gōngsī ma? 喂，碧纯公司吗？	Allô, je suis bien à la Société Bichun?
	Wǒ yùdìng de shuǐ wèi shénme hái méi sònglai? 我预订的水为什么还没送来？	Je ne sais pas pourquoi je n'ai pas encore reçu l'eau que j'ai commandée?
A：	Sòng shuǐ de chē yǐjīng chūfā le, kěnéng lù shang dǔchē, mǎshàng huì dào de. 送水的车已经出发了，可能路上堵车，马上会到的。	La voiture est déjà partie. Il y a peut-être un embouteillage en route. Elle arrive bientôt.
4. A：	Wèi, (zhèli shì) Shūcài Gōngsī, qǐng jiǎng. 喂，（这里是）蔬菜公司，请讲。	La Société des Légumes, je vous écoute.

Wǒ yào yì qiānkè fānqié、 B：我 要 一 千克 番茄、 liǎng qiānkè tǔdòu, liǎng ge 两 千克 土豆， 两 个 juǎnxīncài, qǐng sònglai. Wǒ 卷心菜， 请 送来。 我 shì Guānghuá Gōngyù liùlíngqī, 是 光华 公寓 607， wǒ shì Suǒfēi · Lābèi. 我 是 索菲·拉贝。	Je voudrais un kilo de tomates, deux kilos de pommes de terre, deux kilos de choux, envoyez-les à l'appartement 607, à la résidence Guanghua, s'il vous plaît. Je m'appelle Sophie Labbé.
Zhīdao le, jīntiān xiàwǔ sì A：知道 了，今天 下午 四 diǎn sòngqu. 点 送去。	D'accord. Nous allons les livrer à domicile à 16 heures.

☆ 注 释（Note） ☆

这里的"什么"指不肯定的事物。"什么"可以省略，句子的意思不变。
Ici,«什么» veut dire « quelque ». On peut omettre «什么» et le sens de la phrase ne change pas.

☆ 句型提示（Références des phrases-types） ☆

1. 我预订的水为什么还没送来？ 请参看 298 页句型 13。
2. 可能路上堵车。 请参看 341 页句型 101。
3. 马上会到的。 请参看 336 页句型 91。

☆ 词语用法举例（Exemples de certaines expressions） ☆

1. 空调坏了

   Xǐyījī huài le, jīntiān bù xǐ* yīfu le.
   (1) 洗衣机 坏 了，今天 不 洗 衣服 了。

   Wǒ jiā de rèshuǐqì huài le.
   (2) 我 家 的 热水器 坏 了。

   Zhèxiē xiāngjiāo huài le, bié chī le.
   (3) 这些 香蕉 坏 了，别 吃 了。

   Nàge xiǎoháir gēn huàirén xué huài le.
   (4) 那个 小孩儿 跟 坏人 学 坏 了。
   （坏人：méchant *m*. 学：apprendre/étudier）

2. 我预订的水为什么还没送来

Shí'èr diǎn le, tā hái méi shuìjiào.
(1) 十二点了，他还没睡觉。

Dōu jiǔ diǎn le, tā hái méi qǐchuáng.
(2) 都九点了，他还没起床。

Wǒ hái méi chīguo Rìběncài.
(3) 我还没吃过日本菜。

Tā dàxué hái méi bìyè.
(4) 他大学还没毕业。（毕业：terminer ses études）

3. 可能路上堵车

Míngtiān kěnéng xià yǔ.
(1) 明天可能下雨。

Qiánmian kěnéng chū jiāotōng shìgù le.
(2) 前面可能出交通事故了。

Méi jiàndào tā, kěnéng bìng le.
(3) 没见到他，可能病了。

Zhème rè, kěnéng shì kōngtiáo huài le.
(4) 这么热，可能是空调坏了。

4. 马上会到的

Míngtiān huì xià yǔ de.
(1) 明天会下雨的。

Xiàbān shíjiān gōnggòng qìchē huì hěn jǐ de.
(2) 下班时间公共汽车会很挤的。

Tā dāying le, huì lái de.
(3) 他答应了，会来的。（答应：promettre）

Jiàndào nǐ, māma huì hěn gāoxìng de.
(4) 见到你，妈妈会很高兴的。

☆ 词 语(Vocabulaire) ☆

1. diàndēng 电灯 （名） une lampe électrique
2. kāiguān 开关 （名） interrupteur *m.*
3. rèshuǐqì 热水器 （名） chauffe-bain *m.*
4. méiqìlú 煤气炉 （名） le fourneau à gaz
5. xǐyījī 洗衣机 （名） lave-linge *m.*
6. diànfànguō 电饭锅 （名） le chauffe-riz
7. wēibōlú 微波炉 （名） micro-onde *m.*
8. diànshìjī 电视机 （名） téléviseur *m.*
9. lùxiàngjī 录像机 （名） magnétoscope *f.*
10. yīnxiǎng 音响 （名） stéréo *f.*
11. diànshàn 电扇 （名） ventilateur *m.*
12. diànbīngxiāng 电冰箱 （名） réfrigérateur *f.*

13.	xīchénqì 吸尘器	（名）	aspirateur *m.*	14.	zìláishuǐ 自来水	（名）	l'eau courante
15.	shuǐguǎn 水管	（名）	le tuyau d'eau	16.	shuǐlóngtóu 水龙头	（名）	robinet *m.*
17.	zuòcè 坐厕	（名）	water-closet *m.*	18.	lòushuǐ 漏水		la fuite d'eau
19.	tíngshuǐ 停水		la coupure d'eau	20.	tíngdiàn 停电		la coupure de courant
21.	diànhuà yùdìng 电话 预订		réserver par téléphone				

☆ 练 习(Exercices) ☆

一、完成对话（Complétez les conversations）

1. A：这里是大众出租汽车公司。
   B：我要____________________。今天下午三点。
   A：您在哪里上车？
   B：__________________________。
   A：您要到哪里？
   B：__________________________。
2. A：喂，是管理处吗？
   B：是，________________________？
   A：__________________________。
   B：好的，您什么时候在家？
   A：__________________________。
3. A：是大华公司吗？
   B：不是，________________________。
   A：对不起。

二、用括号中的词语完成句子（Complétez les phrases en utilisant les mots entre parenthèses）

1. A：他会来吗？ B：雨下得很大，____________________。（不会）
2. A：他在哪儿？ B：____________________。（可能）
3. A：你去过西安吗？ B：____________________。（没）
4. A：你爸爸呢？回家了吗？ B：____________________。（还没）

三、替换练习（Refaites les phrases en utilisant les expressions suivantes）

1. 送两桶水来。

送	一张电影票
买	一斤水果
拿	啤酒

2. 送两桶水去。　　送　　电风扇
　　　　　　　　寄　　一封信
　　　　　　　　拿　　几个肉包子(ròubāozi/le pain farci à la viande)

四、会话(Conversation)

安　妮：是管理处吗？
管理处：是的。您有什么事？
安　妮：我家的水管漏了。麻烦你们来修一修。
管理处：您是……
安　妮：啊，我是4号楼302室的。
管理处：哪个地方的水管？
安　妮：厨房里的。
管理处：您今天下午在家吗？
安　妮：在的。
管理处：那么，我们两点钟去，行吗？
安　妮：好的。麻烦你们。还有，我的电话也不好。
管理处：修电话要找电信公司，您拨112吧。
安　妮：谢谢。

☆　练习答案(Corrigés)　☆

一、1. B：一辆车　大华公寓二号楼门口　浦东
　　2. B：您有什么事　A：我家门铃坏了，请来修理　下午一点以后
　　3. B：你打错了
二、1. 他不会来了
　　2. 可能在办公室
　　3. 没去过
　　4. 还没回来

15 Zài Xǐyīdiàn 在洗衣店 À LA BLANCHISSERIE

Shīfu, yǒu jǐ jiàn yīfu yào xǐ.
A：师傅，有几件衣服要洗。 Bonjour Monsieur, j'ai du linge à faire laver.

Hǎo de, shénme yīfu?
B：好的，什么衣服？ Bien, faites voir ce que c'est.

Sān jiàn chènyī, liǎng tiáo kùzi.
A：三件衬衣，两条裤子。 3 chemises et 2 pantalons. Ce serait possible

Zhè yóuzì néng bu néng qùdiào?
这油渍能不能去掉？ d'enlever cette tache d'huile?

Néng qùdiào.
B：能去掉。 Oui.

Zhè jiàn nídàyī yào gānxǐ.
A：这件呢大衣要干洗。 Pour ce manteau, nettoyage à sec, et je vou-

Zhè jiàn shàngyī qǐng yùn yíxià.
这件上衣请熨一下。 drais avoir cette veste repassée. Quand pour-

Shénme shíhou kěyǐ qǔ?
什么时候可以取？ rais-je les reprendre?

Sān tiān yǐhòu lái ba.
B：三天以后来吧。 Dans 3 jours.

Wǒ yào chūchāi, kuài diǎnr xíng ma? A：我 要 出差， 快 点儿 行 吗？	Je vais partir en mission. Plus tôt, ça va?
Nàme, hòutiān lái ba. B：那么注1， 后天 来 吧。	Dans ce cas-là, venez après-demain.
Néng bu néng zài kuài diǎnr? Wǒ děngzhe chuān ne. A：能 不 能 再注2 快 点儿？ 我 等着 穿 呢。	Pas avant? Désolé, je suis vraiment pressé.
Zuì kuài yě yào hòutiān shàngwǔ. B：最 快 也 要 后天 上午。	De toute façon, il faut absolument attendre jusqu'à après-demain matin.
Xiànzài fù qián ma? A：现在 付 钱 吗？	Je dois payer maintenant?
Qǐng xiànzài fù. Zhè shì fāpiào, qǐng shōuhǎo. Qǔ yīfu de shíhou qǐng bié wàngle dài fāpiào lai. B：请 现在 付。 这 是 发票， 请 收好。 取 衣服 的 时候 请 别 忘了 带 发票 来。	Oui. Voilà la facture, gardez-la bien. N'oubliez pas de nous l'apporter quand vous venez reprendre votre linge.

☆ 注 释(Notes) ☆

1. “那么”在这里是连词，承接上文的语意，引出表示结果的下文。口语中常说“那”。
   «那么» c'est la conjonction, qui lie deux parties de la phrase pour marquer la conséquence. On dit souvent «那» en langue parlée.
2. “再”是副词，在这里表示程度增加。
   «再» est un adverbe, il signifie ici l'augmentation de degré.

☆ 句型提示(Références des phrases-types) ☆

1. 什么衣服？ 请参看 294 页句型 6。
2. 这油渍能不能去掉？ 请参看 300 页句型 16。
3. 能去掉。 请参看 336 页句型 92。
4. 什么时候可以取？ 请参看 337 页句型 94。

☆ 词语用法举例（Exemples de certaines expressions） ☆

1. 什么时候可以取

(1) Zhè běn shū shénme shíhou kěyǐ chūbǎn?
这本书什么时候可以出版？

(2) Shénme dìfang kěyǐ mǎidào nǎilào?
什么地方可以买到奶酪？（奶酪：fromage *m.*）

(3) Shíwǔ hào de jīpiào xiànzài kěyǐ yùdìng le.
十五号的机票现在可以预订了。（机票：le billet d'avion）

(4) Wǒmen kěyǐ sònghuò shàngmén.
我们可以送货上门。（送货上门：livrer des marchandises à domicile）

2. 快点儿行吗

(1) Bāng ge máng, xíng ma?
帮个忙，行吗？

(2) Péi wǒ shàng yīyuàn, xíng ma?
陪我上医院，行吗？（陪：accompagner）

(3) Bāng wǒ jiào liàng chē, xíng ma?
帮我叫辆车，行吗？

(4) Yòng yíxià nǐ de diànhuà, xíng ma?
用一下你的电话，行吗？

3. 我等着穿呢

(1) Qǐng kuài diǎnr sòng shuǐ lai, wǒ děngzhe shāofàn ne.
请快点儿送水来，我等着烧饭呢。（烧饭：faire la cuisine）

(2) Qǐng yòng kuàijiàn jìlai, wǒ děngzhe yòng.
请用快件寄来，我等着用。（快件：exprès *m.*）

(3) Kuài qù mǎi cháyè, wǒ děngzhe pàochá ne.
快去买茶叶，我等着泡茶呢。

(4) Zhè kuài shǒubiǎo néng kuài diǎnr xiūhǎo ma? Wǒ děngzhe yòng.
这块手表能快点儿修好吗？我等着用。

4. 最快也要后天上午

(1) Zuì zǎo yě děi shí'èr tiān.
最早也得十二天。

(2) Zuì chí èrshí hào dáfù nǐ.
最迟二十号答复你。（迟：tard）

(3) Zuì shǎo yě yào yìqiān kuài.
最少也要一千块。

(4) Zuì duō gěi nǐ yìbǎi kuài.
最多给你一百块。

5. 请别忘了带发票来

(1) Xiàwǔ yào xià yǔ, bié wàngle dài yǔsǎn.
下午要下雨，别忘了带雨伞。

（2）下 车 时 别 忘了 拿 包。
Xià chē shí bié wàngle ná bāo.

（3）出门 时 别 忘了 关灯。 （关灯：éteindre la lampe）
Chūmén shí bié wàngle guāndēng.

（4）吃完 饭 别 忘了 吃 药。（吃药：prendre des médicaments）
Chīwán fàn bié wàngle chī yào.

☆ 词　语（Vocabulaire）☆

1. 熨斗 yùndǒu （名） le fer à repasser
2. 洗衣粉 xǐyīfěn （名） lessive *f.*
3. 肥皂 féizào （名） savon *m.*
4. 西服 xīfú （名） costume *m.*
5. 毛衣 máoyī （名） pull-over *m.*
6. 裙子 qúnzi （名） jupe *f.*
7. 连衣裙 liányīqún （名） robe *f.*
8. 背心 bèixīn （名） gilet *m.*
9. 睡衣 shuìyī （名） pyjama *m.*
10. 运动服 yùndòngfú （名） survêtement *m.*
11. T恤 Txù （名） T-shirt *m.*
12. 风衣 fēngyī （名） cache-poussière *m.*
13. 夹克 jiákè （名） blouson *m.*
14. 牛仔裤 niúzǎikù （名） jean *m.*
15. 滑雪衫 huáxuěshān （名） anorak *m.*
16. 游泳衣 yóuyǒngyī （名） le maillot de bain
17. 雨衣 yǔyī （名） imperméable *m.*
18. 内衣 nèiyī （名） lingerie *f.*
19. 内裤 nèikù （名） slip *m.*
20. 袜子 wàzi （名） chaussette *f.*
21. 连裤袜 liánkùwà （名） collant *m.*
22. 手帕 shǒupà （名） mouchoir *m.*
23. 围巾 wéijīn （名） écharpe *f.*
24. 丝巾 sījīn （名） foulard *m.*
25. 旗袍 qípáo （名） la robe chinoise fendue sur les côtés
26. 围裙 wéiqún （名） tablier *m.*
27. 拉链 lāliàn （名） la fermeture éclaire/la fermeture à glissière
28. 衣架 yījià （名） cintre *m.*
29. 晾 衣服 liàng yīfu faire sécher du linge
30. 晒（衣服）shài (yīfu)（动） sécher au soleil
31. 折 衣服 zhé yīfu plier du linge

☆ 练　习（Exercices）☆

一、替换练习（Refaites les phrases en utilisant les expressions suivantes）

1. 什么衣服？　　　　电影

水果(shuǐguǒ/fruit *m.*)
公司
报纸

2. <u>三天</u>以后<u>来取</u>。 一年 回国
三点钟 在家等你
来中国 看了很多中国电影
学习汉语 认识了很多中国朋友

二、用括号中的词语完成句子(Complétez les phrases en utilisant les mots entre parenthèses)

1. A:你的衣服是什么时候送来的? B:________________。(以前)
2. A:您要洗多少衣服? B:大衣和衬衣________________。(各)
3. 你买酱油回来了吗?我________________。(等着)

三、完成对话(Complétez les conversations)

1. A:这个地方脏(zāng/sale)了,能洗掉吗?
   B:________________。
   A:________________?
   B:五天以后。
2. A:什么时候可以取?
   B:________________。
   A:________________?
   B:对不起,不能更快了。

四、会话(Conversation)

服务员:雷米太太,要洗衣服吗?
安 妮:是的。这红酒(hóngjiǔ/le vin rouge)渍能洗掉吗?
服务员:红酒渍是洗不掉的。
安 妮:那怎么办?
服务员:我们试试看(shìshi kàn/essayer)吧。
安 妮:好吧。这里洗毛衣多少钱一件?
服务员:十五块钱。请您拿好发票,三天以后来取。
安 妮:好的。

☆ 练习答案(Corrigés) ☆

二、1. 是三天以前送来的 2. 各两件 3. 等着用
三、1. B:能洗掉 A:什么时候可以取
   2. B:两天以后 A:能不能快点儿

16 Zài Lǐfàdiàn 在理发店 CHEZ LE COIFFEUR

1. A：Qǐng jìn, qǐng zhèbian zuò, qǐng shāo děng yíhuìr.
请进，请这边坐，请稍等一会儿。
Bonjour, veuillez vous mettre ici. Et patientez un peu, s'il vous plaît.

B：Yào děng duō jiǔ?
要等多久？
Combien de temps faut-il attendre?

A：Dàyuē yí kè zhōng. Xíng ma?
大约一刻钟。行吗？
Environ un quart d'heure, ça va?

B：Xíng, wǒ děngzhe.
行，我等着。
Oui, ça va, je peux attendre.

2. A：Lúndào nín le, qǐng dào zhèbian lai.
轮到您了，请到这边来。
C'est votre tour, venez ici, s'il vous plaît.

B：Wǒ yào xǐtóu、chuīfēng.
我要洗头、吹风。
Je voudrais un shampooing et un brushing.

3. A：Xǐguo tóu le ma? 洗过头了吗？	Vous vous êtes lavé les cheveux?
B：Wǒ xǐguo tóu le, dān chuīfēng. 我洗过头了，单吹风。	Oui, je me suis lavé les cheveux, je voudrais seulement un brushing.
4. A：Chuīfēng ma? 吹风吗？	C'est pour un brushing?
B：Dān xǐtóu jiù kěyǐ le, búyòng chuīfēng. 单洗头就可以了注，不用吹风。	Non, pas de brushing. Un shampooing seulement.
A：Qǐng bǎ yǎnjìng zhāi xialai。 请把眼镜摘下来。	Enlevez vos lunettes, s'il vous plaît.
5. A：(Nín yào) jiǎn shénme yàngzi? （您要）剪什么样子？	Vous voulez quelle coupe?
B：Hé xiànzài yíyàng. (Qǐng) jiǎn de duǎn yìdiǎnr. 和现在一样。（请）剪得短一点儿。	La même, mais plus court.
A：Yào xiāobáo yìxiē ma? 要削薄一些吗？	Voulez-vous que je désépaississe?
B：Nǐ kànzhe bàn ba. 你看着办吧。	Comme vous voulez.
6. A：Jīntiān shì jiǎn tóufa háishi tàng tóufa? 今天是剪头发还是烫头发？	Aujourd'hui, vous voulez avoir une coupe simple ou une permanente?
B：Yào jiǎn tóufa。(Qǐng) bié jiǎn de tài duǎn. Shāowēi xiū yíxià jiù kěyǐ le. 要剪头发。（请）别剪得太短。稍微修一下就可以了。	Je voudrais une coupe. Mais ne coupez pas trop court. Il suffit d' égaliser les cheveux.
7. A：Wǒ yào tàng tóufa. 我要烫头发。	Je voudrais me faire faire une permanente.
B：Nín yào tàng shénme fàxíng? 您要烫什么发型？	Quelle permanente voulez-vous?

Nǐ gěi wǒ shèjì ba.
A：你 给 我 设计 吧。 Je vous prie de m'en faire une.

Wǒ xiǎng rǎn tóufa.
8. A：我 想 染 头发。 Je voudrais me faire teindre les cheveux.

Rǎn shénme yánsè?
B：染 什么 颜色？ Quelle couleur vous préférez?

Rǎn hēisè.
A：染 黑色。 Noir.

Zhèyàng, nín mǎnyì ma?
B：这样， 您 满意 吗？ Voilà. Vous êtes satisfait?

Hěn hǎo.
A：很 好。 Oui, très bien.

☆ 注　释(Note) ☆

“就可以了”或者“就行了”表示达到这种程度就够了。

«就可以了» ou «就行了» veut dire que ça va déjà très bien/ qu'il suffit de ... Par exemple：

Dài wǔbǎi kuài qù jiù xíng le.
(1) 带 五百 块 去 就 行 了。
Il suffit d'apporter 500 yuans.（Ça ira avec 500 yuans.）

Zhè jiàn shì wǒmen liǎng ge rén zuò jiù xíng le.
(2) 这 件 事 我们 两 个 人 做 就 行 了。
Nous deux sommes assez pour faire cela.（Pour cette affaire, nous deux, ça va.）

☆ 句型提示(Références des phrases-types) ☆

1. 我洗过头了。 请参看 309 页句型 36。
2. 请把眼镜摘下来。 请参看 327 页句型 74。
3. 请把眼镜摘下来。 请参看 356 页句型 134。
4. 和现在一样 请参看 368 页句型 159。
5. 请剪得短一点儿。 请参看 345 页句型 112。

☆ 词语用法举例(Exemples de certaines expressions) ☆

1. 请把眼镜摘下来

Qǐng bǎ chuāng dǎkāi.
(1) 请 把 窗 打开。（窗：fenêtre *f.*）

Qǐng bǎ tóufa jiǎnduǎn.
(2) 请 把 头发 剪短。

Tā bǎ tóufa tàng le.
(3) 她 把 头发 烫 了。

Dìdi bǎ bēizi dǎsuì le.
(4) 弟弟 把 杯子 打碎 了。(打碎: briser/casser)

Mèimei bǎ qiǎokèlì chīguāng le.
(5) 妹妹 把 巧克力 吃光 了。

Nǐ bǎ zhè bēi jiǔ hēle ba.
(6) 你 把 这 杯 酒 喝了 吧。

2. 你看着办吧

Jīnwǎn yǒu sì ge péngyou lái, yào mǎi duōshao cài, nǐ kànzhe bàn ba.
(1) 今晚 有 四 个 朋友 来, 要 买 多少 菜, 你 看着 办 吧。

Mǎi shénme huā hǎo, nǐ kànzhe bàn ba.
(2) 买 什么 花 好, 你 看着 办 吧。

Xiǎoháir de dōngxi, nǐ kànzhe mǎi ba.
(3) 小孩儿 的 东西, 你 看着 买 吧。

Zhǐ yǒu zhème yìdiǎnr qián, nǐ kànzhe yòng ba.
(4) 只 有 这么 一点儿 钱, 你 看着 用 吧。

3. 别剪得太短

Yán bié fàng de tài duō.
(1) 盐 别 放 得 太 多。

Jiǔ bié hē de tài duō.
(2) 酒 别 喝 得 太 多。

Ròu bié shāo tài jiǔ.
(3) 肉 别 烧 太 久。(烧: cuire)

Chá bié pào tài nóng.
(4) 茶 别 泡 太 浓。(浓: épais, aisse)

☆ 词 语 (Vocabulaire) ☆

1.	lǐfàdiàn 理发店	(名)	le salon de coiffure
2.	měiróngyuàn 美容院	(名)	le salon de beauté
3.	lǐfàshī 理发师	(名)	coiffeur, se
4.	jiǎn tóufa 剪 头发		couper les cheveux
5.	zuò tóufa 做 头发		s'occuper des cheveux
6.	jiǎfà 假发	(名)	perruque *f.*
7.	jiǎndāo 剪刀	(名)	ciseaux *m. pl.*
8.	shūzi 梳子	(名)	peigne *m.*
9.	shūtóu 梳头	(动)	se peigner
10.	zhào jìngzi 照 镜子		se regarder dans une glace
11.	xǐfàshuǐ 洗发水	(名)	shampooing *m.*
12.	xiāngbō 香波	(名)	shampooing *m.*
13.	xiāngzào 香皂	(名)	savonnette *f.*
14.	yānzhi 胭脂	(名)	fard *m.*

15.	chúngāo 唇膏	（名）	le rouge à lèvres	16.	kǒuhóng 口红	（名）	le rouge à lèvres
17.	xiāngshuǐ 香水	（名）	parfum *m.*	18.	dìngxíngshuǐ 定型水	（名）	laque *f.*
19.	hùfūshuāng 护肤霜	（名）	crème *f.*	20.	hùfàsù 护发素	（名）	après-shampooing
21.	zā biànzi 扎 辫子		tresser des cheveux	22.	liú liúhǎir 留 刘海儿		porter une frange

☆ 练　习(Exercices) ☆

一、替换练习（Refaites les phrases en utilisant les expressions suivantes）

1. 轮到<u>你</u> <u>洗头</u>了。

他	讲故事(gùshi/histoire *f.*)
李丽平	请客(qǐngkè/inviter)
日本队(duì/équipe *f.*)	发球(fāqiú/servir la balle)
你	读

2. <u>剪</u>得<u>短</u>一点儿。

削	薄
染	黄
烫	卷(juǎn/frisé,e)

二、用括号中的词语完成句子（Complétez les phrases en utilisant les mots entre parenthèses）

1. 我不要套餐(tàocān/menu *m.*)，＿＿＿＿＿＿＿＿＿＿。（单）
2. 买这样的衣服不用一百块＿＿＿＿＿＿＿＿＿＿。（就可以了）
3. 这是我的电话号码，有什么事＿＿＿＿＿＿＿＿＿＿。（就行了）
4. A：面条里要不要放辣椒？　　B：＿＿＿＿＿＿＿＿＿＿。（稍微）
5. 不要剪得太短，＿＿＿＿＿＿＿＿＿＿。（稍微）

三、把下列句子变成疑问句(Transformez les phrases suivantes en phrases interrogatives)

1. 我要烫头发。
2. 我要剪到耳朵(ěrduo/oreille *f.*)。
3. 我不要削薄。
4. 这个发型很好看。

四、会话（Conversations）

洗头小姐：您好。洗头吗？
安　　妮：是的。还要剪一下。
洗头小姐：好。您用哪种洗发水？
安　　妮：我习惯(xíguàn/s'habituer)用欧莱雅(Ōuláiyǎ)的。
洗头小姐：去冲洗(chōngxǐ/rincer)，请到这边来。
安　　妮：好的。

洗头小姐：我给您按摩（ànmó/massage *m.*）一下吧。
安　　妮：谢谢。

发 型 师：您要剪什么样子？
安　　妮：我喜欢（xǐhuan/aimer）现在的发型，剪短一点儿就可以了。
发 型 师：不想换一个样子？
安　　妮：不换。现在这个发型很好。
发 型 师：好了，您看看行吗？
安　　妮：很好。

☆ 练习答案（Corrigés） ☆

二、1. 单要一个汉堡包（hànbǎobāo/hamburger *m.*）
　　2. 七十多块就可以了
　　3. 打个电话就行了
　　4. 稍微放一点儿吧
　　5. 稍微剪一点儿吧
三、1. 您要烫发吗？
　　2. 您要剪多短？
　　3. 您要削薄头发吗？
　　4. 这个发型好看吗？/这个发型好看不好看？

17 Qù Fàndiàn 去饭店 ALLER AU RESTAURANT

Wǒ yǒu diǎnr è le.
A：我有点儿饿了。 J'ai un peu faim.

Shí'èr diǎn guò le, wǒmen qù chī fàn ba.
B：十二点过了，我们去吃饭吧。 Il est déjà midi, allons déjeuner.

Fùjìn nǎ jiā fàndiàn hǎo?
A：附近哪家饭店好？ Quel restaurant du coin est bon?

Nǐ xiǎng chī Zhōngguócài háishi xīcān?
B：你想吃中国菜还是西餐？ Préférez-vous la cuisine chinoise ou la cuisine européenne?

Wǒ xiǎng chī Zhōngguócài.
A：我想吃中国菜。 La cuisine chinoise.

Nàme, qù Xīnyǎ Yuècàiguǎn ba, nàr de Guǎngdōngcài hěn yǒumíng.
B：那么，去新雅粤菜馆吧，那儿的广东菜很有名。 Alors, on va au restaurant cantonais Xinya qui est connu pour sa cuisine cantonaise.

Guǎngdōngcài hé Shànghǎicài bù yíyàng ma?
A：广东菜和上海菜不一样吗？
Y a-t-il une différence entre la cuisine cantonaise et la cuisine shanghaienne?

Yǒu yìdiǎnr bùtóng.
B：有一点儿不同。
Oui, ce n'est pas tout à fait pareil.

Shànghǎicài, nǎ jiā fàndiàn hǎo?
A：上海菜，哪家饭店好？
Quel restaurant est le meilleur pour la cuisine shanghaienne?

Shànghǎicài yào shǔ Yùyuán de Lǎofàndiàn zuì yǒumíng.
B：上海菜要数[注1]豫园的老饭店最有名。
On dit que le Laofandian (Restaurant Vieux) à Yuyuan est le meilleur.

Jīntiān xiān chángchang Guǎngdōngcài ba, gǎitiān zài qù chī Shànghǎicài.
A：今天先尝尝[注2]广东菜吧，改天再去吃上海菜。
Aujourd'hui, on va essayer la cuisine cantonaise, et un autre jour on goûtera la cuisine shanghaienne.

Xīnyǎ Yuècàiguǎn hěn jìn, wǒmen zǒuzhe qù ba.
B：新雅粤菜馆很近，我们走着去吧。
Le restaurant Xinya est près d'ici, on y va à pied.

Shànghǎi hái yǒu nǎxiē yǒumíng de fàndiàn?
A：上海还有哪些有名的饭店？
Y a-t-il d'autres restaurants connus à Shanghai?

Yǒumíng de fàndiàn kě duō le.
B：有名的饭店可多了。
Bien sûr, ils sont très nombreux.

Tīngshuō Shànghǎi de xiǎochī hěn yǒumíng, shì ma?
A：听说上海的小吃很有名，是吗？
J'ai entendu dire que les snacks de Shanghai sont très réputés, c'est vrai?

Shì de, Yùyuán li yǒu gè zhǒng gè yàng de xiǎochī.
B：是的，豫园里有各种各样的小吃。
Oui, il y a des snacks divers à Yuyuan.

Zuì yǒumíng de shì shénme?
A：最有名的是什么？
Qu'est-ce qui est le plus prestigieux?

Yào shǔ xiǎolóngbāozi le.
B：要 数 小笼包子 了。 Pains farcis de chair de crabes à la vapeur.

☆ 注 释(Notes) ☆

1. "要数"表示谁或者什么在一定的范围中是最突出的。
«要数» veut dire：on le prend pour(le plus ...)；on le compte parmi ...；c'est ... qui ... Par exemple：
Qìhòu zuì hǎo de chéngshì yào shǔ Kūnmíng le.
(1) 气候 最 好 的 城市 要 数 昆明 了。 /气候要数昆明最好。
On considère Kunming comme la ville qui jouit du climat le plus agréable.
Zhège bān chéngjì zuì hǎo de xuésheng yào shǔ tā le.
(2) 这个 班 成绩 最 好 的 学生 要 数 他 了。 /这个班成绩要数他最好。
C'est lui qui est le meilleur de la classe.
2. "尝尝"表示吃一点儿辨别滋味的意思。
«尝尝» veut dire « essayer » ou « goûter ». Par exemple：
Wǒ xiǎng chángchang Rìběncài.
(1) 我 想 尝尝 日本菜。 Je voudrais essayer la cuisine japonaise.
Nǐ lái chángchang xiándàn.
(2) 你 来 尝尝 咸淡。 Goûte pour me dire si c'est assez salé.

☆ 句型提示(Références des phrases-types) ☆

1. 我有点儿饿了。 请参看 343 页句型 107。
2. 我们去吃饭吧。 请参看 311 页句型 39。
3. 你想吃中国菜还是西餐？ 请参看 300 页句型 17。
4. 我想吃中国菜。 请参看 331 页句型 82。
5. 我们走着去吧。 请参看 311 页句型 40。
6. 听说上海的小吃很有名，是吗？ 请参看 317 页句型 52。

☆ 词语用法举例(Exemples de certaines expressions) ☆

1. 广东菜和上海菜不一样吗
Shànghǎihuà hé Pǔtōnghuà bù yíyàng.
(1) 上海话 和 普通话 不 一样。
Rìběnrén de shēnghuó xíguàn hé Zhōngguórén bù yíyàng.
(2) 日本人 的 生活 习惯 和 中国人 不 一样。
Jiějie de xìnggé hé mèimei bù yíyàng.
(3) 姐姐 的 性格 和 妹妹 不 一样。
Zhège diàn de jiàqian hé nàge diàn bù yíyàng.
(4) 这个 店 的 价钱 和 那个 店 不 一样。 (价钱：prix *m.*)

2. 上海菜要数豫园的老饭店**最**有名

(1) Wǒmen zhè jǐ ge rén li tā zuì gāo.
我们 这 几 个 人 里 他 最 高。

(2) Zhège diàn de dōngxi zuì guì.
这个 店 的 东西 最 贵。

(3) Wǒ zuì xǐhuan chī xiā.
我 最 喜欢 吃 虾。

(4) Tā zuì xiǎng qù guówài lǚxíng.
他 最 想 去 国外 旅行。

3. **改天**再去吃上海菜

(1) Wǒ jīntiān hěn máng, gǎitiān zài hé nǐ liáotiān.
我 今天 很 忙, 改天 再 和 你 聊天。（聊天：bavarder）

(2) Wǒ míngtiān yào kǎoshì, gǎitiān zài gěi nǐ dǎ diànhuà.
我 明天 要 考试, 改天 再 给 你 打 电话。（考试：examen *m.*）

(3) Jīntiān bùxíng, gǎitiān ba.
今天 不行, 改天 吧。

(4) Zhè cì wǒ lái fù qián, gǎitiān nǐ zài qǐngkè ba.
这 次 我 来 付 钱, 改天 你 再 请客 吧。

4. 我们**走着去**吧

(1) Lǎoshī zhànzhe jiǎngkè.
老师 站着 讲课。（讲课：enseigner）

(2) Xuésheng kànzhe shū huídá wèntí.
学生 看着 书 回答 问题。

(3) Tā xiàozhe dāying le.
他 笑着 答应 了。（笑：sourire）

(4) Bié tǎngzhe kàn shū.
别 躺着 看 书。（躺：se coucher）

☆ 词 语(Vocabulaire) ☆

1.	dāozi 刀子	（名）	couteau *m.*	2.	chāzi 叉子	（名）	fourchette *f.*
3.	kuàizi 筷子	（名）	baquettes *f. pl.*	4.	sháozi 勺子	（名）	cuiller *f.*
5.	bēizi 杯子	（名）	verre *m.*	6.	pánzi 盘子	（名）	assiette *f.*
7.	wǎn 碗	（名）	bol *m.*	8.	cānjīn 餐巾	（名）	serviette *f.*
9.	yáqiān 牙签	（名）	cure-dent *m.*	10.	kāipíngqì 开瓶器	（名）	ouvre-bouteille *m.*
11.	wèidao 味道	（名）	goût *m.*	12.	xián 咸	（形）	salé, e
13.	dàn 淡	（形）	léger, ère	14.	tián 甜	（形）	sucré, e

15.	suān 酸	（形）	aigre	16.	kǔ 苦	（形）	amer,ère
17.	xiāng 香	（形）	parfumé,e	18.	chòu 臭	（形）	puant,e
19.	là 辣	（形）	pimenté,e	20.	xīnxiān 新鲜	（形）	frais,fraîche
21.	xiān 鲜	（形）	savoureux,se	22.	nóng 浓	（形）	épais,se
23.	chóu 稠	（形）	dense	24.	xī 稀	（形）	léger,ère
25.	yìng 硬	（形）	dur,e	26.	ruǎn 软	（形）	mou,mol,molle
27.	lǎo 老	（形）	vieux	28.	nèn 嫩	（形）	tendre
29.	shú 熟	（形）	cuit,e	30.	shēng 生	（形）	cru,e
31.	tàng 烫	（形）	brûlant,e	32.	rè 热	（形）	chaud,e
33.	liáng 凉	（形）	froid,e	34.	wēn 温	（形）	doux,ce
35.	huǒguō 火锅	（名）	le pot au feu	36.	zhèngzōng 正宗	（形）	originaire
37.	kuàicāntīng 快餐厅	（名）	cafétéria *f.*	38.	zìzhùcān 自助餐	（名）	self-service *m.*
39.	lěngcānhuì 冷餐会	（名）	buffet *m.*	40.	tàocān 套餐	（名）	menu *m.*
41.	héfàn 盒饭	（名）	le fast food	42.	mántou 馒头	（名）	le petit pain cuit à la vapeur

☆ 练　习(Exercices) ☆

一、替换练习（Refaites les phrases en utilisant les expressions suivantes）

1. 你想吃 中国菜还是西餐？	喝	咖啡	茶
	喜欢吃	甜的	咸的
	想	去饭店吃	在家里吃
	想	在这儿坐	要包房(bāofáng/loge *m.*)
2. 有名的饭店可多了。	四川菜	辣	
	广东菜	好吃	
	小于做的菜味道	好	
	意大利的咖啡	香	

二、用括号中的词语完成对话（Complétez les conversations en utilisant les mots entre parenthèses）

1. A：去酒吧(jiǔbā/bar *m.*)喝一杯吧。
   B：今天我有点儿累，____________________。（改天）

2. A：现在有时间吗？
   B：对不起，我现在要出去，____________________。（改天）
3. A：法国最有名的城市是哪一个？
   B：____________________。（要数）
4. A：你们公司谁的英语最好？
   B：____________________。（要数）
5. A：听说法国人喜欢到饭店吃饭，是吗？
   B：是啊，特别是周末（zhōumò/le week-end），____________________。（可多了）
6. A：在上海你经常去哪家饭店吃饭？
   B：____________________。（附近）

三、回答问题（Répondez aux questions suivantes）
1. 法国人喜欢吃猪肉还是牛肉？
2. 你吃河鱼吗？法国人喜欢吃什么鱼？
3. 法国人喜欢喝什么茶？
4. 你喜欢吃汉堡包还是比萨？
5. 在法国，快餐店多吗？你喜欢去那儿吃吗？

四、会话（Conversation）

于雪来：走了这么多路，我有点儿累了。
安　妮：我也是。我们找个地方坐坐吧。
于雪来：我知道附近有个快餐厅，去那里坐坐？
安　妮：好吧。我不喜欢吃快餐，不过，喝杯茶休息休息也好。
于雪来：我要一杯红茶，你呢？
安　妮：我要一杯橙汁。
于雪来：你来中国以后，吃过中国菜吗？
安　妮：吃过很多次。在法国的时候也常吃。
于雪来：在法国吃的中国菜和在上海吃的一样吗？
安　妮：有点儿不一样。不太正宗。要吃正宗的中国菜还是要来中国呀。

☆ 练习答案（Corrigés） ☆

二、1. 改天再去吧
   2. 改天谈（tán/s'entretenir）吧
   3. 法国最有名的城市要数巴黎了
   4. 英语最好的要数老李了
   5. 饭店的顾客（gùkè/clientèle *f.*）可多了
   6. 公司附近的小饭店

18　Zài Fàndiàn 在饭店　AU RESTAURANT

1. A：Qǐngwèn jǐ wèi?
请问几位注1？ — Vous êtes combien?

B：Liù ge rén.
六个人。 — Six personnes.

A：Qǐng zhèbian zuò.
请这边坐。 — Veuillez prendre place ici.

Zhè shì càidān. Jǐ wèi hē shénme chá?
这是菜单。几位喝什么茶？ — Voilà le menu, qu'est-ce que vous voulez prendre comme thé?

B：(Yào) lóngjǐng(chá).
（要）龙井（茶）。 — Du thé Longjing.

A：Qǐng diǎn cài ba.
请点菜吧。 — Vous voulez commandez maintenant?

B：Nǐmen zhèli yǒu nǎxiē tèsè cài?
你们这里有哪些特色菜？ — Quelle est votre spécialité?

Yǒu guǎngshì kǎoyā、kǎorǔzhū. A：有 广式 烤鸭、烤乳猪。	Le canard et le cochon laqués à la cantonaise.
Nà jiù yào zhè liǎng ge cài ba. B：那就要这两个菜吧。 Hái yào yí ge qīngchǎo xiārén、 还要一个清炒虾仁、 yí ge qīngcài chǎo mógu. 一个青菜炒蘑菇。	Bon, on prend ces deux plats, et en plus, un plat de crevettes décortiquées sautées et un plat de choux chinois sautés aux champignons.
Yào lěngcài ma? A：要冷菜吗?	Désirez-vous des hors-d'œuvre?
Lěngcài, yào liángbàn qíncài B：冷菜，要凉拌芹菜 hé liángbàn hǎizhésī. 和凉拌海蜇丝。	Oui. Un céleri mélangé et une lanière de méduse.
Yào shénme tāng? A：要什么汤?	Que voulez-vous comme soupe?
Yào jīróng yùmǐtāng ba. B：要鸡茸玉米汤吧。	Un potage velouté aux maïs.
Hē shénme jiǔ? A：喝什么酒?	Comme alcool, qu'est-ce que vous voulez prendre?
Lái sān píng píjiǔ. B：来[注2]三瓶啤酒。	Trois bouteilles de bière.
Yǐnliào yào shénme? A：饮料要什么?	Et comme boisson?
Liǎng guàn chéngzhī. B：两罐橙汁。	Deux canettes d'orange.
Cài yào qīngdàn diǎnr, bié C：菜要清淡点儿，别 tài yóunì. 太油腻。	Nous aimerions que les plats ne soient pas trop gras.
Wǒmen yǒu diǎnr shì, qǐng B：我们有点儿事，请 kuài diǎnr shàngcài. 快点儿上菜。	S'il vous plaît, pourriez-vous nous servir vite? Nous sommes très pressés.
Wèidao zhēn búcuò. 2. C：味道真不错。	C'est délicieux.

Chǎofàn qǐng gěi (wǒmen) fēn yíxià.
B：炒饭 请 给（我们）分 一下。 Garçon, partagez le riz sauté pour nous.

Zhège chèdiào ba.
C：这个 撤掉 吧。 Veuillez enlever cela.

Qǐng jiézhàng.
B：请 结账。 L'addition, s'il vous plaît.

Wǒ qǐngkè, ràng wǒ lái fù qián.
C：我 请客，让 我 来注3 付 钱。 Je t'invite, c'est moi qui paie.

☆ 注 释(Notes) ☆

1. "位"是量词,用于人,含有敬意。一般用"个"。
«位» est un spécificatif, utilisé avant le nom de personne pour l'honorer. En cas normal, on utilise «个» à la place de «位».
2. 这里的"来"是代替某个有具体意义的动词。常用于口语。
«来» remplace un verbe qui a un sens concret et est souvent utilisé dans la langue parlée.
3. "来＋动词"表示要做某件事。"来"省略后意思不变。
«来＋动词» veut dire qu'on va faire quelque chose. Si on le supprime, le sens ne change pas.

☆ 句型提示(Références des phrases-types) ☆

1. 我们有点儿事。 请参看345页句型110。
2. 请快点儿上菜。 请参看344页句型109。
3. 让我来付钱。 请参看330页句型81。

☆ 词语用法举例(Exemples de certaines expressions) ☆

1. 请点菜吧

Diǎn nǐ xǐhuan chī de ba.
(1) 点 你 喜欢 吃 的 吧。

Bié diǎn tài là de cài.
(2) 别 点 太 辣 的 菜。

Kēzhǎng diǎn míng jiào Xiǎo Lǐ qù.
(3) 科长 点 名 叫 小 李 去。(点名：désigner)

Wǒ dǎ diànhuà dào guǎngbō diàntái diǎnle yì shǒu gē.
(4) 我 打 电话 到 广播 电台 点了 一 首 歌。
(广播电台：la station de radio 点歌：choisir une chanson)

2. **来**三瓶啤酒

Lái yì pán Yángzhōu chǎofàn.
(1) 来 一 盘 扬州 炒饭。

Lái liǎng guàn píngguǒzhī.
(2) 来 两 罐 苹果汁。

Lái bēi kāfēi, zěnmeyàng?
(3) 来 杯 咖啡，怎么样?

Wǒ kě le, lái bēi shuǐ ba.
(4) 我 渴 了，来 杯 水 吧。

3. **让我**来付钱

Ràng wǒ bāng nǐ ba.
(1) 让 我 帮 你 吧。

Ràng wǒ kànkan.
(2) 让 我 看看。

Ràng wǒ yě shìshi.
(3) 让 我 也 试试。

Zuòyè zuòhǎo le, ràng wǒ chūqu wán ba.
(4) 作业 做好 了，让 我 出去 玩 吧。

4. 让我**来**付钱

Wǒ lái qǐngkè.
(1) 我 来 请客。

Nǐ yě lái chángchang.
(2) 你 也 来 尝尝。

Ràng tā yě lái kànkan.
(3) 让 他 也 来 看看。

Wǒmen lái kāi ge xīnnián wǎnhuì ba.
(4) 我们 来 开 个 新年 晚会 吧。 (晚会：soirée *f.*)

☆ 词 语 (Vocabulaire) ☆

1.	zuò fàn 做 饭		faire la cuisine / cuire du riz	2.	zuò cài 做 菜		faire la cuisine
3.	pēngtiáo 烹调	(动)	cuisiner	4.	zhá 炸	(动)	frire
5.	zhēng 蒸	(动)	cuire à la vapeur	6.	kǎo 烤	(动)	griller
7.	jiān 煎	(动)	frire	8.	chǎo 炒	(动)	sauter

9.	zhǔ 煮	（动）	faire bouillir	
10.	hóngshāo 红烧	（动）	cuire à la sauce de soja	
11.	dà huǒ 大 火	（名）	à grand feu	
12.	xiǎo huǒ 小 火	（名）	à feu doux	
13.	guō 锅	（名）	marmite *f.*	
14.	càidāo 菜刀	（名）	le couteau de cuisine	
15.	zhēnbǎn 砧板	（名）	billot *m.*	
16.	qiē 切	（动）	couper	
17.	duò 剁	（动）	hacher	
18.	chéng 盛	（动）	mettre dans un récipient	
19.	bàn 拌	（动）	mixer	
20.	kuài 块	（名）	morceau *m.*	
21.	tiáo 条	（名）	lanière *f.*	
22.	sī 丝	（名）	lanière mince	
23.	piàn 片	（名）	émincé *m.*	
24.	dīng 丁	（名）	légumes et viandes coupées en dés	
25.	mò 末	（名）	granule *m.*	
26.	mòyú 墨鱼	（名）	le raisin de mer	
27.	xuěyú 鳕鱼	（名）	morue *f.*	
28.	lúyú 鲈鱼	（名）	perche *f.*	
29.	yóuyú 鱿鱼	（名）	calamar *m.*	
30.	dàiyú 带鱼	（名）	le sabre argenté	
31.	mányú 鳗鱼	（名）	anguille *f.*	
32.	huángyú 黄鱼	（名）	sciène *f.*	
33.	qīngyú 青鱼	（名）	hareng *m.*	
34.	liányú 鲢鱼	（名）	la carpe argentée	
35.	sānwényú 三文鱼	（名）	saumon *m.*	
36.	máidān 埋单	（动）	régler l'addition	

☆ 练　习（Exercices） ☆

一、替换练习（Refaites les phrases en utilisant les expressions suivantes）

1. 让我 来付吧。

她们	看看
孩子	自己（zìjǐ/lui-même）洗衣服
爸爸	先吃
他	点菜

2. 来一个 炒虾仁。

两个	冷菜
五罐	可乐
一壶（hú，量词）	绿茶
一个	热汤

二、回答问题（Répondez aux questions suivantes）

1. 法国人喜欢喝什么酒？
2. 法国人喜欢吃冷菜还是热菜？

3. 你能看懂中国的菜单吗？
4. 你会用汉语点菜了吗？
5. 你喜欢吃咸的还是甜的？

三、完成对话（Complétez les conversations）

1. A：请问几位？
   B：________________。
2. A：________________？
   B：我们这里的特色菜是炒鸡。
3. A：要什么饮料？
   B：________________。

四、会话（Conversation）

服务员：欢迎光临，请问有几位？
安　妮：两个人。
服务员：请这边坐。要喝什么茶？
安　妮：茉莉花茶。
服务员：现在点菜吗？
安　妮：你们这儿有什么特色菜？
服务员：辣子鸡（làzijī/poulet sauté au piment）和松鼠黄鱼（sōngshǔ huángyú/sciène frite en sauce）。
安　妮：朱丽，你能吃辣的吗？
朱　丽：很辣吗？
服务员：不是很辣。
朱　丽：那好吧，尝一尝。要一个辣子鸡。
服务员：我们这儿的鲈鱼很新鲜，要不要来一条？
安　妮：不用了。再来一个炒双菇（shuānggū/champignons frais et séchés sautés ensemble）、一个三鲜（sānxiān/trois fraîcheurs）豆腐。
朱　丽：三鲜是什么意思（yìsi/sens *m.*）？
服务员：三鲜就是火腿、鲜肉、海产（hǎichǎn/les fruits de mer）。你们喝什么饮料？
朱　丽：我就喝茶。
安　妮：我也是。还要两碗米饭。
服务员：好的，请稍等。

☆ 练习答案（Corrigés） ☆

三、1. B：五个人
   2. A：你们有什么特色菜
   3. B：要三瓶可乐

19 Yùdìng Jiǔxí 预订 酒席 RÉSERVER UNE TABLE AU RESTAURANT

Wǒ xiǎng yùdìng jiǔxí.
1. A：我 想 预订 酒席。 C'est pour une réservation.

Shénme shíhou?
B：什么 时候？ Ce sera pour quand?

Hòutiān wǎnshang qī diǎn.
A：后天 晚上 七 点。 Après-demain soir, à sept heures.

Nín yào yùdìng duōshao qián yì zhuō de?
B：您 要 预订 多少 钱 一 桌 的？ Quel est votre budget pour chaque table?

Yìqiān kuài zuǒyòu de, dìng sān zhuō.
A：一千 块 左右 的，订 三 桌。 Mille yuans environ. Trois tables.

Yào Shànghǎicài háishi Sìchuāncài?
B：要 上海菜 还是 四川菜？ La cuisine shanghaienne ou celle du Sichuan?

Yào Sìchuāncài ba.
A：要 四川菜 吧。 Je préfère la cuisine du Sichuan.

Yào zhǔnbèi shénme jiǔ hé
B：要 准备 什么 酒 和 Que voulez-vous prendre comme boissons?

yǐnliào?
饮料？

Pútáojiǔ hé wēishìjì, gè zhǔnbèi jǐ píng ba. Kělè hé kuàngquánshuǐ, měi zhuō gè yào liǎng píng. Yìqiān kuài bāokuò jiǔ hé yǐnliào ma? A：葡萄酒 和 威士忌，各注 准备 几 瓶 吧。可乐 和 矿泉水， 每 桌 各 要 两 瓶。一千 块 包括 酒 和 饮料 吗？	Du vin et du whisky. Et aussi deux bouteilles de coca et de l'eau minérale pour chaque table. Les boissons sont comprises dans les mille yuans?
Bù, jiǔ hé yǐnliào zhào yǐnyòng de shùliàng lìngwài suàn. B：不，酒 和 饮料 照 饮用 的 数量 另外 算。	Non, les boissons sont en supplément.
Dìngjīn shì duōshao? A：订金 是 多少？	Combien je vous dois payer d'avance?
Qǐng yùfù liùbǎi kuài. B：请 预付 六百 块。	Six cents yuans.
Qǐng liúxia nín de xìngmíng hé diànhuà hàomǎ. 请 留下 您 的 姓名 和 电话 号码。	Veuillez laisser votre nom et numéro de téléphone.
Wǒ qiántiān yùdìngle jiǔxí, xiànzài xiǎng qǔxiāo. 2. A：我 前天 预订了 酒席， 现在 想 取消。	J'ai réservé une table avant-hier, mais je voudrais l'annuler maintenant.
Hǎo de, dìngjīn tuìhuán gěi nín. B：好 的，订金 退还 给 您。	Bien, je vous rembourse les arrhes.
Wǒ xiǎng yùdìng xīngqīwǔ xiàwǔ liù diǎn bā ge rén de zuòwèi, yǒu ma? 3. A：我 想 预订 星期五 下午 六 点 八 个 人 的 座位， 有 吗？	Je voudrais réserver une table pour huit personnes vendredi après-midi, à six heures.
Duìbuqǐ, yǐjīng yùdìng mǎn le. B：对不起，已经 预订 满 了。	Désolé. Il n'y a plus de places.

☆ 注　释（Note） ☆

“各”在这里作副词用，表示分别做或分别具有的意思。

«各» s'utilise ici comme un adverbe pour dire « respectivement ».

☆ 句型提示（Références des phrases-types） ☆

1. 葡萄酒和威士忌，各准备几瓶吧。　请参看 367 页句型 157。
2. 酒和饮料照饮用的数量另外算。　请参看 362 页句型 146。
3. 请留下您的姓名和电话号码。　请参看 355 页句型 131。

☆ 词语用法举例（Exemples de certaines expressions） ☆

1. 要准备什么酒和饮料

Wǒ zhèngzài zhǔnbèi kǎoshì.
（1）我 正在 准备 考试。

Māma zài zhǔnbèi wǎnfàn.
（2）妈妈 在 准备 晚饭。

Míngtiān de bǐsài, nǐmen zhǔnbèi hǎo le ma?
（3）明天 的 比赛，你们 准备 好 了 吗？　（比赛：compétition *f.*）

Lǚxíng de dōngxi, yǐjīng zhǔnbèi hǎo le.
（4）旅行 的 东西，已经 准备 好 了。

2. 一千块包括酒和饮料吗

Zhè suǒ xuéxiào yǒu wǔbǎi rén zuǒyòu, bāokuò jiàoshī hé xuésheng.
（1）这 所 学校 有 五百 人 左右，包括 教师 和 学生。

Měi rén yìqiān kuài, bāokuò zhùsùfèi hé huǒshífèi.
（2）每 人 一千 块，包括 住宿费 和 伙食费。

（住宿费：loyer *m.*　伙食费：pension *f.*）

Bāokuò shǒutíbāo, yígòng shí jiàn xíngli.
（3）包括 手提包，一共 十 件 行李。

Bāokuò jiàoshī, yígòng èrshí ge rén.
（4）包括 教师，一共 二十 个 人。

3. 酒和饮料照饮用的数量另外算

Wǒ gěi shēngbìng de nǎinai lìngwài zuò cài.
（1）我 给 生病 的 奶奶 另外 做 菜。

Tā dǎsuan lìngwài mǎi fángzi jiéhūn.
（2）他 打算 另外 买 房子 结婚。

Bù máfan nǐ le, wǒ lìngwài xiǎng bànfǎ.
（3）不 麻烦 你 了，我 另外 想 办法。

(4) Zhè zhāng huàr gěi tā ba, wǒ lìngwài huà yì zhāng gěi nǐ.
这张画儿给他吧，我另外画一张给你。
(画儿：peinture *f.* 画：peindre)

4. 请留下您的姓名和电话号码

(1) Qǐng liúxia nǐ de fángjiān hàomǎ.
请留下你的房间号码。

(2) Qǐng liúxia nǐ zài Fǎguó de diànhuà hàomǎ.
请留下你在法国的电话号码。

(3) Tā liúxia yì zhāng tiáozi jiù zǒu le.
他留下一张条子就走了。 (条子：mot *m.*)

(4) Tā chūguó le, liúxia yì běn shū gěi nǐ.
他出国了，留下一本书给你。

☆ 词语(Vocabulaire) ☆

1. báizhǎnjī 白斩鸡	(名)	poulet au blanc
2. cuìpíjī 脆皮鸡	(名)	poulet croustillant
3. chǐzhī jīkuài 豉汁鸡块	(名)	poulet purée de pois
4. gālíjī 咖喱鸡	(名)	poulet au curry
5. zhájītuǐ 炸鸡腿	(名)	cuisse de poulet frit
6. jiàngbào jīdīng 酱爆鸡丁	(名)	dés de poulet sautés en sauce
7. yāoguǒ jīdīng 腰果鸡丁	(名)	dés de poulet sautés aux noix de cajou
8. hóngshāo hǎishēn 红烧海参	(名)	holothuries sauce brune
9. fúróng xiārén 芙蓉虾仁	(名)	crevettes veloutées
10. tángcùyú 糖醋鱼	(名)	poisson vinaigre sucré
11. gǔlǎoròu 古老肉	(名)	porc sauce ketchup
12. yúxiāng ròusī 鱼香肉丝	(名)	émincé fin de porc en sauce
13. hóngshāo shīzitóu 红烧狮子头	(名)	quenelles en sauce
14. qīngjiāo niúròu 青椒牛肉	(名)	bœuf au poivron vert
15. fānqié niúròu 番茄牛肉	(名)	bœuf aux tomates
16. dāodòu ròupiàn 刀豆肉片	(名)	émincé de porc aux haricots grimpants
17. hóngshāo qiézi 红烧茄子	(名)	aubergine à la sauce brune
18. qíncài ròusī 芹菜肉丝	(名)	porc fin au céleri
19. qīngzhēng lúyú 清蒸鲈鱼	(名)	perche cuite à la vapeur
20. mápó dòufu 麻婆豆腐	(名)	fromage chinois au piment
21. chǎosù 炒素	(名)	légumes divers sautés
22. huǒtuǐ càitāng 火腿菜汤	(名)	potage au jambon
23. xiānggū ròupiàn tāng 香菇肉片汤	(名)	soupe aux champignons parfumés avec émincés
24. chūnjuǎn 春卷	(名)	rouleaux de printemps
25. húntun 馄饨	(名)	ravioli avec de la soupe
26. jiǎozi 饺子	(名)	ravioli *m.*
27. shíjǐn chǎomiàn 什锦炒面	(名)	nouilles sautées composées
28. shíjǐn chǎofàn 什锦炒饭	(名)	riz sauté composé

29. 叉烧 炒面 chāshāo chǎomiàn	（名）	nouilles sautées au porc en sauce	
30. 牛肉 汤面 niúròu tāngmiàn	（名）	nouilles au bœuf en soupe	
31. 荤菜 hūncài	（名）	les plats de viande	
32. 素菜 sùcài	（名）	les plats de légumes	
33. 菜 cài	（名）	plat *m.*	
34. 清淡 qīngdàn	（形）	léger, ère	
35. 油腻 yóunì	（形）	gras, e	
36. 加热 jiārè	（动）	chauffer	

☆ 练　习(Exercices) ☆

一、替换练习（Refaites les phrases en utilisant les expressions suivantes）

1. 留下电话号码。　　一封信
　　几句话
　　您的地址

2. 照饮用的数量 另外算钱。

妈妈的话	做
这个样子	做一件衬衣
老师说的	做
中国人的习惯	做菜

二、用括号中的词语完成对话（Complétez les conversations en utilisant les mots entre parenthèses）

1. A：去西安的飞机票买了吗？
   B：________________。（预订）
2. A：你认识路吗？
   B：不认识，不过我有地图。________________。（照）
3. A：请五个客人，要多少个菜？
   B：________________。（准备）

三、会话（Conversations）

于雪来：今年元旦（Yuándàn/le Nouvel An），我们到饭店吃一顿（dùn，量词）吧。
郭　放：好啊。请弟弟一家一起去吧。
于雪来：去哪个饭店好？
郭　放：杏花楼（Xìnghuālóu）吧。那儿的菜有特色。
于雪来：那好，我下午就去预订。

于雪来：你好。我想预订一月一号的酒席。
服务员：一月一号，中午还是晚上？
于雪来：中午。

服务员：订几桌？
于雪来：一桌，七个人。
服务员：我们有八百八十元一桌的，也有九百八十元一桌的，您要哪一种？
于雪来：我能先看看菜单吗？
服务员：当然可以。都是八菜一汤，六荤二素。
于雪来：包括酒和饮料吗？
服务员：送两瓶啤酒和一瓶可乐，别的酒和饮料要另外算钱。
于雪来：嗯，要八百八十元一桌的吧。有包房吗？
服务员：有的。
于雪来：那要包房吧。订金多少？
服务员：一百元。请您留下电话号码。

☆ 练习答案(Corrigés) ☆

二、1. B：已经预订了
　　2. B：照地图走就可以了
　　3. B：准备六个菜吧

20 Zài Yóuzhèngjú 在 邮政局 À LA POSTE

1. A: Qǐngwèn, jìdào Běijīng de xìn, tiē yí kuài èr yóupiào, duì ma? 请问，寄到北京的信，贴一块二邮票，对吗？	Excusez-moi, je voudrais envoyer une lettre à Pékin, faut-t-il affranchir la lettre à 1,2 yuan?
B: Duì, jìdào wàidì dōu shì yí kuài èr. 对，寄到外地都是一块二。	Oui, il faut 1,2 yuan pour l'envoyer dans une autre province.
A: Běnshì ne? 本市呢？	Et pour l'intérieur de la ville, ça coûte combien?
B: Běnshì bā máo. 本市八毛。	0,8 yuan.
2. A: Jìdào Fǎguó de xìn, yào duōshao qián? 寄到法国的信，要多少钱？	Ça coûte combien pour envoyer une lettre en France?

	Hángkōng xìn yào wǔ kuài. B：航空 信 要 五 块。	Par avion, il faut 5 yuans.
	Qǐng bǎ xìn gěi wǒ chēng yíxià. 请 把 信 给 我 称 一下。	Donnez-la-moi pour la peser.
	(Zhè fēng xìn) chāozhòng le, yào liù kuài wǔ. (这 封 信) 超重 了，要 六 块 五。	Vous devez payer 6,5 yuans pour le surpoids de cette lettre.
3.	Nǐ yào jì píngxìn háishi guàhàoxìn? A：你 要 寄 平信 还是 挂号信？	Voudriez-vous l'envoyer au tarif ordinaire ou en recommandé?
	(Wǒ yào jì) guàhàoxìn. B：(我 要 寄) 挂号信。	En recommandé.
4.	Zhèr yǒu míngxìnpiàn mài ma? A：这儿 有 明信片 卖 吗？	Vous avez des cartes postales?
	Yǒu, yào jǐ zhāng? B：有，要 几 张？	Oui. Combien vous en voulez?
	Yào wǔ zhāng. A：要 五 张。	Cinq.
	(Qǐng) gěi wǒ wǔ ge xìnfēng hé yì dāo xìnzhǐ. (请) 给 我 五 个 信封 和 一 刀 信纸。	Je voudrais aussi cinq enveloppes et cent feuilles de papier à lettres.
5.	Wǒ yào jì bāoguǒ. A：我 要 寄 包裹。	Je voudrais expédier un colis postal.
	Lǐmiàn zhuāng de shì shénme? B：里面 装 的注 是 什么？	Qu'est-ce qu'il contient?
	Qǐng dǎkāi ràng wǒ kànkan. 请 打开 让 我 看看。	Ouvrez-le, je vais vérifier.
	(Lǐmiàn) shì yīfu hé yàopǐn. A：(里面) 是 衣服 和 药品。	Des vêtements et des médicaments.
	Méiyǒu jiā xìn ba? Bāoguǒ li bù zhǔn fàngjìn xìnjiàn. B：没有 夹 信 吧？包裹 里 不 准 放进 信件。	N'y a-t-il pas de lettres? Il ne faut pas les mettre dans le colis.
	Zhǐ shì yīfu hé yàopǐn. A：只 是 衣服 和 药品。	Il y a seulement des vêtements et des médicaments.

Kěyǐ le, qǐng bāohǎo zài nálai.
B：可以了，请包好再拿来。 Bon, rendez-le-moi après l'avoir enveloppé.

Zhèyàng xíng le ma?
A：这样行了吗？ C'est bon? Je le fais comme ça?

Qǐng zā de jiēshi diǎnr.
B：请扎得结实点儿。 Nouez-le plus serré.

☆ 注 释(Note) ☆

"动词+的"相当于一个名词，可以看作"的"后面省略了一个名词。"装的"就是"装的东西"。

«动词+的» équivaut à un nom, on supprime le nom après «的». «装的» ça veut dire «装的东西». Par exemple :

Tā ná de shì shénme?
(1) 他拿的是什么？ Qu'est-ce qu'il prend dans la main?

Qiáng shang guà de shì shénme?
(2) 墙上挂的是什么？ Qu'est-ce que c'est au mur?

☆ 句型提示(Références des phrases-types) ☆

1. 寄到北京的信 请参看352页句型125。
2. 请打开让我看看。 请参看312页句型43。
3. 请包好再拿来。 请参看390页句型203。

☆ 词语用法举例(Exemples de certaines expressions) ☆

1. 寄到北京的信

Wǒ bǎ shūcài nádào chúfáng qu le.
(1) 我把蔬菜拿到厨房去了。

Nǐ bǎ ròu fàngdào bīngxiāng li ba.
(2) 你把肉放到冰箱里吧。

Nǐ bǎ jīntiān de bàozhǐ fàngdào shénme dìfang le?
(3) 你把今天的报纸放到什么地方了？

Cóng zhèr zǒudào chēzhàn yào bàn ge xiǎoshí.
(4) 从这儿走到车站要半个小时。

2. 寄到外地都是一块二

Tāmen dōu shì wàiguórén.
(1) 他们都是外国人。

Zhèxiē shū dōu shì lǎoshī de.
(2) 这些 书 都 是 老师 的。

Shǔjià wǒmen dōu qù lǚxíng.
(3) 暑假 我们 都 去 旅行。（暑假：les vacances d'été）

Dàjiā dōu shuō tā shì hǎo xuésheng.
(4) 大家 都 说 他 是 好 学生。（大家：tout le monde）

3. 这儿有明信片卖吗

Nǎr yǒu mài Zhōngguó zìhuà de?
(1) 哪儿 有 卖 中国 字画 的？（字画：la calligraphie et la peinture）

Chāoshì li yǒu túshū mài.
(2) 超市 里 有 图书 卖。（图书：livre *m.*）

Nǎr yǒu mài hèniánkǎ de?
(3) 哪儿 有 卖 贺年卡 的？

Zhèr yǒu nǎilào mài ma?
(4) 这儿 有 奶酪 卖 吗？

4. 里面装的是什么

Nǐ kǒudài li zhuāng de shì shénme?
(1) 你 口袋 里 装 的 是 什么？（口袋：poche *f.*）

Lǎoshī shǒu li ná de shì shénme?
(2) 老师 手 里 拿 的 是 什么？

Qiáng shang tiē de shì wǒ érzi huà de huàr.
(3) 墙 上 贴 的 是 我 儿子 画 的 画儿。（墙：mur *m.*）

Zhèr guà de quán shì tàitai de yīfu.
(4) 这儿 挂 的 全 是 太太 的 衣服。（挂：suspendre）

5. 包裹里不准放进信件

Jiàoshì li bù zhǔn chōuyān.
(1) 教室 里 不 准 抽烟。

Xiǎoháir bù zhǔn hē jiǔ.
(2) 小孩儿 不 准 喝 酒。

Bù zhǔn luàn rēng lājī.
(3) 不 准 乱 扔 垃圾。（乱扔：jeter à son gré 垃圾：ordure *f.*）

Bù zhǔn wúzhèng jiàshǐ.
(4) 不 准 无证 驾驶。（驾驶：conduire）

6. 请包好再拿来

Yào xǐle shǒu zài chī fàn.
(1) 要 洗了 手 再 吃 饭。

Yīnggāi shuāle yá zài shuìjiào.
(2) 应该 刷了 牙 再 睡觉。（刷牙：se brosser les dents）

Tīng yíhuìr yīnyuè zài shuìjiào.
(3) 听 一会儿 音乐 再 睡觉。

Tài lèi le, xiūxi yíhuìr zài zuò fàn ba.
(4) 太 累 了，休息 一会儿 再 做 饭 吧。

☆ 词 语(Vocabulaire) ☆

1.	xìnzhǐ 信纸	(名)	le papier à lettres	2.	xìnfēng 信封	(名)	enveloppe *f.*
3.	xìnxiāng 信箱	(名)	la boîte aux lettres	4.	diànzǐ yóujiàn 电子 邮件	(名)	E-mail
5.	chuánzhēn 传真	(名)	télécopie *f.*	6.	huìkuǎn 汇款	(动/名)	envoyer un mandat
7.	tèkuài zhuāndì 特快 专递	(名)	courrier expresse	8.	yìnshuāpǐn 印刷品	(名)	imprimé *m.*
9.	hèniánkǎ 贺年卡	(名)	la carte de félicitations	10.	jiànghu 糨糊	(名)	colle *f.*
11.	jiāoshuǐ 胶水	(名)	la colle liquide	12.	yóuzhèng biānmǎ 邮政 编码	(名)	le code postal
13.	dìng bàozhǐ 订 报纸		s'abonner à un journal	14.	guìtái 柜台	(名)	comptoir *m.*
15.	chèng 秤	(名)	balance *f.*	16.	jíyóu 集邮	(动)	collectionner des timbres

☆ 练 习(Exercices) ☆

一、回答问题(Répondez aux questions suivantes)

1. 从中国寄到法国的信要贴多少钱邮票?
2. 从法国巴黎寄到里昂的信要贴多少钱邮票?
3. 你旅行的时候,有没有买风景明信片的习惯?
4. 你常常给朋友写信吗?

二、按照中国方式写一个信封(Écrivez l'adresse sur une enveloppe d'après l'exemple)

样板(Exemple):

200001

上海市 福州路390号

上海海文音像出版社

薛××小姐收

北京大华公司于寄

100025

三、用"把"改写下列句子(Refaites les phrases suivantes en utilisant «把»)

1. 给我那张报纸。
2. 小王吃完了昨天买的面包。

3. 屋子里有点儿热，请打开空调。
4. 请你叫小林到办公室来。

四、模仿造句（Faites les phrases d'après l'exemple）

1. 动词1＋好＋再＋动词2
   请包好再拿来。　　做好作业再休息。
   ____
2. 处所＋动词＋的＋是＋名词
   里面装的是食品。　　手上拿的是他的照片。
   ____
3. 处所＋不准＋动词
   包裹里不准放信件。　　房间里不准抽烟。
   ____

五、填量词（Remplissez les blancs par un spécificatif）

一（　　）信封　　一（　　）信纸　　一（　　）邮票
一（　　）信　　一（　　）包裹　　一（　　）明信片

六、会话（Conversation）

安妮：这封信寄挂号要多少钱？
职员：请把信放在秤上称一下。请付三块三毛。
安妮：多久能寄到广州？
职员：四五天吧。
安妮：太慢了。
职员：那么您寄特快专递吧。两天就能收到。
安妮：好吧。多少钱？
职员：十五块。请填一下这张表。
安妮：填好了。
职员：请拿好收据。

☆ 练习答案（Corrigés） ☆

三、1. 把那张报纸给我。
   2. 小王把昨天买的面包吃完了。
   3. 屋子里有点儿热，请把空调打开。
   4. 请你把小林叫到办公室来。

五、一（个）信封　　一（张）信纸　　一（张）邮票　　一（封）信　　一（个）包裹
   一（张）明信片

21 Zài Yínháng 在银行[1]　À LA BANQUE[1]

Zài nǎli duìhuàn wàibì?
1．A：在哪里兑换外币？　Où pourrais-je changer des devises?

Qǐng dào èr hào chuāngkǒu.
B：请到2号窗口。　Adressez-vous au guichet 2.

Wǒ yào bǎ ōuyuán huànchéng rénmínbì.
2．A：我要[注]把欧元换成人民币。　Je voudrais changer des euros en RMB.

Qǐng tián zhè zhāng duìhuàndān.
B：请填这张兑换单。　Remplissez ce formulaire.

Jīntiān ōuyuán duì rénmínbì de duìhuànlǜ shì duōshao?
A：今天欧元对人民币的兑换率是多少？　Quel est le taux d'aujourd'hui?

(Shì) yī bǐ bā diǎn wǔ.
B：(是)一比八点五。　Le taux d'aujourd'hui est de 8,5 yuans pour un Euro. Combien voulez-vous changer?

Nín huàn duōshao?
您换多少？

Liǎngqiān ōuyuán.
A：两千 欧元。 Deux mille euros.

Yígòng yīwàn qīqiān kuài, qǐng diǎn yíxià.
B：一共 一万 七千 块，请 点 一下。 Ça fait 17 000 au total, comptez votre argent.

Wǒ xiǎng yào diǎnr língqián.
A：我 想注 要 点儿 零钱。 Je voudrais un peu de monnaie.

Wǒ xiǎng bǎ zhè zhāng zhīpiào huànchéng xiànjīn.
3. A：我 想 把 这 张 支票 换成 现金。 Je voudrais toucher ce chèque en espèces.

Qǐng zài zhèr qiānmíng.
B：请 在 这儿 签名。 Signez ici.

Yínháng shàngwǔ jǐ diǎn kāimén?
4. A：银行 上午 几 点 开门？ L'ouverture de la banque est à quelle heure?

Bā diǎn bàn.
B：八 点 半。 À huit heures et demie.

Xiàwǔ jǐ diǎn guānmén?
A：下午 几 点 关门？ À quelle heure ferme-t-elle?

Wǔ diǎn.
B：五 点。 À dix-sept heures.

Xiànzài qù láibují le ba?
A：现在 去 来不及 了 吧？ Si je ne peux pas y arriver avant la fermeture?

Láidejí, kuài zǒu ba.
B：来得及，快 走 吧。 Mais oui, dépêchez-vous!

Yínháng xīngqītiān xiūxi ma?
5. A：银行 星期天 休息 吗？ Est-ce que la banque ferme le dimanche?

Bù xiūxi.
B：不 休息。 Non, elle est ouverte.

☆ 注 释(Note) ☆

"要+动词"有很多意思，在这里是表示意愿。和"想+动词"意思差不多。否定的时候，一般不用"不要"而用"不想"。

«要+动词»: vouloir faire. «想+动词» a presque le même sens. Ici, il indique la volonté. On utilise «不要» au lieu de «不想» pour exprimer le sens négatif. Par exemple:

Nǐ yào / xiǎng chī shénme?
(1) 你 要／想 吃 什么？ Qu'est-ce que tu veux manger?

Wǒ shénme yě bù xiǎng chī.
(2) 我 什么 也 不 想 吃。 Je ne veux rien manger.

☆ 句型提示(Références des phrases-types) ☆

1. 我要把欧元换成人民币。 请参看327页句型75。
2. 现在去来不及了吧? 请参看342页句型103。

☆ 词语用法举例(Exemples de certaines expressions) ☆

1. 我想要点儿零钱

(1) Wǒ xiǎng qù Xīnjiāpō lǚxíng.
我想去新加坡旅行。

(2) Dìdi xiǎng kǎo dàxué.
弟弟想考大学。 (考: passer un examen)

(3) Mèimei xiǎng xué tán gāngqín.
妹妹想学弹钢琴。 (弹: jouer d'un instrument)

(4) Māma xiǎng mǎi yí jiàn dàyī.
妈妈想买一件大衣。

2. 银行上午几点开门

(1) A: Chāoshì jǐ diǎn kāimén?
超市几点开门?

B: Zǎoshang qī diǎn.
早上七点。

(2) Bǎihuò shāngdiàn shí diǎn kāimén.
百货商店十点开门。

(3) Túshūguǎn yì kāimén, wǒ jiù jìnqu.
图书馆一开门,我就进去。 (进去: entrer)

3. 下午几点关门

(1) Kèren zǒu le, guānmén ba.
客人走了,关门吧。

(2) Chāoshì guānmén le.
超市关门了。

(3) Shí'èr diǎn le, shāngdiàn dōu guānmén le.
十二点了,商店都关门了。

(4) Luósēndiàn èrshísì xiǎoshí bù guānmén.
罗森店二十四小时不关门。

4. 快走吧

(1) Kuài qǐchuáng! Yào chídào le.
快起床!要迟到了。

(2) Kuài bāng wǒ yíxià.
快帮我一下。

Kuài ná zhǐxiěyào lái.
(3) 快 拿 止血药 来。 (止血药: hémostatique *m.*)

Chē mǎshàng yào kāi le, kuài shàng chē ba.
(4) 车 马上 要 开 了, 快 上 车 吧。

5. 银行星期天休息吗

Wǒmen gōngsī jīntiān xiūxi, qǐng míngtiān lái ba.
(1) 我们 公司 今天 休息, 请 明天 来 吧。

Jīntiān wǒ xiūxi, búyòng qù gōngsī.
(2) 今天 我 休息, 不用 去 公司。

Nǐ gǎnmào bù qīng, hǎohāor xiūxi ba.
(3) 你 感冒 不 轻, 好好儿 休息 吧。 (轻: pas grave)

Wǎnshang zǎodiǎnr xiūxi, bié tài lèi le.
(4) 晚上 早点儿 休息, 别 太 累 了。

Zǒule yí ge xiǎoshí le, xiūxi yíxià zài zǒu ba.
(5) 走了 一 个 小时 了, 休息 一下 再 走 吧。

☆ 词 语 (Vocabulaire) ☆

1. Zhōngguó Yínháng 中国 银行 (名)	la Banque de Chine	2. Jiànshè Yínháng 建设 银行 (名)	la Banque de Constructions
3. Jiāotōng Yínháng 交通 银行 (名)	la Banque de Communications	4. Gōngshāng Yínháng 工商 银行 (名)	la Banque Industrielle et Commerciale
5. wàihuì páijià 外汇 牌价 (名)	les cours des changes	6. měiyuán 美元 (名)	dollar *m.*
7. yīngbàng 英镑 (名)	des livres sterling	8. ōuyuán 欧元 (名)	euro *m.*
9. rìyuán 日元 (名)	yen *m.*	10. lúbù 卢布 (名)	rouble *m.*
11. gǎngbì 港币 (名)	le dollar de Hong Kong	12. yìngbì 硬币 (名)	pièce *f.*
13. chāopiào 钞票 (名)	billet *m.*	14. yuán/kuài 元/块 (量)	yuan *m.*
15. jiǎo/máo 角/毛 (量)	jiao *m.*	16. fēn 分 (量)	fen *m.*

☆ 练 习 (Exercices) ☆

一、替换练习 (Refaites les phrases en utilisant les expressions suivantes)

1. 把欧元换成人民币。

旅行支票	换	现金
单人房	换	双人房
这个句子	翻译	英语
头发	染	褐色 (hèsè/brun *m.*)
这个故事	写	一本书

2. 把十块钱错看成一百块。	小李	认	小王
	“体”字	写	“休”字
	一	听	七

二、用括号中的词语完成句子（Complétez les phrases en utilisant les mots entre parenthèses）

1. 这是找给你的钱，________________。（点）
2. 取包裹的时候要________________。（签名）
3. 人民币快用完了，我要去________________。（兑换）
4. 你有没有零钱？________________。（换）

三、完成对话（Complétez les conversations）

1. A：________________？　　B：换钱请到三号窗口。
2. A：________________？　　B：一美元换八元二毛二分人民币。
3. A：________________？　　B：银行早上九点钟开门。

四、会话（Conversations）

安　妮：小姐，这张支票请换成现金。
职　员：请在这儿签名。
安　妮：这样写可以吗？
职　员：可以。这是您换的钱，一共是八百七十二块三毛二分。请点一下。
安　妮：好的，没错。

妮　娜：小姐，我要把这两百美元换成人民币。今天的兑换率是多少？
职　员：一美元换七元九角七分人民币。请您填这张表。
妮　娜：用英文填可以吗？
职　员：用中文、英文都可以。
妮　娜：填好了，你看这样对吗？
职　员：对。这是一千五百九十四块。请点一下。
妮　娜：没错。

☆　练习答案（Corrigés）　☆

二、1. 请点一下　2. 在包裹单上签名　3. 银行兑换　4. 我想把十块钱换成零钱
三、1. A：在哪里兑换外币　2. A：美元对人民币的兑换率是多少
3. A：银行早上几点开门

22 Zài Yínháng 在银行$_2$ À LA BANQUE$_2$

1\. A: Wǒ yào kāi ge cúnkuǎn hùtóu.
我要开个存款户头。 Je voudrais ouvrir un compte.

B: Nín cún huóqī háishi dìngqī?
您存活期还是定期？ Un compte courant ou à terme?

A: Dìngqī de lìxī shì duōshao?
定期的利息是多少？ Quel est l'intérêt du compte à terme?

B: Cún yì nián shì bǎi fēn zhī sān diǎn qī bā.
存一年是百分之三点七八。 Il est de 3,78% pour un an.

A: Huóqī ne?
活期呢？ Et le compte courant?

B: Bǎi fēn zhī yì diǎn sì sì.
百分之一点四四。 1,44%.

A: Wǒ xiǎng cún dìngqī.
我想存定期。 Je voudrais un compte à terme.

B: Qǐng tián cúnkuǎndān.
请填存款单。 Remplissez le récépissé de dépôt.

Yào liú mìmǎ ma? 要 留 密码 吗?	Et laissez votre code secret.
Yào de. Jǐ wèi shù? A:要 的。几 位 数?	Oui, combien de chiffres?
Liù wèi shù. B:六 位 数。	Six.
Wǒ xiǎng qǔ diǎnr qián. 2. A:我 想 取 点儿 钱。	Je voudrais retirer une somme d'argent.
Qǐng xiān tiánhǎo qǔkuǎndān. B:请 先 填好注 取款单。	Remplissez le formulaire.
Wǒ zhèyàng xiě duì ma? A:我 这样 写 对 吗?	Je le remplis commeça, c'est bon?
Duì. Qǐng bǎ zhège hé cúnzhé yìqǐ jiāogěi yíngyèyuán. B:对。请 把 这个 和 存折 一起 交给 营业员。	Très bien, et donnez-le avec votre carnet à l'employé.
Wǒ yào qǔ qián. 3. A:我 要 取 钱。	Je voudrais retirer de l'argent.
Nín qǔ duōshao qián? B:您 取 多少 钱?	Combien en voulez-vous?
Liǎngqiān kuài. A:两千 块。	Deux mille.
Zhè shì liǎngqiān kuài, qǐng nín diǎn yíxià. B:这 是 两千 块,请 您 点 一下。	Voilà deux mille, veuillez recompter.
Zhè dìngqī cúnkuǎn méi dàoqī, kěyǐ qǔ chulai ma? 4. A:这 定期 存款 没 到期,可以 取 出来 吗?	Est-ce qu'on peut retirer de l'argent quand le terme du compte n'est pas encore échu?
Dìngqī cúnkuǎn méi dàoqī, yào yǒu shēnfènzhèng cái néng qǔ (qián). B:定期 存款 没 到期,要 有 身份证 才 能 取 (钱)。	Oui, vous pouvez le retirer avec votre carte d'identité.

☆ 注 释(Note) ☆

"好"放在动词后面,表示动作圆满完成的意思。否定时用"没+动词+好"。

Quand «好» est placé après le verbe, c'est pour exprimer l'action accomplie, pareil au passé composé. Sa forme négative, c'est «没 + 动词 + 好». Par exemple :

Jìhuà dìnghǎo le.
(1) 计划 定好 了。 On a fait le projet.

Jīntiān de zuòyè zuòhǎo le.
(2) 今天 的 作业 做好 了。 Les devoirs d'aujourd'hui ont été finis.

Fángjiān méi shōushi hǎo.
(3) 房间 没 收拾 好。 La chambre n'a pas été nettoyée.

☆ 句型提示(Références des phrases-types) ☆

1. 这定期存款没到期。 请参看 309 页句型 36。
2. 要有身份证才能取钱。 请参看 376 页句型 175。

☆ 词语用法举例(Exemples de certaines expressions) ☆

1. 你存活期还是定期

Nǐ shì Zhōngguórén háishi Rìběnrén?
(1) 你 是 中国人 还是 日本人?

Nǐ xǐhuan tián de háishi xián de?
(2) 你 喜欢 甜 的 还是 咸 的?

Jīntiān shì xīngqīsān háishi xīngqīsì?
(3) 今天 是 星期三 还是 星期四?

Xú Fāng míngtiān chūfā háishi hòutiān?
(4) 徐 芳 明天 出发 还是 后天?

2. 请先填好取款单

Wǒ shāohǎo fàn le.
(1) 我 烧好 饭 了。

Wǒ xǐhǎo yīfu le.
(2) 我 洗好 衣服 了。

Tā xiěhǎo lùnwén le.
(3) 他 写好 论文 了。(论文: thèse *f.*)

Nǐ bànhǎo shǒuxù le ma?
(4) 你 办好 手续 了 吗?(办手续: remplir les formalités)

Qù Xī'ān de piào wǒ mǎihǎo le.
(5) 去 西安 的 票 我 买好 了。

3. 请把这个和存折一起交给营业员

Qǐng bǎ zhè fēng xìn jiāogěi xiàozhǎng.
(1) 请 把 这 封 信 交给 校长。

(2) Wénjiàn wǒ jiāogěi kēzhǎng le.
文件 我 交给 科长 了。（文件：document *m.*）

(3) Bàn qiānzhèng yào jiāo sìbǎi kuài.
办 签证 要 交 四百 块。（签证：visa *m.*）

(4) Měi ge rén yīnggāi yīfǎ jiāo shuì.
每 个 人 应该 依法 交 税。（依法：selon les lois　税：taxe *f.*）

4. 要有身份证才能取钱

(1) Yào zuòwán zuòyè cái néng kàn diànshì.
要 做完 作业 才 能 看 电视。

(2) Yào dǎsǎo wán bàngōngshì cái néng huí jiā.
要 打扫 完 办公室 才 能 回 家。

(3) Yào bànwán shì cái néng xiūxi.
要 办完 事 才 能 休息。

(4) Xué wàiyǔ yào duō shuō cái néng xuéhuì.
学 外语 要 多 说 才 能 学会。

☆ 词　语(Vocabulaire) ☆

1.	chǔxù 储蓄	（名/动）	épargne *f.* /épargner
2.	cúnqián 存钱	（动）	mettre de l'argent de côté
3.	qǔqián 取钱	（动）	retirer de l'argent
4.	xìnyòngkǎ 信用卡	（名）	la carte de crédit
5.	zìdòng qǔkuǎnjī 自动 取款机	（名）	distributeur *m.*
6.	zhànghào 账号	（名）	le numéro de compte
7.	dàoqī 到期	（动）	échoir
8.	běnjīn 本金	（名）	capital *m.*
9.	diànhuì 电汇	（动）	un mandat télégraphique
10.	lìlǜ 利率	（名）	le taux d'intérêt
11.	lìxī 利息	（名）	intérêt *m.*
12.	dàikuǎn 贷款	（名/动）	prêt *m.* /emprunter
13.	guàshī 挂失	（动）	déclarer la perte de quelque chose
14.	huàbō 划拨	（动）	virer

☆ 练　习(Exercices) ☆

一、用"要……才能……"回答问题（Répondez aux questions suivantes en utilisant «要……才能……»）

1. 爸爸什么时候才能回家?
2. 这本书什么时候才能出版?
3. 这个工程(gōngchéng/les travaux)要多长时间才能完成?
4. 买这样的房子要多少钱?

二、用汉语说出下面的数字（Dites les chiffres suivants en chinois）

35412.11 元　　5398.50 元　　880054 元　　98.6%　　8.25%

三、完成对话（Complétez les conversations）

1. A：您要取多少钱？　B：＿＿＿＿＿＿＿＿＿＿。
2. A：您要存定期还是活期？　B：＿＿＿＿＿＿＿＿＿＿。
3. A：＿＿＿＿＿＿＿＿＿＿？　B：三年定期的利率是百分之三点零五。

四、会话（Conversation）

于雪来：小姐，这张定期存单到期了。我要取出来。
职　员：本金五千元，利息八百三十六元，一共五千八百三十六元，请点一下。
于雪来：我想办一张信用卡。
职　员：那边有开户申请书（shēnqǐngshū/demande *f.*），先填好再来。
于雪来：填好了，给你。
职　员：要有一百元本金，才能开户。
于雪来：就把这五千块钱存进去吧。
职　员：您的身份证？
于雪来：给你。
职　员：请在这里签字。请留密码。
于雪来：几位数？
职　员：六位。按（àn/appuyer）完密码请按确认（quèrèn/confirmer）键（jiàn/touche *f.*）。
于雪来：好了。
职　员：请再按一遍（biàn，量词）。好了。请拿好您的卡。

☆　练习答案（Corrigés）　☆

一、1. 爸爸要下了班才能回家。
　　2. 要过两三个月才能出版。
　　3. 要两年才能完成。
　　4. 要八十万才能买到（这样的房子）。

二、三万五千四百十二元一角一分；　五千三百九十八元五角；
　　八十八万零五十四元；　百分之九十八点六；
　　百分之八点二五

三、1. B：一万块
　　2. B：我要存活期
　　3. A：三年定期的利息是多少

23 Zhùzhǐ 住址 L'ADRESSE

1. A：Nǐ jiā zhù zài nǎli?
你家住在哪里？ — Où habitez-vous?

B：Wǒ zhù zài Xúhuì Qū Cáobǎo Lù.
我住在徐汇区漕宝路。 — J'habite rue Caobao dans le quartier Xuhui.

A：Kàojìn nǎli?
靠近哪里？ — C'est de quel côté?

B：Zài Huáxià Bīnguǎn fùjìn.
在华厦宾馆附近。 — C'est proche de l'Hôtel Huaxia.

A：Nǐ yìzhí zhù zài nàli ma?
你一直住在那里吗？ — Vous habitez là depuis toujours?

B：Bù, wǒ yuánlái zhù zài Pǔtuó Qū.
不，我原来注住在普陀区。 — Non, j'habitais au quartier Putuo.

A：Shénme shíhòu bānjiā de?
什么时候搬家的？ — Quand avez-vous déménagé.

Shì sān nián qián bān de. B：是　三　年　前　搬　的。	Il y a trois ans.
Nǐ jiā de ménpái shì duōshao hào? 2. A：你家的门牌是多少号？	Quel est le numéro de votre appartement?
Èrshí hào. B：二十　号。	20.
Nǐ zhù jǐ lóu? Jǐ hào fángjiān? A：你　住　几　楼？几　号　房间？	Quel étage habitez-vous? Et quel est votre numéro de chambre?
(Wǒ zhù) liù lóu liùlíngsān shì. B：(我　住)　六　楼　603　室。	J'habite au cinquième étage, numéro 603.
Nǐ jiā de diànhuà hàomǎ shì duōshao? A：你　家　的　电话　号码　是　多少？	Quel est le numéro de téléphone de votre domicile?
Liùqībāsìwǔyāosān. B：6 7845 1 3。	67 84 513.
Nǐ zuò shénme gōngzuò? 3. A：你　做　什么　工作？	Quelle est votre profession?
Wǒ shì gōngsī zhíyuán. B：我　是　公司　职员。	Je suis employé d'une entreprise.
Nǐ de gōngzuò dānwèi zài nǎli? A：你　的　工作　单位　在　哪里？	Où se trouve votre entreprise?
Zài Xīzàng Zhōnglù. B：在　西藏　中路。	Dans la rue Xizang; au milieu.
(Gōngsī) lí jiā yuǎn ma? A：(公司)　离　家　远　吗？	Est-elle loin de votre maison?
Hěn yuǎn. Měi tiān chéng dìtiě shàngbān. B：很　远。每　天　乘　地铁　上班。	Trop loin. Je vais au travail en métro tous les jours.
Nǐ érzi de xuéxiào lí jiā jìn ma? A：你　儿子　的　学校　离　家　近　吗？	Est-ce que l'école de votre fils est proche de la maison?

Bú tài jìn. Tā měi tiān qí zìxíngchē qù xuéxiào.
B：不太近。他每天骑自行车去学校。

Pas très proche. Il va à l'école à bicyclette chaque jour.

☆ 注 释(Note) ☆

“原来”在这里表示以前某一时期，有现在已经不是这样的意思。

«原来», *adv.* utilisé pour indiquer l'action ou l'état antérieur, qui n'est plus ce qu'elle(il) était. Par exemple：

Zhèli yuánlái shì sēnlín.
(1) 这里原来是森林。 Il y avait une forêt ici.

Tā yuánlái shì jiàoshī.
(2) 他原来是教师。 Il était professeur.

☆ 句型提示(Références des phrases-types) ☆

1. 是三年前搬的。 请参看 387 页句型 197。
2. 每天乘地铁上班。 请参看 305 页句型 30。
3. 不太近。 请参看 369 页句型 161。

☆ 词语用法举例(Exemples de certaines expressions) ☆

1. 靠近哪里

Hāmì Lù kàojìn dòngwùyuán.
(1) 哈密路靠近动物园。

Fǎguó lǐngshìguǎn kàojìn nǎli?
(2) 法国领事馆靠近哪里?

Bàozhǐ fàng zài kàojìn shāfā de zhuōzi shang.
(3) 报纸放在靠近沙发的桌子上。 (沙发：sofa *m.*)

Wǒ de zuòwèi kàojìn chuāngkǒu.
(4) 我的座位靠近窗口。

2. 你一直住在那里吗

Tā yìzhí dāng yīshēng.
(1) 他一直当医生。 (当医生：travailler comme médecin)

Lín Zhìqiáng duì gōngzuò yìzhí hěn rènzhēn.
(2) 林志强对工作一直很认真。 (认真：sérieusement)

Tā de háizi yìzhí shēngbìng.
(3) 他的孩子一直生病。 (生病：tomber malade)

Tā yìzhí děngzhe.
(4) 他一直等着。

3. 你的工作单位在哪里

(1) Wǒ bā diǎn yào qù dānwèi.
我 八 点 要 去 单位。

(2) Bàba hé māma zài tóng yí ge dānwèi gōngzuò.
爸爸 和 妈妈 在 同 一 个 单位 工作。

(3) Tā zuówǎn zài dānwèi jiābān.
他 昨晚 在 单位 加班。（加班：faire des heures supplémentaires）

(4) Tā xiǎng zhǎo ge hǎo de gōngzuò dānwèi.
她 想 找 个 好 的 工作 单位。

4. 每天乘地铁上班

(1) Wǒ měi tiān chéng gōnggòng qìchē dào gōngsī.
我 每 天 乘 公共 汽车 到 公司。

(2) Kēzhǎng chéng fēijī qù Xiānggǎng le.
科长 乘 飞机 去 香港 了。

(3) Xiǎo Chén shì chéng huǒchē qù Guìlín de.
小 陈 是 乘 火车 去 桂林 的。

(4) Wǒ xiǎng chéng chuán huí Rìběn.
我 想 乘 船 回 日本。

5. 他每天骑自行车去学校

(1) Tā huì qí mǎ.
他 会 骑 马。（马：cheval *m.*）

(2) Gēge qí zài mǎ shang pāizhào.
哥哥 骑 在 马 上 拍照。（拍照：prendre une photo）

(3) Wǒ bú huì qí zìxíngchē.
我 不 会 骑 自行车。

(4) Shūshu qí mótuōchē qù huǒchēzhàn le.
叔叔 骑 摩托车 去 火车站 了。

☆ 词语(Vocabulaire) ☆

1. tōngxùn dìzhǐ 通讯地址（名） l'adresse de correspondance
2. jiātíng zhùzhǐ 家庭住址（名） l'adresse de domicile
3. dānwèi dìzhǐ 单位地址（名） l'adresse de l'unité
4. shěng 省（名） province *f.*
5. shì 市（名） municipalité *f.*
6. qū 区（名） quartier *m.*
7. shìqū 市区（名） la zone urbaine
8. jiāoqū 郊区（名） banlieue *f.*
9. xiàn 县（名） district *m.*
10. zhōuwéi 周围（名） environs *m. pl.*
11. gōngyuán 公园（名） parc *m.*
12. túshūguǎn 图书馆（名） bibliothèque *f.*

13. 电影院 diànyǐngyuàn （名） cinéma *m.*

14. 剧场 jùchǎng （名） théatre *m.*

15. 广场 guǎngchǎng （名） place *f.*

16. 房子 fángzi （名） maison *f.*

17. 房屋 fángwū （名） bâtiment *m.*

18. 房租 fángzū （名） loyer *m.*

☆ 练　习（Exercices） ☆

一、用括号中的词语改写句子（Modifiez les phrases en utilisant les mots entre parenthèses）

1. 这本书是他的，现在他送给了我。（原来）
2. 一年前我在复旦大学学习，现在在上海师范大学学习。（原来）
3. 我住在这里三年了，没有搬过家。（一直）
4. 大学毕业以后，他在这个公司工作，没有换过单位。（一直）
5. 他的家在静安寺附近。（靠近）

二、用括号中的词语完成句子（Complétez les phrases en utilisant les mots entre parenthèses）

1. 现在住的房子太小了，孩子出生以后，我们要____________________。（搬）
2. A：附近有邮局吗？B：没有。____________________。（离）
3. A：你骑自行车上班吗？B：不，____________________。（乘）
4. A：你住在哪儿？B：____________________。（地址）

三、回答问题（Répondez aux questions suivantes）

1. 你家住哪儿？
2. 你住在市区还是郊区？
3. 你家的门牌号码是多少？
4. 你一直住在那里吗？
5. 附近有银行和超市吗？
6. 你住的大楼有几层（céng/étage *m.*）？你住在第几层？
7. 你现在的房子一个月房租是多少？

四、会话（Conversation）

刘达生：雪来、小郭，我搬家了，明天请你们来我的新家坐坐。
于雪来：是吗？你原来住在华山路上，很不错的地方啊。为什么要搬？
刘达生：住在市区是很方便，可房子太小。
郭　放：新房子在哪儿？
刘达生：在莘庄。
于雪来：那恭喜（gōngxǐ/féliciter）你了。
刘达生：谢谢。你们明天一定来啊。这是地址。
郭　放：梅园小区33号503室。好，我们一定去。

刘达生：是一栋（dòng，量词）绿色（lǜsè/vert，e）的大楼。很好找的。
于雪来：坐什么车去？
刘达生：坐地铁。我家离地铁站只有十分钟路。
郭　放：挺方便的嘛。

☆ 练习答案（Corrigés） ☆

一、1. 这本书原来是他的，现在他送给了我。
　2. 我原来在复旦大学学习，现在在上海师范大学学习。
　3. 我一直住在这里，没有搬过家。
　4. 大学毕业以后他一直在这个公司工作，没换过单位。
　5. 他的家靠近静安寺。

二、1. 搬家
　2. 邮局离这儿很远
　3. 我乘公共汽车上班
　4. 我的地址是……

24 Yuēhuì 约会 RENDEZ-VOUS

Nǐ xīngqīliù wǎnshang yǒu
1. A：你 星期六 晚上 有 Vous êtes libres samedi soir?
kòng ma?
空 吗?

Yǒu kòng. Yǒu shénme shì ma?
B：有 空。有 什么 事 吗? Oui. Qu'est-ce qu'il y a?

Wǒ xiǎng qù nǐ jiā zuòzuo.
A：我 想 去 你 家 坐坐注1。 Je voudrais vous rendre une petite visite.

Huānyíng. Nǐ jǐ diǎn lái?
B：欢迎。你 几 点 来? Vous êtes le bienvenu. Quand viendrez-vous?

Wǎnshang bā diǎn zuǒyòu
A：晚上 八 点 左右 Vers vingt heures,ça vous convient?
fāngbiàn ma?
方便 吗?

Wǎnshang wǒ yìbān dōu zài
B：晚上 我 一般 都 在 Oui, je reste toujours à la maison le soir.
jiā. Nǐ shénme shíhou lái
家。你 什么 时候 来 Vous pourrez venir à n'importe quelle heure.
dōu xíng. Wǒ děng nǐ.
都 行。我 等 你。 Je vous attends.

2. A：	Míngtiān xiàwǔ nǐ yǒu shíjiān ma? 明天 下午 你 有 时间 吗？	Vous serez libre demain après-midi?
B：	Duìbuqǐ, wǒ yǒu diǎnr shì, méi kòng. 对不起，我 有 点儿 事，没 空。	Désolé, j'ai d'autres choses à faire et je n'aurai pas le temps.
3. A：	Jīnwǎn yìqǐ chī wǎnfàn ba. 今晚 一起 吃 晚饭 吧。	Voulez-vous dîner avec moi ce soir?
B：	Duìbuqǐ, wǒ yǒu bié de yuēhuì. 对不起，我 有 别 的 约会。	C'est dommage, j'ai un autre rendez-vous.
A：	Nàme, wǒ gǎitiān zài yuē nǐ ba. 那么，我 改天 再 约 你 吧。	Alors, un autre jour peut-être.
B：	Guò liǎng tiān wǒ dǎ diànhuà gěi nǐ. 过 两[注2] 天 我 打 电话 给 你。	Je vais vous appeler plus tard.
4. A：	Xīngqītiān yìqǐ qù Pǔdōng wán, hǎo ma? 星期天 一起 去 浦东 玩，好 吗？	Voulez-vous faire un tour avec moi à Pudong ce dimanche?
B：	Nà tài hǎo le! Wǒ dài péngyou yìqǐ qù, kěyǐ ma? 那 太 好 了！我 带 朋友 一起 去，可以 吗？	C'est parfait! Est-ce que je pourrai venir avec mon ami?
A：	Hǎo de. (Qǐng nǐ de péngyou) gēn wǒmen yìqǐ qù ba. 好 的。（请 你 的 朋友）跟 我们 一起 去 吧。	Oui, il peut venir avec nous.
B：	Nàme, bā diǎn bàn zài sìshí'èr lù zhōngdiǎnzhàn jiànmiàn ba. 那么，八 点 半 在 四十二 路 终点站 见面 吧。	Alors, nous nous retrouverons au terminus de l'autobus No. 42 à huit heures et demie.
A：	Hǎo de, bújiàn-búsàn. 好 的，不见不散。	D'accord, nous nous rencontrerons à l'heure dite.

5. A：Míngtiān de huìyì gǎizài hòutiān xiàwǔ. Qǐng nín chūxí.
明天的会议改在后天下午。请您出席。
La réunion de demain est remise à après-demain, dans l'après-midi. Soyez gentil d'être présent.

B：Duìbuqǐ, wǒ hěn máng, bù néng chūxí.
对不起，我很忙，不能出席。
Désolé, je suis très occupé et ne peux pas y assister.

6. A：Hòutiān chūfā ma?
后天出发吗？
Partirez-vous après-demain?

B：Néng bu néng chūfā, yào kàn tiānqì hǎo bu hǎo.
能不能出发，要看天气好不好。
Cela dépend du temps.

☆ 注 释(Notes) ☆

1. 动词重叠表示动作的时间短，或表示轻松的意思。
La répétition d'un verbe signifie une action courte, ou bien un sens de détente. Par exemple：

(1) Hánjià wǒ xiǎng qù Xī'ān wánwan.
寒假我想去西安玩玩。
Pendants les vacances d'hiver, je voudrais faire un petit voyage à Xi'An.

(2) Ràng wǒ kànkan.
让我看看。
Laisse-moi jeter un coup d'oeil.

2. "两"在这儿表示概数。
"两"ici est un numéro indéfini. Par exemple：

(1) Duō dú liǎng biàn jiù néng jìzhù.
多读两遍就能记住。
En lisant plusieurs fois, tu pourras le retenir.

(2) Wǒ zài kàn liǎng yè jiù shuìjiào.
我再看两页就睡觉。
Encore quelques pages, je vais me coucher.

☆ 句型提示(Références des phrases-types) ☆

1. 我带朋友一起去，可以吗？ 请参看 292 页句型 3。
2. 请你的朋友跟我们一起去吧。 请参看 367 页句型 157。

☆ 词语用法举例(Exemples de certaines expressions) ☆

1. 你星期六晚上有空吗

Yǒu kòng qǐng dào wǒ jiā lái wán.
(1) 有空请到我家来玩。

Míngtiān yǒu kòng dehuà, wǒ xiǎng kàn chǎng diànyǐng.
(2) 明天有空的话,我想看场电影。

Gōngzuò hěn duō, zhěngtiān dōu méi kòng.
(3) 工作很多,整天都没空。 (整天:toute la journée)

Zuìjìn hěn máng, yìzhí méi kòng.
(4) 最近很忙,一直没空。

2. 我想去你家坐坐

Wǒ qùqu jiù lái.
(1) 我去去就来。

Nǐ de qiānbǐ jiègěi wǒ yòngyong, kěyǐ ma?
(2) 你的铅笔借给我用用,可以吗?

Wǒ xiǎng chángchang Shànghǎi de xiǎochī.
(3) 我想尝尝上海的小吃。

Kànkan diànshì, tīngting yīnyuè, zhēn shūfu.
(4) 看看电视,听听音乐,真舒服。 (舒服:agréable)

3. 晚上八点左右方便吗

Nǐ fāngbiàn dehuà, wǒ xiànzài qù nǐ nàr.
(1) 你方便的话,我现在去你那儿。

Rúguǒ fāngbiàn, jiègěi wǒ yìdiǎnr qián.
(2) 如果方便,借给我一点儿钱。 (借给:prêter)

Rúguǒ bù fāngbiàn, jiù suàn le.
(3) 如果不方便,就算了。 (算了:tant pis)

Bù fāngbiàn dehuà, nǐ búyòng lái.
(4) 不方便的话,你不用来。

4. 晚上我一般都在家

Wǎnshang yìbān dōu yào jiābān.
(1) 晚上一般都要加班。

Wǒ yìbān shíyī diǎn shuìjiào.
(2) 我一般十一点睡觉。

Tā chūchāi yìbān dōu chéng fēijī.
(3) 他出差一般都乘飞机。

Wǒ yìbān yì nián huí yí cì lǎojiā.
(4) 我一般一年回一次老家。

5. 你什么时候来都行

Shuí zuò dōu xíng.
(1) 谁做都行。

Chī shénme dōu xíng.
(2) 吃什么都行。

Shénme yánsè dōu xíng.
(3) 什么 颜色 都 行。

Fàng zài nǎli dōu xíng.
(4) 放 在 哪里 都 行。

6. 一起去浦东玩，好吗

Chéng chūzūchē qù, hǎo ma?
(1) 乘 出租车 去，好 吗？

Shǔjià qù Dōngběi wán, hǎo ma?
(2) 暑假 去 东北 玩，好 吗？

Jīntiān chī Guǎngdōngcài, hǎo ma?
(3) 今天 吃 广东菜，好 吗？

Yìqǐ qù kàn jīngjù, hǎo ma?
(4) 一起 去 看 京剧，好 吗？ （京剧：l'opéra de Pékin）

7. 我带朋友一起去，可以吗

Xià yǔ le, xìnghǎo wǒ dàile yǔsǎn.
(1) 下 雨 了，幸好 我 带了 雨伞。 （幸好：heureusement）

Zāogāo! Wàngjì dài qiánbāo le.
(2) 糟糕！ 忘记 带 钱包 了。 （糟糕：pas de chance）

Míngtiān dài háizi qù dòngwùyuán.
(3) 明天 带 孩子 去 动物园。

Nǐ bú rènshi lù, wǒ dài nǐ qù ba.
(4) 你 不 认识 路，我 带 你 去 吧。

8. 我带朋友一起去，可以吗

Wǒ yòng yíxià zhège diànhuà, kěyǐ ma?
(1) 我 用 一下 这个 电话，可以 吗？

Wǒ kàn yíxià nǐ de yǐngjí, kěyǐ ma?
(2) 我 看 一下 你 的 影集，可以 吗？ （影集：l'album de photos）

Zài zhèr zuò yíxià, kěyǐ ma?
(3) 在 这儿 坐 一下，可以 吗？

Wǒ xiǎng chōu zhī yān, kěyǐ ma?
(4) 我 想 抽 支 烟，可以 吗？

☆ 词　语（Vocabulaire） ☆

1.	bàifǎng 拜访	（动）	rendre visite
2.	fǎngwèn 访问	（动）	visiter
3.	kànwàng 看望	（动）	voir
4.	chuànmén 串门	（动）	rendre visite aux voisins
5.	yuē 约	（动）	inviter
6.	děnghòu 等候	（动）	attendre
7.	fāngbiàn 方便	（形）	convenable
8.	bù fāngbiàn 不 方便		inconvenable
9.	gǎiqī 改期	（动）	changer de date
10.	yíhàn 遗憾	（名/形）	regret *m.* / regrettable

11.	wùbì 务必	（副）	il faut	12.	dì-èr tiān 第二 天		lendemain *m.*
13.	zhè cì 这 次		cette fois	14.	shàng cì 上 次		la fois dernière
15.	xià cì 下 次		la prochaine fois	16.	dāying 答应	（动）	promettre
17.	jùjué 拒绝	（动）	refuser	18.	shīyuē 失约	（动）	manquer un rendez-vous
19.	tíqián 提前	（动）	d'avance	20.	tuīchí 推迟	（动）	retarder

☆ 练 习（Exercices） ☆

一、替换练习（Refaites les phrases en utilisant les expressions suivantes）

1. 明天的会议改在后天下午。

一点钟的约会	两点半
他乘的飞机	半小时以后起飞
明天的课	后天
上午的会	下午

2. 你什么时候来都行。

去什么地方旅行	可以
用什么笔写	没问题
点什么菜	行
用什么洗衣粉	洗不掉

3. 我带朋友 去。

儿子	去动物园
太太	出席公司的新年晚会
孩子	看病
秘书	参加会议

二、用括号中的词语改写句子（Modifiez les phrases en utilisant les mots entre parenthèses）

1. 我现在到你家可以吗？（方便）
2. 她只喝果汁，不喝酒。（什么都）
3. 北京人大多喝花茶，上海人大多喝绿茶。（一般）
4. 这几天我没空，过几天再去逛街吧。（改天）（逛街：se promener dans la rue）
5. 我不是一个人来的，小王也来了。（一起）
6. 广州的会议十二号举行，我们十号出发。（提前）
7. 原来一点二十分的飞机改在两点二十分起飞。（推迟）

三、完成对话（Complétez les conversations）

1. A：____________________？
   B：今天晚上我有事。
   A：那么，____________________。
2. A：你这个星期天有空吗？
   B：有空。____________________？

A：我想带孩子去动物园。____________________？
B：好啊。我们一起去吧。

3. A：明天的会议你参加不参加？
B：对不起，____________________。

4. A：明天的茶话会（cháhuàhuì/le thé）你带孩子去吗？
B：不，____________________。

四、会话（Conversations）

安　妮：老师，对不起，明天有朋友来，不上课行吗？
老　师：那么什么时候上课？
安　妮：改在后天吧。
老　师：还是上午十点到十二点吗？
安　妮：是的。方便吗？
老　师：早一点儿行吗？因为我跟朋友约好十二点钟一起吃饭。
安　妮：那么就九点半到十一点吧，早一点儿结束。
老　师：好的。没问题。

李丽平：小于，我又到上海了，我们见一面吧。
于雪来：好啊。什么时候？
李丽平：今天晚上，方便吗？
于雪来：今晚不行，我没空，儿子的学校要开家长（jiāzhǎng/parents *m. pl.*）会。明天吧。
李丽平：好，你来花园饭店（Huāyuán Fàndiàn）行吗？
于雪来：行，在哪里都行。
李丽平：那么我在一楼咖啡厅（kāfēitīng/café *m.*）等你。不见不散。
于雪来：好，不见不散。

☆　练习答案（Corrigés）　☆

二、1. 我现在到你家方便吗？
2. 她只喝果汁，什么酒都不喝。
3. 北京人一般喝花茶，上海人一般喝绿茶。
4. 这几天我没空，改天再去逛街吧。
5. 我是和小王一起来的。
6. 广州的会议十二号举行，我们提前两天出发。
7. 原来一点二十分的飞机推迟一个小时起飞。

三、1. A：今晚有空吗　我改天再约你吧
2. B：有什么事吗　　A：你也一起去，好吗
3. B：我没空，不能参加
4. B：不带孩子去

25 Jiātíng 家庭 LA FAMILLE

1\. A：Nǐ jiā yǒu jǐ kǒu rén?
你家有几口人？

Combien êtes-vous dans votre famille?

B：(Yǒu) sān kǒu rén. Wǒ xiānsheng、nǚ'ér hé wǒ.
(有)三口人。我先生、女儿和我。

Nous sommes trois. Mon mari, ma fille et moi.

A：Nǐ xiānsheng zài nǎli gōngzuò?
你先生在哪里工作？

Où votre mari travaille-t-il?

B：Tā zài yínháng gōngzuò.
他在银行工作。

Il travaille à la banque.

A：Nǐ nǚ'ér ne?
你女儿呢？

Et votre fille?

B：Nǚ'ér (zhèng)zài dàxué dú fǎlǜ, sān niánjí le.
女儿(正)在大学读法律，三年级了。

Elle fait ses études de droit maintenant à l'université. Elle est en troisième année.

2\. A：Nǐ fùmǔ zhù zài nǎli?
你父母住在哪里？

Où habitent vos parents?

B：(Tāmen) zhù zài Méihuāyuàn,
(他们)住在梅花苑，

Ils habitent au quartier Meihua. C'est pas loin

lí wǒ jiā hěn jìn. 离 我 家 很 近。	de chez moi.
Nǐ fùmǔ hái gōngzuò ma? A：你 父母 还注 工作 吗？	Est-ce qu'ils travaillent encore?
Fùqīn hái zài gōngzuò, mǔqīn B：父亲 还 在 工作， 母亲	Mon père travaille encore, mais ma mère est
yǐjīng tuìxiū le. 已经 退休 了。	à la retraite déjà.
Nǐ fùmǔqīn duō dà niánjì le? A：你 父母亲 多 大 年纪 了？	Quels ages ont-ils?
Fùqīn jīnnián wǔshíbā suì, B：父亲 今年 五十八 岁，	Mon père a 58 ans et ma mére 56 ans.
mǔqīn wǔshíliù suì. 母亲 五十六 岁。	
Nǐ yǒu xiōngdì jiěmèi ma? 3．A：你 有 兄弟 姐妹 吗？	Avez-vous des frères et des sœurs?
Wǒ yǒu yí ge gēge. B：我 有 一 个 哥哥。	J'ai un frère.
Nǐ gēge duō dà? A：你 哥哥 多 大？	Quel age a-t-il?
Gēge bǐ wǒ dà sì suì, B：哥哥 比 我 大 四 岁，	Il a 32 ans. Il est de 4 ans mon aîné.
sānshí'èr suì le. 三十二 岁 了。	
Nǐ gēge jiéhūnle ma? A：你 哥哥 结婚了 吗？	Est-ce qu'il s'est marié?
Tā jiéhūn wǔ nián le, sǎozi B：他 结婚 五 年 了，嫂子	Oui, il s'est marié il y a 5 ans. Ma belle-sœur
shì gēge de tóngxué. 是 哥哥 的 同学。	était sa camarade à l'école.
Zhège xiǎo gūniang shì shuí? A：这个 小 姑娘 是 谁？	Qui est cette petite fille?
Tā shì wǒ gēge de nǚ'ér. B：她 是 我 哥哥 的 女儿。	C'est la fille de mon frère.
Nǐ gēge de nǚ'ér hěn A：你 哥哥 的 女儿 很	Elle est très belle.
piàoliang. 漂亮。	
(Tā) bùjǐn piàoliang, érqiě B：（她）不仅 漂亮， 而且	Elle n'est pas seulement belle, mais très in-

hěn cōngming.
很 聪明。 telligente aussi.

4. A：Nǐ de péngyou Mǎlì yǒu jǐ ge háizi?
你 的 朋友 玛丽 有 几 个 孩子？ Combien d'enfants a votre amie Marie?

B：Tā yǒu liǎng ge háizi, yí ge érzi, yí ge nǚ'ér.
她 有 两 个 孩子，一 个 儿子，一 个 女儿。 Elle en a deux, un garçon et une fille.

A：Tāmen jǐ suì le?
他们 几 岁 了？ Quel age ont-ils?

B：Dà de shí'èr suì, xiǎo de bā suì.
大 的 十二 岁，小 的 八 岁。 L'aîné a 12 ans et la cadette 8 ans.

☆ 注 释(Note) ☆

"还"在这里表示动作或状态没有变化。

«还» ici signifie la persistance d'une action ou d'un état à un moment donné. Par exemple:

(1) Tā hái zhù zài Běijīng.
他 还 住 在 北京。 Il habite encore à Pékin.

(2) Tā hái méi bìyè.
她 还 没 毕业。 Elle n'a pas encore fini ses études.

☆ 句型提示(Références des phrases-types) ☆

1. 你家有几口人？ 请参看 304 页句型 26。
2. 女儿(正)在大学读法律。 请参看 307 页句型 33。
3. 你父母亲多大年纪了？ 请参看 302 页句型 20。
4. 哥哥比我大四岁。 请参看 322 页句型 64。
5. 她不仅漂亮，而且很聪明。 请参看 389 页句型 202。

☆ 词语用法举例(Exemples de certaines expressions) ☆

1. 你父母亲住在哪里

(1) Lín Méiyīng zhù zài xuéxiào.
林 梅英 住 在 学校。

Wǒ zhù zài shí'ér lóu.
(2) 我 住 在 十二 楼。

Tā zhù zài Huátíng Bīnguǎn.
(3) 他 住 在 华亭 宾馆。 (宾馆：hôtel *m.*)

Lǐ Zhìhǎi zài Měiguó zhùle sān nián.
(4) 李 志海 在 美国 住了 三 年。

2. 你父母还工作吗

Wǒ hái zhù zài Hóngqiáo Lù, méi bānjiā.
(1) 我 还 住 在 虹桥 路，没 搬家。

Jǐ nián méi jiànmiàn, nǐ hái shì lǎoyàngzi.
(2) 几 年 没 见面，你 还 是 老样子。
(老样子：le même état qu'avant)

Jiǔ diǎn le, tā hái méi huí jiā.
(3) 九 点 了，他 还 没 回 家。

Tā hái méi tuìxiū.
(4) 他 还 没 退休。

3. 母亲已经退休了

Yǐjīng bā diǎn le, kuài qǐchuáng!
(1) 已经 八 点 了，快 起床！

Tā yǐjīng qīshí suì le, shēntǐ hái hěn jiēshi.
(2) 他 已经 七十 岁 了，身体 还 很 结实。 (结实：robuste)

Tā qù Běijīng yǐjīng yí ge xīngqī le, hái méi lái diànhuà.
(3) 他 去 北京 已经 一 个 星期 了，还 没 来 电话。

Wǒ lái Shànghǎi yǐjīng bàn nián le.
(4) 我 来 上海 已经 半 年 了。

☆ 词 语（Vocabulaire） ☆

1.	bàba 爸爸	（名）	père *m.*	
2.	māma 妈妈	（名）	mère *f.*	
3.	yéye 爷爷	（名）	le grand-père paternel	
4.	nǎinai 奶奶	（名）	la grand-mère paternelle	
5.	wàigōng 外公	（名）	le grand-père maternel	
6.	wàipó 外婆	（名）	la grand-mère maternelle	
7.	zhàngfu 丈夫	（名）	mari *m.*	
8.	qīzi 妻子	（名）	femme *f.*	
9.	gēge 哥哥	（名）	le frère aîné	
10.	jiějie 姐姐	（名）	la sœur aînée	
11.	dìdi 弟弟	（名）	le frère cadet	
12.	mèimei 妹妹	（名）	la sœur cadette	
13.	bóbo 伯伯	（名）	oncle *m.* (le frère aîné du père)	
14.	bómǔ 伯母	（名）	tante *f.* (la femme du frère aîné du père)	
15.	shūshu 叔叔	（名）	oncle *m.* (le frère cadet du père)	
16.	shěnshen 婶婶	（名）	tante *f.* (la femme du frère cadet du père)	
17.	gūgu 姑姑	（名）	tante *f.* (la sœur du père)	
18.	gūfù 姑父	（名）	oncle *m.* (mari de la sœur du père)	

19.	jiùjiu 舅舅	（名）	oncle *m.* （le frère de la mère ）
20.	jiùmā 舅妈	（名）	tante *f.* （la femme du frère de la mère）
21.	yímā 姨妈	（名）	tante *f.* （la sœur aînée de la mère）
22.	āyí 阿姨	（名）	tante *f.* （la sœur cadette de la mère）
23.	yífù 姨父	（名）	oncle *m.* （le mari de la sœur de la mère）
24.	jiārén 家人	（名）	membres de la famille
25.	qīnqi 亲戚	（名）	parent *m.*
26.	nánpéngyou 男朋友	（名）	le petit ami/copain
27.	nǚpéngyou 女朋友	（名）	la petite amie/copine
28.	hǎopéngyou 好朋友	（名）	bon ami
29.	lǎopéngyou 老朋友	（名）	vieil ami
30.	xiàoyǒu 校友	（名）	camarade de l'école
31.	zhǎngbèi 长辈	（名）	les aînés
32.	xiǎobèi 小辈	（名）	les cadets
33.	xīnláng 新郎	（名）	le nouveau marié
34.	xīnniáng(zi) 新娘(子)	（名）	la nouvelle mariée
35.	xìngfú 幸福	（形）	bonheur *m.*
36.	àiqíng 爱情	（名）	amour *m.*
37.	líhūn 离婚	（动）	divorcer
38.	dānshēn 单身	（名）	célibataire

☆ 练　习（Exercices） ☆

一、替换练习（Refaites les phrases en utilisant les expressions suivantes）

1. 这个小姑娘是谁？
   这个男孩子
   那个女人
   前面那个男人
   坐着那位老人

2. 嫂子是哥哥的同学。

李明	姐姐	男朋友
王勇	校长	儿子
他	妈妈	同事
她	经理	太太

3. 哥哥比我大三岁。

丈夫	妻子	大一岁
妹妹	我	小两岁
他	我	小一点儿
科长	你	大很多

二、回答问题（Répondez aux questions suivantes）

1. 你有兄弟姐妹吗？
2. 你有几个孩子？他们几岁了？
3. 你孩子在哪里学习？
4. 在你们国家，年轻人多大结婚？

三、会话(Conversations)

安 妮:小于,请进!
于雪来:孩子还没回来吗?
安 妮:还没呢。
于雪来:星期六你有空吗?
安 妮:有空,什么事?
于雪来:你想知道中国人结婚的风俗(fēngsú/les mœurs),是不是?
安 妮:是啊(a)。
于雪来:我弟弟星期六结婚,你跟我一起去参加婚礼(hūnlǐ/mariage *m.*)吧。
安 妮:太好了。你弟弟多大?
于雪来:二十八了。新娘子二十四岁。

于雪来:这是我爸爸、妈妈,这位是安妮。
安 妮:你们好,恭喜恭喜。
于 父:欢迎欢迎。请随便坐。听雪来说你是从法国来的。
安 妮:是的。我是小于的邻居。新郎呢?
于 父:去接(jiē/prendre)新娘子了。
安 妮:我可以看看新房(xīnfáng/chambre nuptiale)吗?
于雪来:当然可以。来,这边来。
安 妮:新房真(zhēn/vraiment)漂亮。

26 Kàn Péngyou 看朋友 RENDRE VISITE À UN AMI

1. A：Tīngshuō nǐ bānjiā le, shì ma?
听说你搬家了，是吗？
On m' a dit que vous aviez déménagé, c'est vrai?

B：Shì de. Yǒu kòng qǐng dào wǒ jiā wán.
是的。有空请到我家玩。
Oui. Quand vous êtes libres, venez chez moi.

A：Hǎo de, zhège xīngqītiān fāngbiàn ma?
好的，这个星期天方便吗？
Bon, ce dimanche, si ça ne vous dérange pas.

B：Zhège xīngqītiān zhěngtiān zài jiā, wǒ děng nǐ.
这个星期天整天在家，我等你。
Je resterai chez moi toute la journée ce dimanche, je vous attendrai.

2. (A àn ménlíng)
（A按门铃）
(A sonne à la porte)

A：Wǒ shì Wáng Wěi.
我是王伟。
Je suis Wang Wei.

Qǐng jìn! Qǐng zuò!
B：请进！请坐！
Entrez, s'il vous plaît! Asseyez-vous!

Xiǎng hē diǎnr shénme? Kāfēi háishi chá? Yě yǒu kělè.
想喝点儿什么？咖啡还是茶？也有可乐。
Qu'est-ce que je peux vous offrir? Café ou thé? Il y a aussi du coca.

Nàme, wǒ hē chá ba.
A：那么，我喝茶吧。
Plutôt du thé.

Qǐng hē chá! Chī diǎnr diǎnxin ba!
B：请喝茶！吃点儿点心吧！
Voilà du thé. Prenez un peu de gateau.

Xièxie. Bié zhāngluo le.
A：谢谢。别张罗[注1]了。
Merci. Ne vous dérangez pas.

Qǐng suíbiàn xiē, bié kèqi.
B：请随便些，别客气[注2]。
Faites comme chez vous.

Chōuyān ma?
抽烟吗？
Vous fumez?

Bù, bù chōu.
A：不，不抽。
Non, je ne fume pas.

Nǐ zuìjìn zěnmeyàng?
B：你最近怎么样？
Comment allez-vous récemment?

Wǒ zuìjìn máng de hěn.
A：我最近忙得很。
Je suis très occupé.

Nǐ bàba māma bú zài jiā ma?
你爸爸妈妈不在家吗？
Vos parents ne sont pas à la maison?

Tāmen shàngbān qù le.
B：他们上班去了。
Non, ils sont au travail.

Kètīng zhēn dà. Yǒu jǐ ge fángjiān?
A：客厅真大。有几个房间？
Le salon est très grand. Combien de chambres y a-t-il?

Yǒu sān ge fángjiān, hái yǒu chúfáng hé wèishēngjiān.
B：有三个房间，还有厨房和卫生间。
Il y a 3 chambres, une cuisine et un cabinet de toilette.

Nǐ de diànnǎo fàng zài nǎli?
A：你的电脑放在哪里？
Où se trouve votre ordinateur?

Diànnǎo fàng zài shūfáng li.
B：电脑放在书房里。
Je le mets dans le cabinet de travail.

Shūchú li fàngzhe shénme? A：书橱 里 放着 什么？	Que mettez-vous dans la bibliothèque?
Shūchú li fàngzhe shū、zázhì、bàozhǐ děngděng. B：书橱 里 放着 书、杂志、报纸 等等。	On y met des livres, des revues et des journaux, etc.
Zhège huāpíng hěn piàoliang. A：这个 花瓶 很 漂亮。	Ce vase est très beau.
Zhè shì māma gěi wǒ de. B：这 是 妈妈 给 我 的。	C'est maman qui me l'a offert.
Zhè shì shuí de fángjiān? A：这 是 谁 的 房间？	Qui habite dans cette chambre?
Zhè shì wǒ érzi de fángjiān. B：这 是 我 儿子 的 房间。	Cette chambre est à mon fils.
Zhè shì nǐ érzi de zhàopiānr ma? A：这 是 你 儿子 的 照片儿 吗？	C'est la photo de votre fils?
Shì tā xiǎo shíhou de zhàopiānr. B：是 他 小 时候 的 照片儿。	Oui, c'est une photo de lui quand il était petit.
Zhèli jiāotōng fāngbiàn ma? A：这里 交通 方便 吗？	Est-ce que le transport est pratique ici?
Hái suàn fāngbiàn. B：还 算 方便。	Pas mal.
Wǒ xiǎng yòng yi yòng xǐshǒujiān. A：我 想 用 一 用 洗手间。	Je voudrais aller aux toilettes.
Xǐshǒujiān zài nàbian. Qǐng ba. B：洗手间 在 那边。请 吧。	Les toilettes sont là. Allez-y.

☆ 注　释(Notes) ☆

1. “张罗”在这里指对客人的招待，如倒茶、拿点心等等。有时也说“别客气”。
   «张罗» ici veut dire « l'hospitalité » donnée par celui qui reçoit des invités, par exemple, leur préparer du thé, servir des patisseries etc. Quelquefois on dit aussi «别客气» à la place de «别张罗». Par exemple：

   Qǐng hē kāfēi.
   A：请 喝 咖啡。 Prenez du café, s'il vous plaît. (Une façon de «张罗»)

   Xièxie, bié zhāngluo/bié kèqi.
   B：谢谢，别 张罗/别 客气。 Merci, ne vous occupez pas de moi.

2. “别客气”在这里表示请对方不要拘束的意思。
   «别客气» ici veut dire qu'on espère que les invités ne se sentent pas gênés.

☆ 句型提示(Références des phrases-types) ☆

1. 书橱里放着书、杂志、报纸等等。 请参看308页句型35。
2. 这是妈妈给我的。 请参看319页句型58。
3. 还算方便。 请参看324页句型69。
4. 我想用一用洗手间。 请参看313页句型44。

☆ 词语用法举例(Exemples de certaines expressions) ☆

1. 请随便些,别客气

Qǐng chī diǎnr shuǐguǒ. Bié kèqi.
(1) A:请吃点儿水果。别客气。

Wǒmen shì lǎopéngyou, nǐ bié zhāngluo le.
B:我们是老朋友,你别张罗了。

Nǐ bié kèqi, duō chī diǎnr.
(2) A:你别客气,多吃点儿。

Wǒ yǐjīng bǎo le.
B:我已经饱了。

2. 我最近忙得很

Nàge diàn de dōngxi guì de hěn.
(1) 那个店的东西贵得很。

Dìdi cónglái bú fùxí, lǎn de hěn.
(2) 弟弟从来不复习,懒得很。(懒:paresseux,se)

Zǒule jǐ ge xiǎoshí de lù, lèi de hěn.
(3) 走了几个小时的路,累得很。

Méi chī zǎofàn, xiànzài è de hěn.
(4) 没吃早饭,现在饿得很。

3. 他们上班去了(……来了)

Háizimen shàngxué qù le.
(1) 孩子们上学去了。

Tàitai mǎi dōngxi qù le.
(2) 太太买东西去了。

Zuótiān érzi yìjiā kàn wǒ lái le.
(3) 昨天儿子一家看我来了。

Měiguó zǒngtǒng dào Shànghǎi fǎngwèn lái le.
(4) 美国总统到上海访问来了。

☆ 词 语(Vocabulaire) ☆

1. mén 门 (名) porte *f.*
2. chuāng 窗 (名) fenêtre *f.*
3. chuānglián 窗帘 (名) rideau *m.*
4. dìtǎn 地毯 (名) tapis *m.*

5. 桌子 zhuōzi	（名）	table *f.*	
6. 椅子 yǐzi	（名）	chaise *f.*	
7. 凳子 dèngzi	（名）	tabouret *m.*	
8. 沙发 shāfā	（名）	sofa *m.*	
9. 茶几 chájī	（名）	la table basse	
10. 柜子 guìzi	（名）	placard *m.*	
11. 衣柜 yīguì	（名）	armoire *f.*	
12. 碗柜 wǎnguì	（名）	buffet *m.*	
13. 花瓶 huāpíng	（名）	vase *f.*	
14. 床 chuáng	（名）	lit *m.*	
15. 床头柜 chuángtóuguì	（名）	la table de chevet	
16. 台灯 táidēng	（名）	la lampe de table	
17. 枕头 zhěntou	（名）	oreiller *m.*	
18. 枕套 zhěntào	（名）	la taie d'oreiller	
19. 被子 bèizi	（名）	couette *f.*	
20. 床单 chuángdān	（名）	drap *m.*	
21. 毛巾 máojīn	（名）	serviette *f.*	
22. 浴巾 yùjīn	（名）	la serviette de bain	
23. 淋浴 línyù	（动）	douche *f.*	
24. 浴缸 yùgāng	（名）	baignoire *f.*	
25. 脸盆 liǎnpén	（名）	cuvette *f.*	
26. 手纸 shǒuzhǐ	（名）	le rouleau de papier hygiénique	
27. 烟灰缸 yānhuīgāng	（名）	cendrier *m.*	
28. 垃圾桶 lājītǒng	（名）	poubelle *f.*	
29. 走廊 zǒuláng	（名）	couloir *m.*	
30. 阳台 yángtái	（名）	balcon *m.*	

☆ 练 习（Exercices） ☆

一、替换练习（Refaites les phrases en utilisant les expressions suivantes）

1. 书桌 放在 书房里。

花瓶	放在	茶几上
电话	放在	台灯的旁边
大衣	挂在	衣柜里
汽车	停在	门口

2. 客厅里 放着 一个柜子。

茶几上	放着	两个杯子
他的手里	拿着	一束（shù，量词）花
墙上	挂着	一幅（fú，量词）画儿
前面	停着	一辆（liàng，量词）车

二、完成对话（Complétez les conversations）

1. A：有空请到我家玩。
   B：______________________________。
2. A：我可以进来吗？
   B：______________________________！

3. A：你想喝点儿什么？
   B：______________________________。
4. A：你最近工作忙吗？
   B：______________________________。
5. A：你是什么时候搬家的？
   B：______________________________。

三、回答问题（Répondez aux questions suivantes）

1. 你家有几个房间？
2. 你家的客厅大吗？
3. 你家有书房吗？
4. 今天的报纸放在哪里？
5. 你的书桌（shūzhuō/bureau *m.*）上放着什么？
6. 你家的墙上挂着什么？

四、会话（Conversation）

于雪来：我是雪来。请开门（kāi mén/ouvrir la porte）。
刘志红：请进！
于雪来：你的新家真大！有几个房间？
刘志红：三室一厅。来，我带你看看。这是卧室（wòshì/chambre *f.*）。
于雪来：这里朝南（cháo nán/donner au sud）吗？
刘志红：对，朝南。两个房间朝南，一个朝北。这是儿子的房间。
于雪来：儿子出去了吗？
刘志红：今天他加班。
于雪来：他在哪儿工作？
刘志红：他在百货商店工作。
于雪来：你还有一个女儿，是吗？
刘志红：是的，她在北京读大学。

☆　练习答案（Corrigés）　☆

二、1. 好啊，有空我一定（yídìng/certainement）去　　2. 请进
　　3. 我想喝咖啡　　4. 最近我忙得很　　5. 是今年三月搬的

27 Zuòkè 做客 ÊTRE INVITÉ

1. A: Zhège xīngqīliù wǎnshang dào wǒ jiā chī dùn biànfàn, hǎo ma?
这个星期六晚上到我家吃顿便饭，好吗？
Samedi soir, venez donc chez moi à la bonne franquette, ça va?

B: Hǎo de, xièxie. Wǒ tài gāoxìng le!
好的，谢谢。我太高兴了！
Oui, merci! Quel plaisir!

2. A: Huānyíng, kuài qǐng jìn.
欢迎，快请进。
Boujour, entrez s'il vous plaît.

B: Zhè shì gěi nǐ de lǐwù. Bú shì shénme hǎo dōngxi, qǐng shōuxia.
这是给你的礼物。不是什么好东西，请收下。
Voilà un petit cadeau pour vous, c'est pas grand-chose. Veuillez l' accepter.

A: Nǐ tài kèqi le, zhēn bù hǎoyìsi.
你太客气了[注1]，真不好意思。
C'est vraiment gentil de votre part. Je suis confus.

B：	Zhǐshì yìdiǎnr xīnyì. 只是 一点儿 心意。	Ce n'est rien, seulement une expression de mon amitié.
A：	Xièxie. Qǐng suíbiàn zuò, bú yào jūshù. 谢谢。请 随便 坐，不 要 拘束。	Merci. Asseyez-vous, faites comme chez vous.
B：	Nǐ jiā hěn kuānchang、hěn gānjìng a. 你 家 很 宽敞、 很 干净 啊。	Votre chambre est très grande et propre.
A：	Nǎli, nǎli. 哪里，哪里注2。	Merci, c'est gentil.
3. C：	Cài zuòhǎo le, qǐng ba. 菜 做好 了，请 吧。	Les plats sont prêts. Servez-vous.
B：	Wǒ jiù bú kèqi le. 我 就 不 客气 了。	Oui, avec plaisir.
A：	Zhè shì wǒ tàitai de náshǒu cài, chángchang ba. 这 是 我 太太 的 拿手 菜，尝尝 吧。	C'est une spécialité de ma femme, allez, goûtez.
B：	Zhēn hǎochī! 真 好吃！	C'est délicieux!
A：	Nàme, duō chī diǎnr ba. 那么，多 吃 点儿 吧。	Et bien, resservez-vous, je vous en prie.
	Bié kèqi. 别 客气。	
C：	Zhège cài yǒu diǎnr là, méi guānxi ba? 这个 菜 有 点儿 辣，没 关系 吧？	Ce plat est un peu piquant, ça va?
B：	Wǒ bú tài xǐhuan là de dōngxi. 我 不 太 喜欢 辣 的 东西。	Je n'aime pas trop les choses piquantes.
A：	Nàme, búyào miǎnqiǎng. 那么，不要 勉强。	Alors, ne vous forcez pas.
C：	Zài chī yìdiǎnr ba. 再 吃 一点儿 吧。	Resservez-vous!

	Yǐjīng chīle hěn duō le. B：已经 吃了 很 多 了。	Non，merci.
	Chī de hěn bǎo le. 吃 得 很 饱 了。	J'en ai déjà mangé beaucoup.
	Zài yě chī bu xià le. 再 也 吃 不 下 了。	C'est bon pour moi.
	Lái，zài hē yì bēi. A：来，再 喝 一 杯。	Allez，encore un verre.
	Bù néng zài hē le. Zài hē jiù yào zuì le. B：不 能 再 喝 了。再 喝 就 要 醉 了。	C'est bon pour moi. Encore un verre et je serais ivre.
	Jīntiān de cài hěn hǎochī. Xièxie. 今天 的 菜 很 好吃。谢谢。	Les plats sont très bons. Merci.
4.	Jīntiān guò de hěn yúkuài. B：今天 过 得 很 愉快。	J'ai passé une très bonne journée avec vous.
	Shíjiān bù zǎo le，wǒ gāi zǒu le. 时间 不 早 了，我 该 走 了。	Mais，il se fait tard，je suis obligé de prendre congé.
	Máng shénme，zài zuò yíhuìr ba. A：忙 什么，再 坐 一会儿 吧。	Déjà？Restez encore quelques instants avec nous.
	Jīntiān dǎrǎo nǐmen le. B：今天 打扰 你们 了。	Je vous ai bien dérangé aujourd'hui.
	Nǎr de huà，yǒu shíjiān cháng lái wán. A：哪儿 的 话注2，有 时间 常 来 玩。	Pas du tout. Vous serez toujours le bienvenu chez moi.
	Nàme，wǒ zǒu le. B：那么，我 走 了。	Je vous laisse donc. Au revoir.
	Màn zǒu. A：慢 走。	Au revoir.
	Búyòng sòng le，qǐng huí ba. B：不用 送 了，请 回 吧。	Ne vous dérangez pas pour m'accompagner. Rentrez chez vous.

☆ 注　释(Notes) ☆

1. 在收到礼物或者得到别人的款待时,用"你太客气了"来表示感谢。回答别人的感谢时,也可以用"你太客气了"。

Quand on reçoit un cadeau ou que l'on est invité par quelqu'un, on utilise «你太客气了» pour exprimer le remerciement. En revanche, pour répondre au remerciement, c'est encore «你太客气了» qu'on utilise. Par exemple:

Zhè shì xīnnián lǐwù, qǐng shōuxia.
A:这 是 新年 礼物, 请 收下。 C'est un cadeau de Nouvel An. Veuillez l'accepter.

Xièxie, nín tài kèqi le.
B:谢谢, 您 太 客气 了。 Merci, vous êtes très gentil.

Xièxie nǐ de kuǎndài.
A:谢谢 你 的 款待。 Je vous remercie de votre invitation.

Nǐ tài kèqi le.
B:你 太 客气 了。 Ce n'est rien.

2. "哪里,哪里"用来回答别人对自己的感谢或者夸奖。也可以说"哪儿的话"。

«哪里,哪里» est une expression utilisée pour répondre à l'admiration qu'on exprime ou au remerciement. On peut dire aussi «哪儿的话». Par exemple:

Xièxie nǐ de bāngzhù.
A:谢谢 你 的 帮助。 Je vous remercie de votre aide.

Nǎli, nǎli. Xiǎo shìqing.
B:哪里,哪里。小 事情。 De rien. C'est une bricole.

Nǐ érzi gāngqín tán de búcuò.
A:你 儿子 钢琴 弹 得 不错。 Votre fils joue bien du piano.

Nǎr de huà, hái chà de yuǎn ne.
B:哪儿 的 话, 还 差 得 远 呢。

Merci, c'est très gentil. Mais il s'en faut de beaucoup.

☆ 句型提示(Références des phrases-types) ☆

1. 我太高兴了!	请参看 401 页句型 223。
2. 这是我太太的拿手菜,尝尝吧。	请参看 314 页句型 47。
3. 这个菜有点儿辣。	请参看 343 页句型 107。
4. 吃得很饱了。	请参看 345 页句型 112。
5. 再也吃不下了。	请参看 347 页句型 115。
6. 再喝就要醉了。	请参看 391 页句型 205。

☆ 词语用法举例(Exemples de certaines expressions) ☆

1. 我太高兴了

Zhèli de fēngjǐng tài měi le!
(1) 这里 的 风景 太 美 了!

Zhè běn xiǎoshuō tài bàng le.
(2) 这本小说太棒了！

Zhōngguócài tài hǎochī le!
(3) 中国菜太好吃了！

Nǐ néng péi wǒ qù, tài hǎo le!
(4) 你能陪我去，太好了！

2. 真不好意思

Wǒ chídào le, zhēn bù hǎoyìsi.
(1) 我迟到了，真不好意思。

Xièxie nǐ de lǐwù, zhēn bù hǎoyìsi.
(2) 谢谢你的礼物，真不好意思。

Wǒ nácuò nǐ de bǐ le, bù hǎoyìsi.
(3) 我拿错你的笔了，不好意思。

Zhè shìr wǒ wàng le, bù hǎoyìsi.
(4) 这事儿我忘了，不好意思。

3. 只是一点儿心意

Dìdi bú zuò zuòyè, zhǐshì wán.
(1) 弟弟不做作业，只是玩。

Nàge xiǎoháir mílù le, zhǐshì kū, shuō bu chū huà.
(2) 那个小孩儿迷路了，只是哭，说不出话。 （哭：pleurer）

Shān shang zhǐshì shítou, yì kē cǎo yě méiyǒu.
(3) 山上只是石头，一棵草也没有。

Zhuōzi shang zhǐshì shū, méiyǒu bié de dōngxi.
(4) 桌子上只是书，没有别的东西。

4. 这是我太太的拿手菜

Tā zuò cài hěn náshǒu.
(1) 他做菜很拿手。

Zuò yīfu, tā fēicháng náshǒu.
(2) 做衣服，她非常拿手。

Zhè shì tā de náshǒu hǎoxì.
(3) 这是他的拿手好戏。 （拿手好戏：spécialité *f.*）

Tàitai de náshǒu cài shì hóngshāo xiānggūjī.
(4) 太太的拿手菜是红烧香菇鸡。

5. 这个菜有点儿辣

Jīntiān yǒu diǎnr lěng.
(1) 今天有点儿冷。

Zhè jiàn chènyī yǒu diǎnr cháng.
(2) 这件衬衣有点儿长。

Wǒ dùzi yǒu diǎnr téng.
(3) 我肚子有点儿疼。

Zhè chá yǒu diǎnr kǔ.
(4) 这 茶 有 点儿 苦。

6. 不要勉强

Nǐ bù fāngbiàn dehuà, bié miǎnqiǎng.
(1) 你 不 方便 的话，别 勉强。

Tā bú huì hējiǔ, bié miǎnqiǎng tā.
(2) 他 不 会 喝酒，别 勉强 他。

Tā miǎnqiǎng pǎowán bābǎi mǐ.
(3) 他 勉强 跑完 八百 米。（米：mètre *m.*）

Wǒ miǎnqiǎng zǒudào shísān lóu, lèijí le.
(4) 我 勉强 走到 十三 楼，累极 了。

7. 再吃一点儿吧

Mǎi yìdiǎnr jìniànpǐn dài huiqu ba.
(1) 买 一点儿 纪念品 带 回去 吧。

Zài Zhōngguó shēnghuó, yào xué yìdiǎnr Hànyǔ.
(2) 在 中国 生活，要 学 一点儿 汉语。

Wàichū lǚxíng, duō dài yìdiǎnr qián hǎo.
(3) 外出 旅行，多 带 一点儿 钱 好。

Wǒ kě le, yào hē diǎnr shuǐ.
(4) 我 渴 了，要 喝 点儿 水。

8. 吃得很饱了

Xiǎo Liú pǎo de hěn kuài.
(1) 小 刘 跑 得 很 快。

Nàge gūniang zhǎng de hěn piàoliang.
(2) 那个 姑娘 长 得 很 漂亮。

Tā chàng de hěn hǎo.
(3) 他 唱 得 很 好。

Yīfu xǐ de hěn gānjìng.
(4) 衣服 洗 得 很 干净。

9. 再也吃不下了

Gǎnmào le, chī bu xià.
(1) 感冒 了，吃 不 下。

Zhè zhāng zhuōzi, shí ge rén zuò bu xià.
(2) 这 张 桌子，十 个 人 坐 不 下。

Dōngxi tài duō, zhège dàizi zhuāng bu xià.
(3) 东西 太 多，这个 袋子 装 不 下。（袋子：sac *m.*）

Fángjiān tài xiǎo, wǔ ge rén zhù bu xià.
(4) 房间 太 小，五 个 人 住 不 下。

10. 再喝就要醉了

(1) Zài xià yǔ jiù yào nào shuǐzāi le.
再下雨就要闹水灾了。（闹水灾：avoir une inondation）

(2) Zài bù qǐchuáng jiù yào chídào le.
再不起床就要迟到了。

(3) Cài zài bù chī jiù yào liáng le.
菜再不吃就要凉了。

(4) Tā zài bù lái jiù bù děng tā le.
他再不来就不等他了。

☆ 词 语(Vocabulaire) ☆

1. yāoqǐng 邀请 （动） inviter
2. qǐngkè 请客 （动） donner une réception
3. yìngyāo 应邀 （动） accepter l'invitation
4. zuòkè 做客 （动） rendre visite
5. biànfàn 便饭 （名） le repas simple
6. bǎo 饱 （形） repu,e
7. chī bu xià 吃不下 ne pas plus manger
8. hé kǒuwèi 合口味 convenir à son goût
9. gòu 够 （动） suffire
10. gàocí 告辞 （动） partir
11. lǐwù 礼物 （名） cadeau *m.*
12. sònglǐ 送礼 （动） offrir un cadeau

☆ 练 习(Exercices) ☆

一、完成对话（Complétez les conversations）

1. A：星期五晚上____________________。
   B：好，我一定去。
2. A：这是一点心意，请收下。
   B：____________________。
3. A：你做的菜真好吃。
   B：____________________。
4. A：多吃一点儿吧。
   B：____________________。

二、回答问题（Répondez aux questions suivantes）

1. 你常常在家里请客吗？
2. 你自己做饭吗？你的拿手菜是什么？
3. 去朋友家做客你一般送什么礼物？
4. 朋友家的菜不合你的口味怎么办？

三、用下列词语造句（Faites les phrases en utilisant les mots suivants）

1. 打扰
2. 拘束
3. 有点儿＋形容词
4. 多＋动词

四、会话（Conversations）

于雪来：雷米先生，安妮，快进来。
安　妮：这是一点儿心意，请收下。
于雪来：那就谢谢了。
于雪来：来，吃饭了。
安　妮：啊，小于，你做了这么多菜！辛苦了（xīnkǔ le/vous vous êtes donné de la peine）！
郭　放：请尝尝炖（dùn）牛肉，这是雪来的拿手菜。
彼　得：好吃，好吃。
安　妮：真的，比饭店里的菜还好吃。
于雪来：哪里，哪里。多吃一点儿。尝尝鸡的味道，合你们的口味吗？
安　妮：有点儿辣。
郭　放：你不吃辣的吗？
安　妮：我只能吃一点儿。
彼　得：我觉得（juéde/trouver）很好吃啊。
郭　放：那就再吃一点儿。
彼　得：我吃得太多了，吃不下了。

安　妮：时间不早了，我们该回去了。
于雪来：再喝杯茶吧。
彼　得：不用了，谢谢。今天非常高兴。
郭　放：那么请改天再来玩。

☆　练习答案（Corrigés）　☆

一、1. A：到我家吃顿便饭吧　　2. B：你太客气了，真不好意思
3. B：那么，多吃点儿吧　　4. B：吃不下了

28 Xuéxí 学习 APPRENDRE

	Nǐ huì shuō Yīngyǔ ma?	
1. A：	你 会 说 英语 吗？	Tu parles anglais?
	Wǒ huì.	
B：	我 会。	Oui, je parle l'anglais.
	Nǐ tàitai ne?	
A：	你 太太 呢？	Et ta femme?
	Tā bú huì.	
B：	她 不 会。	Non, elle ne le parle pas.
	Nǐ huì Rìyǔ ma?	
A：	你 会 日语 吗？	Tu parles japonais?
	Huì yìdiǎnr.	
B：	会 一点儿。	Un peu.
	Nǐ tàitai yě huì Rìyǔ ma?	
A：	你 太太 也 会 日语 吗？	Ta femme parle aussi japonais?
	Tā yìdiǎnr yě bú huì.	
B：	她 一点儿 也[注1] 不 会。	Elle ne le parle pas du tout
	Nǐ zài xué Hànyǔ ma?	
2. A：	你 在 学 汉语 吗？	Tu apprends le chinois maintenant?

Shì de. Gāng kāishǐ xué.
B：是的。刚开始学。 Oui, je viens de commencer d'apprendre.

Mǎkè xuéle duō cháng shíjiān le?
A：马克学了多长时间了？ Depuis combien de temps Marc l'apprend?

Tā xuéle yì nián duō le.
B：他学了一年多了。 Il l'apprend depuis plus d'un an.

Nǐmen zài nǎli xuéxí?
A：你们在哪里学习？ Où l'apprenez-vous?

Tā zài Fùdàn Dàxué xuéxí.
B：他在复旦大学学习。 Il l'apprend à l'Université de Fudan.

Wǒ qǐng Hànyǔ lǎoshī dào jiāli jiāo wǒ.
我请汉语老师到家里教我。 J'ai fait venir un professeur de chinois chez moi pour m'apprendre.

Měi xīngqī shàng jǐ cì kè?
A：每星期上几次课？ Il t'enseigne combien de fois par semaine?

Shàng sì cì kè.
B：上四次课。 4 fois.

Nǐ juéde Hànyǔ nán bu nán?
A：你觉得汉语难不难？ Est-ce que tu trouves le chinois difficile?

Wǒ juéde fāyīn hěn nán.
B：我觉得发音很难。 La prononciation est dure.

Chúle Hànyǔ yǐwài, hái xué shénme?
A：除了汉语以外，还学什么？ Outre le chinois, qu'apprends-tu encore?

Hái xué Zhōngguó lìshǐ hé dìlǐ.
B：还学中国历史和地理。 L'histoire et la géographie chinoises.

Zhōngwén bàozhǐ nǐ kàn de dǒng ma?
A：中文报纸你看得懂注2吗？ Est-ce que tu peux lire les journaux en chinois?

Hái kàn bu dǒng.
B：还看不懂。 Non, je ne comprends rien.

Mǎkè (shuō) Hànyǔ shuō de zěnmeyàng?
A：马克（说）汉语说得怎么样？ Comment Marc parle-t-il le chinois?

Tā shuō de hěn hǎo.
B：他 说 得 很 好。 Il parle bien.

Nǐ yě shuō de búcuò.
A：你 也 说 得 不错注3。 Toi aussi.

Nǎli, nǎli. Hái bùxíng.
B：哪里，哪里。还 不行。 De rien, de rien. Loin de là.

☆ 注 释(Notes) ☆

1. "一 + 量词 + 也"用在否定句中，加强否定的语气。
   «一 + 量词 + 也»：pour renforcer le ton dans la phrase négative.
2. "动词 + 得 + 动词/形容词"表示可能。否定时用"动词 + 不 + 动词/形容词"。
   «动词 + 得 + 动词/形容词»：signifie la possibilité ；On utilise « verbe + 不 + verbe/adjective » dans la phrase négative. Par exemple：

   Zhège xiāngzi, wǒ yí ge rén ná de dòng.
   (1) 这个 箱子，我 一 个 人 拿 得 动。 Je peux prendre cette valise tout seul.

   Zhège xiāngzi, wǒ yí ge rén ná bu dòng.
   (2) 这个 箱子，我 一 个 人 拿 不 动。
   Je ne peux pas prendre cette valise tout seul.

   Zhè jiàn shì, tā jiǎng de qīngchu.
   (3) 这 件 事，他 讲 得 清楚。 Il peut clarifier cette affaire.

   Zhè jiàn shì, tā jiǎng bu qīngchu.
   (4) 这 件 事，他 讲 不 清楚。 Il ne peut pas clarifier cette affaire.
3. "不错"和"好"意思一样。
   «不错» et «好» ont le même sens.

☆ 句型提示(Références des phrases-types) ☆

1. 你会说英语吗？ 请参看 335 页句型 89。
2. 她一点儿也不会。 请参看 345 页句型 111。
3. 我觉得发音很难。 请参看 321 页句型 61。
4. 除了汉语以外，还学什么？ 请参看 367 页句型 156。

☆ 词语用法举例(Exemples de certaines expressions) ☆

1. 你会说英语吗

   Wǒ huì shāo Zhōngguócài.
   (1) 我 会 烧 中国菜。

   Xiǎo bǎobao huì zǒulù le.
   (2) 小 宝宝 会 走路 了。（小宝宝：petit chou）

   Xiǎo bǎobao hái bú huì shuōhuà.
   (3) 小 宝宝 还 不 会 说话。

Tā bú huì qí zìxíngchē.
(4) 她不会骑自行车。

2. 她一点儿也不会

Zhè shì wǒ yìdiǎnr yě bù zhīdao.
(1) 这事我一点儿也不知道。

Tā yìdiǎnr jiāwù yě bú zuò.
(2) 他一点儿家务也不做。（家务：ménage *m.*）

Zhè chū xì yìdiǎnr yě bù hǎokàn.
(3) 这出戏一点儿也不好看。（戏：une pièce de théatre）

Zhège cài yìdiǎnr yě bù hǎochī.
(4) 这个菜一点儿也不好吃。

Tā yì fēn qián yě bú làngfèi.
(5) 他一分钱也不浪费。

Nàxiē rén wǒ yí ge yě bú rènshi.
(6) 那些人我一个也不认识。

Tā yì nián yě bù huí yí cì lǎojiā.
(7) 他一年也不回一次老家。

Tā měi tiān xuéxí Hànyǔ, yì tiān yě bú jiànduàn.
(8) 他每天学习汉语，一天也不间断。（间断：interrompre）

3. 你在学汉语吗

Lǎoshī zài jiǎngkè.
(1) 老师在讲课。

Tāmen zài kāihuì.
(2) 他们在开会。

Bàba zài xiūlǐ zìxíngchē.
(3) 爸爸在修理自行车。

Xiǎo bǎobao hái zài shuìjiào.
(4) 小宝宝还在睡觉。

4. 他学了一年多了

Wǒ děngle yí ge xiǎoshí le.
(1) 我等了一个小时了。

Jīnglǐ qùle sān tiān le.
(2) 经理去了三天了。

Tā xuéle sì ge yuè le.
(3) 他学了四个月了。

Tiánzhōng xiānsheng zài Shànghǎi zhùle yì nián le.
(4) 田中先生在上海住了一年了。

5. 你觉得汉语难不难

Wǒ juéde zhège yàngzi búcuò.
(1) 我觉得这个样子不错。

Zhè bù diànyǐng, nǐ juéde zěnmeyàng?
(2) 这 部 电影，你 觉得 怎么样？

Wǒ juéde yǒu diǎnr lěng, kāi kōngtiáo hǎo ma?
(3) 我 觉得 有 点儿 冷，开 空调 好 吗？

Zhège cài, wǒ juéde yǒu diǎnr xián.
(4) 这个 菜，我 觉得 有 点儿 咸。

6. 中文报纸你看得懂吗

Zhème duō dōngxi, nǐ chī de wán ma?
(1) 这么 多 东西，你 吃 得 完 吗？

Dào nàr hěn jìn, shíwǔ fēnzhōng zǒu de dào.
(2) 到 那儿 很 近，十五 分钟 走 得 到。

Shìqing bù duō, yí ge rén zuò de liǎo.
(3) 事情 不 多，一 个 人 做 得 了。（做得了：pouvoir faire）

Zhè kuài shǒubiǎo xiū de hǎo.
(4) 这 块 手表 修 得 好。

7. 还看不懂

Tài duō le, wǒ chī bu wán.
(1) 太 多 了，我 吃 不 完。

Hěn yuǎn, yí ge xiǎoshí zǒu bu dào.
(2) 很 远，一 个 小时 走 不 到。

Shìqing hěn duō, yí ge rén zuò bu liǎo.
(3) 事情 很 多，一 个 人 做 不 了。

Zhè kuài shǒubiǎo tài jiù, xiū bu hǎo le.
(4) 这 块 手表 太 旧，修 不 好 了。（旧：usagé,e）

☆ 词 语(Vocabulaire) ☆

1.	tīng lùyīn 听 录音		écouter l'enregistrement
2.	xiě Hànzì 写 汉字		écrire des caractères chinois
3.	niàn kèwén 念 课文		lire le texte
4.	kàn shū 看 书		lire un livre
5.	zuò zuòyè 做 作业		faire les devoirs
6.	yùxí 预习	（动）	préparer
7.	fùxí 复习	（动）	réviser
8.	liànxí 练习	（名/动）	exercice *m.* /exercer
9.	shēngcí 生词	（名）	le mot nouveau
10.	dǎkāi shū 打开 书		ouvrir le livre
11.	héshang shū 合上 书		fermer le livre
12.	wèntí 问题	（名）	question *f.*
13.	tíwèn 提问	（动）	poser la question
14.	huídá 回答	（动）	répondre
15.	jiěshì 解释	（动）	interpréter
16.	shuōmíng 说明	（动/名）	expliquer/ explication *f.*

17.	běnzi 本子	(名)	cahier *m.*
18.	qiānbǐ 铅笔	(名)	crayon *m.*
19.	gāngbǐ 钢笔	(名)	stylo *m.*
20.	yuánzhūbǐ 圆珠笔	(名)	le crayon à bille
21.	máobǐ 毛笔	(名)	pinceau *m.*
22.	zhǐ 纸	(名)	papier *m.*
23.	xiàngpí 橡皮	(名)	gomme *f.*
24.	cídiǎn 词典	(名)	dictionnaire *m.*
25.	zìdiǎn 字典	(名)	dictionnaire *m.*
26.	kèběn 课本	(名)	manuel *m.*
27.	jiàokēshū 教科书	(名)	manuel *m.*
28.	tīng 听	(动)	écouter
29.	shuō 说	(动)	parler
30.	dú 读	(动)	lire
31.	xiě 写	(动)	écrire
32.	bèi 背	(动)	réciter
33.	róngyì 容易	(形)	facile
34.	yònggōng 用功	(动/形)	s'appliquer à/travailleur,se
35.	nǔlì 努力	(形/动)	travailleur,se/s'efforcer
36.	jìnbù 进步	(动/形)	améliorer/améliorable
37.	jìzhù 记住		retenir
38.	wàngjì 忘记	(动)	oublier

☆ 练　习(Exercices) ☆

一、替换练习(Refaites les phrases en utilisant les expressions suivantes)

1. 除了汉语以外,我还学中国历史。

中国人	公司里	有外国人
教师	教室里	有学生
学课文	我们	做练习
课本	我	买了汉英词典

2. 中文报纸你看得懂吗?

中文歌(gē)	听	懂
这个箱子	拿	动
这件事	办	到
生词	记	住

3. 他汉语 说得很好。

英文歌	唱	不错
练习	做	都对
汉字	写	很好
西餐	做	不好吃

二、用括号中的词语回答问题(Répondez aux questions en utilisant les mots entre parenthèses)

1. 你喜欢喝酒吗?(一点儿也)
2. 你会说法语吗?(一点儿也)
3. 你先生常常出差吗?(每……次)
4. 上海的交通怎么样?(觉得)

5. 学汉语最难的是什么？（觉得）
6. 你学汉语学了多久了？（半年）

三、选择填空（Remplissez les blancs en choisissant les mots）

听不清楚	看不懂	看得见	洗得干净	买得到
听不见	记得住	买不到	洗不干净	搬不动

1. 没开灯（kāi dēng/allumer une lampe），你________吗？
2. 有油渍的衣服用洗衣机________。
3. 他说得太快，我________。
4. 这本书太难，我________。
5. 电视机太重（zhòng/lourd,e），一个人________。
6. 现在是十二月，________西瓜了。
7. 他________很长的密码。
8. 在超市里________新鲜鸡蛋。
9. 小孩子自己洗衣服，________吗？
10. 电话坏了，我________他说的话。

四、会话（Conversation）

于雪来：安娜，你汉语说得不错啊。
安　娜：哪里，我刚学，还不行。安妮说得比我好。
安　妮：不，我的发音不太好。
于雪来：来中国以前，你们学了多长时间？
安　妮：我在法国的大学里学了两年。可是，只学看和写，很少说汉语。
安　娜：我原来一点也不会，来上海以后才开始学汉语。
于雪来：在哪个学校？
安　娜：在上海师范大学。
安　妮：课多吗？
安　娜：不太多，每天四节（jié，量词）课。安妮，听说你现在请了一位老师到家里上课，是吗？
安　妮：是的。每星期上三次课。

☆ 练习答案（Corrigés） ☆

二、1. 我一点儿也不喜欢。　2. 我一点儿也不会。
3. 他每个月要出差一次。　4. 我觉得上海的交通很方便。
5. 我觉得学汉语最难的是声调。　6. 我学汉语学了半年了。

三、1. 看得见　2. 洗不干净　3. 听不清楚　4. 看不懂　5. 搬不动
6. 买不到　7. 记得住　8. 买得到　9. 洗得干净　10. 听不见

29 Tiānqì 天气 LE TEMPS

Tiānqì zhēn hǎo!
1. A：天气 真 好！
Quel beau temps!

Shì de, bù lěng yě bú rè.
B：是 的，不 冷 也 不 热。
Oui, il ne fait ni froid ni chaud.

Zuótiān tiānqì bú tài hǎo, hěn rè.
A：昨天 天气 不 太 好，很 热。
Il ne faisait pas agréable hier, très chaud.

Tīngshuō zuì gāo qìwēn yǒu sānshíliù dù.
B：听说 最 高 气温 有 三十六 度注。
On dit que la température la plus haute était de 36 degrés.

Míngtiān tiānqì zěnmeyàng?
A：明天 天气 怎么样？
Quel temps fera-t-il demain?

(Jù) tiānqì yùbào shuō míngtiān (shì) yīntiān, xiàwǔ xià yǔ.
B：(据) 天气 预报 说 明天 (是) 阴天，下午 下 雨。
Selon la météo, il fera couvert et il pleuvra l'après-midi.

2. A：Tīngshuō Hǎinándǎo de xiàtiān hěn rè, shì ma?
听说 海南岛 的 夏天 很 热，是 吗？
On a entendu dire qu'il faisait chaud l'été à Hainan, c'est vrai?

B：Shì de, érqiě xiàtiān hěn cháng.
是 的，而且 夏天 很 长。
Oui, et l'été y dure longtemps.

A：Shànghǎi nǎge jìjié zuì hǎo?
上海 哪个 季节 最 好？
Quelle est la meilleure saison à Shanghai?

B：Nà yào shǔ qiūtiān zuì hǎo.
那 要 数 秋天 最 好。
C'est l'automne.

A：Nǐ xǐhuan nǎge jìjié?
你 喜欢 哪个 季节？
Quelle saison aimes-tu?

B：Wǒ xǐhuan xiàtiān. Kěyǐ yóuyǒng.
我 喜欢 夏天。可以 游泳。
J'aime l'été. On peut nager.

A：Nǐ duì Shànghǎi de tiānqì xíguànle ma?
你 对 上海 的 天气 习惯了 吗？
Est-ce que tu es déjà habitué au temps de Shanghai?

B：Xíguàn le. Shànghǎi de tiānqì hé wǒ jiāxiāng (de) chàbuduō.
习惯 了。上海 的 天气 和 我 家乡 （的） 差不多。
Oui. Le temps de Shanghai est presque pareil à celui de mon pays natal.

3. A：Xià yǔ le, bú qù gōngyuán le.
下 雨 了，不 去 公园 了。
Il pleut. Je ne vais pas au parc.

B：Yǔ tíng le! Wǒmen zǒu ba.
雨 停 了！ 我们 走 吧。
La pluie s'est arrêtée. On y va.

4. A：Kuàiyào xià xuě le.
快要 下 雪 了。
Il va neiger.

B：Ǹg, tiānqì yuèláiyuè lěng le.
嗯，天气 越来越 冷 了。
Oui, il fait de plus en plus froid.

A：Zhèli de dōngtiān chángcháng guā fēng.
这里 的 冬天 常常 刮 风。
Il y a souvent du vent l'hiver ici.

B：Shì a, qiūtiān yě yǒu diǎnr gānzào.
是 啊，秋天 也 有 点儿 干燥。
C'est vrai, et l' automne il fait un peu sec.

Mēnrè de shízài shòubuliǎo.
5. A：闷热 得 实在 受不了。 On ne peut pas supporter cette chaleur étouffante.

Jīntiān méi zuótiān nàme rè.
B：今天 没 昨天 那么 热。 Il ne fait pas aussi chaud aujourd'hui qu'hier.

Jīntiān hé zuótiān yíyàng lěng.
6. A：今天 和 昨天 一样 冷。 Il fait aussi froid aujourd'hui qu'hier.

Ǹg, Shànghǎi de dōngtiān hěn shǎo zhème lěng.
B：嗯，上海 的 冬天 很 少 这么 冷。 Oui, il fait rarement aussi froid en hiver à Shanghai.

☆ 注 释(Note) ☆

"有＋数量词"表示达到了某一数量。

«有＋数量词»：atteindre une certaine quantité. Par exemple :

Zhège fángjiān de miànjī yǒu sìshí píngfāngmǐ.
(1) 这个 房间 的 面积 有 四十 平方米。 Cette chambre fait 40 mètres carrés.

Dōngfāngmíngzhūtǎ yǒu sìbǎi liùshíbā mǐ gāo.
(2) 东方明珠塔 有 四百 六十八 米 高。
La Tour de Perle Orientale mesure 468 mètres de haut.

☆ 句型提示(Références des phrases-types) ☆

1. 明天天气怎么样？ 请参看 299 页句型 15。
2. (据)天气预报说明天(是)阴天，下午下雨。 请参看 317 页句型 53。
3. 你喜欢哪个季节？ 请参看 318 页句型 54。
4. 快要下雪了。 请参看 307 页句型 32。
5. 天气越来越冷了。 请参看 386 页句型 196。
6. 今天没昨天那么热。 请参看 324 页句型 68。
7. 今天和昨天一样冷。 请参看 368 页句型 159。

☆ 词语用法举例(Exemples de certaines expressions) ☆

1. 不冷也不热

Zhè jiàn dàyī bù cháng yě bù duǎn, zhènghǎo.
(1) 这 件 大衣 不 长 也 不 短， 正好。

Nǐ zuò de cài bù xián yě bú dàn, zhènghǎo.
(2) 你 做 的 菜 不 咸 也 不 淡， 正好。

Zhè yánsè zhènghǎo, bù shēn yě bù qiǎn.
(3) 这 颜色 正好, 不 深 也 不 浅。

Zhè shuāng xié bú dà yě bù xiǎo.
(4) 这 双 鞋 不 大 也 不 小。

2. (据)天气预报说

(Jù) yīshēng shuō bú shì shénme dàbìng.
(1) (据) 医生 说 不 是 什么 大病。

(Jù) bàozhǐ shuō zuótiān fāshēngle chēhuò.
(2) (据) 报纸 说 昨天 发生了 车祸。

(Jù) guǎngbō shuō Měiguó zǒngtǒng xuǎnjǔ hái méi jiéguǒ.
(3) (据) 广播 说 美国 总统 选举 还 没 结果。
(总统: président *m.* 选举: élection *f.*)

(Jù) guǎnggào shuō zhè zhǒng yào duì gǎnmào hěn yǒuxiào.
(4) (据) 广告 说 这 种 药 对 感冒 很 有效。
(药: médicament *m.*)

3. 那要数秋天最好

Zhìliáo áizhèng, yào shǔ zhǒngliú yīyuàn zuì hǎo.
(1) 治疗 癌症, 要 数 肿瘤 医院 最 好。

Xiōngdì jǐ ge, yào shǔ lǎo'èr chéngjì zuì hǎo.
(2) 兄弟 几 个, 要 数 老二 成绩 最 好。 (老二: le deuxième garçon)

Rénkǒu zuì duō de chéngshì, yào shǔ Shànghǎi le.
(3) 人口 最 多 的 城市, 要 数 上海 了。

Dōngjīng zuì rènao de dìfang, yào shǔ Yínzuò hé Xīnsù.
(4) 东京 最 热闹 的 地方, 要 数 银座 和 新宿。

4. 我喜欢夏天

Wǒ xǐhuan yí ge rén sànbù.
(1) 我 喜欢 一 个 人 散步。

Lǐ lǎoshī hěn xǐhuan hē kāfēi.
(2) 李 老师 很 喜欢 喝 咖啡。

Wǒ bù xǐhuan kàn zúqiú bǐsài.
(3) 我 不 喜欢 看 足球 比赛。 (足球: football *m.*)

Wǒ bù xǐhuan xīcān.
(4) 我 不 喜欢 西餐。

5. 不去公园了

Wǒ yǒu diǎnr shì, bú qù tīng yīnyuèhuì le.
(1) 我 有 点儿 事, 不 去 听 音乐会 了。

Tā yào chūchāi, bù néng chūxí huìyì le.
(2) 他 要 出差, 不 能 出席 会议 了。

Lǎoshī shēngbìng le, bù néng lái shàngkè le.
(3) 老师 生病 了, 不 能 来 上课 了。

Wǒ xià ge yuè huí guó, bù xué Hànyǔ le.
(4) 我 下 个 月 回 国，不 学 汉语 了。

6. 快要下雪了

Shuǐ kuàiyào kāi le.
(1) 水 快要 开 了。（开：bouillir）

Yīnghuā kuàiyào kāi le.
(2) 樱花 快要 开 了。（开：s'épanouir）

Chē kuàiyào kāi le.
(3) 车 快要 开 了。（开：démarrer）

Kuàiyào shàngkè le.
(4) 快要 上课 了。

7. 天气越来越冷了

Tiān yuèláiyuè àn le.
(1) 天 越来越 暗 了。

Dìdi yuèláiyuè yònggōng le.
(2) 弟弟 越来越 用功 了。

Rénmín shēnghuó yuèláiyuè hǎo le.
(3) 人民 生活 越来越 好 了。

Dōngxi yuèláiyuè guì le.
(4) 东西 越来越 贵 了。

8. 闷热得实在受不了

Chǎo de shízài shòubuliǎo.
(1) 吵 得 实在 受不了。 （吵：bruyant,e）

Tiāntiān yào jiābāndào shí'èr diǎn, shízài shòubuliǎo.
(2) 天天 要 加班到 十二 点，实在 受不了。

Rén tài duō, jǐ de shízài shòubuliǎo.
(3) 人 太 多，挤 得 实在 受不了。

Tā tài luōsuo, ràng rén shòubuliǎo.
(4) 他 太 啰嗦，让 人 受不了。 （啰嗦：bavard intarissable）

9. 今天没昨天那么热

Míngming méi Fāngfang cōngming.
(1) 明明 没 方方 聪明。

Yéye méi nǎinai shēntǐ hǎo.
(2) 爷爷 没 奶奶 身体 好。

Xiǎo Zhāng méi Xiǎo Sòng gāo.
(3) 小 张 没 小 宋 高。

Xiùyīng méi Méifāng piàoliang.
(4) 秀英 没 梅芳 漂亮。

10. 上海的冬天很少这么冷

Wǒ píngshí hěn shǎo guàngjiē.
(1) 我 平时 很 少 逛街。

Tā hěn shǎo qù fàndiàn chīfàn.
(2) 他 很 少 去 饭店 吃饭。

Wǒ hěn shǎo mǎi jìnkǒu shāngpǐn.
(3) 我 很 少 买 进口 商品。 (进口：importé,e)

Lǎo Zhōu hěn shǎo duànliàn shēntǐ.
(4) 老 周 很 少 锻炼 身体。 (锻炼：faire du sport)

☆ 词 语(Vocabulaire) ☆

1. chūntiān 春天	(名)	printemps *m.*	
2. dōngtiān 冬天	(名)	hiver *m.*	
3. dǎléi 打雷	(动)	tonner	
4. shǎndiàn 闪电	(名)	éclair *m.*	
5. wù 雾	(名)	brouillard *m.*	
6. shuāng 霜	(名)	la gelée blanche	
7. mēnrè 闷热	(形)	étouffant,e	
8. liángkuai 凉快	(形)	frais, fraîche	
9. nuǎnhuo 暖和	(形)	doux,ce	
10. cháoshī 潮湿	(形)	humide	
11. zhènyǔ 阵雨	(名)	ondée *f.*	
12. bàoyǔ 暴雨	(名)	averse *f.*	
13. dàyǔ 大雨	(名)	la forte pluie	
14. xiǎoyǔ 小雨	(名)	la pluie fine	
15. yǔliàng 雨量	(名)	précipitations *f. pl.*	
16. qíng 晴	(形)	le beau temps	
17. duōyún 多云	(名)	nuage *m.*	
18. qíng zhuǎn yīn 晴 转 阴		alternance d'éclaircies et de passages nuageux	
19. rèdài fēngbào 热带 风暴	(名)	tempête *f.*	
20. táifēng 台风	(名)	typhon *m.*	
21. shèshì 摄氏	(名)	le degré Celsius	
22. líng xià 零 下		au dessous de zéro	

☆ 练 习(Exercices) ☆

一、替换练习 (Refaites les phrases en utilisant les expressions suivantes)

1. <u>上海的天气</u>和<u>我家乡的</u>差不多。

今年的成绩	去年的
她做的菜	我妈妈做的
这家店里的衣服	那家店里的
她说的	中国人

2. <u>今天</u>没<u>昨天</u> <u>那么</u> <u>热</u>。

昨天	今天	这么	冷
我的家	老王的家	那么	大

二、用括号中的词语改写句子（Refaites les phrases en utilisant les expressions entre parenthèses）

1. 这家店里的东西太贵了。（实在）
2. 我真的不喜欢去热闹的地方。（实在）
3. 上海比北京潮湿。（……没有……＋形容词）
4. 寄挂号信比寄平信安全。（……没有……＋形容词）
5. 我不常坐公共汽车上班。（很少）

三、用"有＋数量词"回答问题（Répondez aux questions suivantes en employant l'expression «有＋数量词»）

1. 你父亲多大年纪了？
2. 你住的大楼有几层？
3. 今天的最高气温是几度？
4. 你儿子的身高是多少？

四、会话（Conversation）

安　妮：雨已经下了三天了，实在受不了。
于雪来：上海黄梅（huángméi）天常常下雨，你会习惯的。
安　妮：上海冬天下雪吗？
于雪来：以前常下雪。我就是下雪的时候出生的，所以叫雪来。最近几年很少下雪了。
安　妮：在我的家乡，最美要数下雪的时候了。
于雪来：听说黑龙江省（Hēilóngjiāng Shěng）有零下三十度呢。那儿的冰雪一定也很美。
安　妮：真的吗？那我要去看看。你去过黑龙江吗？
于雪来：去过。我是秋天去的。冬天那么冷，我受不了，我怕冷（pà lěng/ne pas pouvoir résister au froid）。

☆　练习答案（Corrigés）　☆

二、1. 这家店里的东西实在太贵了。
2. 我实在不喜欢去热闹的地方。
3. 北京没有上海潮湿。
4. 寄平信没有寄挂号信安全。
5. 我很少坐公共汽车上班。

30 Shēngbìng 生病 TOMBER MALADE

1. A:	Nǐ zěnme la? Liǎnsè hěn nánkàn. 你 怎么 啦? 脸色 很 难看。	Comment vas-tu? Tu as mauvaise mine.
B:	Wǒ (shēntǐ) hěn bù shūfu. 我 (身体) 很 不 舒服。	Je ne me sens pas bien.
A:	Fāshāo ma? 发烧 吗?	Tu as de la fièvre?
B:	Hǎoxiàng yǒu yìdiǎnr. 好像 有 一点儿。	Oui, un peu.
A:	Shì gǎnmào ba? 是 感冒 吧?	C'est un rhume?
B:	Dàgài shì ba. Tóuténg、 bísè、 késou. 大概 是 吧。 头疼、 鼻塞、 咳嗽。	Peut-être. J'ai mal à la tête, j'ai le nez bouché et je tousse.
A:	Zhōngwǔ chī fàn le ma? 中午 吃 饭 了 吗?	As-tu déjeuné?
B:	Méiyǒu, yìdiǎnr yě bù xiǎng chī. 没有, 一点儿 也 不 想 吃。	Non, je ne voulais rien prendre du tout.

Yào qù kàn yīshēng ma? A：要 去 看 医生 吗？	As-tu besoin d'aller voir un médecin?
Búyòng le, wǒ zìjǐ chī diǎnr yào jiù xíng le. B：不用 了，我 自己 吃 点儿 药 就 行 了。	Non. Il me suffit de prendre des médicaments.
Nǐ bù shūfu ma? 2. A：你 不 舒服 吗？	Tu ne te sens pas bien?
Wǒ hěn nánshòu. B：我 很 难受。	Je me sens mal.
Nǎli bù shūfu? A：哪里 不 舒服？	Qu'est-ce que tu as?
Fālěng、ǒutù、dùzi téng. B：发冷、呕吐、肚子 疼。	J'ai froid, des nausées et j'ai mal au ventre.
Téng de lìhai ma? A：疼 得 厉害 吗？	C'est fort?
Téng de yàomìng. B：疼 得 要命。	Très fort.
Zhèyàng ba, wǒ péi nǐ qù yīyuàn ba. A：这样 吧注1，我 陪 你 去 医院 吧。	Bon, alors, je t'accompagne à l'hôpital.
Xièxie, máfan nǐ jiào liàng chē lái. B：谢谢，麻烦 你注2 叫 辆 车 来。	Merci. Appelle un taxi, s'il te plaît.
Wǒ zhè jiù qù, nǐ děng yíxià. A：我 这 就 去，你 等 一下。	Attends un instant. J'y vais.

☆ 注 释(Notes) ☆

1. “这样吧”放在句首，表示考虑以后作出建议、选择或决定。

   «这样吧»: expression mise à la tête d'une phrase. Ça signifie que l'on fait des propositions, ou son choix, ou prend la décision après la considération.

2. “麻烦你”是在请别人帮忙或向别人请教时常说的话。

   «麻烦你»: utilisé souvent quand on demande de l'aide ou consulte les autres.

☆ 句型提示（Références des phrases-types）☆

1. 好像有一点儿。 请参看 342 页句型 104。
2. 是感冒吧？大概是吧。 请参看 342 页句型 103。
3. 我陪你去医院吧。 请参看 400 页句型 220。

☆ 词语用法举例（Exemples de certaines expressions）☆

1. 脸色很难看

Tā de tóufa rǎnchéng hóngsè, hěn nánkàn.
（1）她 的 头发 染成 红色，很 难看。

Zhè zhī gǒu hěn nánkàn.
（2）这 只 狗 很 难看。（狗：chien *m.*）

Tā chàng zǒudiào le, tài nántīng le.
（3）他 唱 走调 了，太 难听 了。
（走调：détonner 难听：pas agréable à l'oreille）

Shénme wèir? Zhème nánwén.
（4）什么 味儿？这么 难闻。（难闻：Ça sent mauvais.）

2. 我身体很不舒服

Wǒ dùzi yǒu diǎnr bù shūfu.
（1）我 肚子 有 点儿 不 舒服。

Zhè chènyī tài xiǎo, chuānzhe bù shūfu.
（2）这 衬衣 太 小，穿着 不 舒服。

Zuòwèi tài xiǎo, zuò de bù shūfu.
（3）座位 太 小，坐 得 不 舒服。

Zhěntou tài gāo, shuì de bù shūfu.
（4）枕头 太 高，睡 得 不 舒服。

3. 好像有一点儿

Hǎoxiàng yào xià xuě.
（1）好像 要 下 雪。

Wǒ hǎoxiàng zài nǎr jiànguo tā.
（2）我 好像 在 哪儿 见过 他。

Tā hǎoxiàng shì Měiguórén.
（3）她 好像 是 美国人。

Dīng Lìlì hǎoxiàng qù Rìběn le.
（4）丁 丽莉 好像 去 日本 了。

4. 大概是吧

Nà wèi dàgài shì xiàozhǎng ba.
（1）那 位 大概 是 校长 吧。

Tā dàgài yǒu wǔshí suì le ba.

（2）她大概有五十岁了吧。

Tā yǐjīng sānshí suì le, dàgài jiéhūn le ba.

（3）她已经三十岁了，大概结婚了吧。

Tā liǎnsè hěn nánkàn, dàgài shì shēngbìng le ba.

（4）他脸色很难看，大概是生病了吧。

5．我很难受

Wǒ chī de tài bǎo, wèi hěn nánshòu.

（1）我吃得太饱，胃很难受。

Wǒ bízi bú tòuqì, hěn nánshòu.

（2）我鼻子不透气，很难受。

Wǒ yào hé fùmǔ fēnbié, xīnli hěn nánshòu.

（3）我要和父母分别，心里很难受。（分别：se séparer）

Wǒ méi kǎoshang dàxué, xīnli hěn nánshòu.

（4）我没考上大学，心里很难受。

6．疼得厉害吗

Tā ké de hěn lìhai.

（1）他咳得很厉害。

Dōngběi de dōngtiān lěng de lìhai.

（2）东北的冬天冷得厉害。

Bú yàojǐn, téng de bú tài lìhai.

（3）不要紧，疼得不太厉害。

Zhège shāngdiàn de dōngxi guì de lìhai.

（4）这个商店的东西贵得厉害。

7．我陪你去医院吧

Wǒ bú rènde lù, nǐ péi wǒ qù, hǎo ma?

（1）我不认得路，你陪我去，好吗？

Tā jīntiān péi wàibīn cānguān gōngchǎng.

（2）他今天陪外宾参观工厂。

（外宾：le visiteur étranger　参观：visiter　工厂：usine *f.*）

Wǒ jīntiān yào péi tàitai mǎi dōngxi.

（3）我今天要陪太太买东西。

Nǐ yí ge rén zài jiā, wǒ lái péi nǐ shuōshuo huà ba.

（4）你一个人在家，我来陪你说说话吧。

8．麻烦你叫辆车来

Wǒ bú huì shuō Hànyǔ, máfan nǐ bāng wǒ dǎ ge diànhuà.

（1）我不会说汉语，麻烦你帮我打个电话。

Máfan nǐ tì wǒ xiàng jīnglǐ qǐngjià.

（2）麻烦你替我向经理请假。（替：pour）

Zuótiān de shì, tài máfan nǐ le.
(3) 昨天 的 事，太 麻烦 你 了。

Máfan nín le, xièxie.
(4) 麻烦 您 了，谢谢。

9. 麻烦你叫辆车来

Nǐ zǒu de shíhou jiào wǒ yì shēng.
(1) 你 走 的 时候 叫 我 一 声。

Jiào Xiǎo Hé lái jiē diànhuà.
(2) 叫 小 何 来 接 电话。

Jiào Míngming lái jiànjian kèren.
(3) 叫 明明 来 见见 客人。

Míngtiān zǎoshang wǔ diǎn jiàoxǐng wǒ, xíng ma?
(4) 明天 早上 五 点 叫醒 我，行 吗?

☆ 词 语(Vocabulaire) ☆

1.	shēntǐ 身体	(名)	corps *m.*	2.	liǎn 脸	(名)	visage *m.*
3.	yǎnjing 眼睛	(名)	œil *m.*	4.	méimao 眉毛	(名)	sourcil *m.*
5.	bízi 鼻子	(名)	nez *m.*	6.	zuǐba 嘴巴	(名)	bouche *f.*
7.	kǒu 口	(名)	bouche *f.*	8.	zuǐchún 嘴唇	(名)	lèvre *f.*
9.	yáchǐ 牙齿	(名)	dent *f.*	10.	shétou 舌头	(名)	langue *f.*
11.	bózi 脖子	(名)	cou *m.*	12.	hóulong 喉咙	(名)	gorge *f.*
13.	ěrduo 耳朵	(名)	oreille *f.*	14.	shǒu 手	(名)	main *f.*
15.	shǒuzhǐ 手指	(名)	doigt *m.*	16.	shǒubì 手臂	(名)	bras *m.*
17.	jiānbǎng 肩膀	(名)	épaule *f.*	18.	yāo 腰	(名)	reins *m. pl.*
19.	xiōng 胸	(名)	poitrine *f.*	20.	fèi 肺	(名)	poumon *m.*
21.	gān 肝	(名)	foie *m.*	22.	shèn 肾	(名)	rein *m.*
23.	xīnzàng 心脏	(名)	cœur *m.*	24.	tuǐ 腿	(名)	jambe *f.*
25.	jiǎo 脚	(名)	pied *m.*	26.	nǎo 脑	(名)	cerveau *m.*
27.	pífū 皮肤	(名)	peau *f.*	28.	biǎntáoxiàn 扁桃腺	(名)	amygdale *f.*
29.	guānjié 关节	(名)	articulation *f.*	30.	xīgài 膝盖	(名)	genou *m.*

☆ 练　习(Exercices) ☆

一、读词组（Lisez les expressions suivantes）

1. 发烧	发高烧	发低（dī）烧（avoir un peu de fièvre）	退（tuì）烧（la fièvre tombe）
2. 头疼	肚子疼	牙疼	脚疼
3. 疼得厉害	冷得厉害	热得厉害	贵得厉害

二、用"一……也"改写句子（Refaites les phrases suivantes en employant «一……也»）

1. 房间里没有人。
2. 这个包里没有钱。
3. 这个电影没有意思（yìsi/interessant,e）。
4. 来中国以后，我没吃过北京烤鸭。（kǎoyā/le canard laqué de Pékin）
5. 我喉咙疼，吃不下饭。

三、用括号中的词语完成对话（Complétez les conversations en utilisant les mots entre parenthèses）

1. A：下午会下雨吗？
   B：外面天很暗，______________________。（大概）
2. A：老王是不是在大华公司？
   B：______________________。（大概）
3. A：你看那个人是不是小林？
   B：______________________。（好像）
4. A：他的脸色很黄，______________________。（好像）
   B：大概是吧。
5. A：他的病怎么样？
   B：______________________。（厉害）
6. A：这两天地铁挤不挤？
   B：当然，______________________。（要命）
7. A：你一个人去医院吗？
   B：不，______________________。（陪）
8. A：我们一起去买东西好不好？
   B：不行啊，我有工作，______________________。（陪）

四、会话（Conversation）

于雪来：郭放，吃饭了。

郭　放：你们吃吧。我一点儿也不想吃。

于雪来：你怎么了？
郭　放：没什么，只是有点儿不舒服。
于雪来：哪里不舒服？
郭　放：肚子疼。
于雪来：疼得很厉害吗？
郭　放：不太厉害。大概是中午吃的东西不干净。
于雪来：要不要去医院看看？
郭　放：不用了。自己先吃药看看，如果不行再去医院吧。
郭明明：还是去医院看看吧，你的脸色很难看。
于雪来：对，我陪你去。明明，你去把爸爸的大衣拿来。
郭　放：没关系，不是很厉害。雪来，你先吃饭。吃完饭再去。

☆　练习答案（Corrigés）　☆

二、1. 房间里一个人也没有。
　　2. 这个包里一分钱也没有。
　　3. 这个电影一点儿意思也没有。
　　4. 来中国以后，我一次北京烤鸭也没吃过。
　　5. 我喉咙疼，一点儿饭也吃不下。
三、1. B：大概会下雨吧
　　2. B：大概是（在大华公司）吧
　　3. B：（那个人）好像是小林
　　4. A：好像生病了
　　5. B：病得很厉害
　　6. B：挤得要命
　　7. B：我先生陪我去
　　8. B：不能陪你去（买东西）

31 Zài Yīyuàn 在医院 1 À L'HÔPITAL 1

1. A：Qǐngwèn, zài nǎli guàhào?
请问，在哪里挂号？ — Excusez-moi, où on s'inscrit?

B：Nàbian guàhàochù.
那边挂号处。 — Au guichet d'inscription par là.

2. A：Wǒ yào guàhào.
我要挂号。 — Je voudrais m'inscrire.

B：Nín yào guà nǎ yì kē?
您要挂哪一科？ — À quel service?

A：(Wǒ yào guà) nèikē.
（我要挂）内科。 — La médecine générale.

B：Shì chūzhěn ma?
是初诊吗？ — C'est votre première visite?

A：Shì de, wǒ dì-yī cì lái.
是的，我第一次来。 — Oui, c'est la première fois.

B：Qǐng tián bìnglìkǎ zhè jǐ lán.
请填病历卡这几栏。 — Remplissez la carte, s'il vous plaît.

Qǐng fù èrshí kuài qián zhěnliáofèi.
请付二十块钱诊疗费。 — 20 yuans pour la consultation.

Wǒ gāi dào nǎge zhěnshì kànbìng?
A：我该到哪个诊室看病？ — Il me faut aller à quelle salle de consultation?

(Qǐng dào) dì-sān zhěnshì.
B：(请到)第三诊室。 — La troisième.

Yīshēng, wǒ hěn nánshòu.
3. A：医生，我很难受。 — Monsieur, je me sens mal.

Nǐ nǎr bù shūfu?
B：你哪儿不舒服？ — Qu'est-ce que vous avez?

(Wǒ) dùzi hěn téng, shàngwǔ tùle sān cì.
A：(我)肚子很疼，上午吐了三次。 — J'ai mal au ventre et j'ai vomi 3 fois ce matin.

Shénme shíhou kāishǐ de?
B：什么时候开始的？ — Depuis quand avez-vous mal au ventre?

Liǎng-sān tiān yǐqián (kāishǐ de).
A：两三天以前(开始的)。 — Depuis 2 ou 3 jours.

Xiān liáng yíxià tǐwēn ba.
B：先量一下体温吧。 — Tout d'abord, prenons votre température.

Sānshíbā dù bā, nǐ fāshāo le.
三十八度八，你发烧了。 — 38,8 degrés. Vous avez de la fièvre.

Guàibude yǒu diǎnr fālěng.
A：怪不得注有点儿发冷。 — Donc j'ai un peu froid.

(Bǎ) shétou shēn chulai, gěi wǒ kànkan.
B：(把)舌头伸出来，给我看看。 — Tirez la langue et je vais voir.

Jiěkāi shàngyī, ràng wǒ tīngting.
解开上衣，让我听听。 — Retirez votre veste. Je vais vous ausculter.

Dào nàr tǎngxia.
到那儿躺下。 — Couchez-vous là.

Zhèr téng ma?
这儿疼吗？ — Vous avez mal ici?

Bù téng.
A：不疼。 — Non.

Zhèr ne?
B：这儿呢？ — Et ici?

Jiù nàr téng.
A：就那儿疼。 — Oui, c'est là.

☆　注　释(Note)　☆

“怪不得”在这里表示突然明白了某事发生的原因。

«怪不得»：ici,ça signifie que l'on prend tout d'un coup conscience de la cause. Par exemple：

Kōngtiáo méi kāi, guàibude zhème rè.
(1) 空调　没　开，怪不得　这么　热。
Il fait chaud parce que le climatiseur n'est pas mis en marche.

Guàibude tā Hànyǔ shuō de nàme hǎo ne, yuánlái tā shì Zhōngguórén a.
(2) 怪不得　他　汉语　说　得　那么　好　呢，原来　他　是　中国人　啊。
Il parle si bien chinois parce qu'il est Chinois.

☆　句型提示(Références des phrases-types)　☆

1. 上午吐了三次。　　请参看 353 页句型 128。
2. 先量一下体温吧。　　请参看 372 页句型 167。
3. 让我听听。　　请参看 330 页句型 81。
4. 到那儿躺下。　　请参看 355 页句型 131。

☆　词语用法举例(Exemples de certaines expressions)　☆

1. 我该到哪个诊室看病

Qù zhíwùyuán gāi zǒu nǎ tiáo lù?
(1) 去　植物园　该　走　哪　条　路？

Bàn zhè jiàn shì, gāi zhǎo shuí?
(2) 办　这　件　事，该　找　谁？

Gāi dào nǎli fù shuǐdiànfèi?
(3) 该　到　哪里　付　水电费？

Zhège yīn gāi zěnme fā?
(4) 这个　音　该　怎么　发？

2. 先量一下体温吧

Wǒmen xiān fùxí yíxià ba.
(1) 我们　先　复习　一下　吧。

Wǒ xiān zìwǒ jièshào yíxià.
(2) 我　先　自我　介绍　一下。

Duìbuqǐ, wǒ xiān zǒu le.
(3) 对不起，我　先　走　了。

Nǐ bù shūfu, xiān huí jiā ba.
(4) 你　不　舒服，先　回　家　吧。

3. 怪不得有点儿发冷

Chén Míng shēngbìng le.
(1) A：陈 明 生病 了。

Guàibude tā de liǎnsè zhème nánkàn.
B：怪不得 他 的 脸色 这么 难看。

Lǐ Píng qù Měiguó le.
(2) A：李 平 去 美国 了。

Guàibude hǎojiǔ méi jiàndào tā.
B：怪不得 好久 没 见到 他。

Zhège cài wǒ wàngjì fàng yán le.
(3) A：这个 菜 我 忘记 放 盐 了。

Guàibude méi wèidao.
B：怪不得 没 味道。

4. 舌头伸出来，给我看看(……出去)

Tā bǎ shū cóng bāo li ná chulai.
(1) 他 把 书 从 包 里 拿 出来。

Bàba cóng fángjiān zǒu chulai.
(2) 爸爸 从 房间 走 出来。

Qǐng bǎ zhè fēng xìn jì chuqu.
(3) 请 把 这 封 信 寄 出去。

Qǐng bǎ háizi dài chuqu wán.
(4) 请 把 孩子 带 出去 玩。

5. 舌头伸出来，给我看看

Nǐ de yǐngjí gěi wǒ kànkan, xíng ma?
(1) 你 的 影集 给 我 看看， 行 吗？

Gěi bàba kànkan nǐ de chéngjìdān ba.
(2) 给 爸爸 看看 你 的 成绩单 吧。

Nǐ de xiàngpí gěi wǒ yòng yíxià.
(3) 你 的 橡皮 给 我 用 一下。

Xìn nálai gěi wǒ chēng yíxià.
(4) 信 拿来 给 我 称 一下。

6. 解开上衣，让我听听

Nǐ de yǐngjí ràng wǒ kànkan, xíng ma?
(1) 你 的 影集 让 我 看看， 行 吗？

Ràng bàba kànkan nǐ de chéngjìdān ba.
(2) 让 爸爸 看看 你 的 成绩单 吧。

Ràng dìdi qù mǎi fèn bàozhǐ lai.
(3) 让 弟弟 去 买 份 报纸 来。

Lǎoshī ràng xuésheng dú liǎng biàn kèwén.
(4) 老师 让 学生 读 两 遍 课文。

☆ 词　语(Vocabulaire) ☆

1.	ménzhěn	门诊	(名)	la service de consultation
2.	wàikē	外科	(名)	chirurgie *f.*
3.	xiǎo'érkē	小儿科	(名)	pédiatrie *f.*
4.	fùkē	妇科	(名)	la gynécologie obstétrique
5.	chǎnkē	产科	(名)	maternité *f.*
6.	pífūkē	皮肤科	(名)	dermatologie *f.*
7.	yǎnkē	眼科	(名)	ophtalmologie *f.*
8.	ěrbíhóukē	耳鼻喉科	(名)	otorhinolaryngologie *f.*
9.	yákē	牙科	(名)	odontologie *f.*
10.	bìnglìkǎ	病历卡	(名)	le dossier médical
11.	zhùyuàn	住院	(动)	être hospitalisé
12.	chūyuàn	出院	(动)	quitter l'hôpital
13.	bìngfáng	病房	(名)	salle de malades
14.	hòuzhěnshì	候诊室	(名)	la salle d'attente
15.	jízhěn	急诊	(名)	urgences *f. pl.*
16.	jiùhùchē	救护车	(名)	ambulance *f.*
17.	yīshēng	医生	(名)	médecin *m.*
18.	hùshi	护士	(名)	infirmière
19.	xīyī	西医	(名)	la médecine occidentale
20.	zhōngyī	中医	(名)	la médecine traditionnelle chinoise
21.	zhēnjiǔ	针灸	(名)	acupuncture *f.*
22.	tuīná	推拿	(动)	faire du massage
23.	kànbìng	看病	(动)	consulter un médecin
24.	bìngrén	病人	(名)	malade
25.	zhìliáo	治疗	(动)	traiter
26.	dòng shǒushù	动　手术		faire une opération

☆ 练　习(Exercices) ☆

一、替换练习(Refaites les phrases en utilisant les expressions suivantes)

1. 三天以前开始肚子疼。

半小时	手术
几分钟	检查身体
三四年	有心脏病
七八年	用这种药治疗

2. 就那儿疼。

你按的地方	疼
在这家医院	看
吃这种药	有效(yǒuxiào/efficace)
是你介绍的那个医生	给我看病

二、选择填空(Remplissez les blancs en choisissant les mots)

出来　　　　下　　　　出去

1. 他把书从包里拿＿＿＿＿＿＿。

2. 他累了，回到家就躺＿＿＿＿＿＿＿＿了。
3. 箱子不能放在这里，请拿＿＿＿＿＿＿＿＿。
4. 把孩子带＿＿＿＿＿＿＿＿玩吧。
5. 胸口难受，吐＿＿＿＿＿＿＿＿就好了。

三、读句子（Lisez les phrases suivantes）

1. 请留下你的地址。
2. 请写下你的电话号码。
3. 他放下钱就走了。
4. 我累极了（léijí le/épuisé，e），回到家就躺下了。
5. 他在中国住了五年，怪不得汉语说得这么好。
6. 他生病了，怪不得没来上课。

四、会话（Conversation）

医　生：哪里不舒服？
彼　得：发烧、头疼、咳嗽，大概是感冒了。
医　生：量过体温吗？
彼　得：刚才（gāngcái/tout à l'heure）护士给我量过了，是三十八度二。
医　生：什么时候开始不舒服的？
彼　得：昨天晚上。
医　生：让我看看。还有别的不舒服吗？
彼　得：还喉咙疼。
医　生：问题不大。吃点儿药就会好的。要多喝水、多休息。
彼　得：谢谢。

☆　练习答案（Corrigés）　☆

二、1. 出来　　2. 下　　3. 出去　　4. 出去　　5. 出来

32 Zài Yīyuàn 在 医院$_2$ À L'HÔPITAL $_2$

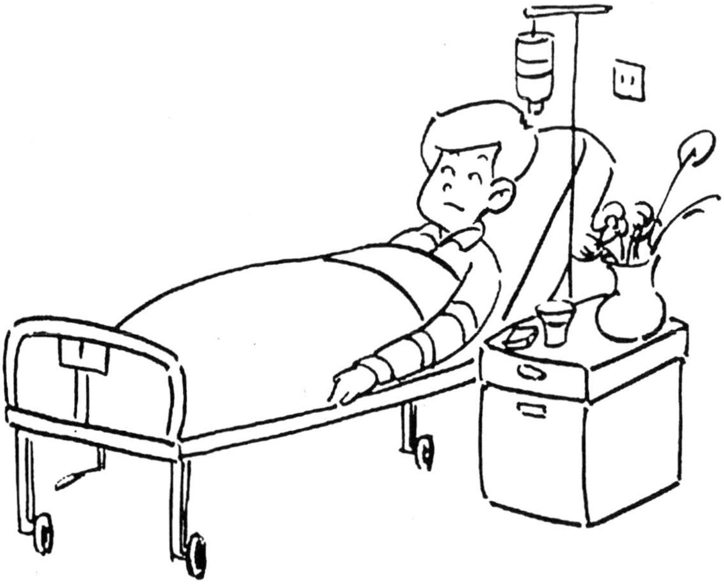

1. (Qǐng) zhāngkāi zuǐ. (请) 张开 嘴。	Ouvrez la bouche.
2. (Qǐng) xī qì. (请) 吸 气。	Respirez.
3. (Qǐng) shēn hūxī. (请) 深 呼吸。	Respirez fort.
4. (Nǐ) yào yàn yíxià xiě. (你) 要 验 一下 血。	Il faut vous faire une analyse de sang.
5. (Nǐ) yào zuò ge xīndiàntú. (你) 要 做 个 心电图。	Il faut vous faire un électro-encéphalogramme.
6. (Nǐ) yào pāi piānzi. (你) 要 拍 片子。	Il faut vous faire un examen fluoroscopique.
7. Nǐ qù X guāngshì, zuò fèibù tòushì ba. 你 去 X光室, 做 肺部 透视 吧。	Allez à la salle de rayon X pour faire une radiographie des poumons.
8. Nǐ yào zhùyuàn. 你 要 住院。	Vous devez être hôspitalisé.

9. Nǐ bìxū dòng shǒushù.
你必须动手术。 Il faut faire une opération.

10. A: Yīshēng, wǒ déle shénme bìng?
医生，我得了什么病？ Monsieur, qu'est-ce que j'ai?

B: Shì chángwèiyán.
是肠胃炎。 Une entérogastrite.

A: (Wǒ de bìng) yàojǐn ma?
（我的病）要紧吗？ C'est grave?

B: Bié dānxīn, chīle yào, guò sì-wǔ tiān jiù huì hǎo de.
别担心，吃了药，过四五天就会好的。 Ne vous inquiétez pas. En prenant des médicaments, dans 4 ou 5 jours vous serez remis sur pied.

Nǐ yǐqián shēngguo zhè zhǒng bìng ma?
你以前生过这种病吗？ Auparavant, aviez-vous déjà contracté cette maladie?

A: Shēngguo yí cì.
生过一次。 Une fois.

Wǒ yào zhùyì xiē shénme?
我要注意些什么？ À quoi dois-je faire attention?

B: Yào hǎohāor xiūxi, bié tài lèi le.
要好好儿休息，别太累了。 Prenez un bon repos. Ne vous fatiguez pas.

Nǐ zuìhǎo xiūxi jǐ tiān.
你最好注休息几天。 Il vaut mieux vous reposer pendant quelques jours.

Yàoshi bú jiànhǎo, nǐ zài lái ba.
要是不见好，你再来吧。 Si vous n'allez pas mieux, revenez.

☆ 注 释(Note) ☆

“最好”表示和其他事情比较，这是最佳选择。

«最好»: ça signifie que par comparaison aux autres, c'est le meilleur choix. Par exemple :

(1) Zhè jiàn shì, zuìhǎo nǐ qīnzì bàn.
这件事，最好你亲自办。 Il vaut mieux que tu le fasses toi-même.

(2) Nǐ zuìhǎo duō hē kāishuǐ.
你最好多喝开水。 Il vaut mieux boire beaucoup d'eau.

☆　句型提示(Références des phrases-types)　☆

1. 你必须动手术。　　请参看 333 页句型 85。
2. 你最好休息几天。　　请参看 326 页句型 72。
3. 要是不见好,你再来吧。　　请参看 394 页句型 210。

☆　词语用法举例(Exemples de certaines expressions)　☆

1. (请)张开嘴

Qǐng dǎkāi chuāng
(1) 请 打开 窗。　(打开:ouvrir)

Qǐng dàjiā fānkāi kèběn.
(2) 请 大家 翻开 课本。　(翻开:ouvrir)

Bǎ xīguā qiēkāi, qǐng dàjiā chī ba.
(3) 把 西瓜 切开, 请 大家 吃 吧。　(切开:couper)

Tā gēn fùmǔ fēnkāi zhù.
(4) 他 跟 父母 分开 住。　(分开:séparer)

2. 你要验一下血

Cóng zhèr chéng gōnggòng qìchē qù Rénmín Guǎngchǎng yào huàn chē ma?
(1) 从 这儿 乘 公共 汽车 去 人民 广场 要 换 车 吗?

Chūguó lǚxíng yào bàn shénme shǒuxù?
(2) 出国 旅行 要 办 什么 手续?

Qǔ yóujiàn yào yǒu shēnfènzhèng.
(3) 取 邮件 要 有 身份证。　(邮件:courrier *m.*)

Mǎi jīpiào yào dài hùzhào qu.
(4) 买 机票 要 带 护照 去。　(护照:passeport *m.*)

3. 要紧吗

Tīngshuō tā bìng le, yàojǐn ma?
(1) A:听说 他 病 了, 要紧 吗?

Bú yàojǐn.
B:不 要紧。

Tīngshuō tā zhùyuàn le, yàojǐn ma?
(2) A:听说 他 住院 了, 要紧 吗?

Bìng de hěn lìhai.
B:病 得 很 厉害。

4. 你以前生过这种病吗?

Nǐ qùguo Àodàlìyà ma?
(1) 你 去过 澳大利亚 吗?

Wǒ chīguo Rìběncài.
(2) 我 吃过 日本菜。

Wǒ méi kànguo jīngjù.
(3) 我 没 看过 京剧。

Tā méi dāngguo jiàoshī.
(4) 他 没 当过 教师。

5. 生过一次

Zhè jiàn shì, tā duì wǒ shuōguo liǎng cì.
(1) 这 件 事，他 对 我 说过 两 次。

Wǒ qùguo yí cì Déguó.
(2) 我 去过 一 次 德国。

Tā dāngguo sān nián jiàoshī.
(3) 他 当过 三 年 教师。

Wǒ hǎoxiàng jiànguo tā yí cì.
(4) 我 好像 见过 他 一 次。

6. 要是不见好

Wǒ késou de lǎomáobìng yìzhí bú jiànhǎo.
(1) 我 咳嗽 的 老毛病 一直 不 见好。（老毛病：une maladie chronique）

Chīle hěn duō yào, kěshì zǒng bú jiànhǎo.
(2) 吃了 很 多 药，可是 总 不 见好。

Rúguǒ bú jiànhǎo, huàn yì zhǒng yào ba.
(3) 如果 不 见好，换 一 种 药 吧。

Tā bú ànshí chīyào, suǒyǐ bìng zǒng bú jiànhǎo.
(4) 他 不 按时 吃药，所以 病 总 不 见好。（按时：à l'heure）

☆ 词 语 (Vocabulaire) ☆

1. tóuyūn 头晕 — avoir un vertige
2. ěxin 恶心 （形） avoir des nausées
3. lā dùzi 拉 肚子 — avoir la diarrhée
4. biànmì 便秘 （动） être constipé
5. dīrè 低热 （名） fiévrotte *f.*
6. tán 痰 （名） crachat *m.*
7. liú bítì 流 鼻涕 — avoir le nez qui coule
8. shīmián 失眠 （动） faire de l'insomnie
9. shuìbuzháo 睡不着 — ne pas pouvoir s'endormir
10. gāoxuèyā 高血压 （名） l'hypertension artérielle
11. wèikǒu bù hǎo 胃口 不好 — la perte d'appétit
12. áizhèng 癌症 （名） cancer *m.*
13. gǔzhé 骨折 （动） se casser
14. shòushāng 受伤 （动） se blesser
15. qiēshāng 切伤 — se couper
16. tàngshāng 烫伤 — se brûler
17. zhǒng 肿 （动） gonfler
18. xiāo zhǒng 消 肿 — être désenflé

19.	pífū yǎng 皮肤 痒		la peau démange
20.	liú xiě 流 血		hémorragie *f.*
21.	chū lěnghàn 出 冷汗		avoir des sueurs froides
22.	quánshēn 全身	（名）	tout le corps
23.	méijìnr 没劲儿	（动）	se sentir sans force
24.	fāyán 发炎	（动）	s'enflammer
25.	dǎ pēntì 打 喷嚏		éternuer
26.	dǎ hāqian 打 哈欠		bailler

☆ 练　习（Exercices） ☆

一、读词组（Lisez les expressions suivantes）

1.	挂号费	药费	验血费	注射费	住院费
2.	做检查	做手术	做 B 超	做心电图	做 CT
3.	得病	得肺病	得胃病	得关节炎	得癌症
4.	好好休息	好好睡觉	好好吃药	好好学习	好好工作

二、模仿造句（Faites les phrases d'après l'exemple）

1. 动词词组 + 就 + 结果。
   吃了药就会好的。
   有了钱就可以买很多好东西。
   多锻炼就不会生病。

   ____

2. 最好 + 建议（jiànyì/conseil *m.*）。
   你最好休息几天。
   今天出去你最好带伞。
   这件事最好不要告诉他。

   ____

三、用括号中的词语完成对话（Complétez les conversations en utilisant les mots entre parenthèses）

1. A：医生，我儿子的病要紧吗？
   B：不要紧，__________。（担心）
   A：__________？（注意）
   B：让他多休息就可以了。
2. A：我想吃辣豆腐。
   B：不行，生病的时候要__________。（注意）
3. A：他的病怎么样？
   B：__________。不用动手术。（要紧）
4. A：这种药怎么样？

B：这种药不好。我吃了三天也__________。（见好）

四、会话（Conversation）

郭放：医生，您好。我肚子疼，已经拉了几次了。
医生：什么时候开始的？
郭放：下午就开始了。
医生：那你早上和中午吃了什么不干净的东西没有？
郭放：早上没吃什么。中午是在一个小饭店吃的，可能有问题（wèntí/problème *m.*）吧。
医生：吐吗？
郭放：不吐。可是有点儿恶心。
医生：还有什么不舒服？
郭放：还出冷汗。
医生：你先去验一下大便（dàbiàn/excréments *f.*）吧。
郭放：医生，这是化验（huàyàn/l'analyse chimique）单，您看是什么问题？
医生：嗯，是食物中毒（shíwù zhòngdú/l'intoxication alimentaire）。
郭放：要紧吗？
医生：不要紧，你大概吃得不多。不过，你最好留在医院里观察（guānchá/observer）一天。

☆ 练习答案（Corrigés） ☆

三、1. B：不用担心
　　A：我要注意什么
2. B：注意饮食（yǐnshí/alimentation *f.*）
3. B：不要紧
4. B：不见好

33 Zài Yīyuàn 在 医院3 À L'HÔPITAL 3

1. A：Lǐ Zhìjiān! Lǐ Zhìjiān!
李 志坚！李 志坚！ — Li Zhijian! Li Zhijian!

B：Wǒ shì.
我 是。 — Oui.

A：Yàopiàn xiǎo de měi cì liǎng lì, dà de yí lì.
药片 小 的注1 每 次 两 粒，大 的 一 粒。 — Les petits comprimés, 2 par fois; les gros, 1 par fois.

B：Xiǎo de liǎng lì, dà de yí lì, duì ma?
小 的 两 粒，大 的 一 粒，对 吗？ — Les petits, 2 par fois; les gros, 1 par fois. C'est ça?

A：Duì.
对。 — Oui.

B：Yì tiān chī jǐ cì?
一 天 吃 几 次？ — Il faut les prendre combien de fois par jour?

A：Dà de yì tiān sān cì.
大 的 一 天 三 次。 — Les gros, 3 fois par jour;

Xiǎo de yì tiān liǎng cì, 小 的 一 天 两 次， zǎowǎn gè chī liǎng lì. 早晚 各 吃 两 粒。	les petits, 2 fois par jour, 2 le matin, et 2 le soir.
Yàoshuǐ ne? B：药水 呢？	Et la potion?
Yàoshuǐ měi tiān (hē) sì A：药水 每 天 （喝） 四 cì, měi cì yì gé. 次，每 次 一 格。	4 fois par jour, 1 unité par fois.
Zhè shì wàiyòngyào, qiānwàn 这 是 外用药， 千万注2 búyào kǒufú. 不要 口服。	Ce sont des médicaments pour usage externe, pas par voie buccale.
Qǐng fàngzài xiǎohái ná bu 请 放在 小孩 拿 不 dào de dìfang. 到 的 地方。	Mettez-les dans un lieu que les enfants ne peuvent pas atteindre.
Nǐ zuìjìn dǎguo qīngméisù ma? 2. A：你 最近 打过 青霉素 吗？	As-tu reçu une injection de pénicilline récemment?
Méi dǎguo. B：没 打过。	Non.
Yào xiān zuò shìyàn. A：要 先 做 试验。	D'abord, il faut faire un test allergique.
Nǐ dǎ qīngméisù guòmǐn, 你 打 青霉素 过敏，	Tu es allergique à la pénicilline.
bù néng dǎ. 不 能 打。	Tu ne peux pas la recevoir.
Nà wǒ gāi zěnme bàn? B：那 我 该 怎么 办？	Alors, comment faire?
Qǐng yīshēng huàn bié de A：请 医生 换 别 的 yào ba. 药 吧。	Demande au médecin de changer d'injection.

☆ 注 释(Notes) ☆

1. “形容词 + 的”相当于一个名词。

«形容词 + 的»: équivaut à un nom. Par exemple :

Wǒ xǐhuan chī tián de.
(1) 我 喜欢 吃 甜 的 J'aime manger des sucreries.

Yǒu piányi yìdiǎnr de ma?
(2) 有 便宜 一点儿 的 吗? Il y en a d'autres qui sont moins chers?

2. "千万"是在提醒或叮嘱别人时用的。
«千万»: on l'utilise pour faire remarquer ou recommander. Par exemple :

Qiānwàn zǎo diǎnr huílai.
(1) 千万 早 点儿 回来。 Il faut de toute façon rentrer tôt.

Qiānwàn bié pèng zhège.
(2) 千万 别 碰 这个。 Ne le touchez en aucun cas.

☆ 句型提示(Références des phrases-types) ☆

1. 千万不要口服。 请参看 400 页句型 221。
2. 你最近打过青霉素吗? 没打过。 请参看 310 页句型 37。
3. 你打青霉素过敏,不能打。 请参看 338 页句型 95。

☆ 词语用法举例(Exemples de certaines expressions) ☆

1. 药水每天(喝)四次

Měi rén yào yì wǎn fàn.
(1) 每 人 要 一 碗 饭。

Měi bān xuǎn yí ge dàibiǎo.
(2) 每 班 选 一 个 代表。

Měi bēi fàng yí lì táng.
(3) 每 杯 放 一 粒 糖。

Měi ge jiàoshì fàng yì tái diànshìjī.
(4) 每 个 教室 放 一 台 电视机。

2. 千万不要口服

Qiānwàn yào guānhǎo ménchuāng.
(1) 千万 要 关好 门窗。 (关好: fermer 门窗: les portes et les fenêtres)

Qiānwàn búyào jiǔ hòu kāichē.
(2) 千万 不要 酒 后 开车。 (酒后: après avoir bu du vin 开车: conduire la voiture)

Qiānwàn bié hēzuì le.
(3) 千万 别 喝醉 了。 (喝醉: être ivre)

Qiānwàn bié dài wēixiǎnpǐn shàng chē.
(4) 千万 别 带 危险品 上 车。 (危险品: des marchandises dangereuses)

☆ 词 语(Vocabulaire) ☆

1. 西药 xīyào (名) le médicament (de la médecine occidentale)
2. 中药 zhōngyào (名) le médicament traditionnel chinois

3.	chéngyào 成药	（名）	la spécialité pharmaceutique
4.	ruǎngāo/yàogāo 软膏/药膏	（名）	pommade *f.*
5.	jiǔjīng 酒精	（名）	alcool *m.*
6.	diǎnjiǔ 碘酒	（名）	la teinture d'iode
7.	hóngyàoshuǐ 红药水	（名）	mercurochrome *m.*
8.	tú 涂	（动）	enduire
9.	xiāodújì 消毒剂	（名）	désinfectant *m.*
10.	kàngshēngsù 抗生素	（名）	antibiotique *m.*
11.	ānmiányào 安眠药	（名）	soporifique *m.*
12.	zhǐké yàoshuǐ 止咳 药水	（名）	le sirop contre la toux
13.	tuìrèpiàn 退热片	（名）	fébrifuge *m.*
14.	zhǐtòngpiàn 止痛片	（名）	analgésique *m.*
15.	xiāoyánpiàn 消炎片	（名）	anti-inflammatoire *m.*
16.	yǎnyàoshuǐ 眼药水	（名）	les gouttes pour les yeux
17.	āsīpǐlín 阿斯匹林	（名）	aspirine *f.*
18.	wéishēngsù 维生素	（名）	vitamine *f.*
19.	pútáotáng 葡萄糖	（名）	glucose *f.*
20.	tǐwēnjì 体温计	（名）	le thermomètre médical
21.	dǎzhēn 打针	（动）	faire un piqûre
22.	shūyè/diàozhēn 输液/吊针	（动）	faire une perfusion
23.	yàofāng 药方	（名）	prescription *f.*
24.	fāyàochù 发药处	（名）	le guichet de pharmacie

☆ 练　习（Exercices）☆

一、读词组（Lisez les expressions suivantes）

一粒药　　一片（piàn，量词）药

一管（guǎn，量词）药膏　　一贴（tiē，量词）中药

一格药水　　一瓶药水

开药方（faire une ordonnance）　　换药（refaire un pansement）

滴（dī）眼药水（verser des gouttes pour les yeux）　　涂药膏（enduire de pommade）

二、选择填空（Remplissez les blancs en choisissant les mots）

每　　各

1. 他____个月出差一次。
2. 我____天锻炼一个小时。
3. ____桌____准备两瓶红酒吧。
4. ____人____回答一个问题。

三、回答问题（Répondez aux questions suivantes）

1. 你在哪家医院看病？这家医院好不好？
2. 你听得懂中国医生的话吗？
3. 你吃过中药吗？你觉得有效吗？

4. 你对青霉素过敏吗?
5. 你家里准备了什么药?

四、会话 (Conversations)

彼得：这种咳嗽糖浆(tángjiāng/le sirop contre la toux)我以前喝过。
安妮：有效吗?
彼得：很有效，不过味道不太好。
安妮：良药苦口(liángyào kǔkǒu/un bon remède est amer à la bouche)嘛。
彼得：不是苦，是太甜。这个感冒药放在我的口袋(kǒudài/poche *f.*)里，带到公司去吧。
安妮：医生说要好好休息，明天就不要上班了吧。
彼得：不行，明天要签一个重要(zhòngyào/important, e)的合同，不能请假。(签合同：qiān hétong/signer un contrat)

护士：你打青霉素过敏吗?
彼得：以前打过几次，有时候过敏，有时候不过敏。
护士：先做一下试验吧。
护士：好了。现在不过敏。请到那边准备注射。

☆　练习答案(Corrigés)　☆

二、1. 每　　2. 每　　3. 每　　各　　4. 每　　各

34 Diūle Dōngxi 丢了 东西 ON A PERDU QUELQUE CHOSE

Wǒ de shǒujī diū le.
1. A：我 的 手机 丢 了。 J'ai perdu mon téléphone portable.

Shénme shíhou diū de?
B：什么 时候 丢 的？ Quand et où l'avez-vous perdu?

Zài nǎli diū de?
在 哪里 丢 的？

Gāngcái zài fàndiàn chīfàn,
A：刚才 在 饭店 吃饭， Juste quand j'ai pris mon repas au restaurant.

kǒngpà diū zài nàr le.
恐怕 丢 在 那儿 了。 Peut-être je l'ai laissé là-bas.

Wǒmen huíqu zhǎo yi zhǎo ba.
B：我们 回去 找 一 找 吧。 Retournons-y pour le chercher.

Wǒ bǎ bāo wàng zài chūzūchē
2. A：我 把 包 忘 在 出租车 J'ai laissé mon sac dans le taxi.

shang le.
上 了。

Yí ge xiǎoshí yǐqián chéng
一 个 小时 以前 乘 J'ai oublié de le prendre quand j'ai pris le taxi

chūzūchē, xià chē shí wàngjì 出租车，下 车 时 忘记 ná le. 拿 了。	il y a une heure.
Nǐ chéng de shì nǎge gōngsī B：你 乘 的 是 哪个 公司 de chē? 的 车？	Quelle compagnie avez-vous prise?
Dàzhòng (Chūzū Qìchē Gōngsī). A：大众 （出租 汽车 公司）。	Dazhong (une société de taxi).
Bié zháojí, dǎ ge diànhuà B：别 着急，打 个 电话 wènwen ba. 问问 吧。	Ne vous inquiétez pas, donnez un coup de fil pour demander.
Qǐngwèn, nǐmen jiǎndào shǒutíbāo 3. A：请问，你们 捡到 手提包 méiyǒu? 没有？	Excusez-moi, avez-vous ramassé un sac?
Nǐ de bāo shì shénme B：你 的 包 是 什么 yàngzi de? 样子 的？	De quel genre est votre sac?
Hēisè de, shàngmian xiězhe A：黑色 的，上面 写着 "xìngfú" liǎng ge zì. "幸福" 两 个 字。	Il est noir, il y a deux mots « le bonheur » dessus.
Lǐmian yǒu shénme dōngxi? B：里面 有 什么 东西？	Qu'est-ce qu'il y a dans votre sac?
Yǒu hùzhào、qiánbāo shénme A：有 护照、钱包 什么 de. Hái yǒu yì běn《Xiàndài 的。还 有 一 本《现代 Hànyǔ Cídiǎn》. 汉语 词典》。	Quelques affaires comme mon passeport et mon porte-monnaie. Il y a aussi un « dictionnaire du chinois contemporain ».
Qiánbāo li yǒu duōshao qián? B：钱包 里 有 多少 钱？	Combien d'argent y a-t-il dans le porte-monnaie?
Jì bu qīngchu le, dàgài yǒu A：记 不 清楚注 了，大概 有	Je ne peux pas m'en souvenir, peut-être

liù-qībǎi kuài ba.
六七百 块 吧。 600～700 yuans.

Zhè shì nín de bāo ma?
B：这 是 您 的 包 吗？ C'est votre sac?

Duì, zhè jiù shì wǒ de bāo.
A：对， 这 就 是 我 的 包。 Oui, c'est à moi. Merci beaucoup!

Xièxie!
谢谢！

Qiánjǐtiān zài gōnggòng qìchē shang bèi páshǒu tōule qiánbāo.
4. A：前几天 在 公共 汽车 上 被 扒手 偷了 钱包。 On m'a volé mon porte-monnaie dans l'autobus il y a quelques jours.

Nà zhēn dǎoméi a!
B：那 真 倒霉 啊！ Quelle malchance!

☆ 注 释（Note） ☆

"记不清楚"也可以说"记不得"、"想不起来"。

«记不清楚»,on peut parler aussi comme «记不得» ou «想不起来». Par exemple :

Xiǎo shíhou de shìqing, wǒ yìdiǎnr yě jìbude le.
(1) 小 时候 的 事情， 我 一点儿 也 记不得 了。

Je ne me souviens pas du tout de mon enfance.

Tā de dìzhǐ, wǒ xiǎng bu qǐlai le.
(2) 他 的 地址， 我 想 不 起来 了。 Je ne me rappelle pas son adresse.

☆ 句型提示（Références des phrases-types） ☆

1. 里面有什么东西？ 请参看 304 页句型 26。
2. 有护照、钱包什么的。 请参看 388 页句型 199。
3. 记不清楚了，大概有六七百块吧。 请参看 347 页句型 115。
4. 前几天在公共汽车上被扒手偷了钱包。 请参看 329 页句型 79。

☆ 词语用法举例（Exemples de certaines expressions） ☆

1. 恐怕丢在那儿了

Tiān zhème àn, kǒngpà yào xià yǔ le.
(1) 天 这么 暗， 恐怕 要 下 雨 了。

Zhème wǎn, tā kǒngpà bù lái le.
(2) 这么 晚， 他 恐怕 不 来 了。

Zhè jiàn shì, yì tiān kǒngpà zuò bu wán.
(3) 这 件 事，一 天 恐怕 做 不 完。

Nídàyī, liǎngbǎi kuài kǒngpà mǎi bu dào.
(4) 呢大衣，两百 块 恐怕 买 不 到

2. 下车时忘记拿了

Yǒu jiàn shì zuótiān wàngjì gàosu nǐ le.
(1) 有 件 事 昨天 忘记 告诉 你 了。

Wǒ wàngjì dài yǔsǎn le.
(2) 我 忘记 带 雨伞 了。

Zǎoshang wàngjì tīng tiānqì yùbào le.
(3) 早上 忘记 听 天气 预报 了。

Zhè shì túshūguǎn de shū, wǒ wàngjì huán le.
(4) 这 是 图书馆 的 书，我 忘记 还 了。（还：rendre）

3. 有护照、钱包什么的

Nǐ shàngjiē mǎi diǎnr shuǐguǒ、 diǎnxin shénme de ba.
(1) 你 上街 买 点儿 水果、 点心 什么 的 吧。

Bǐhé li yǒu qiānbǐ、 yuánzhūbǐ、 xiàngpí shénme de.
(2) 笔盒 里 有 铅笔、 圆珠笔、 橡皮 什么 的。

Xīngqītiān zài jiāli kànkan zázhì、 xiǎoshuō shénme de.
(3) 星期天 在 家里 看看 杂志、 小说 什么 的。

Chōuti li fàngzhe xìn、 wénjiàn shénme de.
(4) 抽屉 里 放着 信、 文件 什么 的。（抽屉：tiroir *m.*）

4. 记不清楚了

Shēnfènzhèng hàomǎ, wǒ jì bu qīngchu.
(1) 身份证 号码，我 记 不 清楚。

Tā shì nǎ nián shēng de, wǒ jì bu qīngchu le.
(2) 他 是 哪 年 生 的，我 记 不 清楚 了。

Wǒ jì bu qīngchu tā de shǒujī hàomǎ.
(3) 我 记 不 清楚 他 的 手机 号码。

Wǒ jì bu qīngchu huìyì rìqī.
(4) 我 记 不 清楚 会议 日期。

☆ 词 语（Vocabulaire） ☆

1.	zhǎo 找	（动）	chercher	
2.	zhǎodào 找到		trouver	
3.	zhǎobudào 找不到		ne pas pouvoir trouver	
4.	shīwù zhāolǐng 失物 招领		l'annonce d'objet trouvé	
5.	shēnfènzhèng 身份证	（名）	la carte d'identité	
6.	gōngzuòzhèng 工作证	（名）	la carte de travail	
7.	xuéshēngzhèng 学生证	（名）	la carte d'étudiant	
8.	jūliúzhèng 居留证	（名）	la carte de séjour	

9.	chūrùzhèng 出入证	（名）	laissez-passer *m.*	10.	yǎnjìng 眼镜	（名）	lunettes *f. pl.*
11.	shǒubiǎo 手表	（名）	montre *f.*	12.	shǒutào 手套	（名）	gant *m.*
13.	màozi 帽子	（名）	chapeau *m.*	14.	yǔsǎn 雨伞	（名）	parapluie *m.*
15.	shǒujuàn 手绢	（名）	mouchoir *m.*	16.	guàshī 挂失	（动）	déclarer la perte de quelque chose

☆ 练　习(Exercices) ☆

一、模仿造句（Faites les phrases d'après l'exemple）

1. 我的伞丢在商店了。
   我的手提包丢在饭店里了。
   老师的书忘在我这儿了。
   ____

2. 我在公共汽车上丢了钱包。
   卡琳在西安丢了护照。
   我在地铁里丢了一块手表。
   ____

3. 我忘了预订座位。
   我忘了告诉他明天四点钟开会。
   他出门的时候忘了带钱包。
   ____

4. 手提包上面写着“幸福”两个字。
   纸上写着他的地址。
   那幅画儿上画着一只狗。
   ____

5. 包里有护照、钱包什么的。
   她在家里帮妈妈洗衣服、做饭什么的。
   我买了肉、鱼什么的。
   ____

二、完成对话（Complétez les conversations）

1. A：你还记得上小学时候的事吗？
   B：______________________________。
2. A：______________________________？
   B：我的伞是蓝色(lánsè/bleu,e)的，上面画着一些红色的花。
3. A：______________________________？

B：我坐的是锦江(Jǐnjiāng)公司的出租车。

4. A：你把包忘在哪儿了？

B：________________。

三、回答问题（Répondez aux questions suivantes）

1. 在中国你丢过东西吗？丢了什么东西？
2. 丢了东西以后怎么办？
3. 你丢的东西后来找到了吗？
4. 信用卡丢了以后怎么办？

四、会话（Conversation）

安　妮：今天真高兴，买了这么多东西。

于雪来：安妮，你买了两套衣服是不是？

安　妮：是啊，是两套啊。

于雪来：可是现在你手里只有一个袋子。

安　妮：哎呀(āiyā/Ah!)，还有一个袋子呢？

于雪来：别急，想一想，买了那套衣服以后我们去了咖啡厅……

安　妮：从咖啡厅出来还有。然后我们进了时装(shízhuāng/vêtement à la mode)店……一定是忘在那个时装店里了。

于雪来：那我们回去找找吧。

安　妮：小姐，你还记得我吗？我刚才在这儿买了一条裙子。

售货员：对，是你。你是回来找东西的吧？

安　妮：那么说，你捡到了？

售货员：你看，这个袋子是你的吗？

安　妮：是的，是的。里面是一套新买的衣服，蓝色的。

于雪来：刚买的。我想发票也在里面吧，四百四十八块呢。

售货员：没错，里面有一张发票。

安　妮：谢谢你。

☆　练习答案(Corrigés)　☆

二、1. B：记得

2. A：你的伞是什么样子的

3. A：你坐哪个公司的车

4. B：忘在公共汽车上了

35 Zài Bǎihuò Shāngdiàn 在百货商店 AU GRAND MAGASIN

1. A: (Qǐng) gěi wǒ kànkan nà jiàn chènyī.
(请)给我看看那件衬衣。
Je voudrais regarder cette chemise-là.

B: Nín yào shénme yánsè de?
您要什么颜色的?
Quelle couleur voulez-vous?

A: (Yào) báisè de.
(要)白色的。
Blanc.

Zhè jiàn hǎoxiàng tài cháng le, yǒu duǎn diǎnr de ma?
这件好像太长了,有短点儿的吗?
Cette chemise est un peu longue, vous en avez de plus courtes?

B: Zhè jiàn zěnmeyàng?
这件怎么样?
Comment trouvez-vous celle-ci?

A: Zhè jiàn chángduǎn zhènghǎo, búguò yàn le yìdiǎnr.
这件长短正好,不过[注1]艳了一点儿。
Ça va mieux, cependant la couleur est un peu vive.

B：Nàme, zhè jiàn sù de kěyǐ ma? 那么，这件素的可以吗？	Alors, comment trouvez-vous celle-ci, plus simple?
Nín zhè niánjì chuān zhèng héshì. 您这年纪穿正合适。	Ça vous va très bien à votre age.
A：Wǒ bù zěnme xǐhuan zhè zhǒng yánsè. 我不怎么注2喜欢这种颜色。	Je n'aime pas trop la couleur.
B：Zhè zhǒng yánsè xǐhuan ma? 这种颜色喜欢吗？	Que pensez-vous de cette couleur?
A：Zhè jiàn wǒ hěn xǐhuan, jiù yào zhè jiàn ba. 这件我很喜欢，就要这件吧。	Celle-ci me plaît. Je vais la prendre.
2. A：Zhè shuāng xié, wǒ shìshi kěyǐ ma? 这双鞋，我试试可以吗？	Je peux essayer ces chaussures?
B：Kěyǐ, qǐng ba. 可以，请吧。	Bien sûr. Asseyez-vous, s'il vous plaît.
A：Xiétóu tài zhǎi le. 鞋头太窄了。	La pointe des chaussures est trop étroite.
B：Nà jiù shìshi zhè shuāng. 那就试试这双。	Alors, vous voulez essayer celles-ci?
A：Zhè shuāng zhènghǎo. 这双正好。	Celles-ci vont bien.
Yǒu bié de yàngzi ma? 有别的样子吗？	Il y a d'autres styles?
B：Yǒu, zhè shuāng zěnmeyàng? 有，这双怎么样？	Oui, comment trouvez-vous cette paire?
A：Zhège yàngzi hěn hǎo. 这个样子很好。	Le style me va.
C：Zhè shuāng tài guì le, háishi mǎi nà zhǒng hǎo. 这双太贵了，还是买那种好。	Celles-ci sont trop chères, celles-là sont meilleures.
A：Wǒ fēicháng xǐhuan zhè zhǒng 我非常喜欢这种	J'aime bien ce style, je voudrais les acheter

shìyàng, jíshǐ guì yě yào mǎi.
式样，即使 贵 也 要 买。 même si elles sont chères.

Rúguǒ yǒu zhìliàng wèntí,
B：如果 有 质量 问题， Vous pouvez demander un remboursement

kěyǐ tuìhuàn.
可以 退换。 s'il y a des problèmes de qualité.

☆ 注 释（Notes） ☆

1. “不过”表示转折，比“但是”的转折语气轻一些，常在口语中使用。

«不过» utilisé souvent dans langue parlée, exprime la transition dont le ton est moins fort que «但是». Par exemple :

Zhège hěn piányi, búguò wǒ bú tài xǐhuan.
（1）这个 很 便宜，不过 我 不 太 喜欢。
Cela est bon marché, cependant je ne l'aime pas.

Zhège rén wǒ jiànguo, búguò xiǎngbuqǐ tā de míngzi le.
（2）这个 人 我 见过，不过 想不起 他 的 名字 了。
J'ai déjà vu cet homme, cependant je ne peux pas me rappeler son nom.

2. “不怎么”和“不太”意思差不多。

«不怎么» et «不太» ont presque le même sens. Par exemple :

Zhè běn shū bù zěnme hǎo.
（1）这 本 书 不 怎么 好。 Ce livre n'est pas très bon.

Zhège fángjiān bù zěnme liàng.
（2）这个 房间 不 怎么 亮。 Cette chambre n'est pas très claire.

☆ 句型提示（Références des phrases-types） ☆

1. 有短点儿的吗？ 请参看 344 页句型 109。
2. 这件长短正好，不过艳了一点儿。 请参看 344 页句型 108。
3. 这件长短正好，不过艳了一点儿。 请参看 397 页句型 215。
4. 还是买那种好。 请参看 325 页句型 71。
5. 即使贵也要买。 请参看 395 页句型 211。

☆ 词语用法举例（Exemples de certaines expressions） ☆

1. 有短点儿的吗

Zhège fángjiān tài xiǎo, yǒu dà diǎnr de ma?
（1）这个 房间 太 小，有 大 点儿 的 吗？

Zhè jiàn dàyī tài shòu, yǒu féi diǎnr de ma?
（2）这 件 大衣 太 瘦，有 肥 点儿 的 吗？

Zhè zhǒng diǎnxin tài tián. Wǒ yào dàn diǎnr de.
（3）这种点心太甜。我要淡点儿的。

Wǒ xǐhuan qīngdàn diǎnr de cài.
（4）我喜欢清淡点儿的菜。

2. 这件长短正好

Zhè jiàn chènyī féishòu zhènghǎo.
（1）这件衬衣肥瘦正好。（肥瘦：grosseur *f.*）

Zhè shuāng xié dàxiǎo zhènghǎo.
（2）这双鞋大小正好。（大小：taille *f.*）

Zhège cài xiándàn zhènghǎo.
（3）这个菜咸淡正好。（咸淡：le goût salé）

Zhè jiàn máoyī hòubáo zhènghǎo.
（4）这件毛衣厚薄正好。（厚薄：épaisseur *f.*）

3. 我试试可以吗

Nǐ huì qí zìxíngchē ma?
（1）A：你会骑自行车吗？

Hěn jiǔ méi qí le, wǒ shìshi ba.
B：很久没骑了，我试试吧。

Nǐ néng chī là de ma?
（2）A：你能吃辣的吗？

Bù néng chī, búguò jīntiān wǒ xiǎng shìshi.
B：不能吃，不过今天我想试试。

Zhège cài hěn róngyì zuò de, nǐ lái shìshi ba.
（3）这个菜很容易做的，你来试试吧。

Nǐ shìshi yòng Hànyǔ dǎ diànhuà.
（4）你试试用汉语打电话。

☆ 词　语（Vocabulaire）☆

1.	fúzhuāngdiàn 服装店	（名）	un magasin de confection
2.	xiédiàn 鞋店	（名）	un magasin de chaussures
3.	shòuhuòyuán 售货员	（名）	vendeur, se
4.	gùkè 顾客	（名）	client *m.*
5.	lǐngzi 领子	（名）	col *m.*
6.	xiùzi 袖子	（名）	manche *f.*
7.	niǔkòu 钮扣	（名）	bouton *m.*
8.	chǐcun 尺寸	（名）	taille *f.*
9.	dàhào 大号	（形）	la grande taille
10.	zhōnghào 中号	（形）	la taille moyenne
11.	xiǎohào 小号	（形）	la petite taille
12.	féi 肥	（形）	large

13.	zhǎi/shòu 窄/瘦	(形)	étroit,e	14.	shēn 深	(形)	foncée
15.	qiǎn 浅	(形)	claire	16.	hóngsè 红色	(名)	rouge *m.*
17.	fěnhóng 粉红	(形)	rose	18.	lǜsè 绿色	(名)	vert *m.*
19.	mòlǜ 墨绿	(形)	vert foncé	20.	cǎolǜ 草绿	(形)	vert d'herbe
21.	lánsè 蓝色	(名)	bleu *m.*	22.	shēnlán 深蓝	(形)	bleu foncé
23.	tiānlán 天蓝	(形)	bleu ciel	24.	hēisè 黑色	(名)	noir *m.*
25.	báisè 白色	(名)	blanc *m.*	26.	zǐsè 紫色	(名)	violet *m.*
27.	huángsè 黄色	(名)	jaune *m.*	28.	chásè 茶色	(名)	brun foncé
29.	jīnsè 金色	(名)	couleur d'or	30.	yínsè 银色	(名)	la couleur d'argent
31.	huīsè 灰色	(名)	gris *m.*	32.	píxié 皮鞋	(名)	soulier *m.*
33.	gāogēnxié 高跟鞋	(名)	les chaussures à talons hauts	34.	liángxié 凉鞋	(名)	sandale *f.*
35.	xuēzi 靴子	(名)	bottes *f. pl.*	36.	tuōxié 拖鞋	(名)	pantoufle *f.*
37.	xiédài 鞋带	(名)	lacet *m.*	38.	xiéyóu 鞋油	(名)	cirage *m.*
39.	shímáo 时髦	(形)	à la mode	40.	lǐngdài 领带	(名)	cravate *f.*
41.	guàng 逛	(动)	flaner	42.	liàozi 料子	(名)	tissu *m.*
43.	páizi 牌子	(名)	marque *f.*	44.	gāodàng 高档	(形)	de luxe
45.	xiūxiánfú 休闲服	(名)	les vêtements décontractés	46.	zhìfú 制服	(名)	uniforme *m.*
47.	límǐ 厘米	(量)	centimètre *m.*	48.	mǐ 米	(量)	mètre *m.*
49.	chǐ 尺	(名)	règle *f.*				

☆ 练　习(Exercices) ☆

一、读词语（Lisez les expressions）

1. 长短　　大小　　厚薄　　深浅(nuance *f.*)
2. 长度(longueur *f.*)　　尺寸　　颜色　　价格
3. 长短正好　　时间正好　　咸淡正好　　数量(shùliàng/quantité *f.*)正好

二、模仿造句（Faites les phrases d'après l'exemple）

1. 有短点儿的吗？
   有厚点儿的吗？
   有颜色浅点儿的吗？
   ____

2. 您这年纪穿这件正合适。
   这样的天气穿毛衣正合适。
   这个房间两个人住正合适。
   ____

3. 我不怎么喜欢这个样子。
   我不怎么喜欢红色。
   我不怎么看电视。
   ____

三、会话（Conversation）

安　妮：保尔，你看，这件格子（gézi/carreau *m.*）上衣怎么样？
保　尔：挺好看的。
安　妮：小姐，这是棉布（miánbù/cotonnade *f.*）的吗？
售货员：是的，是全棉的，穿在身上很舒服。
安　妮：请你拿一件八十厘米的。
售货员：对不起，八十厘米的卖完了。那种样子的有八十厘米的。
安　妮：可是我不喜欢那样的花纹（huāwén/dessin *m.*）。还是这种格子的好。
售货员：这种格子的有八十五厘米的，您要不要？
安　妮：大了点儿。
售货员：小孩子长（zhǎng/grandir）得快，买大一点儿的没有关系。
安　妮：说得对，就买这种格子的。
售货员：有黄色、褐色和浅蓝色，您要哪一种？
保　尔：我要黄色的。

36 Zài Shūdiàn 在书店 À LA LIBRAIRIE

1. A: Qǐngwèn, yǒu wèi Fǎguórén biān de Hànyǔ jiàokēshū ma?
请问，有为法国人编的汉语教科书吗？
Excusez-moi, y a-t-il des manuels chinois rédigés pour les Français?

B: Yǒu, zhè běn《Fǎguórén Xué Hànyǔ》hěn chàngxiāo.
有，这本《法国人学汉语》很畅销。
Oui, ce livre « LE CHINOIS POUR LES FRANCOPHONES » se vend très bien.

Nín fānfan ba. Hái fù yǒu guāngpán.
您翻翻吧。还附有光盘。
Vous pouvez le parcourir. Aussi un CD ci-joint.

A: Hěn shíyòng.
很实用。
C'est assez pratique.

B: Shì de, hěn shòu huānyíng de.
是的，很受欢迎的。
Oui, ce livre a reçu un bon accueil du public.

A: Yào yì běn.
要一本。
Je voudrais en avoir un.

2. A：Yǒu guānyú Hànyǔ yǔfǎ de shū ma? Wǒ yào Hàn-Fǎ duìzhào de.
有关于汉语语法的书吗？我要汉法对照的。

Y a-t-il des livres sur la grammaire du chinois? Je voudrais un livre de chinois avec la traduction française.

B：Tài bù qiǎo le, gāng màiwán.
太不巧了注，刚卖完。

Pas de chance, tout a été vendu tout à l'heure.

A：Tài yíhàn le.
太遗憾了。

C'est dommage.

B：Nín kěyǐ yùdìng. Qǐng nín dēngjì yíxià. Shū yí dào, wǒmen jiù huì tōngzhī nín de.
您可以预订。请您登记一下。书一到，我们就会通知您的。

Vous pouvez le commander. Veuillez vous inscrire et je vous préviendrai aussitôt que je l'aurai.

3. A：Zhè běn shū de xiàcè, yǒu ma?
这本书的下册，有吗？

Avez-vous le tome suivant de ce livre?

B：Hái méi chūbǎn.
还没出版。

Il n'est pas encore publié.

A：Gūjì shénme shíhou cái néng mǎidào?
估计什么时候才能买到？

D'après vous, quand est-ce qu'on pourra l'avoir?

B：Míngnián cái néng chūbǎn.
明年才能出版。

Il ne sera publié que l'année prochaine.

4. A：Yǒu Shànghǎi dìtú ma?
有上海地图吗？

Avez-vous une carte de SHANGHAI?

B：Duìbuqǐ, màiwán le, nín guò jǐ tiān zài lái kànkan ba.
对不起，卖完了，您过几天再来看看吧。

Je suis désolé, il n'y en a plus. Vous pouvez repasser dans quelques jours.

☆ 注 释(Note) ☆

"不巧"表示没赶上某一时机。
«不巧» veut dire qu'on a raté une occasion.

☆ 句型提示(Références des phrases-types) ☆

1. 有为法国人编的汉语教科书吗？ 请参看 363 页句型 148。
2. 有关于汉语语法的书吗？ 请参看 366 页句型 155。
3. 您可以预订。 请参看 337 页句型 94。
4. 书一到，我们就会通知您的。 请参看 392 页句型 206。
5. 估计什么时候才能买到？ 请参看 341 页句型 102。
6. 估计什么时候才能买到？ 请参看 352 页句型 126。
7. 明年才能出版。 请参看 375 页句型 174。

☆ 词语用法举例(Exemples de certaines expressions) ☆

1. 这本《法国人学汉语》很畅销

Zuìjìn èrshíjiǔ yīngcùn cǎisè diànshìjī hěn chàngxiāo.
(1) 最近 二十九 英寸 彩色 电视机 很 畅销。 (英寸：pouce anglais)

Zhège páizi de yīfu zài Shànghǎi hěn chàngxiāo.
(2) 这个 牌子 的 衣服 在 上海 很 畅销。

Wǒmen chǎng de chǎnpǐn chàngxiāo Ōu Měi.
(3) 我们 厂 的 产品 畅销 欧 美。 (欧美：l'Europe et l'Amérique)

Chǎnpǐn néng bu néng chàngxiāo, guānjiàn shì zhìliàng.
(4) 产品 能 不 能 畅销， 关键 是 质量。 (关键：le plus important)

2. 您翻翻吧

Hǎo jǐ tiān de bàozhǐ dōu méi kàn, xiànzài zhǐ néng fānfan le.
(1) 好 几 天 的 报纸 都 没 看， 现在 只 能 翻翻 了。

Zhè běn shū wǒ zhǐ fānle yíxià, méi shíjiān kàn.
(2) 这 本 书 我 只 翻了 一下， 没 时间 看。

Wǎnbào, ràng wǒ fān yi fān zài gěi nǐ.
(3) 晚报， 让 我 翻 一 翻 再 给 你。

Zhè běn zìdiǎn, wǒ fānle yíxià, biān de búcuò.
(4) 这 本 字典， 我 翻了 一下， 编 得 不错。

3. 太不巧了

Nǐ Xiānsheng zài jiā ma?
(1) A：你 先生 在 家 吗？

Tài bù qiǎo le, tā chūchāi qù le.
B：太 不 巧 了，他 出差 去 了。

Gěi wǒ jǐ zhāng xìnzhǐ, hǎo ma?
(2) A：给 我 几 张 信纸，好 吗？

Tài bù qiǎo le, wǒ de yě yòngwán le.
B：太 不 巧 了，我 的 也 用完 了。

Nǐ cóng nàme yuǎn lái, wǒ yòu mǎshàng yào chūchāi, zhēnshi tài bù qiǎo le.
(3) 你 从 那么 远 来，我 又 马上 要 出差，真是 太 不 巧 了。

4. 太遗憾了

Wǒ yǒu liǎng zhāng míngwǎn yīnyuèhuì de piào, yìqǐ qù tīng ba.
(1) A：我 有 两 张 明晚 音乐会 的 票，一起 去 听 吧。

Wǒ míngtiān yào chūchāi, tài yíhàn le.
B：我 明天 要 出差，太 遗憾 了。

Zhè cì méi néng zài Shànghǎi jiànmiàn, tài yíhàn le.
(2) 这 次 没 能 在 上海 见面，太 遗憾 了。

Bù néng cānjiā tóngxué jùhuì, tài yíhàn le.
(3) 不 能 参加 同学 聚会，太 遗憾 了。
(同学聚会：la réunion de camarades)

Tài yíhàn le, wǒ méi mǎidào piào.
(4) 太 遗憾 了，我 没 买到 票。

5. 估计什么时候才能买到

Zhè cì kǎoshì wǒ méi kǎohǎo, gūjì bù jígé.
(1) 这 次 考试 我 没 考好，估计 不 及格。(及格：la mention passable)

Tīngshuō tā bìng le, gūjì bù néng cānjiā yùndònghuì le.
(2) 听说 他 病 了，估计 不 能 参加 运动会 了。(运动会：jeux sportifs)

Wù zhème dà, wǒ gūjì fēijī bù néng qǐfēi.
(3) 雾 这么 大，我 估计 飞机 不 能 起飞。

Zhège gōngchéng, gūjì yào liǎng nián cái néng wánchéng.
(4) 这个 工程，估计 要 两 年 才 能 完成。

☆ 词 语 (Vocabulaire) ☆

1. bàozhǐ 报纸 (名) journal *m.*
2. rìbào 日报 (名) quotidien *m.*
3. wǎnbào 晚报 (名) le journal du soir
4. zázhì 杂志 (名) revue *f.*
5. huàbào 画报 (名) la revue illustrée
6. xiǎoshuō 小说 (名) roman *m.*
7. shīgē 诗歌 (名) poème *m.*
8. sǎnwén 散文 (名) prose *f.*

9. xìjù 戏剧 （名） drame *m.*

10. gùshi 故事 （名） histoire *f.*

11. mànhuà 漫画 （名） caricature *f.*

12. cānkǎoshū 参考书 （名） le livre de référence

13. zīliào 资料 （名） document *m.*

14. shǒucè 手册 （名） livret *m.*

15. kējì 科技 （名） la science et la technique

16. wényì 文艺 （名） l'art et la littérature

17. zhèngzhì 政治 （名） politique *f.*

18. jīngjì 经济 （名） économie *f.*

19. zhéxué 哲学 （名） philosophie *f.*

20. lìshǐ 历史 （名） histoire *f.*

21. fǎlǜ 法律 （名） droit *m.*

22. yīxué 医学 （名） médecine *f.*

23. yīnyuè 音乐 （名） musique *f.*

24. tǐyù 体育 （名） l'éducation physique

25. dúzhě 读者 （名） lecteur, trice

26. zuòzhě 作者 （名） auteur *m.*

27. yìzhě 译者 （名） interprète

28. biānzhě 编者 （名） rédacteur, trice

29. jìzhě 记者 （名） journaliste

30. bàoshè 报社 （名） le bureau d'un journal

31. chūbǎnshè 出版社 （名） la maison d'édition

32. yuèkān 月刊 （名） mensuel *m.*

33. zhōukān 周刊 （名） hebdomadaire *m.*

34. yuánbǎn 原版 （名） l'édition originale

☆ 练　习 (Exercices) ☆

一、模仿造句（Faites les phrases d'après l'exemple）

1. 这是为外国人编的汉语教科书。
   这是为孩子写的故事。
   这是公司为职员准备的茶和咖啡。

   ____

2. 我想买关于汉语语法的书。
   我看过关于中国历史的戏剧。
   他订了很多关于旅游的杂志。

   ____

二、回答问题（Répondez aux questions suivantes）

1. 你的汉语词典是哪个出版社出版的？是什么时候出版的？
2. 最近法国什么书最畅销？
3. 你常看什么方面（fāngmiàn/domaine *m.*）的书？
4. 你看过中文原版书吗？

三、造句（Faites des phrases）

1. 估计
2. 遗憾
3. 登记

四、完成对话（Complétez les conversations）

1. A：这套书一共有几册？
   B：________________。
   A：只买上册可以吗？
   B：________________。
2. A：我到书店的时候，那本书刚卖完。
   B：________________。
3. A：他出差了，不能来和大家见面了。
   B：________________。
4. A：请问，老刘在吗？
   B：哎呀，________________，他刚出去。

五、会话（Conversation）

安　妮：请问，有关于汉语水平（shuǐpíng/niveau *m.*）考试（HSK）的书吗？
售货员：在那边。有好几种。
安　妮：老师，您看我买哪一本合适？
老　师：这两本都不错。红色封面（fēngmiàn/couverture *f.*）的这本比较深（shēn/difficile），白的那本浅（qiǎn/facile）一点儿。你可以看一看。
安　妮：这本太难了，大部分不懂。还是买那本吧。我还想买关于中国文化（wénhuà/culture *f.*）的书。
老　师：安妮，这本书很好。你看，《中国社会文化礼俗》。
安　妮：太好了。我买一本。

☆ 练习答案（Corrigés） ☆

四、1. B：三册　可以　2. B：太不巧了　3. B：太遗憾了　4. B：太不巧了

37 Yóulǎn Shànghǎi 游览 上海 VISITER SHANGHAI

Shànghǎi yǒu shénme dìfang hǎowán?
A：上海 有 什么 地方 好玩？ Qu'est-ce qu'il y a à visiter à Shanghai?

Hǎowán de dìfang hěn duō. Yǒu Wàitān、Yùyuán、Rénmín Guǎngchǎng děngděng.
B：好玩 的 地方 很 多。有 外滩、豫园、人民 广场 等等。 Il y a beaucoup de choses à voir: le Bund, le Jardin Yu, la Place du peuple etc.

Wàitān hé Yùyuán, wǒmen yǐjīng qùguo le, Rénmín Guǎngchǎng hái méi qù.
A：外滩 和 豫园，我们 已经 去过 了，人民 广场 还 没 去。 Nous avons déjà visité le Bund et le Jardin Yu, mais pas encore la Place du Peuple.

Tīngshuō Rénmín Guǎngchǎng shì Shànghǎi Shì de zhōngxīn, shì ma?
C：听说 人民 广场 是 上海 市 的 中心，是 吗？ J'ai entendu dire que la Place du Peuple est le centre de la ville, c'est vrai?

Shì de. Guǎngchǎng de běimian
D：是的。广场的北面
yǒu Rénmín Dàshà. Shànghǎi Shì
有人民大厦。上海市
Rénmín Zhèngfǔ jiù zài lǐmian.
人民政府就在里面。

Oui. Au nord, tu verras le Bâtiment du Peuple, c'est l'Hôtel de Ville de Shanghai.

Rénmín Dàshà de xībian yǒu
B：人民大厦的西边有
yījiǔjiǔbā nián jiànchéng de
一九九八年建成的
Shànghǎi Dàjùyuàn.
上海大剧院。

À l'ouest, c'est le Théatre de Shanghai, construit en 1998.

Shànghǎi Bówùguǎn yě zài Rénmín
A：上海博物馆也在人民
Guǎngchǎng ma?
广场吗？

Est-ce que le Musée de Shanghai se trouve aussi sur la Place du Peuple?

Shì de, zài guǎngchǎng de
B：是的，在广场的
nánmian.
南面。

Oui, c'est au sud de la place.

Qù Rénmín Guǎngchǎng chéng jǐ
A：去人民广场乘几
lù chē hǎo?
路车好？

Quel bus dois-je prendre pour y aller?

Qù Rénmín Guǎngchǎng chéng dìtiě
B：去人民广场乘地铁
hěn fāngbiàn.
很方便。

Prenez le métro, c'est très pratique.

Xiūxirì hěn duō rén dàizhe
D：休息日很多人带着
xiǎoháir qù guǎngchǎng wán.
小孩儿去广场玩。

Les jours de repos, beaucoup des gens y emmènent leurs enfants pour s'amuser.

Hái yǒu bié de dìfang hǎowán ma?
C：还有别的地方好玩吗？

Y a-t-il d'autres lieux à visiter?

Pǔdōng de Dōngfāngmíngzhū
D：浦东的东方明珠
Guǎngbōdiànshìtǎ, yīnggāi qù
广播电视塔，应该去
kànkan.
看看。

À Pudong, vous pouvez visiter la Tour de la Perle Orientale qui est la station de radiodiffusion de Shanghai.

Dēngshang nàge tǎ, kěyǐ kàndào Shànghǎi de quánjǐng.
B：登上那个塔，可以看到上海的全景。

Vous pouvez admirer le panorama de Shanghai si vous montez en haut de la tour.

Nà jiù fēi qù bùkě le.
A：那就非去不可了。

Je dois y aller alors.

Nǐmen néng gěi wǒmen dāng dǎoyóu ma?
C：你们能给我们当导游吗？

Est-ce que vous pouvez nous guider?

Dāngrán kěyǐ.
D：当然可以。

Ah bon! Avec plaisir.

Nà jiù máfan nǐmen chōukòng péi wǒmen qù ba.
C：那就麻烦你们抽空陪我们去吧。

Merci de nous accorder quelques heures pour nous guider.

Xíng. Wǒmen chéng Shànghǎi Jǐnjiāng Guānguāng Bāshì ba.
D：行注。我们乘上海锦江观光巴士吧。

Bon, nous allons prendre le bus touristique de Jingjiang.

Hǎo de, zài shénme dìfang shàng chē?
C：好的，在什么地方上车？

D'accord, où prendrons-nous le bus?

Zài Màomíng Nánlù Huāyuán Fàndiàn ménkǒu shàng chē.
D：在茂名南路花园饭店门口上车。

Devant le Restaurant du Jardin dans la rue Maoming-sud.

Nǎli néng mǎidào Shànghǎi dìtú, nǐ zhīdao ma?
C：哪里能买到上海地图，你知道吗？

Où pouvons-nous acheter une carte touristique de Shanghai?

Shūdiàn yǒu mài.
D：书店有卖。

Dans une librairie.

Wǒmen gāng dào Shànghǎi, hái bú tài rènshi lù.
C：我们刚到上海，还不太认识路。

Nous sommes arrivés à Shanghai récemment, donc nous ne connaissons pas bien les rues.

☆ 注　释（Note） ☆

“行”表示允许，和“可以”一样。否定式是“不行”。

«行» veut dire la permission, égal à «可以», sa forme négative est «不行». Par exemple :

Bāng ge máng, xíng ma?
(1) A：帮 个 忙，行 吗？　Est-ce que vous pouvez m'aider?

Xíng. Shuō ba.
B：行。说 吧。　Oui, qu'est-ce qu'il y a?

Zài zhèli chōuyān xíng ma?
(2) A：在 这里 抽烟 行 吗？　Est-ce que je peux fumer ici?

Bùxíng, bù néng chōu.
B：不行，不 能 抽。　Non, c'est interdit.

☆ 句型提示（Références des phrases-types） ☆

1. 浦东的东方明珠广播电视塔，应该去看看。　请参看 339 页句型 98。
2. 哪里能买到上海地图，你知道吗？　请参看 293 页句型 5。

☆ 词语用法举例（Exemples de certaines expressions） ☆

1. 去人民广场乘地铁很方便

Zhèli de jiāotōng hěn fāngbiàn.
(1) 这里 的 交通 很 方便。

Gōngyù zhōuwéi yǒu hěn duō shāngdiàn, mǎi dōngxi hěn fāngbiàn.
(2) 公寓 周围 有 很 多 商店，买 东西 很 方便。
（周围：environs *m. pl.*）

Dìtiě jiànchéng hòu, zhè yídài de jiāotōng bǐ yǐqián fāngbiàn duō le.
(3) 地铁 建成 后，这 一带 的 交通 比 以前 方便 多 了。

Cóng Shànghǎi qù Sūzhōu hěn fāngbiàn, chéng qìchē、huǒchē dōu xíng.
(4) 从 上海 去 苏州 很 方便，乘 汽车、火车 都 行。

2. 休息日很多人带着小孩儿去广场玩

Wǒ bú rènshi lù, nǐ dài wǒ qù ba.
(1) 我 不 认识 路，你 带 我 去 吧。

Wǒ jīntiān yào dài háizi qù kànbìng.
(2) 我 今天 要 带 孩子 去 看病。

Xiàwǔ huì xià yǔ, jìzhù dài sǎn.
(3) 下午 会 下 雨，记住 带 伞。

Bùzhǔn dài wēixiǎnpǐn shàng chē.
(4) 不准 带 危险品 上 车。

3. 还有别的地方好玩吗

Zhèxiē shì wǒ de, bié de dōu shì tā de.
(1) 这些 是 我 的，别 的 都 是 他 的。

Shuǐguǒ zhōng, wǒ zuì xǐhuan lí, bié de bú tài xǐhuan.
(2) 水果 中，我 最 喜欢 梨，别 的 不 太 喜欢。

Hái yǒu bié de yàngzi ma?
(3) 还 有 别 的 样子 吗？

Zhè tào cíqì zuì hǎokàn, bié de bú tài hǎo.
(4) 这 套 瓷器 最 好看，别 的 不 太 好。

4. 应该去看看

Dào Bālí yīnggāi qù Āifēi'ěr Tiětǎ wánwan.
(1) 到 巴黎 应该 去 埃菲尔 铁塔 玩玩。

Nǐ lái Zhōngguó, yīnggāi chángchang Zhōngguócài.
(2) 你 来 中国，应该 尝尝 中国菜。

Zhè běn xiǎoshuō xiě de hěn hǎo, nǐ yīnggāi kànkan.
(3) 这 本 小说 写 得 很 好，你 应该 看看。

Xī Hú fēngjǐng hěn měi, yīnggāi qù wánwan.
(4) 西 湖 风景 很 美，应该 去 玩玩。

5. 那就非去不可了

Lái Zhōngguó, fēi qù Chángchéng bùkě.
(1) 来 中国，非 去 长城 不可。

Qù Rìběn, fēi chī shēngyúpiàn bùkě.
(2) 去 日本，非 吃 生鱼片 不可。

Zhè jiàn shì fēi zhèyàng zuò bùkě.
(3) 这 件 事 非 这样 做 不可。

Nǐ fēi dàoqiàn bùkě.
(4) 你 非 道歉 不可。 （道歉：dire pardon à quelqu'un）

6. 你们能给我们当导游吗

Tā yìzhí dāng fānyì.
(1) 他 一直 当 翻译。

Xiǎo Míng xīwàng zhǎngdà yǐhòu dāng lǜshī.
(2) 小 明 希望 长大 以后 当 律师。

Tā de lǐxiǎng shì dāng yīshēng.
(3) 他 的 理想 是 当 医生。

Dāng bàba māma de, zǒng wèi háizi cāoxīn.
(4) 当 爸爸 妈妈 的，总 为 孩子 操心。 （操心：s'inquiéter）

7. 麻烦你们抽空陪我们去吧

Zhège yuè yào chōukòng huí lǎojiā kànkan fùmǔ.
(1) 这个 月 要 抽空 回 老家 看看 父母。

Tā měi tiān chōu yí ge xiǎoshí xuéxí Yīngyǔ.
(2) 他 每 天 抽 一 个 小时 学习 英语。

Jīntiān yào chōu yìdiǎnr shíjiān qù lǐfà.
(3) 今天 要 抽 一点儿 时间 去 理发。

Zuótiān chōukòng qùle yí tàng túshūguǎn.
(4) 昨天 抽空 去了 一 趟 图书馆。　（趟：fois *f.*）

☆ 词　语（Vocabulaire）☆

1.	chéngshì 城市	（名）	ville *f.*
2.	nóngcūn 农村	（名）	campagne *f.*
3.	zhǎnlǎnguǎn 展览馆	（名）	exposition *f.*
4.	měishùguǎn 美术馆	（名）	le musée des beaux-arts
5.	tǐyùguǎn 体育馆	（名）	la salle de sport
6.	jìniànguǎn 纪念馆	（名）	le musée des monuments
7.	yīnyuètīng 音乐厅	（名）	la salle de concert
8.	yóulèchǎng 游乐场	（名）	le terrain de sport
9.	dòngwùyuán 动物园	（名）	zoo *m.*
10.	zhíwùyuán 植物园	（名）	le jardin botanique
11.	ménpiào 门票	（名）	billet *m.*
12.	lǎohǔ 老虎	（名）	tigre *m.*
13.	shīzi 狮子	（名）	lion *m.*
14.	xiàng 象	（名）	éléphant *m.*
15.	hóuzi 猴子	（名）	singe *m.*
16.	xióngmāo 熊猫	（名）	panda *m.*
17.	lù 鹿	（名）	cerf *m.*
18.	niú 牛	（名）	bœuf *m.*
19.	mǎ 马	（名）	cheval *m.*
20.	yáng 羊	（名）	chèvre *f.*
21.	gǒu 狗	（名）	chien *m.*
22.	māo 猫	（名）	chat *m.*
23.	niǎo 鸟	（名）	oiseau *m.*
24.	gēzi 鸽子	（名）	pigeon *m.*
25.	kǒngquè 孔雀	（名）	paon *m.*
26.	húdié 蝴蝶	（名）	papillon *m.*
27.	shù 树	（名）	arbre *m.*
28.	zhúzi 竹子	（名）	bambou *m.*
29.	yè 叶	（名）	feuille *f.*
30.	huā 花	（名）	fleur *f.*
31.	méigui 玫瑰	（名）	rose *f.*
32.	méihuā 梅花	（名）	fleur d'abricotier du Japon
33.	héhuā 荷花	（名）	lotus *m.*
34.	mòlì 茉莉	（名）	jasmin *m.*
35.	lánhuā 兰花	（名）	orchidée *f.*
36.	júhuā 菊花	（名）	chrysanthème *m.*
37.	cǎo 草	（名）	herbe *f.*
38.	cǎopíng 草坪	（名）	pelouse *f.*

☆ 练　习(Exercices) ☆

一、模仿造句（Faites les phrases d'après l'exemple）

1. 上海有很多好玩的地方，有外滩、豫园、人民广场等等。
   他家里有很多中国的东西，有中国字画、中国瓷器等等。
   她能帮妈妈做很多事，洗碗、打扫房间等等。

   ____

2. 你能给我当导游吗？
   你能给我当辅导（fǔdǎo/précepteur *m.*）老师吗？
   你能给我儿子当武术（wǔshù/gongfu *m.*）老师吗？

   ____

3. 哪里能买到上海地图？
   哪里能看到京剧？
   哪里能找到张先生？

   ____

二、用括号中的词语完成对话（Complétez les conversations en utilisant les mots entre parenthèses）

1. A：你一个人去吗？
   B：不，______________。（陪）
2. A：暑假你带孩子去哪儿？
   B：______________。（带）
3. A：听说图书馆有一个关于西藏（Xīzàng）的展览。
   B：好啊，______________。（抽空）
4. A：经理，李先生请你______________。（抽空）
   B：这两天没空，______________。（再说）

三、回答问题（Répondez aux questions suivantes）

1. 法国人喜欢到什么地方旅游？
2. 在大城市旅游，你喜欢看什么？
3. 你带孩子去过动物园吗？
4. 你喜欢自己出去旅游还是跟旅行社出去？为什么？
5. 你的家乡有什么好玩的地方？

四、会话（Conversation）

安妮：爸爸、妈妈，你们累了吧。
爸爸：不累。
安妮：今天你们先好好休息一下，明天我陪你们去玩。

妈妈：好啊。你来安排(ānpái/arranger)吧。

爸爸：来之前我看过介绍，听说东方明珠电视塔很漂亮。

安妮：是的。这是一定要去看看的。电视塔里面还有一个上海城市历史发展陈列馆(chénlièguǎn/la salle d'exposition)。

爸爸：是博物馆吗？

安妮：是历史发展陈列馆。

保尔：妈妈，我也要去。

爸爸：啊，保尔没去过吗？

安妮：两个月以前带他去看过。

保尔：可是我还想去嘛。

妈妈：安妮，我们的邻居岛村太太去年来中国旅行，带了几块中国的蓝印(lán yìn)花布(huā bù)回去。我很喜欢那种蓝布，你知道哪儿能买到？

安妮：很多地方都能买到。过两天我陪您去吧。

保尔：爷爷，野生(yěshēng)动物园也很有意思(yǒu yìsi/intéressant,e)，有老虎、狮子、大象等等。

爸爸：野生动物园嘛，就不去了。

☆　练习答案(Corrigés)　☆

二、1. B：我先生陪我去

2. B：我带他去海边

3. B：我们抽空去看一看

4. A：抽空去一下

B：过几天再说吧

38 Lǚyóu 旅游 LE VOYAGE

Wǒ yǒu jǐ tiān jiàqī, xiǎng qù lǚyóu. A：我有几天假期，想去旅游。	J'ai quelques jours de congé, je voudrais faire un voyage.
Dǎsuan qù nǎli wán? B：打算去哪里玩？	Où voulez-vous aller?
Xiànzài hái méi juédìng. Nǐ kàn qù nǎli hǎo? A：现在还没决定。你看[注1]去哪里好？	Je n'ai pas encore décidé, à votre avis, où pourrais-je aller?
Nǐ qùguo Hángzhōu ma? B：你去过杭州吗？	Avez-vous visité Hangzhou?
Méi qùguo. A：没去过。	Non, pas encore.
Nàme, qù Hángzhōu ba. Hángzhōu de Xī Hú fēngjǐng hěn měi. B：那么，去杭州吧。杭州的西湖风景很美。	Ah bon! Allez à Hangzhou où les paysages du lac Xihu sont très beaux.

Zhōngguórén cháng shuō: "Shàng yǒu tiāntáng, xià yǒu SūHáng."
A：中国人常说："上有天堂，下有苏杭。"
Les Chinois disent souvent : « Le paradis est dans le ciel, mais on en a aussi sur terre, ce sont Suzhou et Hangzhou. »

Shì de, Sūzhōu、Hángzhōu díquè shì hǎo dìfang.
B：是的，苏州、杭州的确是好地方。
Oui, ce sont deux endroits magnifiques.

Nà shì zhíde qù wánwan de. Qù Hángzhōu chéng shénme chē zuì hǎo?
A：那是值得去玩玩的。去杭州乘什么车最好？
Ça vaut la peine de s'y rendre. Mais comment je peux y aller?

Chéng huǒchē zuì kuài, yí ge duō xiǎoshí jiù dào le.
B：乘火车最快，一个多小时就到了。
Le plus rapide, c'est par le train, en une heure et quelques, on y arrive.

Chéng qìchē yě hěn kuài, cóng gāosù gōnglù zǒu, zhǐ yào liǎng ge xiǎoshí.
C：乘汽车也很快，从高速公路走，只要两个小时。
On peut y arriver aussi en deux heures par l'autoroute.

Chúle Xī Hú yǐwài, hái yǒu shénme dìfang hǎowán?
A：除了西湖以外，还有什么地方好玩？
À part du lac Xihu, y a-t-il d'autres sites à visiter?

Hǎowán de dìfang kě duō le, bǐrú Língyǐnsì、Yuèfēimù、Liùhétǎ děngděng.
B：好玩的地方可[注2]多了，比如灵隐寺、岳飞墓、六和塔等等。
Il y en a beaucoup: le temple Lingyin, le tombe de Yuefei, la tour Liuhe, etc.

Lìngwài, Hángzhōu jiāoqū yǒu ge Lóngjǐngcūn, nàr chūchǎn de lǜchá
C：另外，杭州郊区有个龙井村，那儿出产的绿茶
De plus, il y a un village qui s'appelle Longjing. Il est réputé pour son thé ; vous pouvez

hěn yǒumíng. Nǐ kěyǐ qù nàli
很 有名。你 可以 去 那里 kànkan.
看看。 — aller le visiter.

A: Wǒ tīngshuōguo, nà zhǒng lǜchá jiào lóngjǐngchá.
我 听说过，那 种 绿茶 叫 龙井茶。 — J'ai entendu parler du thé Longjing.

Nǐ shuō de dìfang dōu zhíde qù wán.
你 说 的 地方 都 值得 去 玩。 — Ça vaut le coup de visiter tous les sites que vous m'avez présentés.

Yóulǎn Hángzhōu yào jǐ tiān?
游览 杭州 要 几 天？ — Combien de jours faut-il pour visiter Hangzhou?

B: Zhìshǎo yào liǎng tiān, zuì hǎo sān tiān.
至少 要 两 天，最 好 三 天。 — Deux jours au minimum, mais trois jours sont mieux.

C: Nǐ yí ge rén qù ma?
你 一 个 人 去 吗？ — Vous y irez tout seul?

A: Bù, dǎsuan hé nǚpéngyou yìqǐ qù.
不，打算 和 女朋友 一起 去。 — Non, avec ma petite amie.

B: Shénme shíhou chūfā?
什么 时候 出发？ — Quand partez-vous?

A: Gēn nǚpéngyou shāngliang yǐhòu zài juédìng.
跟 女朋友 商量 以后 再 决定。 — Je ne sais pas encore. On décidera après avoir une discussion avec ma petite amie.

☆ 注 释(Notes) ☆

1. 在征求对方的意见时用“你看”，表示自己的意见时用“我看”。
Quand on demande l'avis d'un autre, on utilise «你看». «我看» pour exprimer son avis. Par exemple :

(1) Wǒ kàn zhè běn shū hěn yǒuqù, nǐ kàn ne?
我 看 这 本 书 很 有趣，你 看 呢？
Je pense que c'est un livre intéressant, et toi?

Wǒ kàn zhège bīnguǎn búcuò, nǐ kàn ne?
(2) 我 看 这个 宾馆 不错，你 看 呢？
Je pense que c'est un hôtel assez bien, et ton avis?

2. “可”跟“很”意思差不多，多用于口语。“可……了”这种格式表示感叹的语气。
«可» a presque le même sens que «很», on l'utilise souvent dans la langue parlée. «可……了» est utilisé pour exprimer une exclamation.

Zhōngguócài kě hǎochī le.
(1) 中国菜 可 好吃 了。 La cuisine chinoise est assez délicieuse.

Tā Hànyǔ shuō de kě hǎo le.
(2) 他 汉语 说 得 可 好 了。 Il parle très bien chinois.

☆ 句型提示(Références des phrases-types) ☆

1. 现在还没决定。 请参看 379 页句型 182。
2. 中国人常说：“上有天堂，下有苏杭。” 请参看 371 页句型 166。
3. 一个多小时就到了。 请参看 378 页句型 180。
4. 只要两个小时。 请参看 373 页句型 170。
5. 你可以去那里看看。 请参看 338 页句型 96。
6. 你说的地方都值得去玩。 请参看 373 页句型 171。

☆ 词语用法举例(Exemples de certaines expressions) ☆

1. 现在还没决定

Xuéxiào juédìng xià ge yuè shíwǔ hào jǔxíng yùndònghuì.
(1) 学校 决定 下 个 月 十五 号 举行 运动会。 (举行：avoir lieu)

Bàba juédìng dào Xiānggǎng gōngzuò.
(2) 爸爸 决定 到 香港 工作。

Wǒ juédìng cānjiā bǎi mǐ sàipǎo.
(3) 我 决定 参加 百 米 赛跑。 (百米赛跑：la course du cent mètres)

Huí guó de rìqī hái méi juédìng.
(4) 回 国 的 日期 还 没 决定。

Pài shuí chūchāi, xiànzài hái bù néng juédìng.
(5) 派 谁 出差，现在 还 不 能 决定。
(派：envoyer quelqu'un pour faire quelque chose)

2. 好玩的地方可多了

Tā de nǚ'ér kě cōngming le.
(1) 她 的 女儿 可 聪明 了。

Tā de érzi kě nénggàn le.
(2) 她 的 儿子 可 能干 了。 (能干：compétent,e)

Zuówǎn de yǎnchū kě jīngcǎi le.
(3) 昨晚 的 演出 可 精彩 了。

Nàge rén kě huài le.
(4) 那个 人 可 坏 了。

3. 你说的地方都值得去玩

Dūnhuáng hěn zhíde qù kànkan.
(1) 敦煌 很 值得 去 看看。

Zhè shì mínghuà, huā duōshao qián dōu zhíde.
(2) 这 是 名画, 花 多少 钱 都 值得。

Qù Ōuzhōu huāle hěn duō qián, dànshì hěn zhíde.
(3) 去 欧洲 花了 很 多 钱, 但是 很 值得。

Zhège shǒubiǎo zhìliàng hěn hǎo, guì yě zhíde.
(4) 这个 手表 质量 很 好, 贵 也 值得。

4. 至少要两天

Zhè cì wàichū, zhìshǎo yào dài liǎngqiān kuài qián.
(1) 这 次 外出, 至少 要 带 两千 块 钱。

Zǒule zhìshǎo sìshí fēnzhōng.
(2) 走了 至少 四十 分钟。

Lǐfàdiàn (li) rén hěn duō, zhìshǎo yào děng yí ge xiǎoshí.
(3) 理发店(里)人 很 多, 至少 要 等 一 个 小时。

Jīntiān wǒ zhìshǎo huāle wǔbǎi kuài qián.
(4) 今天 我 至少 花了 五百 块 钱。

5. 跟女朋友商量以后再决定

Wǒ gēn bàba māma shāngliang jiéhūn de shì.
(1) 我 跟 爸爸 妈妈 商量 结婚 的 事。

Wǒ gēn tóngshì shāngliang qiāndìng hétong de shì.
(2) 我 跟 同事 商量 签订 合同 的 事。

Zhè jiàn shì wǒ yào gēn xiānsheng shāngliang.
(3) 这 件 事 我 要 跟 先生 商量。

Guānyú cháhuàhuì de shì, wǒmen shāngliang yíxià ba.
(4) 关于 茶话会 的 事, 我们 商量 一下 吧。

☆ 词 语(Vocabulaire) ☆

1.	jǐngdiǎn 景点	(名) site *m.*	2.	shān 山	(名) montagne *f.*
3.	shuǐ 水	(名) eau *f.*	4.	hé 河	(名) rivière *f.*

5.	hú 湖	（名）	lac *m.*	6.	hǎi 海	（名）	mer *f.*
7.	pùbù 瀑布	（名）	cascade *f.*	8.	wēnquán 温泉	（名）	les eaux thermales
9.	sìmiào 寺庙	（名）	temple *m.*	10.	tíngzi 亭子	（名）	pavillon *m.*
11.	lǚxíngshè 旅行社	（名）	l'agence de tourisme	12.	dǎoyóutú 导游图	（名）	la carte touristique
13.	lǚfèi 旅费	（名）	les frais de voyage	14.	yóukè 游客	（名）	voyageur,se
15.	chūfā 出发	（动）	partir	16.	jíhé 集合	（动）	assembler
17.	dòuliú qījiān 逗留　期间		séjour *m.*	18.	rìchéngbiǎo 日程表	（名）	programme *m.*
19.	gǎibiàn rìchéng 改变　日程		changer de programme	20.	dàngtiān wǎngfǎn 当天　往返		un aller et retour en une journée
21.	tíqián yì tiān 提前　一　天		avancer un jour	22.	tuīchí yì tiān 推迟　一　天		retarder un jour
23.	jiàqī 假期	（名）	congé *m.*	24.	jiàrì 假日	（名）	les vacances
25.	fàngjià 放假	（动）	prendre un congé	26.	dùjià 度假	（动）	passer ses vacances
27.	huángjīnzhōu 黄金周	（名）	la semaine d'or	28.	tànxiǎn 探险	（动）	explorer
29.	míngshèng gǔjì 名胜　古迹	（名）	les monuments historiques	30.	wàngjì 旺季	（名）	la haute saison
31.	dànjì 淡季	（名）	la basse saison				

☆　练　习(Exercices)　☆

一、模仿造句（Faites les phrases d'après l'exemple）

1. 我有很多工作,另外,有朋友要来,所以这星期不能上汉语课了。
   这个饭店的菜又好吃又便宜,另外,服务也很好。
   这个房间又大又亮,另外,从这里还可以看到远处的小山。

   ____

2. 好玩的地方可多了。
   那个节目(jiémù/programme *m.*)可有意思了。
   他可能干了。

   ____

二、用括号中的词语完成对话（Complétez les conversations en utilisant les mots entre parenthèses）

1. A:听说四川的东西比较便宜,是真的吗?

B：____________________。（的确）
2. A：这件事大家都知道了，你真的不知道？
B：我____________________。（的确）
3. A：除了中国以外，你还到过哪些国家？
B：我去过很多国家，____________________。（比如）
4. A：听说中国菜有很多种，是吗？
B：是的。各个地方的菜是不同的，____________________。（比如）
5. A：爬山太累了。
B：可是富士山上的风景很美，____________________。（值得）
6. A：那个电影怎么样？
B：故事太简单，____________________。（值得）

三、用画线的词语回答问题（Répondez aux questions en utilisant les mots soulignés）
1. 每年春天，法国中学生有多长的假期？
2. 除了上海、杭州以外，你还到过中国的什么地方？
3. 我觉得跟旅行社玩不自由（zìyóu/libre），你看呢？
4. 在巴黎游玩，至少要几天？
5. 如果有十天的假期，你打算去哪里旅行？
6. 今年夏天到什么地方去度假，你决定了吗？
7. 决定比较重要的事的时候，你跟谁商量？

四、会话（Conversation）
彼得：安妮，下个月有一个星期假期，我想跟你商量一下，我们去哪里玩？
安妮：你打算回国还是在中国旅行？
彼得：在中国好不好？
安妮：去西藏（Xīzàng）吧，听说那儿可漂亮呢，天特别（tèbié/particulièrement）蓝。你看呢？
彼得：好啊。不过，听说那儿交通不太方便，自己去能行吗？
安妮：汉语老师已经去过了，她说西藏很值得去，交通、住宿都没问题。不过，她说很多人在西藏会头疼。
彼得：如果西藏真的很美，头疼也值得啊。
安妮：老师说西藏的确很美，是很特别的美。
彼得：我去订机票，下个月三号出发。

☆ 练习答案（Corrigés） ☆

二、1. B：四川的东西的确很便宜
2. B：的确不知道这件事
3. B：比如法国、英国、意大利
4. B：比如北方菜比较咸，四川菜比较辣
5. B：累也值得
6. B：不值得看

39 Chéng Fēijī 乘飞机[1] PRENDRE L'AVION[1]

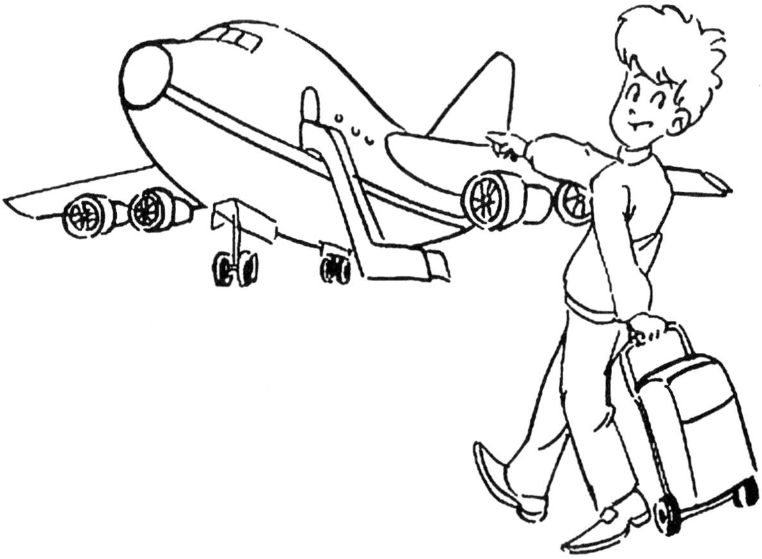

1. A: Wǒ yào mǎi yì zhāng hòutiān dào Bālí de jīpiào. 我要买一张后天到巴黎的机票。	Je voudrais acheter un billet pour Paris pour après-demain.
B: Hǎo de. Hòutiān shì wǔ hào. Xiàwǔ liǎng diǎn qǐfēi, kěyǐ ma? 好的。后天是五号。下午两点起飞，可以吗？	Bon, après demain ; c'est vendredi ... À quatorze heures, ça ira?
A: Kěyǐ. Yào láihuípiào. Shíqī hào cóng Bālí huílai. 可以。要来回票。十七号从巴黎回来。	Oui, je voudrais un aller et retour, et je reviendrai le dix-sept.
B: Yào tóuděngcāng háishi jīngjìcāng? 要头等舱还是经济舱？	Quelle classe voulez-vous? La première classe ou la classe économique?
A: (Wǒ) yào jīngjìcāng. （我）要经济舱。	La classe économique.

	Yào mǎi hángkōng bǎoxiǎn ma? B：要买航空保险吗？	Achetez-vous l'assurance pour l'avion?
	Yào de. A：要的。	Oui.
2.	Zài nǎli bàn dēngjī shǒuxù? A：在哪里办登机手续？	Où pourrai-je enregistrer mes bagages?
	Nín chéng nǎge hángbān? B：您乘哪个航班？	Quel est le numéro de votre vol?
	Wǔ'èrsān hángbān. A：523航班。	Le vol 523.
	Qǐng dào wǔ hào tái bànlǐ. B：请到五号台办理。	Allez au guichet cinq.
3.	Wǒ yào bàn dēngjī shǒuxù. A：我要办登机手续。	Je voudrais enregistrer mes bagages.
	Qǐng ràng wǒ kànkan nín de hùzhào. B：请让我看看您的护照。	Laissez-moi regarder votre passeport.
	Wǒ xiǎng yào kào chuāngkǒu de zuòwèi, yǒu ma? A：我想要靠窗口的座位，有吗？	Je voudrais avoir une place près du hublot, est-ce qu'il y en a?
	Yǒu de. Qǐng bǎ yào tuōyùn de xíngli ná dào zhèr lai. B：有的。请把要托运的行李拿到这儿来。	Oui, posez vos bagages ici.
	Zhè jiàn yào tuōyùn, duōshao qián? A：这件要托运，多少钱？	Combien je dois payer pour ces bagages?
	Guīdìng miǎnfèi tuōyùn èrshí gōngjīn xíngli, chāoguò de lìngwài fù qián. B：规定免费托运二十公斤行李，超过的另外注付钱。	Vous pouvez enregistrer jusqu'à 20 kilos de bagages gratuitement. L'excédent doit être payé.
4.	Wǔ'èrsān hángbān cóng nǎr shàng fēijī? A：523航班从哪儿上飞机？	Quelle est la porte d'embarquement pour le vol 523?
	Qǐng dào liù hào dēngjīkǒu B：请到六号登机口	Attendez à la porte 6.

děnghòu.
等候。

Fēijī néng ànshí qǐfēi ma?
A：飞机 能 按时 起飞 吗？
Est-ce que le vol peut décoller à l'heure?

Yīnwèi tiānqì de guānxì, yào tuīchí yì xiǎoshí qǐfēi.
B：因为 天气 的 关系，要 推迟 一 小时 起飞。
À cause du temps, il est en retard d'une heure.

Shénme shíhou néng qǐfēi, xiànzài hái bù zhīdao.
什么 时候 能 起飞，现在 还 不 知道。
On ne sait pas encore l'heure du décollage.

Shànghǎi dào Bālí yào fēi jǐ ge xiǎoshí?
A：上海 到 巴黎 要 飞 几 个 小时？
Combien d'heures d'avion entre Shanghai et Paris?

Yào shí'èr ge xiǎoshí zuǒyòu.
B：要 十二 个 小时 左右 。
Environ douze heures.

☆ 注　释(Note) ☆

“另外”在这里作副词用，表示上文所说的范围以外。
«另外», un adverbe, « outre ».

☆ 句型提示(Références des phrases-types) ☆

1. 请把要托运的行李拿到这儿来。　　请参看 328 页句型 77。
2. 规定免费托运二十公斤行李。　　请参看 319 页句型 57。
3. 因为天气的关系，要推迟一小时起飞。　　请参看 395 页句型 212。

☆ 词语用法举例(Exemples de certaines expressions) ☆

1. 要来回票

Wǒ shàngbān láihuí dōu chéng dìtiě.
(1) 我 上班 来回 都 乘 地铁。

Zǒulù dehuà, yí ge láihuí yào liǎng ge xiǎoshí zuǒyòu.
(2) 走路 的话，一 个 来回 要 两 个 小时 左右。

Wǒ mǎi láihuípiào, kěyǐ dǎzhé ma?
(3) 我 买 来回票，可以 打折 吗？

Huǒchēpiào yě kěyǐ mǎi láihuípiào ma?
(4) 火车票 也 可以 买 来回票 吗？

2. 在哪里办登机手续

Qǐng dào nàbian bàn rùjìng shǒuxù.
(1) 请到那边办入境手续。（入境：entrer dans un pays）

Shénme shíhou bàn rùxué shǒuxù?
(2) 什么时候办入学手续？

Qù Xiānggǎng yào bàn shénme shǒuxù?
(3) 去香港要办什么手续？

Wǒ míngtiān qù Rìběn lǐngshìguǎn bàn qiānzhèng shǒuxù.
(4) 我明天去日本领事馆办签证手续。

3. 我想要靠窗口的座位

Tā kào qiáng zhànzhe kàn diànshì.
(1) 他靠墙站着看电视。

Qiánmian wēixiǎn, qǐng kào hòu.
(2) 前面危险，请靠后。

Huāpíng fàngdào kào yīnxiǎng de dìfang ba.
(3) 花瓶放到靠音响的地方吧。

Qǐng kào yòu zǒu.
(4) 请靠右走。

4. 规定免费托运二十公斤行李

Zhè shì xuéxiào de guīdìng.
(1) 这是学校的规定。

Àn guīdìng zhèxiē dōngxi yào shàngshuì.
(2) 按规定这些东西要上税。（上税：payer la taxe）

Àn guīdìng zhèxiē yìránpǐn bù néng dài shàng chē.
(3) 按规定这些易燃品不能带上车。

Shìzhèngfǔ guīdìng shìzhōngxīn bù néng fàng biānpào.
(4) 市政府规定市中心不能放鞭炮。
（放鞭炮：faire éclater des pétards）

5. 飞机能按时起飞吗

Nǐ yào jìzhù ànshí chīyào.
(1) 你要记住按时吃药。

Yào ànshí qǐchuáng, bié shuì lǎnjiào.
(2) 要按时起床，别睡懒觉。（睡懒觉：faire la grasse matinée）

Tā zǒng shì ànshí shàngbān, cóng bù chídào.
(3) 他总是按时上班，从不迟到。

Yīnwèi guā táifēng, bù néng ànshí kāichuán.
(4) 因为刮台风，不能按时开船。（开船：démarrer）

6. 因为天气的关系，要推迟一小时起飞

Yīnwèi shíjiān guānxì, jīntiān jiù tǎolùn dào zhèr.
(1) 因为时间关系，今天就讨论到这儿。（讨论：discuter）

Yīnwèi zījīn guānxì, zhège gōngchéng bù néng ànshí kāigōng.
(2) 因为资金关系，这个工程不能按时开工。
(开工：commencer à travailler)

Yīnwèi jiànkāng guānxì, tā bù néng dānrèn zhège zhíwù.
(3) 因为健康关系，他不能担任这个职务。(职务：poste *m.*)

Yīnwèi shēntǐ guānxì, tā tíqián tuìxiū le.
(4) 因为身体关系，他提前退休了。

7. 要推迟一小时起飞

Mǎi bú dào jīpiào, zhǐhǎo tuīchí liǎng tiān chūfā le.
(1) 买不到机票，只好推迟两天出发了。

Yīnwèi gōngsī yǒu zhòngyào de shì, xiūjià zhǐhǎo tuīchí.
(2) 因为公司有重要的事，休假只好推迟。

Yīnwèi méi zhǔnbèi hǎo, huìyì tuīchí yì tiān zhàokāi.
(3) 因为没准备好，会议推迟一天召开。

Yīnwèi xià yǔ, yùndònghuì tuīchí dào xiàzhōu jǔxíng.
(4) 因为下雨，运动会推迟到下周举行。

☆ 词　语 (Vocabulaire) ☆

1.	shòupiàochù 售票处	(名)	guichet *m.*
2.	dānchéngpiào 单程票	(名)	un aller simple
3.	shuāngchéngpiào 双程票	(名)	un aller et retour
4.	wènxùnchù 问讯处	(名)	le bureau de renseignement
5.	hòujī dàtīng 候机大厅	(名)	la salle de départ
6.	dēngjīkǒu 登机口	(名)	la porte de départ
7.	dēngjīpái 登机牌	(名)	la carte d'embarquement
8.	xíngli biāoqiān 行李标签	(名)	l'étiquette des bagages
9.	xínglichē 行李车	(名)	chariot *m.*
10.	jīchǎng 机场	(名)	aéroport *m.*
11.	ānquán jiǎnchá 安全检查	(动)	vérifier la sécurité
12.	jiàngluò 降落	(动)	atterrir
13.	sòngpiào shàngmén 送票上门		envoyer les billets à domicile
14.	tuìpiào 退票	(动)	rembourser le billet
15.	gǎi rìqī 改日期		changer de date

☆ 练　习 (Exercices) ☆

一、读词组 (Lisez les expressions suivantes)

1. 来回票	一个来回	来回要两个小时	来回五百公里(gōnglǐ/kilomètre *m.*)
2. 靠窗口	靠门的座位	靠边放	靠在墙上
3. 航空公司	航班	航天(la navigation spatiale)	航海
4. 办手续	办登机手续	办托运手续	办入学手续

二、用括号中的词语完成句子（Complétez les phrases en utilisant les mots entre parenthèses）

1. 新书桌放在____________________。（靠）
2. 这个包自己拿，那两个箱子____________________。（托运）
3. 因为有雾，所以飞机不能____________________。（按时）
4. 今天下午的会议很重要，请大家____________________。（按时）
5. 飞机上的饮料____________________。（免费）
6. A：行李放到哪儿？B：请____________________。（把）

三、选择填空（Remplissez les blancs en choisissant les mots）

规定　　等候　　超过　　起飞　　推迟　　免费

1. 身高______一米二的孩子坐公共汽车要买票。
2. 校车（xiàochē/le bus scolaire）______接送（jiēsòng/emmener et chercher（les enfants）à l'école）孩子。
3. 候机室里的乘客已经______了三个小时了。
4. 从广州______的 FM304 航班将在一点二十分降落。
5. 因为他身体不好，这次旅游______一个星期。
6. 在飞机上不能打手机，这是民航局的______。

四、会话（Conversation）

安妮：是上海航空公司售票处吗？
职员：是的。您是要订机票吗？
安妮：是的。你们能送票上门吗？
职员：可以免费送票上门。您要订到哪里的机票？
安妮：下星期五到拉萨（Lāsà）的票有吗？
职员：没有星期五的，只有星期六早上七点二十八分起飞的，您要吗？
安妮：要，要三张。多少钱？
职员：一张是两千两百一十元。三张一共……
安妮：对不起，等一等，小孩子可以半价吗？
职员：多大的孩子？我们公司规定，暑假期间学生票是六折。
安妮：我的儿子十岁。
职员：那么一共是五千七百四十六元。您的地址？
安妮：海天花园 2 号 302 室。我一天都在家。
职员：送票员大概在下午三点到您家，可以吗？
安妮：好的好的，谢谢。我等着。
职员：还要请您准备好大人的身份证和孩子的学生证。
安妮：我们是法国人，我们有护照。
职员：那好，就这样。

☆ 练习答案（Corrigés） ☆

二、1. 靠窗的地方　2. 要托运　3. 按时起飞　4. 按时出席
5. 是免费的　6. B：把行李拿到房间

三、1. 超过　2. 免费　3. 等候　4. 起飞　5. 推迟　6. 规定

40 Chéng Fēijī 乘飞机₂ PRENDRE L'AVION₂

1. A: Gè wèi lǚkè, huānyíng chéngzuò Dōngfāng Hángkōng Gōngsī de bānjī, zhù dàjiā lǚtú yúkuài.
各位旅客，欢迎乘坐东方航空公司的班机，祝注大家旅途愉快。
Bonjour, Mesdames, Messieurs, China Eastern Airlines vous souhaite la bienvenue à bord et bon voyage.

B: Bāng ge máng, xíng ma?
帮个忙，行吗？
Pourriez-vous me donner un coup de main?

A: Shénme shì? Qǐng shuō ba.
什么事？请说吧。
Oui, avec plaisir.

B: Qǐng bāng wǒ bǎ xiāngzi fàngdào xínglijià shang.
请帮我把箱子放到行李架上。
Voudriez-vous m'aider à mettre ce sac dans le compartiment à bagages?

2. A: Gè wèi chéngkè, fēijī kuài yào
各位乘客，飞机快要
Mesdames, Messieurs, l'avion va décoller,

qǐfēi le, qǐng dàjiā jìhǎo 起飞了，请大家系好	attachez votre ceinture.
ānquándài. 安全带。	
Wèile dàjiā de ānquán, qǐng 为了大家的安全，请	Pour votre sécurité, n'utilisez pas votre télé-
búyào shǐyòng shǒujī. 不要使用手机。	phone portable.
Qǐng guānshang nín de shǒujī. 请关上您的手机。	Eteignez votre portable.
Qǐng búyào zài fēijī shang 请不要在飞机上	Ne fumez pas à bord.
chōuyān. 抽烟。	
Jiùshēngyī fàng zài zuòwèi de 救生衣放在座位的	Votre gilet de sauvetage est sous votre siège.
xiàmian. 下面。	
Rúguǒ yǒu shì qǐng àn líng. 如果有事请按铃。	Appuyez sur le bouton pour nous appeler.
3. A: Fēijī shang miǎnfèi tígōng 飞机上免费提供	On vous sert de la boisson à bord.
yǐnliào. 饮料。	
Nín yào shénme yǐnliào? 您要什么饮料？	Qu'est-ce que vous désirez?
B: (Yào) kuàngquánshuǐ. （要）矿泉水。	De l'eau minérale.
A: Nín hái yào ma? 您还要吗？	Vous en voulez encore?
B: Zài yào yì bēi. Xièxie. 再要一杯。谢谢。	Un verre de plus. Merci.
Wǒ yǒu diǎnr lěng, qǐng gěi 我有点儿冷，请给	J'ai un peu froid, donnez-moi une couverture,
wǒ yì tiáo tǎnzi. 我一条毯子。	s'il vous plaît.
A: Hǎo de. 好的。	Voilà.
C: Qǐngwèn, xǐshǒujiān zài nǎr? 请问，洗手间在哪儿？	Les toilettes, s'il vous plaît.

Zài nàbian. A：在 那边。	C'est par là.
Běn bānjī dàodá Shànghǎi 4. A：本 班机 到达 上海 de shíjiān shì shíliù diǎn 的 时间 是 十六 点 wǔshí fēn. 五十 分。	Notre avion arrivera à Shanghai à 16h50.
Fēijī yǐjīng zhǔnshí zài 飞机 已经 准时 在 Pǔdōng jīchǎng jiàngluò. 浦东 机场 降落。	L'avion a atterrit à l'aéroport de Pudong à l'heure indiquée.
Qǐng dàjiā děng fēijī tíng- 请 大家 等 飞机 停 wěn hòu zài jiěkāi ānquándài. 稳 后 再 解开 安全带。	Gardez votre ceinture attachée jusqu'à l'arrêt complet de l'appareil.
Shànghǎi dào le, qǐng dàjiā 上海 到 了，请 大家 dàiqí zìjǐ de xíngli zhǔnbèi 带齐 自己 的 行李 准备 xià fēijī. 下 飞机。	Nous voilà arrivés à Shanghai. Prenez tous vos bagages pour le débarquement.

☆ 注　释(Note) ☆

“祝”是表示良好的愿望的词。如果是说话人表示祝愿时，“我”常常省略。

«祝» est un mot utilisé pour exprimer les meilleurs vœux, dont le sujet est souvent omis.

☆ 句型提示(Références des phrases-types) ☆

1. 飞机快要起飞了。　　请参看 307 页句型 32。
2. 为了大家的安全，请不要使用手机。　　请参看 363 页句型 149。
3. 请关上您的手机。　　请参看 354 页句型 130。
4. 请大家等飞机停稳后再解开安全带。　　请参看 390 页句型 204。

☆ 词语用法举例(Exemples de certaines expressions) ☆

1. 祝大家旅途愉快

Zhù nǐ xīnnián kuàilè!
(1) 祝 你 新年 快乐! (快乐:joyeux, se)

Zhù nǐ yílù-píng'ān!
(2) 祝 你 一路平安! (一路平安:bon voyage)

Zhù nǐ gōngzuò shùnlì!
(3) 祝 你 工作 顺利! (顺利:sans à-coups)

Zhù nín shēntǐ jiànkāng!
(4) 祝 您 身体 健康!

2. 为了大家的安全

Wèile shēntǐ jiànkāng, tā měi tiān pǎobù.
(1) 为了 身体 健康, 他 每 天 跑步。

Wèile zhàogù shēngbìng de māma, tā qǐngle yí ge xīngqī jià.
(2) 为了 照顾 生病 的 妈妈, 她 请了 一 个 星期 假。
(照顾:donner des soins à)

Wèile néng kǎoshang dàxué, tā pīnmìng xuéxí.
(3) 为了 能 考上 大学, 他 拼命 学习。(拼命:à corps perdu)

Wèile jiànkāng, wǒ juédìng jièyān.
(4) 为了 健康, 我 决定 戒烟。(戒烟:renoncer au tabac)

3. 飞机已经准时在浦东机场降落

Huǒchē zhǔnshí dàodá Shànghǎizhàn.
(1) 火车 准时 到达 上海站。

Huìyì zhǔnshí kāishǐ.
(2) 会议 准时 开始。

Tā zhǔnshí dàole yuēdìng de dìdiǎn.
(3) 他 准时 到了 约定 的 地点。(约定:convenu,e)

Yīnwèi yǎnyuán yùdào jiāotōng shìgù, bù néng zhǔnshí kāiyǎn.
(4) 因为 演员 遇到 交通 事故, 不 能 准时 开演。
(开演:commencer à jouer)

4. 请大家等飞机停稳后再解开安全带

Děng yéye huílai zài chīfàn.
(1) 等 爷爷 回来 再 吃饭。

Děng cài shāoshúle zài fàng wèijīng.
(2) 等 菜 烧熟了 再 放 味精。

Děng lǐngle gōngzī zài mǎi ba.
(3) 等 领了 工资 再 买 吧。(领工资:toucher le salaire)

Děng yǔ tíngle zài chūqu.
(4) 等 雨 停了 再 出去。

☆ 词　语(Vocabulaire) ☆

1.	救生衣 jiùshēngyī	（名）	le gilet de sauvetage	2.	太平门 tàipíngmén	（名）	sortie *f.*
3.	清洁袋 qīngjiédài	（名）	un sachet hygiénique	4.	厕所 cèsuǒ	（名）	toilettes *f. pl.*
5.	正点 zhèngdiǎn	（动）	à l'heure indiquée	6.	晚点 wǎndiǎn	（动）	être en retard
7.	延误 yánwù	（动）	retarder	8.	时差 shíchā	（名）	le décalage horaire
9.	空姐 kōngjiě	（名）	l'hôtesse de l'air	10.	乘务员 chéngwùyuán	（名）	équipage *m.*
11.	机长 jīzhǎng	（名）	le commandant de bord	12.	飞行员 fēixíngyuán	（名）	pilote *m.*
13.	呼吸 困难 hūxī kùnnan		avoir du mal à respirer	14.	气流 qìliú	（名）	le courant d'air
15.	平稳 píngwěn	（形）	stable/sans histoire	16.	机械 故障 jīxiè gùzhàng		panne *f.*
17.	空运 kōngyùn	（动）	le transport aérien	18.	航班 取消 hángbān qǔxiāo		un vol annulé

☆ 练　习(Exercices) ☆

一、读词组（Lisez les expressions suivantes）

1. 各位旅客	各位同事	各个国家	各个公司
2. 关上手机	关上电灯	关上窗儿	关上柜门
3. 乘飞机	乘汽车	乘海船	乘电梯
4. 系好安全带	系好领带	系好鞋带	系好绳子(shéngzi/corde *f.*)
5. 安全带	安全帽	大家的安全	安全到达

二、模仿造句（Faites les phrases d'après l'exemple）

1. 祝大家旅途愉快。
   祝你生日快乐。
   祝大家节日愉快。
   ____

2. 在飞机上请不要抽烟。
   在教室里请不要穿拖鞋。
   在公共场合请不要大声说话。
   ____

三、用括号中的词语完成对话（Complétez les conversations en utilisant les mots entre parenthèses）

1. A：妈妈，为什么这么早回家？
   B：你看天暗了，________________。（要……了）
2. A：你的出国签证办好了，是吗？
   B：是啊，我________________。（要……了）
3. A：刘小姐瘦（shòu/maigre）了很多。
   B：她________________，每天只吃一顿饭。（为了）
4. A：听说美江回国了？
   B：是的，她的妈妈生病了，她回国是________________。（为了）
5. A：你一个人能拿这么多东西吗？
   B：当然不能，有他________________。（帮）

四、会话（Conversations）

空姐：欢迎乘坐我们的班机。
保尔：妈妈，我想坐靠窗的座位，行吗？
安妮：好吧。系上安全带。

机长：各位乘客，对不起，有一位乘客已经办了登机手续，可是还没有登机。为了大家的安全，我们正在检查行李。请大家等一会儿。
安妮：不会有问题吧。
空姐：不会的。请不用担心。
机长：各位乘客，最后一位乘客已经登机。请大家系好安全带，我们马上就要起飞了。
空姐：如果需要我们的服务，请按服务灯。祝大家旅途愉快。

机长：各位乘客，我们将在十点三十分准时到达拉萨机场。地面温度二十四摄氏度。
空姐：请大家系好安全带，等飞机停稳以后再站起来。
安妮：好了，到了。

☆ 练习答案（Corrigés） ☆

三、1. B：要下雨了
  2. B：要出国了/要走了
  3. B：为了减肥（jiǎnféi/maigrir）
  4. B：为了照顾妈妈
  5. B：帮我拿/帮忙

41 Zhù Bīnguǎn 住宾馆 À L'HÔTEL

1\. A: Wǒ xiǎng yùdìng fángjiān.
我想预订房间。

Je voudrais réserver une chambre.

B: Nín yào shénme shíhou de?
您要什么时候的?

Pour quelle date?

A: Wǔ yuè shíliù hào. Yào yí ge shuāngrén fángjiān.
五月十六号。要一个双人房间。

Le 16 mai, je voudrais une chambre à deux lits.

B: Méiyǒu kòng de shuāngrén fángjiān le, dānrén fángjiān kěyǐ ma?
没有空的双人房间了，单人房间可以吗?

Pardon, il n'y en a plus. Une chambre simple, ça va?

A: Kěyǐ. Zhù yì tiān duōshao qián?
可以。住一天多少钱?

Ça va. C'est combien, la chambre?

B: (Zhù) yì tiān sānbǎi kuài.
(住)一天三百块。

300 yuans par jour.

2\. A: Wǒ jiào Xú Mín. Wǒ yùdìngle
我叫徐民。我预订了

Je m'appelle Xu Min, j'ai réservé une cham-

fángjiān. 房间	bre.
Huānyíng guānglín. Nín de B：欢迎 光临。您 的	Bienvenue! Voici votre clé, vous avez la
fángjiān shì wǔyāolíng hào. 房间 是 5 1 0 号。	chambre 510.
Zhè shì fángjiān yàoshi. 这 是 房间 钥匙。	
Qǐng bāng wǒ bǎ xíngli ná 3. A：请 帮 我 把 行李 拿	Apportezmes bagages dans ma chambre, s'il
dào fángjiān ba. 到 房间 吧。	vous plaît.
Nín de xíngli sònglai le. B：您 的 行李 送来 了。	Voici vos bagages.
Xièxie, jiù fàng zài zhèr ba. A：谢谢，就 放 在 这儿 吧。	Merci, posez-les ici.
Yào xǐ de yīfu qǐng B：要 洗 的 衣服 请	Vous pouvez mettre vos vêtements à laver
fàngdào xǐyīdài li. 放到 洗衣袋 里。	dans le panier à linge sale.
Shénmen dìfang kěyǐ duìhuàn A：什么 地方 可以 兑换	Où puis-je changer des devises?
wàibì? 外币？	
Yī lóu yǒu Zhōngguó Yínháng B：一 楼 有 中国 银行	Au rez-de-chaussée il y a une branche de la
de zhīháng. 的 支行。	Banque de Chine.
Nín hái yǒu bié de shì ma? 您 还 有 别 的 事 吗？	Avez-vous d'autres questions?
Qǐng míngtiān zǎoshang liù diǎn A：请 明天 早上 六 点	Veuillez me réveiller à six heures demain mat-
jiàoxǐng wǒ. 叫醒 我。	in.
Hǎo de. Yàoshi yǒu shénme B：好 的。要是注 有 什么	D'accord, je suis à votre service à tout mo-
shì, qǐng suíshí jiào wǒ. 事，请 随时 叫 我。	ment.
Qǐng jiézhàng. 4. A：请 结账。	Je voudrais régler ma chambre.

Wǔ yuè shíliù hào dào èrshí
B：五 月 十六 号 到 二十 Du 16 au 20, vous avez cinq jours.
hào, yígòng zhùle wǔ tiān.
号， 一共 住了 五 天。
Qǐng fù yìqiān wǔbǎi kuài.
请 付 一千 五百 块。 Et vous devez payer 1 500 yuans.
Xièxie, huānyíng xià cì zài lái.
谢谢， 欢迎 下 次 再 来。 Merci, vous êtes toujours le bienvenu.

☆ 注 释(Note) ☆

"要是"跟"如果"意思一样，表示假定，常用于口语。

«要是» a le même sens que «如果», on l'utilise souvent dans la langue parlée pour dire une hypothèse.. Par exemple :

Yàoshi yǒu kòng, wǒ yídìng qù.
(1) 要是 有 空， 我 一定 去。 Si j'ai du temps, j'y vais certainement.
Rúguǒ qí chē qù, jiù láidejí.
(2) 如果 骑 车 去， 就 来得及。 Si on y va en vélo, on ne sera pas en retard.

☆ 句型提示(Références des phrases-types) ☆

1. 请帮我把行李拿到房间吧。 请参看 328 页句型 77。
2. 放在这儿吧。 请参看 351 页句型 124。
3. 要洗的衣服请放到洗衣袋里。 请参看 352 页句型 125。

☆ 词语用法举例(Exemples de certaines expressions) ☆

1. 我想预订房间

Xiànzài kěyǐ yùdìng xià ge yuè de jīpiào ma?
(1) 现在 可以 预订 下 个 月 的 机票 吗？
Wǒ yùdìngle xià ge xīngqīliù wǎnshang yīnyuèhuì de piào.
(2) 我 预订了 下 个 星期六 晚上 音乐会 的 票。
Wǒ yùdìng de shūcài wèi shénme hái méi sònglai?
(3) 我 预订 的 蔬菜 为 什么 还 没 送来？
Zhōumò fàndiàn gùkè duō, bú yùdìng zuòwèi bù xíng.
(4) 周末 饭店 顾客 多， 不 预订 座位 不 行。

2. 请明天早上六点叫醒我

Xiǎo bǎobao xǐng le.
(1) 小 宝宝 醒 了。
Ānjìng diǎnr, bié chǎoxǐng dìdi.
(2) 安静 点儿， 别 吵醒 弟弟。

Zuówǎn bànyè xǐng le, zài yě shuìbuzháo le.
（3）昨晚 半夜 醒 了，再 也 睡不着 了。（半夜：minuit *m.*）

Xǐngle jiù qǐchuáng, bié shuì lǎnjiào.
（4）醒了 就 起床， 别 睡 懒觉。

3．要是有什么事，请随时叫我

Suíshí dōu kěyǐ dǎ yāoyāosì chá diànhuà hàomǎ.
（1）随时 都 可以 打 1 1 4 查 电话 号码。

Dàizhe yǔsǎn ba, suíshí dōu huì xià yǔ de.
（2）带着 雨伞 吧，随时 都 会 下 雨 的。

Bié líkāi hòujīshì, fēijī suíshí huì qǐfēi.
（3）别 离开 候机室，飞机 随时 会 起飞。

Rúguǒ yǒu shénme wèntí, qǐng suíshí gēn wǒ liánxì.
（4）如果 有 什么 问题，请 随时 跟 我 联系。（联系：contacter quelqu'un）

☆ 词 语（Vocabulaire） ☆

1.	zhùsù dēngjì 住宿 登记		l'enregistrement en hôtel	2.	fúwùtái 服务台	（名）	accueil *m.*
3.	dàtáng 大堂	（名）	hall *m.*	4.	diàntī 电梯	（名）	ascenseur *m.*
5.	zìdòng fútī 自动 扶梯	（名）	escalator *m.*	6.	lóutī 楼梯	（名）	escalier *m.*
7.	zhěnglǐ chuángpù 整理 床铺		faire le lit	8.	dǎsǎo 打扫	（动）	nettoyer
9.	shèbèi 设备	（名）	équipement *m.*	10.	tǎnzi 毯子	（名）	couverture *f.*
11.	xǐliǎnpén 洗脸盆	（名）	cuvette *f.*	12.	xǐshù yòngjù 洗漱 用具	（名）	l'ustensile de toilette
13.	yáshuā 牙刷	（名）	la brosse à dents	14.	yágāo 牙膏	（名）	dentifrice *f.*
15.	dǎhuǒjī 打火机	（名）	briquet *m.*	16.	kèfáng fúwùyuán 客房 服务员	（名）	la femme de chambre
17.	qǐngwùdǎrǎo páizi 请勿打扰 牌子		un signe « Ne pas déranger »	18.	kòngfángjiān 空房间	（名）	une chambre libre
19.	dānrén fángjiān 单人 房间	（名）	une chambre simple	20.	shuāngrén fángjiān 双人 房间	（名）	une chambre à deux lits
21.	biāozhǔnfáng 标准房	（名）	une chambre normale	22.	（bīnguǎn）kèmǎn （宾馆）客满		（l'hôtel） être complet

☆ 练 习（Exercices） ☆

一、读词组（Lisez les expressions suivantes）

1．预订房间　　预订酒席　　电话预订

2. 叫醒我　　把我叫醒　　叫醒服务
3. 随时叫我　　随时出发　　随时打电话
4. 双人房间　　双人床　　双层车(shuāngcéngchē/le bus à deux étages)

二、用"要是"改写句子(Refaites les phrases en utilisant «要是»)
1. 如果明天天气好,我们就去动物园吧。
2. 如果这里不安全,我们就不住在这里。
3. 你再迟到,我就生气了。

三、回答问题(Répondez aux questions suivantes)
1. 旅行的时候,你喜欢住什么样的旅馆?
2. 在中国你住过宾馆吗?
3. 你觉得中国的宾馆怎么样?

四、会话(Conversation)
职员:欢迎光临。
彼得:我们已经预订了房间。我是彼得·雷米,这是我的护照。
职员:啊,雷米先生、雷米太太,欢迎。
职员:你们的房间是507号。这间房的朝向很好,从窗口就可以看到山。请在这张表上登记一下。
职员:你们准备住几天?
彼得:两天。
职员:好的,这是钥匙。餐厅在一楼,有免费早餐供应(gōngyìng/fournir)。
安妮:这里有叫醒服务吗?
职员:有的,你可以在房间打电话给客房部。

☆ 练习答案(Corrigés) ☆

二、1. 要是明天天气好,我们就去动物园吧。
2. 要是这里不安全,我们就不住在这里。
3. 要是你再迟到,我就生气了。

42 Pāizhào 拍照 PHOTOGRAPHIER

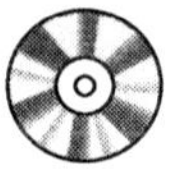

1\. A：Zhèr de jǐngsè tài měi le! 这儿的景色太美了！ Pāi zhāng zhàopiānr ba. 拍张照片儿吧。 — C'est magnifique ici, faisons une photo!

B：Wǒ gěi nǐ pāi ba. 我给你拍吧。 — Je la fais pour toi.

A：Wǒ xiǎng hé nǐ hé pāi yì zhāng, qǐng biéren àn yíxià ba. 我想和你合拍一张，请别人按一下吧。 — Je voudrais faire une photo avec vous, nous demandons à d'autres de nous photographier. D'accord?

B：Máfan nín, bāng wǒmen àn yíxià, kěyǐ ma? 麻烦您，帮我们按一下，可以吗？ — Est-ce que vous pouvez nous photographier?

C：Hǎo de, zhǐ àn kuàimén jiù 好的，只按快门就 — D'accord, j'appuierai seulement sur le

xíng le, shì ma?
行 了，是 吗？ — déclencheur, c'est comme ça?

Shì de. Zhànzài zhèr hǎo ma?
B：是 的。站在 这儿 好 吗？ — Oui. Nous nous tenons ici, c'est bon?

(Qǐng) kào yòu yìdiǎnr.
C：（请） 靠 右 一点儿。 — Un peu plus à droite et plus proche.

(Qǐng) liǎng ge rén kàojìn yìdiǎnr.
（请） 两 个 人 靠近 一点儿。

Zhèyàng xíng ma?
B：这样 行 吗？ — Comme ça?

Xíng, hǎo le, wǒ yào zhào le.
C：行，好 了，我 要 照 了。 — Oui, très bien.

Wǒ yào chōng jiāojuǎn.
2. A：我 要 冲 胶卷。 — Je voudrais faire développer cette pellicule.

Yào yìn jǐ zhāng?
B：要 印 几 张？ — Combien en voulez-vous?

Měi zhāng dǐpiàn gè yìn yì zhāng. Zhè zhāng dǐpiàn yào fàngdà yì zhāng.
A：每 张 底片 各 印 一 张。这 张 底片 要 放大 一 张。 — Une pour chaque pellicule, et faites l'agrandissement de ceci.

Fàngdà dào jǐ yīngcùn?
B：放大 到 几 英寸？ — Quelle taille voulez-vous?

Qī yīngcùn.
A：七 英寸。 — Sept pouces.

Wǒ jízhe yòng, kuài diǎnr kěyǐ ma?
我 急着 用，快 点儿 可以 吗？ — Je suis très pressé, on pourrait avoir les photos au plus tôt?

Jīntiān xiàwǔ jiù kěyǐ qǔ.
B：今天 下午 就 可以 取。 — Vous pouvez les prendre cet après-midi.

Xiàwǔ jǐ diǎn kěyǐ qǔ?
A：下午 几 点 可以 取？ — À quelle heure?

Zuì kuài yě děi xiàwǔ sì diǎn.
B：最 快 也 得注 下午 四 点。 — À quatre heures au plus tôt.

☆ 注 释(Note) ☆

"得"读"děi",表示"必须"的意思,只用在口语中。否定时说"不用",不说"不得"。
«得» prononcé « děi », veut dire «必须», mais on l'utilise seulement dans la langue parlée. La forme négative est «不用» au lieu de «不得». Par exemple :

Jīntiān xīngqīliù, kěshì wǒ děi qù gōngsī.
(1) 今天 星期六,可是 我 得 去 公司。
C'est samedi aujourd'hui, mais je dois aller au bureau.

Jīntiān xīngqīliù, wǒ búyòng qù gōngsī.
(2) 今天 星期六,我 不用 去 公司。
C'est samedi aujourd'hui, je n'ai pas besoin d'aller au bureau.

☆ 句型提示(Références des phrases-types) ☆

1. 这儿的景色太美了! 请参看 401 页句型 223。
2. 我给你拍吧。 请参看 320 页句型 60。
3. 放大到几英寸? 请参看 359 页句型 140。

☆ 词语用法举例(Exemples de certaines expressions) ☆

1. 帮我们按一下,可以吗

Bāng wǒ ná yíxià, xíng ma?
(1) 帮 我 拿 一下, 行 吗?

Qǐng bāng wǒ zhǎo yíxià jīnglǐ.
(2) 请 帮 我 找 一下 经理。

Nǐ shàng jiē dehuà, shùnbiàn bāng wǒ mǎi fèn bàozhǐ.
(3) 你 上 街 的话, 顺便 帮 我 买 份 报纸。(顺便:en passant)

Bāng wǒ dào xǐyīdiàn qǔ yīfu, hǎo ma?
(4) 帮 我 到 洗衣店 取 衣服, 好 吗?

2. 只按快门就行了

Zhǐ dài qián jiù xíng le, bié de búyòng dài.
(1) 只 带 钱 就 行 了, 别 的 不用 带。

Zhǐ fàng yán jiù xíng le, bié de búyào fàng.
(2) 只 放 盐 就 行 了, 别 的 不要 放。

Xiànzài qù Guǎngzhōu, zhǐ chuān chènyī jiù xíng le.
(3) 现在 去 广州, 只 穿 衬衣 就 行 了。

Nǐ zhǐ mǎi huā jiù xíng le, bié de wǒ dōu mǎi le.
(4) 你 只 买 花 就 行 了, 别 的 我 都 买 了。

3. 我急着用

Tā bàba shēng zhòng bìng, tā jízhe gǎn huí lǎojiā qu.
(1) 他爸爸生重病，他急着赶回老家去。

Yí dào Bālí, tā jiù jízhe gěi bàba māma dǎ diànhuà.
(2) 一到巴黎，他就急着给爸爸妈妈打电话。

Yǒu jiàn zhòngyào de shì, wǒ jízhe yào gàosu tā.
(3) 有件重要的事，我急着要告诉他。

Tāng tài tàng le, bié jízhe hē.
(4) 汤太烫了，别急着喝。

4. 最快也得下午四点

Xiàzhōu kǎoshì, děi hǎohāor fùxí.
(1) 下周考试，得好好儿复习。

Zhēn lěng a! Chūqu děi chuān dàyī.
(2) 真冷啊！出去得穿大衣。

Nǐ shénme shíhou jiéhūn, děi gàosu wǒ.
(3) 你什么时候结婚，得告诉我。

Nǐ fā gāoshāo le, děi qù yīyuàn.
(4) 你发高烧了，得去医院。

☆ 词　语 (Vocabulaire) ☆

1.	shèyǐng 摄影	（动）	filmer	2.	pāizhào 拍照	（动）	photographier
3.	xiàngpiàn 相片	（名）	photo *f.*	4.	yǐngjí 影集	（名）	l'album de photos
5.	zhàoxiàngjī 照相机	（名）	l'appareil photographique	6.	shǎguā xiàngjī 傻瓜相机	（名）	l'appareil photo APS
7.	shùmǎ xiàngjī 数码相机	（名）	l'appareil numérique	8.	cǎisè jiāojuǎn 彩色胶卷	（名）	le rouleau de pellicule
9.	jìngtóu 镜头	（名）	l'objectif *m.*	10.	àn kuàimén 按快门		appuyer sur le déclencheur
11.	shǎnguāngdēng 闪光灯	（名）	flash *m.*	12.	guāngxiàn 光线	（名）	rayon *m.*
13.	duìhǎo jiāojù 对好焦距		mettre au point	14.	bèijǐng 背景	（名）	contexte *m.*
15.	héyǐng 合影	（动/名）	photographier/ la photo de groupe	16.	biǎoqíng 表情	（名）	l'expression du visage
17.	bànshēnzhào 半身照	（名）	la photo en buste	18.	quánshēnzhào 全身照	（名）	la photo entière
19.	quánjiāfú 全家福	（名）	la photo de famille	20.	zhèngjiànzhào 证件照	（名）	la photo d'identité
21.	shèxiàngjī 摄像机	（名）	caméra *f.*	22.	jìngkuàng 镜框	（名）	le cadre de photo

☆ 练 习(Exercices) ☆

一、读词组(Lisez les expressions suivantes)

1. 照片儿	拍照	拍照片儿	拍一张照片儿
2. 相片	照相	照一张相	照相机
3. 合影	一张合影	拍一张合影	我跟你拍一张合影
4. 胶卷	一卷儿胶卷	彩色胶卷	黑白胶卷

二、选择填空(Remplissez les blancs en choisissant les mots)

靠近　　拍　　冲　　印

1. 这个文件要______几份?
2. 手表不要放在______电视机的地方。
3. 我不注意的时候,他给我______了一张。
4. ______一卷胶卷要多少钱?

三、模仿造句(Faites les phrases d'après l'exemple)

1. 最快也得一天。
   最少也得五块钱。
   最早也得后天才能取。
   ____
2. 照片要放大到几英寸?
   价钱要提高到一百块。
   电灯要增加到四盏(zhǎn,量词)。
   ____
3. 每张底片各印一张。
   每种点心各尝一块。
   每种花各买六朵(duǒ,量词)。
   ____

四、会话(Conversation)

安妮:保尔,你站在那块石头(shítou/pierre *f.*)旁边,妈妈给你拍一张。
保尔:妈妈,爸爸为什么总是对着空地方拍?
安妮:你爸爸喜欢拍风景。
彼得:是啊,保尔,你看,蓝的天、绿的草地,真美啊!
安妮:我们拍一张合影吧。
彼得:好,那边有一个人,请他帮帮忙。先生,能不能帮我们按一下?
游客:好的,这个就是快门吗?
彼得:是的,按这里就可以了。麻烦您把后面那个庙拍进去。
游客:行。如果要拍庙,人只能拍半身。

彼得：可以啊。
游客：准备，笑一笑，一二三。好了。
彼得：谢谢。

☆　练习答案（Corrigés）　☆

二、1. 印　　2. 靠近　　3. 拍　　4. 冲

43 Yèyú Huódòng 业余活动 LES LOISIRS

1. A: Xīngqīliù nǐ yǒu shénme ānpái?
星期六你有什么安排？
Vous avez quelque chose de prévu ce samedi?

B: Méi shénme ānpái.
没什么安排。
Rien.

A: Wǒmen xiàwǔ qù cānguān bówùguǎn, wǎnshang dào Dà jùyuàn kàn huàjù, hǎo ma?
我们下午去参观博物馆，晚上到大剧院看话剧，好吗？
Que diriez-vous d'aller visiter le musée l'après-midi et nous rendre au théatre le soir?

B: Nà tài hǎo le! Nǐ xiān gěi wǒ jièshào yíxià ba.
那太好了！你先给我介绍一下吧。
C'est une bonne idée. Pouvez-vous me le présenter?

A: Shànghǎi Bówùguǎn shì yījiǔwǔ'èr nián kāiguǎn de. Shì zhùmíng de
上海博物馆是一九五二年开馆的。是著名的
Le Musée de Shanghai fut fondé en 1952. Il est célèbre pour ses arts antiques de Chine.

Zhōngguó gǔdài yìshù bówùguǎn. 中国古代艺术博物馆。	
Nà lǐmian yǒu shí ge chénlièguǎn, 那里面有十个陈列馆，	Il y a 12 000 objets, exposés dans dix salles
guǎncángpǐn dá shí'èr wàn jiàn. 馆藏品达十二万件。	d'exposition.
Zhème duō dōngxi, yí ge B：这么多东西，一个	Que d'objets d'arts! Est-ce qu'on peut tout
xiàwǔ kàn de wán ma? 下午看得完吗？	visiter en un après-midi?
Zhǐhǎo zǒu mǎ kàn huā le. A：只好[注1]走马看花了[注2]。	On les admire seulement en passant.
Huàjù piào nǐ mǎihǎo le ma? B：话剧票你买好了吗？	Avez-vous acheté les billets pour le théatre?
Zǎo jiù mǎihǎo le. A：早就买好了。	Oui, je les ai depuis longtemps.
Xīngqīliù yǎn shénme? B：星期六演什么？	Quelle pièce jouera-t-on samedi?
Xīngqīliù yǎn de shì 《Léiyǔ》. A：星期六演的是《雷雨》。	« L'orage ».
Shànghǎi Dàjùyuàn shì gāng B：上海大剧院是刚	Est-ce que le Théatre de Shanghai a été
jiànchéng de ba? 建成的吧？	fondé récemment?
Shì de, lǐmian yǒu sān ge A：是的，里面有三个	Oui. Il est constitué de trois salles, dont la
jùchǎng. Qízhōng dàjùchǎng 剧场。其中大剧场	plus grande peut contenir 1 800 places.
yǒu yìqiān bābǎi ge zuòwèi. 有一千八百个座位。	
Jǐ diǎn kāichǎng? B：几点开场？	À quelle heure on peut y entrer?
Qī diǎn bàn (kāichǎng). A：七点半（开场）。	À sept heures et demie.
Wǒ dānxīn tīng bu dǒng. B：我担心听不懂。	J'ai peur de ne rien comprendre.
Bié dānxīn, wǒ xiān gěi nǐ A：别担心，我先给你	Ne vous inquiétez pas, je vais vous résumer
jiǎngjiang jùqíng ba. 讲讲剧情吧。	l'action en avance.

2. A: Jīntiān de xì kàndǒng le ma?
今天 的 戏 看懂 了 吗? — Avez-vous bien compris cette pièce?

B: Yīnwèi yùxiān zhīdao jùqíng, jīběnshang kàndǒng le.
因为 预先 知道 剧情，基本上 看懂 了。 — Oui, comme je savais l'action à l'avance, je l'ai bien comprise.

A: Táicí tīng de qīngchu ma?
台词 听 得 清楚 吗? — Est-ce que vous avez bien compris les paroles?

B: Yǎnyuán shuō de tài kuài, wǒ méi tīng qīngchu.
演员 说 得 太 快，我 没 听 清楚。 — Non. Ils parlent trop vite. Je les entends mal.

A: Chūchǎng de dōu shì míng yǎnyuán, nǐ juéde tāmen yǎn de zěnmeyàng?
出场 的 都 是 名 演员，你 觉得 他们 演 得 怎么样? — Les acteurs sont tous très célèbres, que pensez-vous de leur jeu?

B: Wǒ hěn xīnshǎng nǚzhǔjué dc yǎnjì.
我 很 欣赏 女主角 的 演技。 — J'admire l'actrice principale,

Nánzhǔjué yǎn de bú tài hǎo.
男主角 演 得 不 太 好。 — mais l'acteur principal n'a pas bien joué.

☆ 注 释(Notes) ☆

1. "只好"表示由于条件的限制或情况的变化，没有别的选择。
«只好» veut dire « être obligé de faire quelque chose ».
2. "走马看花"表示粗略地看看，大致了解一下的意思。也可以说"走马观花"。
«走马看花» (proverbe): contempler des fleurs en passant à cheval/ jeter un coup d'œil rapide sur quelque chose. On dit aussi «走马观花».

☆ 句型提示(Références des phrases-types) ☆

1. 这么多东西，一个下午看得完吗?
台词听得清楚吗? 请参看 346 页句型 114。

2. 我担心听不懂。 请参看 347 页句型 115。
3. 今天的戏看懂了吗？ 请参看 348 页句型 116。
4. 我没听清楚。 请参看 348 页句型 117。
5. 演员说得太快，我没听清楚。 请参看 345 页句型 112。
6. 男主角演得不太好。 请参看 346 页句型 113。

☆　词语用法举例（Exemples de certaines expressions）　☆

1. 星期六你有什么安排

Zhōumò rúguǒ nǐ méi shénme ānpái, wǒ qǐng nǐ kàn jīngjù.
(1) 周末 如果 你 没 什么 安排，我 请 你 看 京剧。

Shǔjià de huódòng ānpái hǎo le.
(2) 暑假 的 活动 安排 好 了。

Cháhuàhuì de shì ràng Zhōu Míng ānpái ba.
(3) 茶话会 的 事 让 周 明 安排 吧。

Dǎoyóu yào ānpái hǎo kèren de chī、hē、zhùsù.
(4) 导游 要 安排 好 客人 的 吃、喝、住宿。

2. 这么多东西

Zhème duō dōngxi, wǒ yí ge rén chī bu wán.
(1) 这么 多 东西，我 一 个 人 吃 不 完。

Zhème piányi, duō mǎi diǎnr ba.
(2) 这么 便宜，多 买 点儿 吧。

zhème hǎochī de shēngyúpiàn, nǐ bù chī, tài yíhàn le.
(3) 这么 好吃 的 生鱼片，你 不 吃，太 遗憾 了。（生鱼片：darne *f.*）

Zhème guì de dōngxi, mǎi bu qǐ.
(4) 这么 贵 的 东西，买 不 起。（买不起：pas assez riche pour payer）

3. 只好走马看花了

Méiqìlú huài le, zhǐhǎo chī fāngbiànmiàn le.
(1) 煤气炉 坏 了，只好 吃 方便面 了。（方便面：les nouilles instantanées）

Jīntiān tíngshuǐ, zhǐhǎo chūqu chīfàn le.
(2) 今天 停水，只好 出去 吃饭 了。

Zìxíngchē huài le, zhǐhǎo chéng gōnggòng qìchē le.
(3) 自行车 坏 了，只好 乘 公共 汽车 了。

Hái yǒu sānshí fēnzhōng jiù kāiyǎn, zhǐhǎo jiào chē qù le.
(4) 还 有 三十 分钟 就 开演，只好 叫 车 去 了。

4. 早就买好了

Fángjiān wǒ zǎo jiù yùdìng le.
(1) 房间 我 早 就 预订 了。

Xiānggǎng wǒ zǎo jiù qùguo le.
(2) 香港我早就去过了。

Wǒ zǎo jiù tīngshuō tā shēngzhí le.
(3) 我早就听说他升职了。(升职: avoir une promotion)

Míngnián de gōngzuò, shèzhǎng zǎo jiù ānpái hǎo le.
(4) 明年的工作，社长早就安排好了。

5. 别担心

Bú shì shénme dàbìng, bié dānxīn.
(1) 不是什么大病，别担心。

Bié dānxīn, zhǐ shì yìdiǎnr qīngshāng.
(2) 别担心，只是一点儿轻伤。

Wǒ dānxīn míngtiān xià yǔ, bù néng qù.
(3) 我担心明天下雨，不能去。

Yí ge rén qù, wǒ dānxīn mílù.
(4) 一个人去，我担心迷路。

6. 我很欣赏女主角的演技

Tā fēicháng xīnshǎng gǔdiǎn yīnyuè.
(1) 他非常欣赏古典音乐。

Wǒ hěn xīnshǎng jīngjù de wǔdǎ.
(2) 我很欣赏京剧的武打。(武打: le combat acrobatique dans l'opéra chinois)

Jīnglǐ tèbié xīnshǎng tā de cáinéng.
(3) 经理特别欣赏他的才能。

Xiàozhǎng hěn xīnshǎng Huáng Tāo de kǒucái.
(4) 校长很欣赏黄涛的口才。(口才: éloquence *f.*)

☆ 词 语 (Vocabulaire) ☆

1.	chūtǔ wénwù 出土文物	(名)	l'objet ancien découvert au cours de fouilles	
2.	gǔdǒng 古董	(名)	antiquités *f. pl.*	
3.	yùqì 玉器	(名)	jade *m.*	
4.	táocí 陶瓷	(名)	céramique *f.*	
5.	zhēnpǐn 真品	(名)	l'objet authentique	
6.	fùzhìpǐn 复制品	(名)	copie *f.*	
7.	zhǎnchū 展出	(动)	exposer	
8.	xìjù 戏剧	(名)	théatre *m.*	
9.	gējù 歌剧	(名)	opéra *m.*	
10.	jīngjù 京剧	(名)	l'opéra de Pékin	
11.	xǐjù 喜剧	(名)	comédie *f.*	
12.	bēijù 悲剧	(名)	tragédie *f.*	
13.	yǎnchū 演出	(动)	jouer la pièce	
14.	shàngyǎn 上演	(动)	monter une pièce	
15.	dǎoyǎn 导演	(名)	le metteur en scène	
16.	juésè 角色	(名)	rôle *m.*	

17.	zhǔjué 主角	（名）	l'acteur principal	18.	pèijué 配角	（名）	le second rôle
19.	guānzhòng 观众	（名）	spectateur *m.*	20.	gǔzhǎng 鼓掌	（动）	applaudir
21.	xièmù 谢幕	（动）	être rappelé	22.	hǎibào 海报	（名）	fiche *f.*
23.	jiémùdān 节目单	（名）	la liste des programmes	24.	zìmù 字幕	（名）	le sous-titre « dans le film »

☆ 练 习（Exercices） ☆

一、模仿造句（Faites les phrases d'après l'exemple）

1. 藏品多达十二万件。
   气温高达三十五度。
   那件晚礼服价钱高达一万块。
   ____

2. 这么多东西一个下午看得完吗？
   这些工作一个星期做得完吗？
   这桶水两天喝得完吗？
   ____

二、选择填空（Remplissez les blancs en choisissant les mots）

A 安排 参观 著名 担心 预先 欣赏 基本上

1. 杭州是中国______________的旅游城市。
2. 他还不回来，我______________路上出事。
3. 对不起，我这两天已经有______________了，没有时间跟你去苏州。
4. 时间安排如果有变化，请______________通知我。
5. 去北京的游客都要去______________故宫。
6. 小林又聪明又努力，老板很______________他。
7. 我们学校的留学生______________都是日本人。

B 看得懂 修得好 买得到 修不好
打扫得完 看得清楚 记得住 看不清楚

1. a：墙上的通知你______________吗？
   b：不太难，我都______________。
2. a：这台电视机你一天______________吗？
   b：对不起，一天______________。
3. a：地图上的字你______________吗？

b：字太小，我____________________。

4. a：听说最近飞机票很难买，你____________________吗？

b：提前一个星期，应该____________________。

5. a：这个房间你二十分钟____________________吗？

b：本来就挺干净，____________________。

6. a：这么多生词你____________________吗？

b：有好几个是已经学过的，我____________________。

三、用"动词+好"完成句子（Remplissez les phases en utilisant «动词+好»）

1. 你的自行车放在我这里修，____________________了再付钱。
2. 这本书你先看，你____________________就给我。
3. 等肉片熟了再放入已经____________________的笋片。
4. 没____________________作业不可以看电视。

四、会话（Conversations）

于雪来：安妮，你这个星期六有安排吗？

安　妮：本来有。可是彼得要加班，我正在想怎么办。

于雪来：上海美术馆有一个儿童画展览，我想带孩子去，你和保尔也一起去吧。

安　妮：好啊。

于雪来：上午看画展，下午去植物园好不好？

安　妮：你安排得真好。这样吧，我们带一些三明治（sānmíngzhì/sandwich *m.*）、饮料什么的，到植物园野餐（yěcān/pique-nique *m.*）。

于雪来：那孩子们可就高兴了。

于雪来：你们觉得这个画展好看吗？

郭明明：好看。我最喜欢那幅标题（biāotí/titre *m.*）叫"小狗生气了"的画，小狗生气的样子多可爱（kě'ài/mignon，ne）啊。

安　妮：我也喜欢那幅，作者才六岁呢，画得那么好。保尔，你说说。

保　尔：那幅《小鸟的家》我觉得画得好。

郭明明：我也觉得那幅好。

于雪来：是吗？为什么好呢？那幅画的意思，你看得懂吗？

郭明明：看得懂，说不出来。

于雪来：保尔，你说。

保　尔：树都倒（dǎo/tomber）了，那些小鸟没有家了，它们多可怜（kělián/pauvre）啊。

安　妮：说得对。

保　尔：于阿姨，你能帮我一个忙吗？

于雪来：当然可以啊。说吧。

保　尔：我们学校下个星期有一个活动，要用汉语表演节目。我练习的时候请您听一听。如果有错，帮我纠正（jiūzhèng/corriger）一下，好吗？

于雪来：好呀，你现在就给我们表演一下吧。

保　尔：在这里吗？旁边有不认识的人呢，我说不出来。

安　妮：别不好意思，来吧，让大家看看。

☆　练习答案（Corrigés）　☆

二、A：1. 著名　2. 担心　3. 安排　4. 预先　5. 参观　6. 欣赏　7. 基本上

B：1. a 看得懂　b 看得懂　　2. a 修得好　b 修不好

3. a 看得清楚　b 看不清楚　　4. a 买得到　b 买得到

5. a 打扫得完　b 打扫得完　　6. a 记得住　b 记得住

三、1. 修好　2. 看好　3. 炒好　4. 做好

44 Xìngqù、Àihào 兴趣、爱好 GOÛT ET PRÉFÉRENCE

Nǐ yǒu shénme àihào?
1. A：你 有 什么 爱好？ Qu' est-ce que vous avez comme passions?

Wǒ cóngxiǎo jiù xǐhuan yīnyuè.
B：我 从小 就 喜欢 音乐。 J'aime la musique depuis mon enfance.

Yèyú shíjiān nǐ zuò shénme ne?
A：业余 时间 你 做 什么 呢？ Qu'est-ce que vous faites comme loisirs?

Wǎnshang yǒushí kànkan diànshì,
B：晚上 有时 看看 电视， Le soir, quelquefois je regarde la télévision,

yǒushí kànkan bàozhǐ、zázhì
有时 看看 报纸、杂志 quelquefois je lis les journaux et les revues.

shénme de.
什么 的。

Xīngqīliù hé xīngqītiān chángcháng
星期六 和 星期天 常常 Et le samedi et le dimanche je dessine en

qù jiāowài huà huàr.
去 郊外 画 画儿。 banlieue.

Nǐ huà de hěn hǎo ba?
A：你 画 得 很 好 吧？ Vous dessinez bien, n'est-ce pas?

B：	Bù zěnme hǎo, yě bú tài chà, yìbān. 不怎么好，也不太差注1，一般。	Non, comme ci comme ça.
	Nǐ xǐhuan huà huàr ma? 你喜欢画画儿吗？	Est-ce que vous aimez peindre?
A：	Wǒ yìdiǎnr yě bú huì, búguò xǐhuan kàn měishù zhǎnlǎn. 我一点儿也不会，不过喜欢看美术展览。	Je ne sais pas du tout peindre. Mais j'aime aller à l'exposition d'arts.
B：	Nà nǐ de xìngqù shì shénme ne? 那你的兴趣是什么呢？	Et quels sont vos goûts?
A：	Wǒ xǐhuan tǐyù, yóuqí ài kàn zúqiú bǐsài. 我喜欢体育，尤其爱看足球比赛。	J'adore le sport, et surtout le football.
B：	Zuótiān de zúqiúsài xiànchǎng zhíbō, nǐ kànle ma? 昨天的足球赛现场直播，你看了吗？	Hier, le match de football a été retransmis en direct, l'avez vous regardé?
A：	Kàn le, shì Zhōngguó nǚduì duì Ruìdiǎn nǚduì de bànjuésài. 看了，是中国女队对瑞典女队的半决赛。	Oui, c'était la demi-finale entre l'équipe féminine de Chine et celle de Suède.
B：	Wǒ méi kàn, wǒ duì zúqiú bú tài gǎn xìngqù. 我没看，我对足球不太感兴趣。	Je ne l'ai pas regardé, car le football ne m'intéresse pas beaucoup.
A：	Tài yíhàn le, nà chǎng qiúsài jīngcǎi jí le. 太遗憾了，那场球赛精彩极了。	C'est dommage, le match était excellent.
B：	Tīngshuō Zhōngguóduì (yǐ) wǔ bǐ líng yíng le. 听说中国队（以）5比0赢注2了。	J'ai entendu dire que l'équipe chinoise a gagné au score 5:0.
2. A：	Zhè shì nǎge duì gēn nǎge duì bǐsài? 这是哪个队跟哪个队比赛？	C'est le match entre quelles équipes?

Shì Fǎguóduì duì Déguóduì.
B：是 法国队 对 德国队。 Les équipes française et allemande.

Xiànzài chǎngshang de bǐfēn shì duōshao?
A：现在 场上 的 比分 是 多少？ Où en est le match?

Èr bǐ yī, Fǎguóduì lǐngxiān yí ge qiú.
B：2 比 1，法国队 领先 一 个 球。 Les Français mènent à la marque de 2:1.

Liǎng ge duì de shuǐpíng dōu hěn gāo.
A：两 个 队 的 水平 都 很 高。 Tous les deux sont très forts.

Liǎng ge duì dōu shì shìjiè yìliú de qiúduì.
B：两 个 队 都 是 世界 一流 的 球队。 Ils sont au premier rang du monde.

Bǐsài jiéshù le. Déguóduì (yǐ) yì qiú zhī chā shūgěi le Fǎguóduì. Zhēn kěxī!
A：比赛 结束 了。德国队（以）一 球 之 差注3 输给 了 法国队。真 可惜！ En final, l'équipe allemande perd d'un point au score. Quel dommage!

☆ 注 释(Notes) ☆

1. 这里的“差”是形容词，表示不好。
   Ici «差» est un adjectif, égale à « c'est pas bon ».
2. “赢”和“输”多用在口语中。书面语中常用“胜”和“败”。
   On utilise souvent «赢» et «输» dans la langue parlée, et «胜» et «败» dans la langue écrite.
3. 这里的“差”是名词，表示事物间的不同。
   Ici «差» est un nom qui marque la différence entre des objets.

☆ 句型提示(Références des phrases-types) ☆

1. 我从小就喜欢音乐。 请参看 318 页句型 54。
2. 不怎么好，也不太差，一般。 请参看 370 页句型 162。

3. 昨天的足球赛现场直播，你看了吗？　　请参看 309 页句型 36。
4. 我对足球不太感兴趣。　　请参看 365 页句型 153。
5. 那场球赛精彩极了。　　请参看 402 页句型 225。

☆ 词语用法举例(Exemples de certaines expressions) ☆

1. 你有什么爱好

(1) Gè rén yǒu gè rén de àihào.
各人有各人的爱好。

(2) Wǒ de àihào hé yéye de àihào yíyàng.
我的爱好和爷爷的爱好一样。

(3) Tā cóngxiǎo àihào kēxué.
他从小爱好科学。

(4) Wǒmen dōu àihào hépíng.
我们都爱好和平。

2. 不怎么好，也不太差

(1) Gāng mǎilái jiù huài le, zhìliàng tài chà.
刚买来就坏了，质量太差。

(2) Zhè ge rén de pǐndé hěn chà.
这个人的品德很差。（品德：moralité *f.*）

(3) Tā bú rènzhēn xuéxí, suǒyǐ jìshù hěn chà.
他不认真学习，所以技术很差。

(4) Zhè zhǒng cháyè hái kěyǐ, bú tài hǎo yě bú tài chà.
这种茶叶还可以，不太好也不太差。

3. 尤其爱看足球比赛

(1) Tā de zì xiě de hěn hǎo, yóuqí shì máobǐzì.
他的字写得很好，尤其是毛笔字。

(2) Wǒ xǐhuan kàn xiǎoshuō, yóuqí shì chángpiān xiǎoshuō.
我喜欢看小说，尤其是长篇小说。

(3) Shūshu xǐhuan tīng yīnyuè, yóuqí ài tīng gǔdiǎn yīnyuè.
叔叔喜欢听音乐，尤其爱听古典音乐。

(4) Mǎlù shang chángcháng dǔchē, yóuqí shì shàngxiàbān de shíhou.
马路上常常堵车，尤其是上下班的时候。

4. 尤其爱看足球比赛

(1) Tā cóngxiǎo ài tán gāngqín.
他从小爱弹钢琴。

(2) Yéye zuì ài hē pútáojiǔ.
爷爷最爱喝葡萄酒。

(3) Tàitai ài guàngjiē, wǒ zhǐhǎo fèngpéi.
太太爱逛街，我只好奉陪。
（奉陪：accompagner quelqu'un）

Nǎinai ài chī yú, bú ài chī ròu.
（4）奶奶 爱 吃 鱼，不 爱 吃 肉。

5. 我对足球不太感兴趣

Gēge duì tiānwén hěn gǎn xìngqù.
（1）哥哥 对 天文 很 感 兴趣。

Jiějie duì shízhuāng hěn gǎn xìngqù.
（2）姐姐 对 时装 很 感 兴趣。

Bàba duì fángchǎn guǎnggào hěn gǎn xìngqù.
（3）爸爸 对 房产 广告 很 感 兴趣。

Wǒ duì guàng shāngdiàn bù gǎn xìngqù.
（4）我 对 逛 商店 不 感 兴趣。

6. 那场球赛精彩极了

Shànghǎi Zájìtuán de yǎnchū jīngcǎi jí le.
（1）上海 杂技团 的 演出 精彩 极 了。（杂技：acrobatie *f.*）

Zài Shànghǎi Dàjùyuàn yǎnchū de gējù jīngcǎi jí le.
（2）在 上海 大剧院 演出 的 歌剧 精彩 极 了。

Zhège jùběn xiě de hěn jīngcǎi.
（3）这个 剧本 写 得 很 精彩。（剧本：scénario *m.*）

Guānzhòng wèi yǎnyuán de jīngcǎi biǎoyǎn gǔzhǎng.
（4）观众 为 演员 的 精彩 表演 鼓掌。

7. 真可惜

Tā yīnwèi chā wǔ fēn méi kǎoshang dàxué, zhēn kěxī!
（1）他 因为 差 五 分 没 考上 大学，真 可惜！

Nǐ fàngqì zhème hǎo de jīhuì, tài kěxī.
（2）你 放弃 这么 好 的 机会，太 可惜。（放弃：abandonner）

Hěn xiǎng hé dàjiā yìqǐ lǚxíng, kěxī shēngbìng zhùyuàn le.
（3）很 想 和 大家 一起 旅行，可惜 生病 住院 了。

Wǒ hěn xǐhuan nà jiàn dàyī, kěxī qián búgòu.
（4）我 很 喜欢 那 件 大衣，可惜 钱 不够。

☆ 词 语（Vocabulaire） ☆

1. chànggē 唱歌 （动） chanter
2. tiàowǔ 跳舞 （动） danser
3. gǔdiǎn yīnyuè 古典 音乐（名） la musique classique
4. liúxíng gēqǔ 流行 歌曲（名） la chanson populaire
5. tán gāngqín 弹 钢琴 jouer du piano
6. měishù 美术 （名） les beaux-arts
7. shūfǎ 书法 （名） calligraphie *f.*
8. Àolínpǐkè 奥林匹克 （名） les jeux olympiques
9. guànjūn 冠军 （名） champion, ne
10. yàjūn 亚军 （名） le second dans un championnat

11.	dì-sānmíng 第三名		le troisième dans un championnat	12.	shèng 胜	（动）	gagner
13.	bài 败	（动）	perdre	14.	lánqiú 篮球	（名）	basket *m.*
15.	páiqiú 排球	（名）	volley-ball *m.*	16.	wǎngqiú 网球	（名）	tennis *m.*
17.	bàngqiú 棒球	（名）	base-ball *m.*	18.	gāo'ěrfūqiú 高尔夫球	（名）	golf *m.*
19.	yóuyǒng 游泳	（名/动）	natation *f.* /nager	20.	guǎngbō 广播	（名/动）	radio *f.* /radiodiffuser
21.	píndào 频道	（名）	chaîne *f.*	22.	jiémù 节目	（名）	programme *m.*
23.	jiāoxiǎng yīnyuèhuì 交响音乐会	（名）	le concert symphonique	24.	héchàng 合唱	（动）	faire un chant choral
25.	dúchàng 独唱	（动）	faire un solo	26.	xiànchǎng zhíbō 现场直播	（动）	émettre en direct
27.	chóngbō 重播	（动）	retransmettre l'émission	28.	jùlèbù 俱乐部	（名）	club *m.*
29.	jiànshēnfáng 健身房	（名）	gymnase *m.*				

☆　练　习(Exercices)　☆

一、用"对……感兴趣"回答问题（Répondez aux questions en utilisant «对……感兴趣»）

1. 你喜欢抽烟吗？
2. 你常常看体育比赛吗？
3. 旅游的时候，山水风景和古代建筑，你更喜欢什么？
4. 你喜欢谈论政治吗？

二、选择填空（Remplissez les blancs en choisissant les mots）

赢　输　精彩　遗憾　直播　一流　从小　可惜

1. 李教授的演讲（yǎnjiǎng/discours *m.*）非常________。你没去听，真是太________了。
2. 今天晚上电视台要________NBA篮球赛，我一定要看。
3. 我________就希望能成为一个音乐家。
4. 那场比赛他因为脚痛，________给了对手。
5. 他是________的时装设计师。
6. 他的水平比小张高，所以，十次比赛他________了七次。
7. 哎呀，酒瓶打碎了，这么好的酒，________了。

三、回答问题（Répondez aux questions suivantes）

1. 你有什么爱好？业余时间你做什么？
2. 你喜欢古典音乐还是流行音乐？

3．你看过中国的京剧吗？

四、根据指定内容作一个介绍（Faites une présentation d'après les sujets suivants）
1．你们国家圣诞节（Shèngdàn Jié/Noël）的情况。
2．你家乡的天气情况。

五、会话（Conversation）
安　妮：明明画得真不错。
郭明明：老师说我画画儿有进步。
于雪来：保尔呢？他有什么爱好？
安　妮：他喜欢踢（tī/jouer）球，还有游泳。男孩子就是喜欢运动（yùndòng/sport *m.*）。
于雪来：安妮，你喜欢体育运动吗？
安　妮：我喜欢比较安静的活动，听听音乐、看看小说什么的。你呢，小于？
于雪来：我喜欢看戏。现在很多年轻人对传统艺术不感兴趣，可是我觉得很有意思。
安　妮：你先生也爱看戏吗？
于雪来：他？他什么爱好都没有。
郭明明：爸爸爱抽烟。
于雪来、安妮：哈哈。
于雪来：这不是爱好，这是不良嗜好（shìhào/la mauvaise habitude）。

☆ 练习答案（Corrigés） ☆

二、1．精彩　遗憾　2．直播　3．从小　4．输
5．一流　6．赢　7．可惜

LE CHINOIS POUR LES FRANCOPHONES

法国人学汉语

PHRASES-TYPES D'USAGE COURANT
常用句型

1. 陈述句 + 吗? Est-ce que ... ?

(1) Tā shì xuésheng ma? 他 是 学生 吗?	Est-ce qu'il est étudiant?
Shì de, tā shì xuésheng. ——是 的,他 是 学生。	— Oui, il est étudiant.
(2) Míngtiān nǐ qù gōngsī ma? 明天 你 去 公司 吗?	Est-ce que tu iras au bureau demain?
Qù. ——去。	— Oui.
(3) Shūjià shang yǒu bàozhǐ ma? 书架 上 有 报纸 吗?	Est-ce qu'il y a des journaux sur l'étagère?
Méiyǒu. ——没有。	— Non, il n'y en a pas.
(4) Tā xǐhuan yīnyuè ma? 他 喜欢 音乐 吗?	Est-ce qu'il aime la musique?
Tā bù xǐhuan yīnyuè. ——他 不 喜欢 音乐。	— Non, il ne l'aime pas.

2. 动词 + 了 + 没有/吗? Est-ce que + (passé composé) ... ?

(1) Nǐ fùxíle méiyǒu? 你 复习了 没有?	Est-ce que tu as révisé tes leçons?
Fùxí le. ——复习 了。	— Oui, je les ai révisées.
(2) Tā qù chūchāile méiyǒu? 他 去 出差了 没有?	Est-ce qu'il est déjà parti en mission?
Hái méi qù. ——还 没 去。	— Non, pas encore.
(3) Tā kǎoshang dàxué le ma? 他 考上 大学 了 吗?	Est-ce qu'il a réussi son concours pour entrer à l'université?
Kǎoshang le. ——考上 了。	— Oui.
(4) Zǎoshang de diànshì xīnwén, nǐ kànle ma? 早上 的 电视 新闻, 你 看了 吗?	Est-ce que tu as regardé les journaux télévisés ce matin?

Méi kàn.
——没 看。 — Non.

这是询问动作是否完成的格式。
C'est une phrase-type de demander si l'action est déjà finie.

3. 可以……吗? ……，可以吗? **Est-ce que + pouvoir ... ?**

Kěyǐ jìnlai ma?
(1) 可以 进来 吗? Est-ce que je pourrais entrer?

Qǐng jìn.
——请 进。 — Oui. Entrez.

Kěyǐ kāi chuāng ma?
(2) 可以 开 窗 吗? Est-ce que je peux ouvrir la fenêtre?

Kěyǐ.
——可以。 — Oui.

Zài zhèli tíngchē, kěyǐ ma?
(3) 在 这里 停车，可以 吗? Est-ce que je peux me garer ici?

Bùxíng.
——不行。 — Non.

Zài zhèli chōuyān, kěyǐ ma?
(4) 在 这里 抽烟，可以 吗? Est-ce que je peux fumer ici?

Bùxíng.
——不行。 — Non.

这是询问对方是否允许自己做某事的格式。
C'est une phrase-type utilisé pour demander si l'on peut faire quelque chose.

4. ……也/都 + 行吗? **Est-ce que + pouvoir ... ?**

Yòng qiānbǐ xiě yě xíng ma?
(1) 用 铅笔 写 也 行 吗? Est-ce qu'on peut écrire avec un crayon?

Xíng.
——行。 — Oui.

Wǎn yìdiǎnr lái yě xíng ma?
(2) 晚 一点儿 来 也 行 吗? Est-ce que je peux arriver plus tard?

Xíng.
——行。 — Oui.

(3) Zhège jiāogěi shuí dōu xíng ma?
这个 交给 谁 都 行 吗？ Est-ce qu'on peut le donner à n'importe qui?

Bù, qǐng jiāogěi xiàozhǎng.
——不，请 交给 校长。 — Non, donnez-le au président de l'École.

(4) Zhège fàng zài nǎr dōu xíng ma?
这个 放 在 哪儿 都 行 吗？ Est-ce qu'on peut le déposer n'importe où?

Bù, yào fàng zài zhuōzi shang.
——不，要 放 在 桌子 上。 — Non, posez-le sur la table.

在有多项选择的情况下，问话人询问自己是否可以选择某一项。

Quand il y a plusieurs possibilités, on pose la question pour savoir ce qu'il doit faire.

5. 知道……吗？ ……，知道吗？ **Est-ce que + savoir ... ?**

(1) Nǐ zhīdao shénme shíhou kǎoshì ma?
你 知道 什么 时候 考试 吗？ Est-ce que tu sais quand on aura l'examen?

(Zhīdao, shì) xià ge xīngqī.
(知道，是) 下 个 星期。 — (Oui,) la semaine prochaine.

(2) Nǐ zhīdao nǎge fàndiàn hǎo ma?
你 知道 哪个 饭店 好 吗？ Est-ce que tu sais quel restaurant est bon?

Xīnyǎ Yuècàiguǎn.
——新雅 粤菜馆。 — Oui, le Restaurant cantonais Xinya.

(3) Hànzì yǒu duōshao, nǐ zhīdao ma?
汉字 有 多少，你 知道 吗？ Est-ce que tu sais combien il y a de mots chinois?

Bù zhīdao.
——不 知道。 — Non, je ne le sais pas.

(4) Zhōngguó guótǔ yǒu duō dà, nǐ zhīdao ma?
中国 国土 有 多 大，你 知道 吗？ Est-ce que tu connais la superficie de la Chine?

Bù zhīdao.
——不 知道。 — Non.

6. 什么？ 什么＋名词？ Qu'est-ce que ... ? / Quel est ... ? / Quelle est ... ?

Zhè shì shénme?
(1) 这 是 什么？ Qu'est-ce que c'est?

Zhè shì huā.
——这 是 花。 — C'est une fleur.

Nǐ zài zuò shénme?
(2) 你 在 做 什么？ Qu'est-ce que tu fais?

Zài tīng yīnyuè.
——在 听 音乐。 — J'écoute de la musique.

Nǐ jiào shénme míngzi?
(3) 你 叫 什么 名字？ Quel est ton nom?

Wǒ jiào Lǐ Xiǎomíng.
——我 叫 李 小明。 — Je m'appelle Li Xiaoming.

Nà běn shì shénme shū?
(4) 那 本 是 什么 书？ Quel est ce livre?

Shì xiǎoshuō.
——是 小说。 — C'est un roman.

7. 哪个？ 哪些？ 哪种？ Quel / Quelle / Lequel / Laquelle ... ?

Nǎge bēizi shì bàba de?
(1) 哪个 杯子 是 爸爸 的？ Quel verre est à ton père?

Nàge lánsè de.
——那个 蓝色 的。 — Celui qui est bleu.

Nǎxiē qiānbǐ shì dìdi de?
(2) 哪些 铅笔 是 弟弟 的？ Quels sont les crayons de ton frère cadet?

Zhèxiē shì dìdi de.
——这些 是 弟弟 的。 — Ceux-ci sont à lui.

Nǎ zhǒng píngguǒ zuì tián?
(3) 哪 种 苹果 最 甜？ Quelle pomme est la plus sucrée?

Zhè zhǒng.
——这 种。 — Celle-là.

Nǐ xǐhuan nǎ zhǒng yàngzi?
(4) 你 喜欢 哪 种 样子？ Lequel préfères-tu?

Nà zhǒng.
——那 种。 — Celui-là.

8. 哪里？ 哪儿？ 什么地方？ 哪边？ — Où ... ?

(1) Shànghǎi Bówùguǎn zài nǎli?
上海博物馆在哪里？
Où se trouve le Musée de Shanghai?

Zài Rénmín Guǎngchǎng.
——在人民广场。
— À la Place du Peuple.

(2) Nǐ qù nǎr?
你去哪儿？
Où vas-tu?

Qù gōngsī.
——去公司。
— Je vais au bureau.

(3) Shénme dìfang yǒu dìtú mài?
什么地方有地图卖？
Où peut-on trouver une carte?

Shūdiàn yǒu mài.
——书店有卖。
— À la librairie.

(4) Nǎbian shì dōng?
哪边是东？
L'Est est dans quelle direction?

Nàbian.
——那边。
— Ce sens-là.

9. 什么时候？ — Quand ... ?

(1) Nǐ shénme shíhou qù Běijīng?
你什么时候去北京？
Quand partiras-tu pour Pékin?

Míngtiān.
——明天。
— Demain.

(2) Tā shénme shíhou bìyè?
他什么时候毕业？
Quand aura-t-il fini ses études?

Míngnián.
——明年。
— L'année prochaine.

(3) Tā shénme shíhou huíguó?
他什么时候回国？
Quand retournera-t-il chez lui?

Xià ge yuè.
——下个月。
— Le mois prochain.

(4) Bàba shénme shíhou chūchāi?
爸爸什么时候出差？
Quand le père ira-t-il en mission?

Xià ge xīngqī.
——下个星期。
— La semaine prochaine.

10. 几……? 哪……? **Quel /Quelle ... ?**

(1) Nǐ shì nǎ nián shēng de?
你 是 哪 年 生 的? En quelle année es-tu né?

Yījiǔliùjiǔ nián shēng de.
——一九六九 年 生 的。 — En 1969.

(2) Xuéxiào jǐ yuè kāixué?
学校 几 月 开学? À quel mois sera la rentrée de l'école?

Jiǔ yuè.
——九 月。 — En septembre.

(3) Jīntiān jǐ hào? Xīngqī jǐ?
今天 几 号? 星期 几? Quelle date sommes-nous? Quel jour sommes-nous?

Sān hào, xīngqīsān.
——三 号, 星期三。 — Nous sommes mercredi, le trois.

(4) Xiànzài jǐ diǎn?
现在 几 点? Quelle heure est-il?

Bā diǎn.
——八 点。 — Il est huit heures.

这里的“哪”、“几”是询问时点。
«哪» et «几» sont utilisés pour demander l'année et l'heure.

11. 几……? **Combien de ... ?**

(1) Nǐ zài Shànghǎi zhùle jǐ nián?
你 在 上海 住了 几 年? Depuis combien d'années habites-tu à Shanghai?

Wǔ nián.
——五 年。 — Depuis cinq ans.

(2) Yí ge xuéqī yǒu jǐ ge yuè?
一 个 学期 有 几 个 月? Combien de mois y a-t-il dans un semestre?

Wǔ ge yuè.
——五 个 月。 — Il y en a cinq.

(3) Nǐ dǎsuan zài zhèr dāi jǐ tiān?
你 打算 在 这儿 待 几 天? Combien de jours ton séjour va-t-il durer?

Sì tiān.
——四 天。 — Quatre jours.

(4) Yí ge yuè yǒu jǐ ge xīngqī?
一个月有几个星期？ Combien de semaines y a-t-il dans un mois?

Sì ge xīngqī.
——四个星期。 — Il y en a quatre.

(5) Zhège huì yào kāi jǐ ge xiǎoshí?
这个会要开几个小时？ Combien d'heures durera cette réunion?

Liǎng ge xiǎoshí.
——两个小时。 — Deux heures.

这里的"几"是询问时段。

Ici,«几» est utilisé pour demander la durée (en temps).

12. 多少……？ 几＋量词？ Combien de ... ?

(1) Zhè shuāng xié duōshao qián?
这双鞋多少钱？ Ça coûte combien,cette paire de souliers?

Yìbǎi bāshí kuài.
——一百八十块。 — 180 yuans.

(2) Lǐtáng li yǒu duōshao xuésheng?
礼堂里有多少学生？ Combien d'étudiants y a-t-il dans la grande salle?

Liǎngbǎi duō.
——两百多。 — Plus de 200.

(3) Nàli yǒu jǐ ge háizi?
那里有几个孩子？ Combien d'enfants y a-t-il là-bas?

Liù-qī ge.
——六七个。 — Six ou sept.

(4) Nǐ yǒu jǐ běn Yīngyǔ zázhì?
你有几本英语杂志？ Combien de revues anglaises as-tu?

Yǒu sān běn.
——有三本。 — J'en ai trois.

这是询问数量的格式。估计数量在十以上时用"多少"来提问，估计数量在十以下时用"几＋量词"提问。

C'est une phrase-type utilisée pour demander le nombre. Si le nombre qu'on veut savoir est supérieur à « 10 », on pose la question avec «多少» au lieu de «几». «几＋量词» est utilisé pour connaître le nombre qui est inférieur à « 10 ».

13. 怎么……？　为什么……？　**Qu'est-ce qui ... ? / Pourquoi ... ?**

(1) Tā zěnme méi lái?
他 怎么 没 来？ — Pourquoi n'est-il pas venu?

Tā shēngbìng le.
——他 生病 了。 — Il est malade.

(2) Nǐ zěnme bú qù lǚyóu?
你 怎么 不 去 旅游？ — Pourquoi n'es-tu pas parti en voyage?

Wǒ méi kòng.
——我 没 空。 — Parce que je n'avais pas le temps.

(3) Nǐ wèishénme chídào?
你 为什么 迟到？ — Pourquoi es-tu en retard?

Yīnwèi lù shang dǔchē.
——因为 路 上 堵车。 — Parce qu'il y a eu un embouteillage.

(4) Dìdi wèi shénme kū?
弟弟 为 什么 哭？ — Pourquoi ton frère cadet pleure-t-il?

Yīnwèi kǎoshì bù jígé.
——因为 考试 不 及格。 — Parce qu'il n'a pas réussi à son examen.

(5) Zěnme la?
怎么 啦？ — Qu'est-ce qui t'arrive?

Wǒ yǒu diǎnr bù shūfu.
——我 有 点儿 不 舒服。 — Je ne me sens pas bien.

(6) Zěnme huí shì?
怎么 回 事？ — Qu'est-ce qui s'est passé?

Qiánmian chū chēhuò le.
——前面 出 车祸 了。 — Il y a un accident devant.

这是询问原因的格式。

C'est une phrase-type utilisée pour demander la cause.

14. 怎么＋动词？　**Comment ... ?**

(1) Qù Xī'ěrdùn Bīnguǎn zěnme zǒu?
去 希尔顿 宾馆 怎么 走？ — Comment puis-je arriver à l'Hôtel Hilton?

Xiàng yòu guǎi jiù dào le.
——向 右 拐 就 到 了。 — Tournez à droite et vous y êtes.

Zhè jiàn shì zěnme bàn?
(2) 这 件 事 怎么 办? — Comment faire pour cette affaire?

Nǐ wèn kēzhǎng ba.
——你 问 科长 吧。 — Tu dois t'adresser au chef du bureau.

Nǐ shì zěnme lái de?
(3) 你 是 怎么 来 的? — Comment es-tu venu?

Zǒulai de.
——走来 的。 — À pied.

Gēn tā zěnme liánxì?
(4) 跟 他 怎么 联系? — Comment peut-on le contacter?

Kěyǐ dǎ diànhuà.
——可以 打 电话。 — Par le téléphone.

这是询问动作方式的格式。

C'est une phrase-type utilisée pour demander le moyen de l'action.

15. ……怎么样? **Comment ... ?**

Zhè zhǒng bù zěnmeyàng?
(1) 这 种 布 怎么样? — Comment trouves-tu ce tissu?

Yòu piányi yòu hǎokàn.
——又 便宜 又 好看。 — Il est beau et ne coûte pas cher .

Tā Hànyǔ xué de zěnmeyàng?
(2) 他 汉语 学 得 怎么样? — Ça marche,son chinois?

Jìnbù hěn kuài.
——进步 很 快。 — Oui,il fait des progrès.

Nánjīng de tiānqì zěnmeyàng?
(3) 南京 的 天气 怎么样? — Quel est le climat de Nanjing?

Hé Shànghǎi chàbuduō.
——和 上海 差不多。 — Pareil à celui de Shanghai.

Nǐ māma de bìng zěnmeyàng le?
(4) 你 妈妈 的 病 怎么样 了? — Ta mère,elle va mieux?

Yǐjīng hǎo le.
——已经 好 了。 — Oui,elle est déjà guérie.

这里的"怎么样"是询问人或事物的状况。

Ici «怎么样» est utilisé pour demander en quel état se trouve un homme ou une affaire.

16. A 不 A？　A(B) 不 AB？　Est-ce que ... ou pas?

(1) Tā shì bu shì xuésheng? 他是不是学生？	Est-ce qu'il est étudiant ou pas?
Shì de, tā shì xuésheng. ——是的，他是学生。	— Oui, il est étudiant.
(2) Nǐ dìdi huì bu huì Yīngyǔ? 你弟弟会不会英语？	Est-ce que ton frère cadet comprend l'anglais ou pas?
Bú huì. ——不会。	— Non.
(3) Hánjià nǐ huí (guó) bu huí guó? 寒假你回（国）不回国？	Est-ce que tu rentreras dans ton pays pendant les vacances d'hiver ou pas?
Bù huíqu. ——不回去。	— Non, je n'y rentrerai pas.
(4) Zhège cài hǎo(chī) bu hǎochī? 这个菜好(吃)不好吃？	Est-ce que ce plat est délicieux ou pas?
Hěn hǎochī. ——很好吃。	— Oui, il est bon.

这是用肯定形式和否定形式并列构成的疑问句。跟句型 1 的意思一样。A 是动词或形容词。

C'est une interrogation qui est composée de l'affirmatif et du négatif, égale à la phrase-type 1. A est un verbe ou un adjectif.

17. A 还是 B？　A + ou + B?

(1) Zhè shì nǐ de háishi tā de? 这是你的还是他的？	C'est à toi ou à lui?
Shì tā de. ——是他的。	— C'est à lui.
(2) Nǐ xǐhuan bái de háishi lǜ de? 你喜欢白的还是绿的？	Tu aimes le blanc ou le vert?
Xǐhuan bái de. ——喜欢白的。	— Le blanc.

(3) Wǒmen jīntiān qù háishi míngtiān qù?
我们 今天 去 还是 明天 去?
On y va aujourd'hui ou demain?

Míngtiān qù ba.
——明天 去 吧。
— Demain.

(4) Zhè jiàn shì, nǐ zuò háishi tā zuò?
这 件 事,你 做 还是 他 做?
C'est toi qui vas le faire ou lui?

Wǒ zuò ba.
——我 做 吧。
— C'est moi.

这是选择疑问句。在两种或几种情况中,询问对方的选择。

C'est une interrogation qui inclut un choix. Il y a deux ou plusieurs solutions, c'est à l'interlocuteur de choisir.

18. 名词/代词+呢?　　**Où ...?**

(1) Wǒ de shǒutào ne?
我 的 手套 呢?
Où sont mes gants?

Zài yīguì li.
——在 衣柜 里。
— Ils sont dans l'armoire.

(2) Chén kēzhǎng ne?
陈 科长 呢?
Où est le chef du bureau Monsieur Chen?

Zài bàngōngshì.
——在 办公室。
— Il est dans le bureau.

(3) Jīpiào ne?
机票 呢?
Où est le billet d'avion?

Fàngdào shǒutíbāo li le.
——放到 手提包 里 了。
— Je l'ai mis dans le sac.

(4) Nǐ de háizi ne?
你 的 孩子 呢?
Où est ton enfant?

Qù yòu'éryuán le.
——去 幼儿园 了。
— Il est allé au jardin d'enfants.

在特定的情况下,询问人或事物在什么地方。这个格式等于"……在什么地方?"

Cette phrase-type, égale à «……在什么地方?», est utilisée pour demander « où est l'objet; où est l'homme ... ».

19. A……,B 呢? ... ,et/mais ... ?

(1) Wǒ míngtiān qù Pǔdōng, nǐ ne?
我明天去浦东,你呢? Je vais à Pudong demain,et toi?

Wǒ yě qù.
——我也去。 — Moi aussi.

(2) Jīntiān cānguān bówùguǎn, míngtiān ne?
今天参观博物馆,明天呢? Aujourd'hui on va au musée du Palais impérial,et demain?

Cānguān měishùguǎn.
——参观美术馆。 — Au musée des beaux arts.

(3) Nǐ xǐhuan chànggē, tiàowǔ ne?
你喜欢唱歌,跳舞呢? Tu aimes chanter,mais danser?

Yě xǐhuan.
——也喜欢。 — J'aime aussi.

(4) Jiějie hěn piàoliang, mèimei ne?
姐姐很漂亮,妹妹呢? L'aînée est belle,et la cadette?

Mèimei bú tài piàoliang.
——妹妹不太漂亮。 — Elle n'est pas très belle.

在特定的情况下,询问人或事物的状况。这个格式等于"A……,B 怎么样?"

Cette phrase-type,égale à « A……,B 怎么样? » est utilisée pour demander « Comment est ... ».

20. 多+形容词? 有+多+形容词? Combien ... ?

(1) Zhè zuò dàlóu yǒu duō gāo?
这座大楼有多高? Cet immeuble,quelle est sa taille?

Yǒu sānbǎi wǔshí mǐ.
——有三百五十米。 — Il mesure 35 mètres.

(2) Zhège xiāngzi duō zhòng?
这个箱子多重? Combien pèse cette boîte?

Yǒu èrshíwǔ gōngjīn.
——有二十五公斤。 — Il pèse de 25kg.

(3) Zhèr dào jīchǎng duō yuǎn?
这儿到机场多远? Combien on met de temps d'ici à l'aéroport?

Zuò chē yào sìshí fēnzhōng.
——坐车要四十分钟。 — 40 minutes en voiture.

Nǐ de érzi duō dà?
(4) 你 的 儿子 多 大？ — Quel age a ton fils?

Jiǔ suì le.
——九 岁 了。 — — Il a neuf ans.

这是询问程度、数量的格式。
Cette phrase-type sert à demander le degré et le nombre.

21. A 是 B — A + être + B

Tā shì xuésheng.
(1) 她 是 学生。 — Elle est étudiante.

Zhè wèi shì xiàozhǎng.
(2) 这 位 是 校长。 — C'est le président.

Zhè shì jīntiān de bàozhǐ.
(3) 这 是 今天 的 报纸。 — C'est le journal d'aujourd'hui.

Nà shì māma de fángjiān.
(4) 那 是 妈妈 的 房间。 — C'est la chambre de ma mère.

22. A 不是 B — A + ne ... pas être + B

Wǒ bú shì jiàoshī.
(1) 我 不 是 教师。 — Je ne suis pas professeur.

Tā bú shì Měiguórén.
(2) 他 不 是 美国人。 — Il n'est pas Américain.

Zhè bú shì wǒ de shū.
(3) 这 不 是 我 的 书。 — Ce n'est pas mon livre.

Zhè bú shì dìdi de běnzi.
(4) 这 不 是 弟弟 的 本子。 — Ce n'est pas le cahier de mon frère cadet.

23. 人/物 + 在 + 处所 — qqn./qqch. + endroit

Bàba zài gōngsī li.
(1) 爸爸 在 公司 里。 — Mon père est au bureau.

Māma zài jiā li.
(2) 妈妈 在 家 里。 — Ma mère est à la maison.

Zázhì zài zhuōzi shang.
(3) 杂志 在 桌子 上。 — La revue est sur la table.

Wǒ de sǎn zài wàimian.
(4) 我 的 伞 在 外面。 — Mon parapluie est dehors.

24．人/物+不在+处所 — **qqn. / qqch. + ne ... pas + endroit**

(1) Gēge bú zài xuéxiào li.
哥哥不在学校里。
Mon frère aîné n'est pas à l'école.

(2) Dìdi bú zài yuànzi li.
弟弟不在院子里。
Mon frère cadet n'est pas dans la cour.

(3) Dàyī bú zài chuáng shang.
大衣不在床上。
Le manteau n'est pas dans le lit.

(4) Xiézi bú zài yǐzi xia.
鞋子不在椅子下。
Les chaussures ne sont pas au-dessous de la chaise.

25．在+处所+动词 — **verbe + endroit**

(1) Wǒ zài xuéxiào xuéxí Hànyǔ.
我在学校学习汉语。
J'apprends le chinois à l'école.

(2) Tā zài jiàoshì fùxí.
他在教室复习。
Il révise en classe.

(3) Tā zài yīyuàn gōngzuò.
她在医院工作。
Elle travaille à l'hôpital.

(4) Bàba zài kètīng kàn bàozhǐ.
爸爸在客厅看报纸。
Mon père lit le journal dans le salon.

26．A+有+B — **A + avoir + B**

(1) Wǒ yǒu yí ge gēge.
我有一个哥哥。
J'ai un frère.

(2) Tā yǒu zhàoxiàngjī.
他有照相机。
Il a un appareil photo.

(3) Jīntiān wǒ yǒu yuēhuì.
今天我有约会。
J'ai rendez-vous aujourd'hui.

(4) Wǒ yǒu shì, bù néng qù.
我有事，不能去。
J'ai du travail, je ne peux pas y aller.

27．A+没(有)+B — **A + ne ... pas avoir + B**

(1) Wǒ méiyǒu mèimei.
我没有妹妹。
Je n'ai pas de sœurs.

Dìdi méiyǒu shǒubiǎo.
(2) 弟弟 没有 手表。 Mon frère cadet n'a pas de montre.

Niánqīngrén méiyǒu jīngyàn.
(3) 年轻人 没有 经验。 Les jeunes n'ont pas d'expérience.

Wǒ méi qián.
(4) 我 没 钱。 Je n'ai pas d'argent.

28. 处所 + 有(+ 数量) + 人/物 **Il y a ...**

Jiàoshì li yǒu shí ge xuésheng.
(1) 教室 里 有 十 个 学生。 Il y a dix étudiants dans la classe.

Dàshù xia yǒu (yì) zhī gǒu.
(2) 大树 下 有 (一) 只 狗。 Il y a un chien sous l'arbre.

Shūbāo li yǒu wénjùhé.
(3) 书包 里 有 文具盒。 Il y a un plumier dans le cartable .

Zhuōzi shang yǒu liǎng ge lí.
(4) 桌子 上 有 两 个 梨。 Il y a deux poires sur la table.

29. 处所 + 没有 + 人/物 **Il n'y a pas de ...**

Jiàoshì li méiyǒu jiàoshī.
(1) 教室 里 没有 教师。 Il n'y a pas de professeurs dans la classe.

Cāochǎng shang méiyǒu xiǎoháir.
(2) 操场 上 没有 小孩儿。 Il n'y a pas d'enfants sur le terrain de sport.

Fángjiān li méiyǒu diànshìjī.
(3) 房间 里 没有 电视机。 Il n'y a pas de téléviseur dans la chambre.

Shūjià shang méiyǒu bàozhǐ.
(4) 书架 上 没有 报纸。 Il n'y a pas de journaux sur l'étagère.

30. a 经常 + 动词 **verbe + souvent**

b 不常 + 动词 **verbe + rarement**

Wǒ jīngcháng zǎoshang qī diǎn qǐchuáng.
(1) 我 经常 早上 七 点 起床。 Je me lève souvent à sept heures.

Tā cháng qù Hángzhōu.
(2) 他 常 去 杭州。 Il va souvent à Hangzhou.

(3) Zhèli zuìjìn zǒng guā fēng.
这里 最近 总 刮 风。
Il y a souvent du vent ces jours-ci.

(4) Tā měi tiān duànliàn shēntǐ.
他 每 天 锻炼 身体。
Il fait du sport tous les jours.

(5) Tā bù cháng lái zhèli.
他 不 常 来 这里。
Il ne vient pas souvent ici.

(6) Zhèli de dōngtiān bù cháng xià xuě.
这里 的 冬天 不 常 下 雪。
Il ne neige pas souvent en hiver dans cette région.

(7) Tā hěn shǎo chōuyān.
他 很 少 抽烟。
Il fume très rarement.

(8) Tā hěn shǎo hē jiǔ.
他 很 少 喝 酒。
Il boit très rarement.

这个句型中的动词是经常性的动作、行为。在动词的前面要加上表示经常性的词语，如："经常"、"常常"、"常"、"总"、"每天"等等。否定时要加上"不常"或"很少"。

Dans cette phrase-type, le verbe exprime, avec des adverbes tels que «经常», «常常», «常», «总», «每天» etc., une action fréquente. Pour avoir le sens négatif, il faut dire «不常» ou «很少».

31. a (将 +) 动词　(future)
b 不 + 动词　ne ... pas + (future)

(1) Wǒ míngtiān qù Běijīng chūchāi.
我 明天 去 北京 出差。
Demain, je vais aller en mission à Pékin.

(2) Xià ge yuè jiāng zhàokāi dǒngshìhuì.
下 个 月 将 召开 董事会。
Le conseil d'administration aura lieu le mois prochain.

(3) Míngtiān tā bù lái.
明天 他 不 来。
Il ne viendra pas demain.

(4) Hòutiān bù kāihuì.
后天 不 开会。
Il n'y aura pas de réunion après-demain.

"将 + 动词"表示将要发生的动作，一般用于书面语中。口语中不必加"将"。**b** 是 **a** 的否定形式。

«将 + 动词» marque un fait à venir, utilisé généralement dans la langue écrite. «将» n'est pas nécessaire dans la langue parlée. **b** est la forme négative de **a**.

32．（就/快＋）要＋动词＋了 **aller + verbe**

（1）Yào xià yǔ le, kuài huíjiā ba.
要下雨了，快回家吧。 Il va pleuvoir. Rentre vite à la maison.

（2）Jiù yào kǎoshì le, bú qù lǚxíng le.
就要考试了，不去旅行了。 On va passer un examen et on ne voyagera plus.

（3）Fēijī jiù yào qǐfēi le, shàng fēijī ba.
飞机就要起飞了，上飞机吧。 L'avion va décoller, montez dans l'avion.

（4）Nà kē shù kuài yào dǎo le.
那棵树快要倒了。 L'arbre va tomber.

这个格式表示动作马上发生。
Cette forme marque un fait qui aura lieu très prochainement.

33．a（正）在＋动词（＋呢） **en train de + verbe**
正＋动词＋呢
b 没（＋在）＋动词 **ne ... pas + en train de + verbe**

（1）Māma zhèngzài xiě xìn.
妈妈正在写信。 Ma mère est en train d'écrire une lettre.

（2）Bàba zài kàn shū.
爸爸在看书。 Le père lit un journal.

（3）Tāmen zhèng shàngkè ne.
他们正上课呢。 Ils sont en classe.

（4）Tā zài dǎ wǎngqiú ne.
他在打网球呢。 Il joue au tennis.

（5）Tā méi zài zuò zuòyè, zài wán ne.
他没在做作业，在玩呢。 Il s'amuse au lieu de faire ses devoirs.

（6）Wǒ méi kàn diànshì, zài dǎsǎo ne.
我没看电视，在打扫呢。 Je ne regarde pas la télévision, je fais le ménage.

a 表示动作在进行中。**b** 是 **a** 的否定形式。
a marque un fait qui est en train de se dérouler. **b** est sa forme négative.

34. a 动词＋着 — **être＋p. p.**

b 没＋动词(＋着) — **ne ... pas＋être＋p. p.**

(1) Mén guānzhe.
门关着。
La porte est fermée.

(2) Diàndēng kāizhe.
电灯开着。
La lampe est allumée.

(3) Mèimei názhe píngguǒ.
妹妹拿着苹果。
Ma petite sœur a une pomme (à la main).

(4) Mén méi suǒ.
门没锁。
La porte n'est pas fermée à clé.

(5) Diàndēng méi kāizhe.
电灯没开着。
La lampe n'est pas allumée.

(6) Diànshìjī méi guān.
电视机没关。
Le téléviseur n'est pas éteint.

a 表示动作或动作结果的状态在持续。**b** 是 **a** 的否定形式。
a marque un fait ou son résultat qui dure encore. **b** est sa forme négative.

35. a 处所＋动词＋着(＋数量)＋人/物 — **Il y a ...**

b 处所＋没＋动词＋人/物 — **Il n'y a pas ...**

(1) Qiáng shang guàzhe shìjiè dìtú.
墙上挂着世界地图。
Au mur, il y a une carte du monde.

(2) Hēibǎn shang xiězhe tā de míngzi.
黑板上写着他的名字。
Son nom s'est écrit au tableau noir.

(3) Zhuōzi shang fàngzhe yí ge zhōng.
桌子上放着一个钟。
Il y a une horloge sur la table.

(4) Shāfā shang zuòzhe sān ge rén.
沙发上坐着三个人。
Il y a trois personnes assises sur le canapé.

(5) Huāpíng li méi chā huā.
花瓶里没插花。
Il n'y a pas de fleurs dans le vase.

(6) Hēibǎn shang méi xiě zì.
黑板上没写字。
Rien n'est écrit au tableau noir.

Zhèli méi xiě jiàqian.
(7) 这里 没 写 价钱。 Le prix n'est pas marqué.

Shāfā shang méi zuò rén.
(8) 沙发 上 没 坐 人。 Il n'y a personne sur le canapé.

a 表示在某处某个动作在持续。**b** 是 **a** 的否定形式。

a marque une action qui se prolonge dans un endroit. **b** est sa forme négative.

36. a 动词+了　动词+过+了　(passé composé)
b 没+动词　ne ... pas+(passé composé)

Bàba liù diǎn chūle mén.
(1) 爸爸 六 点 出了 门。 Mon père est sorti à six heures.

Tā zuótiān qùle Tiānjīn.
(2) 他 昨天 去了 天津。 Il est allé à Tianjin hiver.

Māma shàngwǔ xiěle xìn.
(3) 妈妈 上午 写了 信。 Ma mère a écrit une lettre ce matin.

Lǐ Huá qiántiān láile Shànghǎi.
(4) 李 华 前天 来了 上海。 Li Hua est arrivé à Shanghai avant-hier.

Wǒ xǐguo tóu le.
(5) 我 洗过 头 了。 Je me suis lavé les cheveux.

Wǒ chīguo fàn le.
(6) 我 吃过 饭 了。 J'ai déjà pris le repas.

Zuótiān wǒ méi fùxí.
(7) 昨天 我 没 复习。 Hier je n'ai pas révisé mes leçons.

Shǔjià tā méi qù lǚxíng.
(8) 暑假 他 没 去 旅行。 Il n'est pas allé voyager pendant les vacances d'été.

Xīngqīliù wǒ méi xuéxí.
(9) 星期六 我 没 学习。 Je n'ai pas travaillé samedi .

Zhōngwǔ wǒ méi chī fàn.
(10) 中午 我 没 吃 饭。 Je n'ai pas déjeuné.

a 表示动作已经发生并完成。**b** 否定动作发生过。

a marque un fait qui a eu lieu et fini dans le passé. **b** est sa forme négative.

37. a 动词 + 过 **(passé composé)**

b 没 + 动词 + 过 **ne ... pas + (passé composé)**

Tā qùguo Yīngguó.
(1) 他 去过 英国。 Il a été en Angleterre.

Wǒ kànguo zhè běn shū.
(2) 我 看过 这 本 书。 J'ai déjà lu ce livre.

Dìdi xuéguo Fǎyǔ.
(3) 弟弟 学过 法语。 Mon frère cadet a appris le français.

Wǒ méi kànguo jīngjù.
(4) 我 没 看过 京剧。 Je ne suis pas allé voir l'opéra chinois.

Wǒ méi jiànguo nàge rén.
(5) 我 没 见过 那个 人。 Je n'ai pas rencontré cette personne.

Tā méi quēxíguo.
(6) 他 没 缺席过。 Il n'a pas été absent.

a 表示曾经发生过某种事情。**b** 表示没有发生过某种事情。

a marque l'expérience qu'on a eue dans le passé. **b** est sa forme négative.

38. 动词 1 + 了 + 动词 2 **... après ...**

Wǒ xiàle kè qù túshūguǎn.
(1) 我 下了 课 去 图书馆。 Je vais à la bibliothèque après les cours.

Wǒ chīle fàn qù kàn diànyǐng.
(2) 我 吃了 饭 去 看 电影。 Je vais au cinéma après le repas.

Wǒ xiàle bān gēn nǚpéngyou jiànmiàn.
(3) 我 下了 班 跟 女朋友 见面。 Je rejoins ma petite amie après le travail.

Nǐ chīle wǎnfàn lái wǒ de jiā ba.
(4) 你 吃了 晚饭 来 我 的 家 吧。 Venez chez nous après le dîner.

假设动作 1 完成后将进行动作 2。

Ayant fini l'action 1, on commence l'action 2.

39. 动词 1 + 动词 2 　　verbe 1 + verbe 2

(1) Tā dàishang màozi chūmén le.
他 戴上 帽子 出门 了。 Un chapeau à la tête, il sort.

(2) Wǒ cāshang féizào xǐle shǒu.
我 擦上 肥皂 洗了 手。 Je me savonne et me lave les mains.

(3) Tā pàole chá hē.
他 泡了 茶 喝。 Il fait du thé et en boit.

(4) Wǒ mǎile ge miànbāo chī.
我 买了 个 面包 吃。 J'ai pris un pain et l'ai mangé.

这个格式表示先后连续的动作。

Cette phrase-type marque les actions successives et sans intervalle.

40. 动词 1 + 着 + 动词 2 　　verbe 2 + manière

(1) Wǒmen zǒuzhe qù ba.
我们 走着 去 吧。 On y va à pied.

(2) Lǎoshī zhànzhe jiǎngkè.
老师 站着 讲课。 Debout, le professeur fait la classe.

(3) Tā tǎngzhe kàn shū.
他 躺着 看 书。 Il lit en s'allongeant.

(4) Tā dàizhe háizi qù gōngyuán.
她 带着 孩子 去 公园。 Elle va au jardin avec son enfant.

这个格式表示两个动作同时进行。动作 1 是动作 2 的方式。

Cette phrase-type marque deux actions qui se déroulent en même temps, l'action 1 est la manière du déroulement de l'action 2.

41. 来/去 + 处所 + 动词 　　venir / aller + endroit + pour ...

(1) Ānnà lái Zhōngguó xuéxí Hànyǔ.
安娜 来 中国 学习 汉语。 Anne vient en Chine pour apprendre le chinois.

(2) Lǐ Fāng lái Shànghǎi kāihuì.
李 芳 来 上海 开会。 Li Fang vient à Shanghai pour participer à une réunion.

(3) Wǒ qù jiàoshì zuò zuòyè.
我 去 教室 做 作业。 Je vais faire mes devoirs dans la classe.

Tā qù péngyou jiā wán le.
（4）他去朋友家玩了。　Il va s'amuser chez son ami.

这个格式中的动词表示“来”、“去”的目的。

Dans cette phrase-type, le verbe exprime le but de «来» et de «去».

42. 没＋动词1＋就＋动词2＋了　**... sans avoir ...**

Wǒ méi chī zǎofàn jiù shàngbān le.
（1）我没吃早饭就上班了。　Je suis allé au travail sans avoir pris le petit déjeuner.

Wǒ méi fùxí jiù cānjiā kǎoshì le.
（2）我没复习就参加考试了。　Je suis allé passer l'examen sans avoir révisé.

Tā méi qiāo mén jiù jìnlai le.
（3）他没敲门就进来了。　Il est entré sans avoir frappé à la porte.

Tā méi xiàbān jiù huílai le.
（4）她没下班就回来了。　Elle est rentrée chez elle sans avoir fini son travail.

按常理应该做了第一个动作后再做第二个动作。这个格式表示不按常理，不做第一个动作，直接做第二个动作。

Cette phrase-type est utilisée pour dire que, en rompant avec l'habitude, la deuxième action se déroule sans que la première se soit produite.

43. 动词1＋动词1　**verbe**

Wǒ qùqu jiù lái.
（1）我去去就来。　Je reviendrai tout de suite.

Ràng wǒ kànkan.
（2）让我看看。　Laissez-moi jeter un coup d'œil.

Zhège wèntí wǒ kǎolǜ kǎolǜ.
（3）这个问题我考虑考虑。　Laissez-moi réfléchir sur ce problème.

Zhè jiàn shì wǒmen zài tǎolùn tǎolùn.
（4）这件事我们再讨论讨论。　Il nous faut discuter de ce problème.

这里的动词重叠表示动作时间短。

La répétition du verbe sert à exprimer la brièveté de l'action.

44. 动词 1 + 一 + 动词 1 　　verbe

(1) Ràng wǒ kàn yi kàn.
让我看一看。
Laissez-moi jeter un coup d'œil.

(2) Ràng wǒ tiāo yi tiāo.
让我挑一挑。
Laissez-moi choisir.

(3) Wǒ xiǎng dú yi dú zhè běn shū.
我想读一读这本书。
Je voudrais lire ce roman.

(4) Zhège wèntí wǒ yào xiǎng yi xiǎng.
这个问题我要想一想。
Je voudrais bien réfléchir sur ce problème.

相同两个单音节动词中间加"一"表示动作时间短。这个格式跟句型 43 的意思一样。双音节动词中间不能加"一",比如,不能说"讨论一讨论"。

Pour les verbes qui n'ont qu'une syllabe, on peut le répéter en insérant au milieu «一», dont l'action pourrait être plus au moins courte. Par contre, les verbes de deux syllabes n'obéissent pas à cette règle. Par exemple, on ne dit pas «讨论一讨论». Cette phrase-type est égale à celle du numéro 43.

45. 动词 + 一下 　　verbe

(1) Wǒ yòng yíxià diànhuà, kěyǐ ma?
我用一下电话,可以吗?
Est-ce que je pourrais utiliser le téléphone?

(2) Qǐng bāng wǒ xiū(lǐ) yíxià.
请帮我修(理)一下。
Aidez-moi à le réparer.

(3) Qǐng děng yíxià.
请等一下。
Patientez un instant, s'il vous plaît.

(4) Wǒ lái jièshào yíxià.
我来介绍一下。
Permettez-moi de faire une présentation.

这里的"一下"表示动作时间短。有时起缓和语气的作用。

« 一下 » marque une action brève. Avec « 一下 », on peut quelquefois modérer le ton qu'il utilise.

46. 动词 1 + 动词 1 verbe

Wǒ xiǎng qù Sūzhōu wánwan.
(1) 我想去苏州玩玩。 Je voudrais voyager à Suzhou.

Jīntiān wǒmen bù gōngzuò, qù jiāowài zǒuzou ba.
(2) 今天我们不工作，去郊外走走吧。 Aujourd'hui, au lieu de travailler, nous allons faire une promenade en banlieue.

Jīntiān wǒ gēn péngyou hēhe chá、liáoliao tiān, hěn yúkuài.
(3) 今天我跟朋友喝喝茶、聊聊天，很愉快。 Aujourd'hui j'ai pris du thé et bavardé avec des amis, c'était très agréable.

Xīngqītiān zài jiā tīngting yīnyuè、kànkan diànshì, hěn shūfu.
(4) 星期天在家听听音乐、看看电视，很舒服。 Le dimanche, c'est vraiment agréable d'écouter de la musique et de regarder la télévision à la maison.

这里的动词重叠表示动作很轻松、随意地进行。
La répétition du verbe marque une action détendue.

47. 动词 1 + 动词 1 essayer ...

Wǒ xiǎng chángchang wēishìjì.
(1) 我想尝尝威士忌。 Je voudrais essayer un whisky.

Tā xiǎng chángchang Sìchuāncài.
(2) 她想尝尝四川菜。 Elle voulait essayer la cuisine du Sichuan.

Zhè màozi wǒ dàidai, kàn héshì bu héshì.
(3) 这帽子我戴戴，看合适不合适。 Je voudrais essayer ce chapeau pour voir s'il me va bien.

Zhè zhǒng xiāngzào wǒ yòngyong, kàn hǎo bu hǎo.
(4) 这种香皂我用用，看好不好。 Je voudrais essayer ce savon pour voir s'il est bon.

这里的动词重叠表示尝试的意思。
La répétition du verbe marque une action d'essayer.

48. 人/事/物＋副词＋形容词 **... être très + adjectif**

Zhège jiàoshì hěn dà.
(1) 这个 教室 很 大。 Cette classe est très grande.

Tā hěn piàoliang.
(2) 她 很 漂亮。 Elle est très jolie.

Chén xiānsheng fēicháng rèqíng.
(3) 陈 先生 非常 热情。 M. Chen est très sympathique.

Nà běn shū zhēn yǒuqù.
(4) 那 本 书 真 有趣。 Ce livre est très intéressant.

这是形容词作谓语的句型。形容词作谓语时，一般要在它的前面加副词。只有表示比较的时候才可以单独充当谓语。例如：这本书好，那本也不错。

Dans cette phrase-type, l'adjectif joue le rôle du prédicat et il y a toujours un adverbe qui le précède. Et cet adverbe, on ne peut le supprimer que dans la comparaison. Par exemple：这本书好，那本也不错。

49. 人/事/物＋不＋形容词 **ne ... pas + adjectif**

Jīntiān tiānqì bù hǎo.
(1) 今天 天气 不 好。 Il ne fait pas beau aujourd'hui.

Zhège bàngōngshì bú dà.
(2) 这个 办公室 不 大。 Ce bureau n'est pas grand.

Zhège cài bù hǎochī.
(3) 这个 菜 不 好吃。 Ce plat n'est pas bon.

Zhèli de dōngtiān bù lěng.
(4) 这里 的 冬天 不 冷。 Il ne fait pas froid ici en hiver.

这是句型 48 的否定形式。

C'est la forme négative de la phrase-type 48.

50. a A＋B＋形容词 **être + adjectif**

b A＋B＋不＋形容词 **ne ... pas + être + adjectif**

Wǒ tóu hěn téng.
(1) 我 头 很 疼。 J'ai mal à la tête.

Tā ěrduo hěn lóng.
(2) 他 耳朵 很 聋。 Il est tout à fait sourd.

Nàge sījī fúwù tàidù hěn hǎo.
(3)那个 司机 服务 态度 很 好。 Ce chauffeur est très gentil.

Xī Hú jǐngsè hěn yōuměi.
(4)西 湖 景色 很 优美。 Le paysage du Lac de l'Ouest est très beau.

Nǎinai xīnqíng bù hǎo.
(5)奶奶 心情 不 好。 Ma grand-mère n'est pas déprimée.

Zhège xiǎoqū huánjìng bù hǎo.
(6)这个 小区 环境 不 好。 L'ambiance de ce quartier n'est pas bonne.

这是主谓词组作谓语的句型。B 是 A 的一部分。

On peut considérer B comme une partie de A. Dans cette phrase-type, le sujet-prédicat joue le rôle du prédicat.

51. A 说："……" **A a dit: ...**

Bàba shuō: "Bù huílai chī wǎnfàn."
(1) 爸爸 说："不 回来 吃 晚饭。" Mon père a dit: « je ne dînerai pas à la maison ce soir. »

Jīnglǐ shuō: "Xiàwǔ sān diǎn kāihuì."
(2) 经理 说："下午 三 点 开会。" Le directeur a dit : « il y aura une réunion à quinze heures. »

Māma shuō: "Míngtiān qù gōngyuán."
(3) 妈妈 说："明天 去 公园。" Ma mère a dit : « on ira au parc demain. »

Yīshēng shuō: "Nǐ yào zhùyuàn."
(4) 医生 说："你 要 住院。" Le médecin a dit : « il me faut vous hospitaliser. »

这是直接引用他人说话内容时用的格式。

C'est la phrase-type de citer le discours direct.

52. 听说…… 据说…… On dit que ...

(1) Tīngshuō Hé lǎoshī zhùyuàn le.
听说何老师住院了。
On m'a dit que le professeur He était hospitalisé.

(2) Tīngshuō Zhōu Líng jiéhūn le.
听说周玲结婚了。
On dit que Zhouling s'est marié.

(3) Tīngshuō Wǔhàn xiàtiān hěn rè.
听说武汉夏天很热。
On dit qu'il fait très chaud à Wuhan l'été.

(4) Tīngshuō zhè běn shū hěn hǎo.
听说这本书很好。
On dit que ce livre est très bon.

(5) Jùshuō nàli nào shuǐzāi le.
据说那里闹水灾了。
On dit qu'il y a une inondation dans cette région.

(6) Jùshuō tā fùqīn qùshì le.
据说他父亲去世了。
On dit que son père est mort.

这是转述传闻时用的格式。
Cette phrase-type sert à exprimer un « on-dit ».

53. 听 A 说…… 据 A 说…… A m'a dit que ... /D'après ce que dit A ...

(1) Tīng Xiǎo Lǐ shuō Xú Wén qù Fǎguó le.
听小李说徐文去法国了。
Xiao Li m'a dit que Xu Wen était allé en France.

(2) Tīng tā shuō nà bù diànyǐng hěn yǒuqù.
听他说那部电影很有趣。
Il m'a dit que ce film était intéressant.

(3) Tīng Xiǎo Wáng shuō Lǐ Lì shēngbìng le.
听小王说李力生病了。
Xiao Wang m'a dit que Li Li était malade.

(4) Tīng tā shuō Dōngběi hěn lěng.
听他说东北很冷。
Il m'a dit qu'il faisait froid dans la région du nord-est.

(5) Jù tiānqì yùbào shuō hòutiān guā táifēng. 据天气预报说后天刮台风。	La météo a dit qu'il y aurait un typhon après-demain.
(6) Jù bàozhǐ shuō zuìjìn hěn duō rén gǎnmào. 据报纸说最近很多人感冒。	D'après ce que disent les journaux, il y a beaucoup de gens qui sont enrhumés.

54. A＋喜欢(＋动词)＋B　　A + aimer + B

(1) Wǒ xǐhuan yīnyuè. 我喜欢音乐。	J'aime la musique.
(2) Shūshu xǐhuan tǐyù. 叔叔喜欢体育。	L'oncle aime le sport.
(3) Tā xǐhuan kàn jīngjù. 他喜欢看京剧。	Il aime l'opéra chinois.
(4) Mǎlì xǐhuan chī Zhōngguócài. 玛丽喜欢吃中国菜。	Marie aime la cuisine chinoise.

55. A＋不喜欢(＋动词)＋B　　A + ne pas aimer + B

(1) Mèimei bù xǐhuan huīsè. 妹妹不喜欢灰色。	La sœur n'aime pas le gris.
(2) Wǒ bù xǐhuan tián de. 我不喜欢甜的。	Je n'aime pas les aliments sucrés.
(3) Dìdi bù xǐhuan yángwáwa. 弟弟不喜欢洋娃娃。	Mon frère n'aime pas la poupée.
(4) Tā bù xǐhuan hē niúnǎi. 他不喜欢喝牛奶。	Il n'aime pas le lait.

56. A＋决定＋动词　　A + décider de + verbe

(1) Wǒ juédìng shí hào huí guó. 我决定十号回国。	J'ai décidé de retourner chez moi le 10.
(2) Xuéxiào juédìng xià zhōu kāi yùndònghuì. 学校决定下周开运动会。	Les jeux sportifs auront lieu à l'école la semaine prochaine.

Wǒ juédìng bú qù Sūzhōu le.
(3) 我 决定 不 去 苏州 了。
J'ai décidé de ne pas aller à Suzhou.

Tā juédìng bù chōuyān le.
(4) 他 决定 不 抽烟 了。
Il a décidé de cesser de fumer.

57. (A+)规定…… Il est défendu de ...

Guīdìng bùxǔ jiǔ hòu kāichē.
(1) 规定 不许 酒 后 开车。
Il est défendu de conduire après avoir bu.

Guīdìng zài gōnggòng chǎngsuǒ bùxǔ chōuyān.
(2) 规定 在 公共 场所 不许 抽烟。
Il est défendu de fumer dans les lieux publics.

Xuéxiào guīdìng bā diǎn shàngkè.
(3) 学校 规定 八 点 上课。
L'école a décidé de commencer le cours à huit heures.

Shāngdiàn guīdìng shàngwǔ qī diǎn kāishǐ yíngyè.
(4) 商店 规定 上午 七 点 开始 营业。
Le magasin a décidé d'ouvrir ses portes à sept heures.

58. A+给+B+物 A + offrir ... à + B

Sūn lǎoshī gěile wǒ yì běn zìdiǎn.
(1) 孙 老师 给了 我 一 本 字典。
Le professeur Sun m'a offert un dictionnaire.

Wǒ gěile Sūn lǎoshī yì zhāng diànyǐngpiào.
(2) 我 给了 孙 老师 一 张 电影票。
J'ai offert une entrée de cinéma au professeur Sun.

Bàba gěile dìdi yí ge wánjù.
(3) 爸爸 给了 弟弟 一 个 玩具。
Mon père a donné un jouet à mon frère cadet.

Dìdi gěile bàba yí fù yǎnjìng.
(4) 弟弟 给了 爸爸 一 副 眼镜。
Mon frère cadet a passé les lunettes à mon père.

Péngyou gěile wǒ shèngdàn lǐwù.
(5) 朋友 给了 我 圣诞 礼物。
Mes amis m'ont offert un cadeau de Noël.

Wǒ gěile péngyou xīnnián lǐwù.
(6) 我 给了 朋友 新年 礼物。 J'ai offert un cadeau de Nouvel An à mes amis.

这里的"给"是动词。这个格式表示 A 给了 B 物品。

Dans cette phrase-type, «给» est un verbe, utilisé pour dire que A a offert quelque chose à B.

59. A + 给 + B + 动词 + 物 **A + faire ... pour + B**

Māma gěi wǒ zuòle hǎochī de.
(1) 妈妈 给 我 做了 好吃 的。 Ma mère m'a fait des plats délicieux.

Wǒ gěi māma mǎile yí jiàn máoyī.
(2) 我 给 妈妈 买了 一 件 毛衣。 J'ai acheté un pull-over à ma mère.

Tā gěi wǒ mǎile yì shuāng xié.
(3) 他 给 我 买了 一 双 鞋。 Il m'a acheté une paire de chaussures.

Gēge gěi wǒ mǎile yì fú huàr.
(4) 哥哥 给 我 买了 一 幅 画儿。 Mon frère m'a fait une peinture.

这里的"给"是介词。这个格式表示 A 为 B 做了某事,使 B 得到了物品。

Dans cette phrase-type, «给» est une préposition, utilisée avec le verbe pour dire que A a fait quelque chose pour B, qui, par conséquent, a reçu ce que A lui a donné.

60. A + 给 + B + 动词 **A + faire ... à + B**

Wǒ gěi tā dǎle diànhuà.
(1) 我 给 他 打了 电话。 Je lui ai donné un coup de téléphone.

Wǒ gěi māma fāle diànzǐ yóujiàn.
(2) 我 给 妈妈 发了 电子 邮件。 J'ai envoyé un E-mail à ma mère.

Wǒ gěi nǐ jièshào yíxià.
(3) 我 给 你 介绍 一下。 Permettez-moi de vous faire une présentation.

Lǎoshī zhèngzài gěi wǒmen jiǎng gùshi.
(4) 老师 正在 给 我们 讲 故事。 Le professeur nous raconte une histoire.

这个格式表示 A 向着 B 做某事。B 是 A 发出动作的对方。

Dans cette phrase-type, A est le sujet, B est le complément d'objet indirect du verbe.

61. A + 认为/觉得…… A + penser / trouver ...

(1) Wǒ rènwéi zuò fēijī hǎo.
我认为坐飞机好。
Je pense qu'il vaut mieux prendre l'avion.

(2) Wǒ rènwéi zhè shì hǎo shì.
我认为这是好事。
Je pense que c'est une bonne chose.

(3) Nǐ juéde Hànyǔ nán ma?
你觉得汉语难吗?
Est-ce que tu trouves le chinois difficile?

(4) Wǒ juéde zhèli jiāotōng hěn fāngbiàn.
我觉得这里交通很方便。
Je trouve que les moyens de transport d'ici sont très commodes.

"认为"、"觉得"表示对事物有某种看法、作出某种判断。

«认为» et «觉得» est une expression de donner son opinion ou un jugement sur quelque chose.

62. A + 想…… A + croire / penser ...

(1) Wǒ xiǎng tā huì lái de.
我想他会来的。
Je crois qu'il viendra.

(2) Wǒ xiǎng tā shì wàiguórén.
我想她是外国人。
Je crois qu'elle est étrangère.

(3) Wǒ xiǎng zhège yídìng hěn guì.
我想这个一定很贵。
Je pense qu'il coûte probablement cher.

(4) Wǒ xiǎng zhè shì lǎoshī de dōngxi.
我想这是老师的东西。
Je pense qu'il est à professeur.

这里的"想"表示估计、猜想。

«想» est utilisé pour exprimer une prévision ou une supposition.

63. (A +)没 + 想到 (A +) ne s'attendre pas à

(1) Méi xiǎngdào qiūtiān hái zhème rè.
没想到秋天还这么热。
Personne n'aurait pu imaginer qu'il fasse si chaud en automne.

(2) Méi xiǎngdào néng zài zhèli jiànmiàn.
没想到能在这里见面。
On ne s'attendait pas à se rencontrer ici.

Wǒ méi xiǎngdào tā shì lǎoshī de háizi.
(3) 我没想到他是老师的孩子。 Je ne m'attendais pas au fait qu'il soit l'enfant du professeur.

Méi xiǎngdào zhème piányi.
(4) 没想到这么便宜。 Je ne m'attendais pas au fait qu'il ne coûte pas cher du tout.

"没想到"表示对已发生的事没有料到。

«没想到» veut dire « ne pas s'attendre à ».

64. A 比 B(+还/更) +形容词　A + plus ... que / moins ... que + B

Běijīng bǐ Shànghǎi gǔlǎo.
(1) 北京比上海古老。 Pékin est plus ancien que Shanghai.

Shànghǎi rénkǒu bǐ Běijīng duō.
(2) 上海人口比北京多。 Shanghai a une population plus nombreuse que Pékin.

Jīntiān bǐ zuótiān hái lěng.
(3) 今天比昨天还冷。 Il fait plus froid aujourd'hui qu'hier.

Zhège bǐ nàge gèng piányi.
(4) 这个比那个更便宜。 Celui-ci est moins cher que celui-là.

Tā bǐ wǒ gāo sān límǐ.
(5) 他比我高三厘米。 Il est plus haut de trois centimètres que moi.

Zhège bǐ nàge guì shí kuài qián.
(6) 这个比那个贵十块钱。 Celui-ci est plus cher de dix yuans que celui-là.

如果形容词后面有补语的话,形容词的前面一般不用"还"、"更"。

En génerale, on n'utilise pas «还» ou «更» avant l'adjectif qui est suivi d'un complément d'objet.

65. A 比 B +形容词 +得多/多了　A + beaucoup plus / moins ... que + B

Jīntiān bǐ zuótiān rè de duō.
(1) 今天比昨天热得多。 Aujourd'hui, il fait beaucoup plus chaud qu'hier.

Zhège bǐ nàge piányi de duō.
(2) 这个比那个便宜得多。 Celui-ci est beaucoup moins cher que celui-là.

(3) Zhège fángjiān bǐ nàge liàng de duō.
这个房间比那个亮得多。
Cette chambre est beaucoup plus claire que celle-là.

(4) Jiǎozi bǐ miànbāo hǎochī duō le.
饺子比面包好吃多了。
Les raviolis sont bien meilleurs que le pain.

这个格式表示 A 跟 B 的差别很大。
Cette phrase-type marque une grande différence qui existe entre A et B.

66. 比起 A(来),B……　　par rapport à / comparer à + A, B ...

(1) Bǐqǐ miànbāo lái, jiǎozi gèng hǎochī.
比起面包来，饺子更好吃。
Comparés au pain, les raviolis sont bien meilleurs.

(2) Bǐqǐ Shànghǎi lái, Sūzhōu hěn xiǎo.
比起上海来，苏州很小。
Suzhou est petit par rapport à Shanghai.

(3) Bǐqǐ yǐqián, xiànzài de shēnghuó hǎo duō le.
比起以前，现在的生活好多了。
La vie d'aujourd'hui a été beaucoup améliorée par rapport au passé.

(4) Bǐqǐ jiāoqū, shìqū de jiāotōng gèng fāngbiàn.
比起郊区，市区的交通更方便。
Les moyens de transport sont plus commodes au centre ville par rapport à la banlieue.

67. A 和/跟 B + 一样 + 形容词　　A + aussi ... que + B

(1) Huáihǎi Lù hé Nánjīng Lù yíyàng rènao.
淮海路和南京路一样热闹。
La rue Huaihai est aussi animée que la rue Nanjing.

(2) Zhào Yǒng hé Lǐ Wěi yíyàng rèqíng.
赵勇和李伟一样热情。
Zhao Yong est aussi sympathique que Li Wei.

(3) Fǎyǔ hé Yīngyǔ yíyàng nán.
法语 和 英语 一样 难。
La langue française est aussi difficile que l'anglais.

(4) Jīntiān gēn zuótiān yíyàng rè.
今天 跟 昨天 一样 热。
Aujourd'hui, il fait aussi chaud qu'hier.

68. A 没 B(+这么/那么) +形容词　A + ne ... pas aussi ... que + B

(1) zhèli méi nàli ānjìng.
这里 没 那里 安静。
Ici, ce n'est pas aussi silencieux que là-bas.

(2) Mǎ Lì méiyǒu Lín Tāo gāo.
马 立 没有 林 涛 高。
Ma Li n'est pas aussi grand que Lin Tao.

(3) Rìyǔ de fāyīn méiyǒu Hànyǔ zhème nán.
日语 的 发音 没有 汉语 这么 难。
La prononciation du japonais n'est pas aussi difficile que celle du chinois.

(4) Mántou méiyǒu bāozi nàme hǎochī.
馒头 没有 包子 那么 好吃。
Le pain nature n'est pas aussi délicieux que le pain farci.

69. A + 算 + B　On peut dire que + A + être + B

(1) Tā shēntǐ suàn jiànkāng.
他 身体 算 健康。
On peut dire qu'il est en bonne santé.

(2) Dìdi suàn cōngming.
弟弟 算 聪明。
On peut dire que mon frère est intelligent.

(3) Jīnnián de shōucheng suàn búcuò.
今年 的 收成 算 不错。
On peut dire que la récolte de cette année est bonne.

(4) Zhèli de jiāotōng suàn fāngbiàn.
这里 的 交通 算 方便。
On peut dire que les moyens de transport d'ici sont pratiques.

这个格式表示 A 属于 B 的范围里面。
Cette phrase-type marque le fait que l'on peut compter A parmi B.

70. A + 不算 + B　　On ne peut pas dire que + A + être + B

(1) Jiàqian bú suàn guì.
价钱不算贵。
On ne peut pas dire que c'est cher.

(2) Zhìliàng bú suàn hǎo.
质量不算好。
On ne peut pas dire que la qualité est assez bonne.

(3) Tā bú suàn pàng.
他不算胖。
On ne peut pas dire qu'il est gros.

(4) Tā Hànyǔ shuō de bú suàn hǎo.
他汉语说得不算好。
On ne peut pas dire qu'il parle bien chinois.

这是句型69的否定形式。
C'est la forme négative de la phrase-type 69.

71. (比起 A)还是 + B + 好　　Plutôt que + A, il vaut mieux + B

(1) (Bǐqǐ nàge,) háishi mǎi zhège hǎo.
(比起那个,)还是买这个好。
(Plutôt que celui-là,) il vaut mieux prendre celui-ci.

(2) (Bǐqǐ qítā jiāotōng gōngjù,) háishi chéng dìtiě hǎo.
(比起其他交通工具,)还是乘地铁好。
(Comparé à d'autres moyens de transport,) c'est le métro le plus commode.

(3) (Bǐqǐ qítā dìfang,) háishi jiāxiāng hǎo.
(比起其他地方,)还是家乡好。
(De tous les endroits du monde,) le pays natal est le plus beau.

(4) (Bǐqǐ nàge,) háishi zhège bànfǎ hǎo.
(比起那个,)还是这个办法好。
(Par rapport à celle-là,) cette façon-ci est la meilleure.

这个格式表示经过比较、考虑以后,在 A 和 B 中选择了 B。一般不用说出 A。

Cette phrase-type est utilisée pour dire que B est meilleur que A, ce dernier étant souvent omis dans la phrase.

72. (比起 A)最好 + B　　Tu ferais mieux / Il vaut mieux + B

(1) Nǐ zuìhǎo chī diǎnr yào.
你 最好 吃 点儿 药。
Tu ferais mieux de prendre des médicaments.

(2) Nǐ zuìhǎo duō hē diǎnr shuǐ.
你 最好 多 喝 点儿 水。
Tu ferais mieux de boire un peu plus d'eau.

(3) Zuìhǎo yòng Zhōngwén xiě.
最好 用 中文 写。
Il vaut mieux écrire en chinois.

(4) Qù Fúzhōu Lù zuìhǎo chéng dìtiě.
去 福州 路 最好 乘 地铁。
Pour aller rue Fuzhou, il vaut mieux prendre le métro.

"B"是经过比较后的最佳选择。一般 A 不用说出。

B est le meilleur choix. Dans cette phrase-type, il n'est pas nécessaire de mentionner A.

73. (与其)A 不如 B　　B + plutôt que + A

(1) Yǔqí xiūlǐ, bùrú mǎi xīn de.
与其 修理, 不如 买 新 的。
On en achètera un nouveau plutôt que de réparer celui-là.

(2) Qiú rén, bùrú zìjǐ gàn.
求 人, 不如 自己 干。
Nous le ferons nous-mêmes plutôt que de demander aux autres.

(3) Qù kàn diànyǐng, bùrú zài jiā kàn diànshì.
去 看 电影, 不如 在 家 看 电视。
Je préfère regarder la télé à la maison plutôt qu'aller au cinéma.

(4) Chéng gōnggòng qìchē, bùrú qí zìxíngchē.
乘 公共 汽车, 不如 骑 自行车。
On prend le vélo plutôt que l'autobus.

这个句型表示经过比较以后,放弃 A,选择 B。

Cette phrase-type est utilisée pour dire qu'entre A et B, B est un meilleur choix qu' A.

74. 把 A + 动词 verbe + A

(1) Qǐng bǎ nà jiàn jiákè xǐ gānjìng.
请把那件夹克洗干净。
Lavez le blouson, s'il vous plaît.

(2) Qǐng dàjiā bǎ shū dǎkāi.
请大家把书打开。
Ouvrez le livre, s'il vous plaît.

(3) Wǒ bǎ mén suǒshang le.
我把门锁上了。
J'ai fermé la porte à clé.

(4) Bàba bǎ diàndēng xiūhǎo le.
爸爸把电灯修好了。
Le père a remis la lampe en état.

"把"后面的 A 是动词的宾语,靠"把"字移到动词的前面。这个格式强调动作的结果,所以动词的后面大多有表示结果的成分。如果不是强调结果,可以不用"把"字。比如例句(1),如果不强调"洗"的结果"干净",可以说成"请洗干净那件夹克"。

A qui suit «把» est le complément d'objet direct du verbe, mais mis avant le verbe grace à «把». Cette phrase-type sert à souligner le résultat du verbe. Par exemple, «干净» est le résultat de «洗». On peut tout de même supprimer «把», si ce n'est pas pour souligner le résultat «请洗干净那件夹克».

75. 把 A + 动词 + 成/为 + B verbe + A + en / contre + B

(1) Wǒ bǎ měiyuán huànchéng rénmínbì.
我把美元换成人民币。
J'ai changé des dollars contre des RMB.

(2) Tā bǎ nà běn xiǎoshuō yìchéng Déyǔ.
他把那本小说译成德语。
Il a traduit le roman en allemand.

(3) Qǐng bǎ huìyì shíjiān gǎiwéi xiàwǔ sān diǎn.
请把会议时间改为下午三点。
Remettez la réunion à quinze heures.

(4) Qǐng bǎ zhège fángjiān gǎiwéi huìkèshì.
请把这个房间改为会客室。
Transformez cette salle en une salle de réception.

这是一定要用"把"字的句式。A 是动作的对象,靠"把"字提到动词的前面。动作完成后,A 变成 B。

Dans cette phrase-type, «把» est obligatoire. A est le complément d'objet direct du verbe,mis avant le verbe grace à «把». Une fois l'action finie, A est devenu B.

76. 把 A + 动词 + 做/成 + B　　**prendre + A + pour + B**

(1) Wǒ bǎ Xiǎo Wú kànzuò dìdi.
我 把 小 吴 看做 弟弟。
Je prends Xiao Wu pour mon frère cadet.

(2) Wǒmen bǎ zhè běn shū dàngzuò jiàokēshū.
我们 把 这 本 书 当做 教科书。
Nous prenons ce livre pour un manuel.

(3) Nǎinai bǎ yìbǎi kuài qián dàngzuò shí kuài le.
奶奶 把 一百 块 钱 当做 十 块 了。
Ma grand-mère a pris un billet de 100 yuans pour un billet de 10.

(4) Yǒushí yǒu rén bǎ nàge Rìběnrén dàngchéng Zhōngguórén.
有时 有 人 把 那个 日本人 当成 中国人。
Certains prennent parfois ce Japonais pour un Chinois.

这是一定要用"把"字的句式,A 是动作的对象,靠"把"字提到动词的前面。这个格式表示 A 被认为是 B,或者 A 被作为 B 使用。

Dans cette phrase-type,«把» est obligatoire. A est le complément d'objet direct du verbe, mis avant le verbe grace à «把». Elle est utilisée pour dire que A est pris pour B,ou A prend la place de B.

77. 把 A + 动词 + 到 + 处所　　**verbe + A + endroit**

(1) Nǐ bǎ fànguō nádào chúfáng ba.
你 把 饭锅 拿到 厨房 吧。
Apportez la marmite dans la cuisine.

(2) Wǒ bǎ shū fàngdào shūjià shang le.
我 把 书 放到 书架 上 了。
J'ai mis les livres sur l'étagère.

(3) Wǒ bǎ xíngli sòngdào nín de
我 把 行李 送到 您 的
J'ai porté vos bagages dans votre chambre.

fángjiān le.
房间 了。

(4) Tā bǎ qián cúndào yínháng le.
他把钱存到银行了。 Il a déposé son argent dans la banque.

这是一定要用“把”字的句式。A 是动作的对象。动作完成后 A 从某处到达另一处。

Dans cette phrase-type,«把» est obligatoire. A est le complément d'objet direct du verbe. Une fois l'action finie,A se trouve dans un autre endroit.

78. 把 A + 动词 + 在 + 处所　　verbe + A + endroit

(1) Wǒ bǎ jīpiào fàng zài nǐ de zhuōzi shang le.
我把机票放在你的桌子上了。 J'ai mis le billet d'avion sur votre table.

(2) Tā bǎ huàbào fàng zài shūjià shang le.
他把画报放在书架上了。 Il a mis la revue sur l'étagère.

(3) Tā bǎ qiánbāo wàng zài chūzūchē shang le.
他把钱包忘在出租车上了。 Il a oublié son porte-monnaie dans le taxi.

(4) Wǒ bǎ diànhuà hàomǎ xiě zài zhǐ shang le.
我把电话号码写在纸上了。 J'ai écrit le numéro de téléphone sur une feuille de papier.

这是一定要用“把”字的句式。A 是动作的对象。动作完成后 A 存在于某处。

Dans cette phrase-type,«把» est obligatoire. A est le complément d'objet direct du verbe. Une fois l'action finie, A se trouve dans un endroit.

79. A 被 B + 动词　　(voix passive)

(1) (Wǒ de) liǎn bèi wénzi dīng le.
(我的)脸被蚊子叮了。 Je me suis fait piquer par un moustique au visage.

(2) Tā de jiǎo bèi rén cǎi le.
他的脚被人踩了。 On lui a marché sur les pieds.

Wǒ bèi bàba mà le.
(3) 我 被 爸爸 骂 了。　J'ai été grondé par mon père.

Tā bèi piàn le, hěn shēngqì.
(4) 他 被 骗 了, 很 生气。　Il s'est laissé tromper, il en était bien faché.

Yīfu bèi (yǔ) línshī le.
(5) 衣服 被 (雨) 淋湿 了。　Ses vêtements sont trempés (par la pluie).

这是表示被动的句式。主语 A 是动作的受事者, B 是动作的施事者 。有"被"字的句子有时带有不如意、不愉快的色彩。

C'est la voix passive. Le sujet A subit l'action. B est l'agent de l'action. «被» (par) marque souvent un fait désagréable.

80. A 得到……　A + gagner ...
A 受到/很受……　A + être accueilli ...

Lǐ Lì jīntiān dédàole xiàozhǎng de biǎoyáng.
(1) 李 立 今天 得到了 校长 的 表扬。　Aujourd'hui, Li Li est cité à l'ordre du jour par le président.

Xú Jié dédào hěn duō rén de xìnrèn.
(2) 徐 洁 得到 很 多 人 的 信任。　Xu Jie gagne la confiance de beaucoup de gens.

Wàiguó kèren shòudàole rèliè de huānyíng.
(3) 外国 客人 受到了 热烈 的 欢迎。　Les convives étrangers sont chaleureusement accueillis.

Liúxíng gēqǔ hěn shòu qīngnián xǐhuan.
(4) 流行 歌曲 很 受 青年 喜欢。　La pop passionne beaucoup les jeunes.

81. A 让 B + 动词　A + demander à + B ...

Māma ràng wǒ zuò jiāwù.
(1) 妈妈 让 我 做 家务。　Ma mère m'a demandé de faire le ménage.

Lǎoshī ràng Liú Píng huídá wèntí.
(2) 老师 让 刘 平 回答 问题。　Le professeur a demandé à Liu Ping de répondre aux questions.

Ràng tā shuō xiaqu.
(3) 让 他 说 下去。 Laissez-le continuer à parler.

Ràng Wáng Yǒng qù ba.
(4) 让 王 勇 去 吧。 Laissez Wang Yong y aller.

Tā zǒng shì hěn wǎn huí jiā, ràng māma dānxīn.
(5) 他 总 是 很 晚 回 家，让 妈妈 担心。 Il rentre chez lui toujours très tard, ce qui inquiète sa mère.

这个格式表示 A 指使 B 做某事，或者 A 的行为使 B 产生了某种状态。

Cette phrase-type est utilisée pour dire que A demande à B de faire quelque chose ou le laisse/lui fait faire quelque chose.

82. a 想 + 动词 vouloir / avoir envie de + verbe
b 不想 + 动词 ne pas vouloir + verbe

Wǒ xiǎng chī jiǎozi.
(1) 我 想 吃 饺子。 Je veux manger des raviolis.

Tā xiǎng xué Hányǔ.
(2) 他 想 学 韩语。 Il veut apprendre le coréen.

Sū Líng xiǎng qù Fǎguó.
(3) 苏 玲 想 去 法国。 Su Ling a envie d'aller en France.

Nǐ xiǎng qù dehuà, yě kěyǐ qù.
(4) 你 想 去 的话，也 可以 去。 Si tu veux y aller, vas-y.

Wǒ gǎnmào le, bù xiǎng chī.
(5) 我 感冒 了，不 想 吃。 Je suis enrhumé, je n'ai pas envie de manger.

Wǒ nǎr yě bù xiǎng qù.
(6) 我 哪儿 也 不 想 去。 Je ne veux aller nulle part.

Tā bù xiǎng kǎo dàxué.
(7) 他 不 想 考 大学。 Il ne veut pas passer le concours pour entrer à l'université.

Tā shuí yě bù xiǎng jiàn.
(8) 他 谁 也 不 想 见。 Il ne veut voir personne.

a 表示希望、打算做某事。**b** 是 **a** 的否定形式。

a est une expression de dire qu'on veut ou compte faire quelque chose. **b** est sa forme négative.

83. 要+动词 　vouloir + verbe

(1) Wǒ yào kàn nà chū xì.
我要看那出戏。
Je veux voir cette pièce de théatre.

(2) Tā yǒu huà yào duì nǐ shuō.
他有话要对你说。
Il a un mot à te dire.

(3) Shǔjià nǐ yào qù nǎr?
暑假你要去哪儿?
Où vas-tu pour passer tes vacances d'été?

Wǒ bù xiǎng chūqu.
——我不想出去。
— Je ne veux pas partir.

(4) Nǐ yào xǐzǎo ma?
你要洗澡吗?
Tu veux prendre un bain?

Xiànzài bù xiǎng xǐ.
——现在不想洗。
— Non,je n'ai pas envie maintenant.

这里的"要+动词"表示做某事的意图,跟句型82"想+动词"的意思差不多。表示否定时一般不说"不要",而说"不想"。

«要+verbe» est une phrase-type utilisée pour exprimer une volonté de faire quelque chose ,a presque le même sens que «想+verbe» dans la phrase-type 82. Pour exprimer le sens contraire,on dit généralement «不想» au lieu de «不要».

84. a 想要+物 　vouloir avoir qqch
b 不想要+物 　ne ... pas vouloir avoir qqch

(1) Wǒ xiǎng yào yí kuài xīn shǒubiǎo.
我想要一块新手表。
Je veux une nouvelle montre.

(2) Tā xiǎng yào yì běn zìdiǎn.
他想要一本字典。
Il veut un dictionnaire.

(3) Dìdi xiǎng yào yí liàng qìchē.
弟弟想要一辆汽车。
Mon frère cadet veut une voiture.

(4) Mèimei xiǎng yào yí jiàn máoyī.
妹妹想要一件毛衣。
Ma sœur cadette veut un pull-over.

(5) Wǒ bù xiǎng yào zhàoxiàngjī.
我不想要照相机。
Je ne veux plus d'appareil photo.

(6) Tā bù xiǎng yào gāngbǐ.
他不想要钢笔。
Il ne veut pas de stylo.

Nǐ bù xiǎng yào xīn dàyī ma?
(7) 你不想要新大衣吗? Ne veux-tu pas un nouveau manteau?

Wǒ shénme yě bù xiǎng yào.
(8) 我什么也不想要。 Je ne veux plus rien.

a 表示希望得到某物。**b** 是 **a** 的否定形式。

a est une phrase-type utilisée pour exprimer une envie d'avoir quelque chose. **b** est sa forme négative.

85. 要/必须+动词　devoir / falloir + verbe

Wǒ shēngbìng le, yào chīyào.
(1) 我生病了,要吃药。 Je suis malade, je dois prendre des médicaments.

Nǐ hòutiān yǐqián yào fù fángzū.
(2) 你后天以前要付房租。 Il te faudra payer le loyer d'ici à après-demain.

Dào Wàitān yào huànchē.
(3) 到外滩要换车。 Il faut changer de lignes pour aller au Bund.

Qù Xiānggǎng bìxū shìxiān shēnqǐng.
(4) 去香港必须事先申请。 Pour aller à Hong Kong, il faut faire une demande à l'avance.

这个格式表示不可以不做某事。

Cette phrase-type est utilisée pour exprimer qu'on est obligé de faire quelque chose.

86. 不用/不必+动词　ne ... pas avoir besoin de / ne ... pas être nécessaire de + verbe

Jīntiān hěn nuǎnhuo, búyòng chuān dàyī.
(1) 今天很暖和,不用穿大衣。 Il fait doux aujourd'hui, on n'a pas besoin de porter un manteau.

Jiālèfú lí zhèr hěn jìn, búyòng chéng chē.
(2) 家乐福离这儿很近,不用乘车。 Carrefour n'est pas loin d'ici, on n'a pas besoin de prendre l'autobus.

Nǐ qù dehuà, nà wǒ búbì
(3) 你去的话,那我不必 Si tu y allais, il ne me serait plus nécessaire

qù le.
去 了。 — d'y aller aussi.

Yào wǒ péi nǐ qù ma?
(4) 要 我 陪 你 去 吗? — Veux-tu que je t'accompagne?

Búyòng le.
——不用 了。 — — Non, merci.

这个格式表示可以不做某事。

Cette phrase-type est utilisée pour dire qu'il n'est pas nécessaire de faire quelque chose.

87. 打算/准备 + 动词 　compter / avoir l'intention de + verbe

Wǒ dǎsuan hòutiān dòngshēn.
(1) 我 打算 后天 动身。 — Je compte partir après-demain.

Nǐ dǎsuan zài Xī'ān dāi jǐ tiān?
(2) 你 打算 在 西安 待 几 天? — Combien de jours vas-tu rester à Xi'an?

Zhōu Lìwén zhǔnbèi qù Měiguó liúxué.
(3) 周 利文 准备 去 美国 留学。 — Zhou Liwen a l'intention d'aller faire ses études aux États-Unis.

Tā zhǔnbèi jìn dàxué xuéxí.
(4) 他 准备 进 大学 学习。 — Il compte faire ses études à l'université.

88. 不 + 打算/准备 + 动词 　ne pas compter / ne pas avoir l'intention de

Wǒ bù dǎsuan jiàn tā.
(1) 我 不 打算 见 他。 — Je n'ai pas l'intention de le voir.

Nǐ bù dǎsuan qù lǚxíng ma?
(2) 你 不 打算 去 旅行 吗? — Tu n'as pas l'intention de voyager?

Lǐ Yàn bù zhǔnbèi jiéhūn.
(3) 李 艳 不 准备 结婚。 — Li Yan ne compte pas se marier.

Hé Ān bù zhǔnbèi cānjiā gāokǎo.
(4) 何 安 不 准备 参加 高考。 — He An n'a pas l'intention de passer le concours pour entrer à l'université.

89. a 会＋动词 **savoir + verbe**

b 不会＋动词 **ne ... pas savoir + verbe**

Wǒ huì shuō Yīngyǔ.
(1) 我 会 说 英语。 Je sais parler anglais.

Nǐ huì shuō Fǎyǔ ma?
(2) 你 会 说 法语 吗？ Est-ce que tu sais parler français?

Tā huì kāi qìchē.
(3) 他 会 开 汽车。 Il sait conduire.

Wǒ bú huì yóuyǒng.
(4) 我 不 会 游泳。 Je ne sais pas nager.

Tā bú huì qí zìxíngchē.
(5) 她 不 会 骑 自行车。 Elle ne sait pas faire du vélo.

a 表示经过学习，学得某种本领。**b** 是 **a** 的否定形式。

a est une phrase-type pour dire qu'on a une capacité de faire quelque chose. **b** est sa forme négative.

90. 会＋动词＋了 **maintenant + savoir + verbe**

Jiékè xiànzài huì xiě Hànzì le.
(1) 杰克 现在 会 写 汉字 了。 Maintenant Jacques sait écrire les caractères chinois.

Tā xiànzài huì tán gāngqín le.
(2) 她 现在 会 弹 钢琴 了。 Maintenant elle sait jouer au piano.

Dìdi xiànzài huì zǒulù le.
(3) 弟弟 现在 会 走路 了。 Mon petit frère sait marcher maintenant.

Mèimei xiànzài huì shuōhuà le.
(4) 妹妹 现在 会 说话 了。 Ma petite sœur sait parler maintenant.

这个格式表示由原来"不会"变成"会"。

Cette phrase-type est utilisée pour dire qu'on a acquis une capacité de faire quelque chose. C'est une évolution de «不会» à «会».

91. a 会 + 动词(+ 的) **(future)**

b 不会 + 动词(+ 的) **ne ... pas (future)**

(1) Yuànzhǎng huì lái de.
院长会来的。 Le directeur viendra.

(2) Xīngqītiān gōngyuán huì yǒu hěn duō rén de.
星期天公园会有很多人的。 Le dimanche, il y a certainement beaucoup de monde dans le parc.

(3) Dìdi kàndào qiǎokèlì huì hěn gāoxìng de.
弟弟看到巧克力会很高兴的。 Mon frère cadet sera content en voyant ces chocolats.

(4) Tā bú huì tóngyì de.
他不会同意的。 Il ne sera pas d'accord.

(5) Tā bú huì lái de.
她不会来的。 Elle ne viendra pas.

a 表示肯定某种可能性。"的"在这里是语气词,加强肯定的语气。**b** 是 **a** 的否定形式。

a est une phrase-type utilisée pour marquer la possibilité de l'action. «的» ici est un auxiliaire, pour souligner l'affirmation. **b** est sa forme négative.

92. a 能 + 动词 **pouvoir + verbe**

b 不能 + 动词 **ne ... pas pouvoir + verbe**

(1) Tā néng yòng Yīngyǔ chànggē.
他能用英语唱歌。 Il peut chanter en anglais.

(2) Mèimei néng zìjǐ chuān yīfu.
妹妹能自己穿衣服。 Ma petite sœur peut s'habiller toute seule.

(3) Tā yí ge rén néng zuòwán zhè jiàn shì.
她一个人能做完这件事。 Il peut finir ce travail tout seul.

(4) Tā yì fēnzhōng néng dǎ yìbǎi wǔshí ge zì.
他一分钟能打一百五十个字。 Il peut taper 150 caractères à la minute.

Wǒ hái bù néng yòng Hànyǔ dǎ diànhuà.
(5) 我还不能用汉语打电话。 Mon chinois n'est pas encore suffisant pour téléphoner.

Dìdi hái bù néng zìjǐ chī fàn.
(6) 弟弟还不能自己吃饭。 Mon frère cadet n'est pas assez grand pour manger tout seul.

这里的"能"强调具有某种能力或者达到某种效率。**b** 是 **a** 的否定形式。

« 能 » ici souligne avoir une certaine capacité ou atteindre une certaine efficacité. **b** est sa forme négative.

93. 能 + 动词 + 了 pouvoir + verbe

Tā bìnghǎo le, néng qǐlai le.
(1) 他病好了，能起来了。 Il est guéri, il peut se lever.

Wǒ dòngle shǒushù, néng kànjian dōngxi le.
(2) 我动了手术，能看见东西了。 Je me suis fait opéré, je peux tout voir.

Ānnà xiànzài néng tīngdǒng Hànyǔ le.
(3) 安娜现在能听懂汉语了。 Maintenant Anne peut comprendre le chinois.

Sūshān xiànzài néng xiě hěn duō Hànzì le.
(4) 苏珊现在能写很多汉字了。 Maintenant Suzanne peut écrire beaucoup de caractères chinois.

这里的"能"表示恢复某种能力或者达到了原来没有的水平。

Dans cette phrase-type, « 能 » exprime qu'on est arrivé à remettre quelque chose en état ou à obtenir une certaine capacité.

94. 能 + 动词　可以 + 动词 pouvoir + verbe

Zhè běn shū míngnián néng chūbǎn.
(1) 这本书明年能出版。 Ce livre sera publié l'année prochaine.

Bàba shénme shíhou néng huí jiā?
(2) 爸爸什么时候能回家？ Quand papa rentrera-t-il à la maison?

(3) Zhū xiānsheng néng cānjiā huìyì ma?
朱先生能参加会议吗?
Est-ce que Monsieur Zhu peut participer à la réunion?

(4) Míngtiān wǒ yǒu kòng, kěyǐ lái.
明天我有空,可以来。
Demain je serai libre et je pourrai venir.

这里的“能”、“可以”表示客观条件允许做某事。

Dans cette phrase-type, «能» et «可以» exprime une condition objective qui permet de faire quelque chose.

95. 不能+动词 ne ... pas + pouvoir + verbe

(1) Jiàoshì li bù néng tī zúqiú.
教室里不能踢足球。
Il ne faut pas jouer au football dans la classe.

(2) Zhèli bù néng chōuyān.
这里不能抽烟。
Il est interdit de fumer ici.

(3) Túshūguǎn de bàozhǐ bù néng ná huíqu.
图书馆的报纸不能拿回去。
On ne permet pas d'emporter les journaux en dehors de la bibliothèque.

(4) Wǒ méi kòng, bù néng qù.
我没空,不能去。
Je ne suis pas libre et je ne peux pas y aller.

这里的“不能”表示客观条件不允许做某件事。一般不说“不可以”。

«不能» exprime ici une condition objective qui ne permet pas de faire quelque chose. En général, on ne dit pas «不可以».

96. 可以+动词 pouvoir + verbe

(1) Shìjì Gōngyuán hěn dà, nǐ kěyǐ qù wánwan.
世纪公园很大,你可以去玩玩。
Le Parc du Siècle est grand, tu peux y aller te promener.

(2) Zhōngguó de zhēnsī hěn yǒumíng, nǐ kěyǐ mǎi xiē dài huíqu.
中国的真丝很有名,你可以买些带回去。
La soie chinoise est très célèbre, tu peux en acheter et rapporter chez toi.

Zǎoshang nǐ kěyǐ zuòzuo tǐcāo.
(3) 早上 你 可以 做做 体操。 Le matin, tu peux faire des exercices.

Yǒukòng nǐ kěyǐ sànsanbù.
(4) 有空 你 可以 散散步。 Tu peux aller te promener si tu as du temps libre.

这里的"可以"表示建议。
«可以» exprime ici un conseil.

97. 应该 + 动词/形容词　devoir + verbe / être + adjectif

Xīngqītiān xuéxiào li yīnggāi méi rén.
(1) 星期天 学校 里 应该 没 人。 Le dimanche, personne ne devrait être à l'école.

Tā hěn yònggōng, yīnggāi kǎo de shang dàxué.
(2) 他 很 用功, 应该 考 得 上 大学。 Il est studieux, il devrait réussir à son concours d'entrée à l'université.

Tā chéng bā diǎn de fēijī, xiànzài yīnggāi dào le.
(3) 他 乘 八 点 的 飞机, 现在 应该 到 了。 Il a pris l'avion de huit heures, il doit être arrivé maintenant.

Wǒ zài cài li fàngle wèijīng, wèidao yīnggāi xiān.
(4) 我 在 菜 里 放了 味精, 味道 应该 鲜。 J'ai mis du glutamate dans le plat, il devrait être délicieux.

这里的"应该"表示说话人估计事情一定是某种情况。
«应该» exprime ici que le locuteur a des certitudes sur un sujet donné.

98. a 应该 + 动词/形容词　Il faut / devoir + verbe
b 不应该 + 动词/形容词　Il ne faut pas / ne ... pas devoir + verbe

Zuòle duìbuqǐ biéren de shì, yīnggāi dàoqiàn.
(1) 做了 对不起 别人 的 事 应该 道歉。 Il faut s'excuser si on a fait du tort à autrui.

Péngyou zhījiān yīnggāi hùxiāng
(2) 朋友 之间 应该 互相 Il faut s'entraider entre amis.

bāngzhù.
帮助。

Wǒ bù yīnggāi ràng dìdi yí ge rén qù.
（3）我 不 应该 让 弟弟 一 个 人 去。 Je ne dois pas laisser mon frère cadet y aller tout seul.

Nǐ bù yīnggāi shuōhuǎng.
（4）你 不 应该 说谎。 Tu n'aurais pas dû mentir.

a 表示情理上必须做某事。**b** 是 **a** 的否定形式。

a exprime qu'il est nécessaire de faire quelque chose dans un sens commun, **b** est sa forme négative.

99. 容易＋动词　好＋动词　être facile à + verbe

Zhège cài hěn róngyì zuò.
（1）这个 菜 很 容易 做。 Ce plat est facile à faire.

Zhège shēngcí hěn róngyì jì.
（2）这个 生词 很 容易 记。 Ce mot est facile à retenir.

Zhè shì hěn róngyì zuò de shìqing.
（3）这 是 很 容易 做 的 事情。 C'est une chose facile à faire.

Zhè běn zìdiǎn hěn hǎo chá.
（4）这 本 字典 很 好 查。 Ce dictionnaire est pratique à consulter.

100. 难＋动词　不好＋动词　être difficile à / ne ... pas être facile à + verbe

Zhège zì hěn nán xiě.
（1）这个 字 很 难 写。 Ce mot est difficile à écrire.

Zhège shēngcí hěn nán jì.
（2）这个 生词 很 难 记。 Ce mot est difficile à retenir.

Zhè jiàn shì hěn nán bàn.
（3）这 件 事 很 难 办。 Cette chose est difficile à faire.

Gōngzuò hěn bù hǎo zhǎo.
（4）工作 很 不 好 找。 Il n'est pas facile de trouver un travail.

101. 可能……　也许……　　peut-être ...

Tā kěnéng qù bàngōngshì le.
(1) 他 可能 去 办公室 了。　Il est peut-être allé au bureau.

Zǒudào nàr kěnéng yào yí ge xiǎoshí.
(2) 走到 那儿 可能 要 一 个 小时。　Pour y arriver, il faut peut-être une heure.

Tā yěxǔ bù néng lái le.
(3) 他 也许 不 能 来 了。　Peut-être qu'il ne peut pas venir.

Kōngtiáo yěxǔ huài le.
(4) 空调 也许 坏 了。　La climatisation est peut-être en panne.

"可能"、"也许"表示推测。

«可能» et «也许» expriment une supposition.

102. 估计……　　Il me semble que ... /Je crois que ...

Wǒ gūjì tā huì kǎoshang dàxué de.
(1) 我 估计 他 会 考上 大学 的。　Il me semble qu'il puisse entrer à l'université.

Wǒ gūjì dàjiā huì zànchéng de.
(2) 我 估计 大家 会 赞成 的。　Je crois que tout le monde sera d'accord.

Wǒ gūjì xià ge yuè néng wánchéng rènwù.
(3) 我 估计 下 个 月 能 完成 任务。　Je crois qu'on pourra finir cette tache le mois prochain.

Wǒ gūjì tā yào dòng shǒushù.
(4) 我 估计 他 要 动 手术。　Je crois qu'il doit subir une opération chirurgicale.

"估计"表示根据某些情况,对事物的性质、数量、变化等作出大概的推断。

«估计» exprime le sens qu'on en fait une conclusion conforme à la situation de la nature, de la quantité et de la variation, etc.

103. ……吧　... probablement ...

Tā shuìle ba.
(1) 他 睡了 吧。　Il devrait dormir.

Míngtiān huì xià yǔ ba.
(2) 明天 会 下 雨 吧。　Il pleuvra probablement demain.

Nàge dàgài shì tā érzi ba.
(3) 那个 大概 是 她 儿子 吧。　C'est probablement son fils.

Nà wèi dàgài shì Lǐ jiàoshòu ba?
(4) 那 位 大概 是 李 教授 吧？　C'est probablement le professeur Li?

Dàgài shì ba.
——大概 是 吧。　— Oui, probablement.

这里的"吧"用在句末，表示推测的语气。
«吧» mis au bout de la phrase, exprime le ton de présumer.

104. 好像+动词/形容词　avoir l'air ... / Il semble que ...

Méiyīng hǎoxiàng bìng le.
(1) 梅英 好像 病 了。　Mei Ying a l'air malade.

Nà wèi hǎoxiàng shì Yīngguórén.
(2) 那 位 好像 是 英国人。　Il semble que cet homme soit anglais.

Zhège cài hǎoxiàng hěn hǎochī.
(3) 这个 菜 好像 很 好吃。　Ce plat paraît délicieux.

Zhè jiàn shì wǒ hǎoxiàng tīngshuōguo.
(4) 这 件 事 我 好像 听说过。　Cette affaire, j'ai l'impression d'en avoir entendu parler.

105. 像+名词/动词+似的　ressemble à / comme / pareil à

Nà zhī gǒu xiàng láng shìde.
(1) 那 只 狗 像 狼 似的。　Ce chien ressemble à un loup.

Tā hěn yòuzhì, xiàng xiǎoháir shìde.
(2) 他 很 幼稚，像 小孩儿 似的。　Il est très naïf, comme un enfant.

Tā de liǎn xiàng píngguǒ shìde.
(3) 他 的 脸 像 苹果 似的。 Il a un visage en forme de pomme.

Wǒ zhòng jiǎng le, xiàng zuòmèng shìde.
(4) 我 中 奖 了，像 做梦 似的。 J'ai gagné un lot, comme si c'était dans un rêve.

106. 看上去…… 看样子…… 看来…… **Il semble ... / Il a l'air ... Il paraît ...**

Kàn shangqu tā hěn lǎoshi.
(1) 看 上去 他 很 老实。 Il semble très honnête.

Kàn shangqu tā hěn jiànkāng.
(2) 看 上去 他 很 健康。 Il paraît avoir une bonne santé.

Kàn yàngzi tā hěn niánqīng.
(3) 看 样子 他 很 年轻。 Il semble très jeune.

Kànlai tā hěn dānxīn.
(4) 看来 他 很 担心。 Il a l'air très inquiet.

这个格式表示说话人根据客观情况作出估计。

Cette phrase-type marque le fait que le locuteur fait une estimation selon la situation.

107. 有点儿 + 形容词/动词 **un peu / quelque peu + adjectif**

Tā yǒu diǎnr bù gāoxìng.
(1) 他 有 点儿 不 高兴。 Il est quelque peu mécontent.

Wǒ tóu yǒu diǎnr téng.
(2) 我 头 有 点儿 疼。 J'ai un peu mal à la tête.

Jīntiān yǒu diǎnr lěng.
(3) 今天 有 点儿 冷。 Il fait un peu froid aujourd'hui.

Zhè fángjiān yǒu diǎnr àn.
(4) 这 房间 有 点儿 暗。 Cette chambre est quelque peu sombre.

"有点儿"在这里是副词，表示程度不高，大多用于不如意的事情。

«有点儿» est un adverbe. Il sert à modifier un adjectif ou un verbe pour marquer un fait plus ou moins désagréable.

108. 形容词 + 了 + (一) 点儿 — un peu / quelque peu + adjectif

(1) Zhè fángjiān ànle yìdiǎnr.
这房间暗了一点儿。
Cette chambre est quelque peu sombre.

(2) Zhè jiàn chènyī duǎnle yìdiǎnr.
这件衬衣短了一点儿。
Cette chemise est un peu trop courte.

(3) Zhè shuāng xié dàle diǎnr.
这双鞋大了点儿。
Cette paire de chaussures est un peu trop grande.

(4) Jīntiān bǐ zuótiān lěngle diǎnr.
今天比昨天冷了点儿。
Il fait un peu plus froid aujourd'hui qu'hier.

这里的"一点儿"是数量词。这个格式表示事物已经稍微超出了一定的标准。

«一点儿» est un adjectif numéral, utilisé avec un autre adjectif pour marquer un fait dont la nature a dépassé quelque peu ce qu'on espérait.

109. 形容词 + (一) 点儿 — un peu plus / un peu moins + adjectif

(1) Wǒ wǎn yìdiǎnr lái, kěyǐ ma?
我晚一点儿来，可以吗？
Est-ce que je pourrais retourner un peu plus tard?

(2) Nǐ zǎo diǎnr huíqu ba.
你早点儿回去吧。
Rentre chez toi un peu plus tôt.

(3) Yǒu piányi diǎnr de ma?
有便宜点儿的吗？
Vous avez quelque chose qui coûte un peu moins cher?

(4) Wǒ yào dà diǎnr de.
我要大点儿的。
Je veux qu'il soit un peu plus grand.

这里的"一点儿"是数量词。这个格式表示说话人希望事物稍微超过某个标准一些。

«一点儿» est un adjectif numéral. Cette phrase-type marque le fait que le locuteur espère faire quelque chose en s'écartant quelque peu de l'habitude ou de la situation présente.

110. 动词＋(一)点儿(＋名词) un peu / quelque + nom

Wǒ mǎile yìdiǎnr xiāngjiāo.
(1) 我 买了 一点儿 香蕉。 J'ai acheté quelques bananes.

Tā huì yìdiǎnr Yīngyǔ.
(2) 他 会 一点儿 英语。 Il parle un peu anglais.

Wǒ xiǎng zài chī yìdiǎnr.
(3) 我 想 再 吃 一点儿。 Je voudrais manger un peu plus.

Nǐ qù yínháng qǔ diǎnr qián ba.
(4) 你 去 银行 取 点儿 钱 吧。 Va tirer un peu d'argent à la banque.

这里的“一点儿”是数量词,表示数量少。

«一点儿», adjectif numéral, marque une petite quantité.

111. 一点儿＋也＋不＋动词/形容词 verbe / adjectif + pas du tout

Hànyǔ wǒ yìdiǎnr yě bú huì.
(1) 汉语 我 一点儿 也 不 会。 Je ne parle pas du tout chinois.

Tā yìdiǎnr yě bù míngbai.
(2) 他 一点儿 也 不 明白。 Il ne le comprend pas du tout.

Tā yìdiǎnr yě bù dānxīn.
(3) 他 一点儿 也 不 担心。 Il n'est pas inquiet du tout.

Wǒ yìdiǎnr yě bú lèi.
(4) 我 一点儿 也 不 累。 Je ne suis pas fatigué du tout.

“一点儿也不”表示完全否定。

«一点儿也不» exprime une négation absolue.

112. 动词＋得＋形容词 verbe + adverbe

Tā měi tiān qǐ de hěn zǎo.
(1) 他 每 天 起 得 很 早。 Il se lève très tôt tous les jours.

Wǒ chī de hěn bǎo le.
(2) 我 吃 得 很 饱 了。 J'ai bien mangé à ma faim.

Tā chàng de zhēn hǎo.
(3) 她 唱 得 真 好。 Elle chante vraiment très bien.

Ānnà Hànyǔ shuō de hěn hǎo.
(4) 安娜 汉语 说 得 很 好。 Anne parle bien chinois.

Tā fángjiān dǎsǎo de hěn gānjìng.
(5) 她 房间 打扫 得 很 干净。　Elle a bien nettoyé sa chambre.

Tā xiě Hànzì xiě de búcuò.
(6) 她 写 汉字 写 得 不错。　Elle écrit bien les caractères chinois.

这个格式表示动作达到的程度、情态。如果动词有宾语的话,宾语要提到动词的前面,或者重复动词。

Cette phrase-type marque un fait qu'on a un très bon résultat en accomplissant une action. Si le verbe a un complément d'objet, il faut le placer avant le verbe, ou répéter le verbe.

113. 动词 + 得 + 不 + 形容词　ne ... pas + verbe + adverbe

Zhè cì kǎoshì, wǒ kǎo de bù hǎo.
(1) 这 次 考试, 我 考 得 不 好。　Cet examen, je ne l'ai pas bien réussi.

Yǔ xià de bú dà.
(2) 雨 下 得 不 大。　Il ne pleut pas très fort.

Ānnà Hànyǔ shuō de bú tài hǎo.
(3) 安娜 汉语 说 得 不 太 好。　Anne ne parle pas très bien chinois.

Tā yīfu xǐ de bù gānjìng.
(4) 她 衣服 洗 得 不 干净。　Elle n'a pas bien lavé ses vêtements.

这是句型 112 的否定形式。

C'est la forme négative de la phrase-type 112.

114. 动词 1 + 得 + 形容词/动词 2　pouvoir + verbe

Wǒ tīng de dǒng tā shuō de huà.
(1) 我 听 得 懂 他 说 的 话。　Je comprends bien ce qu'il dit.

Zhè chū xì dàjiā dōu kàn de míngbai.
(2) 这 出 戏 大家 都 看 得 明白。　Cette pièce de théatre, tout le monde la comprend.

Zhè jiàn shì zhǐyǒu tā shuō de qīngchu.
(3) 这 件 事 只有 他 说 得 清楚。　Pour cette affaire, il n'y a que lui seul qui puisse en donner une explication claire.

(4)	Zhè kuài shǒubiǎo xiū de hǎo ma? 这 块 手表 修 得 好 吗?	Est-ce qu'il est possible de mettre cette montre en état de fonctionner?
(5)	Zhèli kàn de jiàn dàhǎi. 这里 看 得 见 大海。	D'ici on peut voir la mer.
(6)	Zhè zhāng zhuōzi zuò de xià bā ge rén. 这 张 桌子 坐 得 下 八 个 人。	On tient à huit à cette table.

这个格式表示可能。"听得懂"就是"能听懂"。
Cette phrase-type exprime la possibilité. «听得懂» veut dire «能听懂».

115. 动词 1 + 不 + 形容词/动词 2 **ne ... pas + pouvoir + verbe**

(1)	Wǒ tīng bu dǒng tā de huà. 我 听 不 懂 他 的 话。	Je ne comprends pas ce qu'il dit.
(2)	Zhè shuōmíngshū, wǒ kàn bu míngbai. 这 说明书, 我 看 不 明白。	Je ne comprends pas ce que le mode d'emploi dit.
(3)	Zhè jiàn shì wǒ shuō bu qīngchu. 这 件 事 我 说 不 清楚。	Je ne peux pas donner une explication claire à cette affaire.
(4)	Zhè liàng zìxíngchē xiū bu hǎo le. 这 辆 自行车 修 不 好 了。	On ne peut plus mettre cette bicyclette en bon état.
(5)	Zhèli kàn bu jiàn Huángpǔ Jiāng. 这里 看 不 见 黄浦 江。	On ne peut pas voir le fleuve Huangpu d'ici.
(6)	Zhè zhāng shāfā zuò bu xià sì ge rén. 这 张 沙发 坐 不 下 四 个 人。	On ne tient pas à quatre sur ce sofa.

这是句型 114 的否定形式。"听不懂"就是"不能听懂"。
C'est la forme négative de la phrase-type 114. «听不懂» veut dire «不能听懂».

116. 动词 1 + 形容词/动词 2　　**verbe + adverbe / adverbe + verbe**

Zhuōzi wǒ cā gānjìng le.
(1) 桌子 我 擦 干净 了。 Cette table, je l'ai bien essuyée.

Bàngōngshì wǒ shōushi zhěngqí le.
(2) 办公室 我 收拾 整齐 了。 Le bureau, je l'ai fait rangé.

Qǐng yòng gāngbǐ xiě qīngchu.
(3) 请 用 钢笔 写 清楚。 Écrivez clairement avec le stylo.

Wǒ tīngdǒng nǐ de huà le.
(4) 我 听懂 你 的 话 了。 J'ai compris ce que tu as dit.

这里的形容词或动词 2 是动作 1 完成后达到的结果。

L'adjectif ou le verbe 2 exprime le résultat que le verbe 1 a accompli.

117. 没 + 动词 1 + 形容词/动词 2　　**ne ... pas**

Zhuōzi nǐ méi cā gānjìng.
(1) 桌子 你 没 擦 干净。 Tu n'as pas bien essuyé cette table.

Tā méi shuō qīngchu.
(2) 他 没 说 清楚。 Il ne s'est pas clairement exprimé.

Nǐ de xiédài hái méi jìjǐn.
(3) 你 的 鞋带 还 没 系紧。 Tu n'as pas bien serré tes lacets.

Nǐ de huà wǒ méi tīngdǒng.
(4) 你 的 话 我 没 听懂。 Je n'ai pas bien compris ce que tu as dit.

这是句型 116 的否定形式。表示动作完成后没有达到一定的结果。

C'est la forme négative de la phrase-type 116, qui exprime qu'il n'y a pas le résultat prévu quand l'action a été accomplie.

118. 动词 + 好　　**avoir déjà fait**

Wǒ bǎihǎo cānjù le.
(1) 我 摆好 餐具 了。 J'ai déjà mis le couvert.

Wǒ guānhǎo chuāng le.
(2) 我 关好 窗 了。 J'ai déjà ouvert la fenêtre.

Tā xiūhǎo diàndēng le.
(3) 他 修好 电灯 了。 Il a déjà mis la lampe électrique en bon état.

Tā zuòhǎo wǎnfàn le.
(4) 她 做好 晚饭 了。 Elle a déjà préparé le dîner.

这个格式表示很好地完成了动作。

Cette phrase-type exprime qu'on a bien accompli une action.

119. 没 + 动词 + 好 ne ... pas avoir bien fait

(1) Nǐ de ānquándài méi jìhǎo.
你的安全带没系好。
Tu n'as pas bien attaché ta ceinture de sécurité.

(2) Nǐ chènyī de kòuzi méi kòuhǎo.
你衬衣的扣子没扣好。
Tu n'as pas bien boutonné ta chemise.

(3) Bàba méi xiūhǎo diàndēng.
爸爸没修好电灯。
Mon père n'a pas mis la lampe électrique en bon état.

(4) Māma hái méi zuòhǎo wǎnfàn.
妈妈还没做好晚饭。
Ma mère n'a pas encore fini de préparer le dîner.

这是句型 118 的否定形式。表示动作没有圆满地全部完成。

C'est la forme négative de la phrase-type 118, qui exprime qu'on n'a pas complètement accompli une action.

120. 动词 + 光/完 ne ... plus de

(1) Jīntiān de piào yǐjīng màiguāng le.
今天的票已经卖光了。
Aujourd'hui, les tickets se sont tous vendus.

(2) Zhège yuè de qián wǒ yǐjīng huāguāng le.
这个月的钱我已经花光了。
Ce mois-ci, j'ai dépensé tout mon argent.

(3) Jiāli de píngguǒ dōu chīwán le.
家里的苹果都吃完了。
On n'a plus de pommes à la maison.

(4) Wǒ de běnzi yòngwán le.
我的本子用完了。
Je n'ai plus de cahiers.

这个格式表示动作完成后，作为宾语的物品没有了。

Cette phrase-type exprime que, quand l'action a été accomplie, on a consommé tout ce qu'il avait. Ce qu'on avait est le complément d'objet du verbe.

121. 没 + 动词 + 光/完 — ne ... pas tout ...

(1) Cǎoméi hái yǒu, zuótiān méi chīguāng. 草莓 还 有，昨天 没 吃光。	Il y a encore des fraises, on n'a pas tout mangé hier.
(2) Jīntiān de bàozhǐ méi màiguāng. 今天 的 报纸 没 卖光。	Tous les journaux d'aujourd'hui ne se sont pas vendus.
(3) Zhè shì méi huāwán de qián. 这 是 没 花完 的 钱。	Voilà l'argent qui reste.
(4) Miànbāo méi chīwán, búyòng mǎi. 面包 没 吃完，不用 买。	Il y a encore du pain, on n'a pas besoin d'en acheter.

这是句型 120 的否定形式。表示动作完成后，作为宾语的物品还有剩余。

C'est la forme négative de la phrase-type 120, qui exprime que, quand l'action a été accomplie, on n'a pas encore consommé tout ce qu'il y avait.

122. 动词 + 完 — finir qqch / finir de faire

(1) Wǒ zuòwán zuòyè le. 我 做完 作业 了。	J'ai fini mes devoirs.
(2) Tā xǐwán yīfu le. 她 洗完 衣服 了。	Elle a fini de laver les vêtements.
(3) Māma xiěwán xìn le. 妈妈 写完 信 了。	Maman a fini d'écrire sa lettre.
(4) Bàba kànwán bàozhǐ le. 爸爸 看完 报纸 了。	Papa a fini son journal.

这个格式强调事情完结。

Cette phrase-type souligne l'accomplissement de l'action.

123. 没 + 动词 + 完 ne ... pas finir / sans finir

(1) Děng yíxià, huìyì hái méi kāiwán.
等一下，会议还没开完。
Attends un instant, la réunion n'est pas encore finie.

(2) Tā hái méi huàwán zhuāng.
她还没化完妆。
Elle n'a encore fini son maquillage.

(3) Tā méi zuòwán shì jiù zǒu le.
他没做完事就走了。
Il est parti sans finir son travail.

(4) Tā méi dúwán dàxué jiù jiéhūn le.
她没读完大学就结婚了。
Elle s'est mariée sans finir ses études à l'université.

这是句型 122 的否定形式。

C'est la forme négative de la phrase-type 122.

124. 动词 + 在 + 处所 verbe + endroit

(1) Tā zuò zài shāfā shang.
他坐在沙发上。
Il est assis sur le sofa.

(2) Shū fàng zài shūjià shang.
书放在书架上。
Le livre est mis sur l'étagère.

(3) Qián cún zài yínháng li.
钱存在银行里。
On dépose son argent à la banque.

(4) Yīfu fàng zài yīguì li.
衣服放在衣柜里。
On met ses affaires dans l'armoire.

这个格式表示人或事物在动作完成以后停留在某处。

Cette phrase-type exprime qu'une personne ou une chose restent à certain endroit quand l'action est finie.

125. 动词 + 到 + 处所 verbe + endroit

(1) Zázhì qǐng fàngdào shūjià shang.
杂志 请 放到 书架 上。
Remettez les revues sur l'étagère (après la lecture).

(2) Jìdào Měiguó de xìn yào shí tiān.
寄到 美国 的 信 要 十 天。
À un courrier, il faut 10 jours pour arriver aux États-Unis.

(3) Huídào Àomén, wǒ mǎshàng gěi nǐ fā diànzǐ yóujiàn.
回到 澳门，我 马上 给 你 发 电子 邮件。
Je vous enverrai un E-mail dès mon arrivée à Macao.

(4) Nín de xíngli yǐjīng sòngdào fángjiān le.
您 的 行李 已经 送到 房间 了。
Vos bagages ont été montés dans votre chambre.

这个格式表示人或物随动作移动到某个处所。

Cette phrase-type exprime le fait qu'une personne ou une chose est arrivée à un certain endroit en accomplissant une action.

126. 动词 + 到 (passé composé)

(1) Tā shōudào māma jìlai de bāoguǒ.
他 收到 妈妈 寄来 的 包裹。
Il a reçu le paquet envoyé par sa mère.

(2) Wǒ zhōngyú kàndàole Chángchéng.
我 终于 看到了 长城。
J'ai vu enfin la Grande Muraille.

(3) Diūle de qiánbāo zhǎodào le.
丢了 的 钱包 找到 了。
Le porte-monnaie perdu a été retrouvé.

(4) Wǒ mǎidàole héshēn de chènyī.
我 买到了 合身 的 衬衣。
J'ai trouvé une chemise qui me convient.

这个格式表示动作达到目的或者有了结果。

Cette phrase-type exprime le fait qu'on a atteint son but, ou que l'action a un résultat.

127. 没＋动词＋到　　ne ... pas＋(passé composé)

Jīntiān méi jiàndào Lǐ Píng.
(1) 今天 没 见到 李 平。　Je n'ai pas vu Li Ping aujourd'hui.

Wǒ méi tīngdào shénme shēngyīn.
(2) 我 没 听到 什么 声音。　Je n'ai rien entendu.

Tā hái méi zhǎodào gōngzuò.
(3) 他 还 没 找到 工作。　Il n'a pas encore trouvé de travail.

Wǒ méi mǎidào nà běn cídiǎn.
(4) 我 没 买到 那 本 词典。　Je n'ai pas trouvé le dictionnaire.

这是句型 126 的否定形式。
C'est la forme négative de la phrase-type 126.

128. 动词＋数量词　　(passé composé)＋quelques fois

Wǒ dúle sān biàn kèwén.
(1) 我 读了 三 遍 课文。　J'ai lu ce texte trois fois.

Wǒ qùle liǎng cì Hángzhōu.
(2) 我 去了 两 次 杭州。　J'ai été à Hangzhou deux fois.

Tā zhǎoguo nǐ jǐ huí, nǐ dōu bú zài.
(3) 他 找过 你 几 回，你 都 不 在。　Il est venu te chercher plusieurs fois, mais tu n'étais pas là.

Tā měi tian yào shua san cì yá.
(4) 她 每 天 要 刷 三 次 牙。　Elle se brosse les dents trois fois par jour.

这个格式表示动作进行的次数。
Cette phrase-type exprime la fréquence de l'action.

129. 动词＋时间　　(passé composé)＋pendant ...

Wǒ xuéle sān nián.
(1) 我 学了 三 年。　Je l'ai appris pendant 3 ans.

Wǒ xuéle sān nián (de) Hànyǔ.
(2) 我 学了 三 年（的）汉语。　J'ai appris le chinois pendant 3 ans.

Wǒ xué Hànyǔ xuéle sān nián.
(3) 我 学 汉语 学了 三 年。 J'ai appris le chinois pendant 3 ans.

Wǒ zuòle liǎng ge xiǎoshí.
(4) 我 坐了 两 个 小时。 Je suis resté assis pendant 2 heures.

Wǒ zuòle liǎng ge xiǎoshí (de) chē.
(5) 我 坐了 两 个 小时 (的) 车。 J'ai fait le trajet en 2 heures par l'autobus.

Wǒ zuò chē zuòle liǎng ge xiǎoshí.
(6) 我 坐 车 坐了 两 个 小时。 J'ai fait le trajet en 2 heures par l'autobus.

Wǒ děngle Lǐ Míng bàn ge xiǎoshí.
(7) 我 等了 李 明 半 个 小时。 J'ai attendu Li Ming pendant une demi-heure.

Wǒ zhǎole tā yì tiān le.
(8) 我 找了 他 一 天 了。 Je l'ai cherché pendant toute la journée.

这个格式表示动作或状态持续的时间。有如下表示方法：①动词＋时间；②动词＋时间(＋的)＋宾语；③动词＋宾语＋动词＋时间；④动词＋人＋时间。

Cette phrase-type exprime la durée d'une action ou d'un état. Elle a 4 expressions：① verbe＋temps. ② verbe＋temps(＋的)＋ complément d'objet. ③ verbe ＋ complément d'objet ＋verbe＋temps. ④ verbe＋personne＋temps.

130. 动词＋上　verbe

Qǐng zài hétong shang qiānshang míngzi.
(1) 请 在 合同 上 签上 名字。 Signez le nom sur le contrat, s'il vous plaît.

Wǒ dàishang yǎnjìng cái kàn de jiàn.
(2) 我 戴上 眼镜 才 看 得 见。 Je ne peux voir qu'avec mes lunettes.

Tā chuānshang xiézi chūmén le.
(3) 他 穿上 鞋子 出门 了。 Il est sorti ayant mis ses chaussures.

Qǐng bǎ mén guānshang.
(4) 请 把 门 关上。 Fermez la porte, s'il vous plaît.

这个格式表示通过动作,某一事物附加在某个地方。有时表示动作完成后产生合拢的结果。

Cette phrase-type exprime le fait qu'une chose est déplacée à un certain endroit à la suite d'une action. Quelquefois elle marque aussi le résultat obtenu par l'action accomplie.

131. 动词 + 下　　verbe

Tóngxuémen, qǐng zuòxia. (1) 同学们，请坐下。	Asseyez-vous, mes camarades.
Qiánmian de chē hūrán tíngxia le. (2) 前面的车忽然停下了。	La voiture de devant s'arrêta tout d'un coup.
Tā liúxiale jiātíng dìzhǐ. (3) 他留下了家庭地址。	Il a laissé son adresse de domicile.
Tā zhāixiale yǎnjìng. (4) 他摘下了眼镜。	Il a enlevé ses lunettes.

这个格式表示：①人或事物随动作由高处移向低处；②动作完成后产生的结果固定下来；③动作完成后作为宾语的人或事物脱离原来的位置。

Cette phrase-type a des caractères suivants: ① Une personne ou un objet change de position avec le déroulement de l'action et souvent dans le sens de haut en bas (le cas des phrases-types 1 et 2). ② La nouvelle position dure pour toujours. ③ La personne, ou l'objet, qui est le complément d'objet du verbe, n'est plus à sa place d'origine une fois que l'action est accomplie (le cas de le phrase-type 4).

132. 动词 + 来　　verbe

Tā nálaile jīntiān de bàozhǐ. (1) 他拿来了今天的报纸。	Il (nous) a apporté un journal d'aujourd'hui.
Nín de xíngli sònglai le. (2) 您的行李送来了。	On vous a apporté vos bagages.
Tā mǎilaile yí shù xiānhuā. (3) 他买来了一束鲜花。	Il a acheté un bouquet de fleurs.
Chuāng wài chuánlaile biānpàoshēng. (4) 窗外传来了鞭炮声。	Le bruit du pétard se fait entendre par fenêtres.

这个格式表示动作向着说话人进行。

Cette phrase-type exprime que l'action se déroule vers le locuteur.

133. 动词/形容词＋起来　　commencer à ...

Yǔ xià qilai le.
(1) 雨 下 起来 了。　Il commence à pleuvoir.

Wǒ pàng qilai le.
(2) 我 胖 起来 了。　Je commence à grossir.

Dàjiā zhàn qilai le.
(3) 大家 站 起来 了。　Tout le monde est debout.

Nǐ bǎ tān zài zhuōzi shang de shū shōu qilai ba.
(4) 你 把 摊 在 桌子 上 的 书 收 起来 吧。　Range les livres sur la table, s'il te plaît.

这个格式表示：① 动作或状态开始并继续下去；② 人或事物随动作由低处向高处移动；③ 人或事物在动作完成后聚拢。

Cette phrase-type a des caractères suivants : ① L'action ou l'état commence et continue. ② La personne ou l'objet change de sa position de bas en haut avec le déroulement de l'action. ③ La personne ou l'objet s'assemble après que l'action soit finie.

134. 动词＋下来　　tomber / descendre

Shùyè diào xialai le.
(1) 树叶 掉 下来 了。　Les feuilles tombent.

Shuǐ cóng yuǎnfāng liú xialai.
(2) 水 从 远方 流 下来。　L'eau vient de loin.

Nǐ cóng èrshí lóu zǒu xialai, lèi ma?
(3) 你 从 二十 楼 走 下来，累 吗？　Tu descends du 19e étage, c'est fatiguant?

Zhè shì gǔdài chuán xialai de shénhuà.
(4) 这 是 古代 传 下来 的 神话。　C'est un mythe provenant de l'antiquité.

这个格式表示人或事物由高处向低处、由远处向近处朝说话人移动。有时表示由过去继续到现在。

Cette phrase-type signifie que la position d'une personne ou d'un objet change de haut en bas ou de loin en proche vers le locuteur. Parfois elle marque aussi la durée de l'action qui a commencé dans le passé et continue au moment présent.

135. 动词＋回来　　revenir / retrouver
动词＋回＋处所＋来　　rapporter / ramener

Bàba cóng gōngsī zǒu huilai le.
(1) 爸爸 从 公司 走 回来 了。 Papa est revenu de son bureau à pied.

Diūle de qiánbāo wǒ zhǎo huilai le.
(2) 丢了 的 钱包 我 找 回来 了。 J'ai retrouvé mon porte-monnaie perdu.

Nǐ bǎ wǎn náhuí chúfáng lai ba.
(3) 你 把 碗 拿回 厨房 来 吧。 Rapporte les bols dans la cuisine.

Wǒ bǎ háizi cóng yòu'éryuán jiēhuí jiā lai le.
(4) 我 把 孩子 从 幼儿园 接回 家 来 了。 J'ai cherché l'enfant au jardin d'enfants et l'ai ramené à la maison.

这个格式表示人或事物随动作从别处回到原处。

Cette phrase-type marque le fait qu'une personne ou un objet est retournée à sa place d'origine.

136. 动词＋去　　verbe + vers

Mèimei xiàng māma pǎoqu.
(1) 妹妹 向 妈妈 跑去。 Ma petite sœur court vers ma mère.

Qìchē wǎng jīchǎng kāiqu.
(2) 汽车 往 机场 开去。 La voiture roule vers l'aéroport.

Fēijī xiàng dōng fēiqu.
(3) 飞机 向 东 飞去。 L'avion vole vers l'est.

Xiàozhǎng de zázhì sòngqu le.
(4) 校长 的 杂志 送去 了。 La revue a été envoyée au directeur.

这个格式表示人或物随动作离开说话人所在地。

Cette phrase-type exprime le fait qu'une personne ou un objet se sépare du locuteur avec le déroulement de l'action.

137. 动词 + 下去 descendre / se poursuivre

(1) Diàntī huàile, tā zǒu xiaqu le.
电梯坏了，他走下去了。
L'ascenseur est tombé en panne, il est descendu à pied.

(2) Héshuǐ cóng zhèr xiàng yuǎnfāng liú xiaqu.
河水从这儿向远方流下去。
La rivière coule au loin.

(3) Suīrán xià yǔ le, yùndònghuì háishi yào jìnxíng xiaqu.
虽然下雨了，运动会还是要进行下去。
Malgré la pluie, les jeux (de sport) se poursuivent.

(4) Xiǎng xuéhǎo wàiyǔ, yídìng yào jiānchí xiaqu.
想学好外语，一定要坚持下去。
Il faut des efforts persévérants si on veut apprendre une langue étrangère.

这个格式表示人或事物随动作由高处向低处、由近处向远处离开说话人所在地。有时表示动作继续进行。

Cette phrase-type marque le fait qu'avec le déroulement de l'action, une personne ou un objet se sépare du locuteur du haut en bas, de proche au loin. Parfois elle signifie que l'action continue à se dérouler.

138. 动词 + 回去 retourner + endroit
动词 + 回 + <u>处所</u> + 去 rentrer + endroit

(1) Tā jiā hěn jìn, tā zǒu huiqu le.
他家很近，他走回去了。
Sa maison n'est pas loin d'ici, il rentre chez lui à pied.

(2) Jiè lǎoshī de cídiǎn huán huiqu le.
借老师的词典还回去了。
J'ai rendu le dictionnaire au professeur.

(3) Tā zǒuhuí jiā qu le.
他走回家去了。
Il est rentré chez lui à pied.

(4) Jiékè fēihuí Měiguó qu le.
杰克飞回美国去了。
Jack est retourné aux États-Unis par avion.

这个格式表示人或事物从别处回原处。动作是离开说话人所在地进行的。

Cette phrase-type marque le fait qu'une personne ou un objet est retourné à sa place d'origine. L'action ne se déroule pas à l'endroit que le locuteur va quitter.

139. 从 + 起点　　**venir de ...**

Tā shì cóng Àodàlìyà lái de.
(1) 他是从澳大利亚来的。　Il est venu d'Australie.

Cóng gébì jiàoshì chuánlai yīnyuèshēng.
(2) 从隔壁教室传来音乐声。　La musique se fait entendre de la classe voisine.

Zhè shì cóng túshūguǎn jièlai de.
(3) 这是从图书馆借来的。　Ceci, on l'a emprunté à la bibliothèque.

Shǔjià cóng míngtiān kāishǐ.
(4) 暑假从明天开始。　Les vacances d'été commenceront demain.

140. 到 + 终点　　**Il y a encore ... avant ...**

Hánjià dào hòutiān jiéshù.
(1) 寒假到后天结束。　Les vacances d'hiver se termineront après-demain.

Shàngwǔ dào shí'èr diǎn xiàkè.
(2) 上午到十二点下课。　On finit la classe à midi.

Xiànzài xuédào dì-wǔ kè.
(3) 现在学到第五课。　On commence déjà à apprendre la leçon 5.

Dào Chūn Jié hái yǒu yí ge xīngqī.
(4) 到春节还有一个星期。　Il y a encore une semaine avant la Fête du Printemps.

141. 从 + 起点 + 到 + 终点　　**de ... à ...**

Qǐng cóng tóu dào wěi dú yí biàn.
(1) 请从头到尾读一遍。　Lisez-le du début jusqu'à la fin.

(2) Cóng zhèr dào jīchǎng yuǎn ma?
从 这儿 到 机场 远 吗?
Est-ce que c'est loin d'ici à l'aéroport?

(3) Gōnggòng qìchē cóng zǎo dào wǎn dōu jǐmǎnle rén.
公共 汽车 从 早 到 晚 都 挤满了 人。
L'autobus est plein de passagers du matin au soir.

(4) Wǒ cóng bā diǎn dào shí'èr diǎn yìzhí gōngzuò.
我 从 八 点 到 十二 点 一直 工作。
Je travaille tout le temps de 8 heures à midi.

142. A 离 B　　d'ici ... à ... / dans

(1) Zhèli lí jīchǎng yuǎn ma?
这里 离 机场 远 吗?
Est-ce que c'est loin d'ici à l'aéroport?

(2) (Xiànzài) lí tiān hēi hái yǒu liǎng ge xiǎoshí.
(现在) 离 天 黑 还 有 两 个 小时。
Il fait nuit dans 2 heures.

(3) (Xiànzài) lí xīnnián hái yǒu yí ge yuè.
(现在) 离 新年 还 有 一 个 月。
Le Nouvel An arrivera dans un mois.

(4) (Xiànzài) lí kāiyǎn hái yǒu bàn ge xiǎoshí.
(现在) 离 开演 还 有 半 个 小时。
La représentation commencera dans une demi-heure.

143. 作为 + 名词　　en tant que

(1) Wáng Zhìxióng zuòwéi xuésheng dàibiǎo fāle yán.
王 志雄 作为 学生 代表 发了 言。
Wang Zhixiong a pris la parole en tant que représentant des étudiants.

(2) Zuòwéi yì zhǒng àihào, wǒ zài jíyóu.
作为 一 种 爱好, 我 在 集邮。
Je collectionne les timbres pour mon plaisir.

Zuòwéi yīshēng yīnggāi zhèyàng zuò.
(3) 作为　医生　应该　这样　做。　En tant que médecin, il a bien fait.

Zuòwéi fùmǔ zǒng wèi háizi cāoxīn.
(4) 作为　父母　总　为　孩子　操心。　En tant que parents, on pense toujours à l'avenir de ses enfants.

这里的"作为＋名词"是就人的某种身份或事物的某种性质来说。

«作为＋nom» est une expression utilisée pour indiquer la nature d'une personne ou d'un objet.

144. 趁……　**pendant que / avant que**

Chèn rè chī ba.
(1) 趁　热　吃　吧。　Prenez-le pendant qu'il est chaud.

Chèn tiān hái méi hēi, kuài huí jiā ba.
(2) 趁　天　还　没　黑，快　回　家　吧。　Rentrez vite chez vous avant qu'il ne fasse nuit.

Chèn bàba hái méi qù shàngbān, duì tā shuō ba.
(3) 趁　爸爸　还　没　去　上班，对　他　说　吧。　Dis-le à ton père avant qu'il n'aille au travail.

Chèn shāngdiàn hái méi guānmén, kuài qù mǎi ba.
(4) 趁　商店　还　没　关门，快　去　买　吧。　Allez l'acheter avant que le magasin ne ferme ses portes.

"趁……"表示利用某一条件或机会。

«趁……» est une expression pour dire qu'il faut profiter d'une certaine occasion pour faire quelque chose.

145. 每次＋动词1＋都＋动词2　　每当＋动词1＋都＋动词2　**Chaque fois que ... Quand ...**

Wǒ měi cì qù Nánjīng Lù, dōu dào shūdiàn kànkan.
(1) 我　每　次　去　南京　路，都　到　书店　看看。　Chaque fois que je suis dans la rue de Nanjing, je vais à la librairie.

（2）Wǒ měi cì qù Pǔdōng dōu dào péngyou nàli.
我 每 次 去 浦东 都 到 朋友 那里。
Chaque fois que je vais à Pudong, je rends visite à mon ami.

（3）Měi dāng kàndào zhèxiē zhàopiàn wǒ dōu xiǎngqi xiǎoshíhou.
每 当 看到 这些 照片 我 都 想起 小时候。
Quand je vois ces photos, je me souviens toujours de mon enfance.

（4）Měi dāng shōudào māma de xìn, wǒ dōu hěn gāoxìng.
每 当 收到 妈妈 的 信，我 都 很 高兴。
Quand je reçois une lettre de ma mère, je suis toujours très heureux.

这个格式表示第一个动作进行的时候，第二个动作一定进行。
Cette phrase-type marque que l'action 1 et l'action 2 se déroulent parallèlement.

146. 按照/按/照…… + 动词　　**Selon ...**

（1）Nǐ ànzhào māma shuō de zuò ba.
你 按照 妈妈 说 的 做 吧。
Faites selon ce que ta mère a dit.

（2）Wǒ yào zhào lǎoshī shuō de nàyàng nǔlì xuéxí.
我 要 照 老师 说 的 那样 努力 学习。
Je mettrai autant d'efforts dans mon travail que mon professeur m'a demandés.

（3）Àn yùdìng de rìqī kāi cháhuàhuì.
按 预定 的 日期 开 茶话会。
Le thé（réception où l'on prend le thé）aura lieu à la date prévue.

（4）Qǐng ànzhào yuányàng shōushi hǎo.
请 按照 原样 收拾 好。
Remettez-le en ordre comme il était avant.

147. 为 + 原因（+ 而）+ 动词　　**faire ... pour ...**

（1）Tā wèi xuéfèi búgòu ér fāchóu.
他 为 学费 不够 而 发愁。
Il a du souci pour payer ses études.

（2）Wǒ wèi māma shēntǐ bù hǎo dānxīn.
我 为 妈妈 身体 不 好 担心。
Je m'inquiète de la santé de ma mère.

(3) Wǒ wèi érzi de chénggōng zìháo.
我为儿子的成功自豪。 — Je suis fier du succès de mon fils.

(4) Wǒ wèi jiàndào lǎopéngyou gāoxìng.
我为见到老朋友高兴。 — Je suis heureux d'avoir rencontré un vieil ami.

148. A 为 B + 动词 — A + verbe + à / pour + B

(1) Tā wèi értóng xiě xiǎoshuō.
他为儿童写小说。 — Il écrit des romans destinés aux enfants.

(2) Zhè shì wèi chéngrén biān de jiàokēshū.
这是为成人编的教科书。 — Ce sont des manuels destinés aux adultes.

(3) Māma wèi kèren zhǔnbèile hěn duō hǎochī de.
妈妈为客人准备了很多好吃的。 — Maman a préparé beaucoup de choses délicieuses pour les invités.

(4) Wǒ wèi bàba xiūlǐle zìxíngchē.
我为爸爸修理了自行车。 — J'ai remis la bicyclette en bon état pour mon père.

A 是动作发出者。B 是动作受益者。
A est le sujet du verbe. B est celui qui tire profit de l'action.

149. 为(了) + 目的 + 动词 — dans l'intention de / pour

(1) Wèile dàjiā de jiànkāng gānbēi!
为了大家的健康干杯! — Buvons à la santé de tous.

(2) Tā wèile qù Rìběn zhèngzài xué Rìyǔ.
他为了去日本正在学日语。 — Il est en train d'apprendre le japonais dans l'intention d'aller au Japon.

(3) Tā wèile gōngzuò xué diànnǎo
她为了工作学电脑 — Elle étudie l'informatique pour son travail.

cāozuò.
操作。

Wǒ wèi gēn péngyou jiànmiàn, míngtiān qù Sūzhōu.
(4) 我为跟朋友见面，明天去苏州。 J'irai à Suzhou demain pour rencontrer mon ami.

150. 向/往＋方向　dans la direction de

Nǐ yìzhí xiàng qián zǒu ba.
(1) 你一直向前走吧。 Allez tout droit.

Xiàng yòu guǎi jiù dào le.
(2) 向右拐就到了。 Tournez à droite et vous y êtes.

Zhè huǒchē wǎng Běijīng kāi ma?
(3) 这火车往北京开吗? Ce train est pour Pékin?

Qìchē zhèng wǎng Pǔdōng kāiqu.
(4) 汽车正往浦东开去。 La voiture roule dans la direction de Pudong.

151. A 向 B＋动词　à / auprès

Wǒ xiàng lǎoshī jièle yì běn xiǎoshuō.
(1) 我向老师借了一本小说。 J'ai emprunté un roman à mon professeur.

Dìdi xiàng māma yàole liǎng kuài qiǎokèlì.
(2) 弟弟向妈妈要了两块巧克力。 Mon petit frère a demandé à maman 2 morceaux de chocolat.

Xūyào shénme nǐ kěyǐ xiàng tā jiè.
(3) 需要什么你可以向他借。 Vous pouvez lui emprunter tout ce dont vous avez besoin.

Wǒ xiàng Mǎlì xué Yīngyǔ.
(4) 我向玛丽学英语。 J'apprends l'anglais auprès de Marie.

B 是跟动作有关的对方。这个格式与句型 158 的意思大致相同。

B est le complément d'objet indirect du verbe. Cette phrase-type est pareille à celle de 158.

152. A 对 B + 说……　A + dire à + B

(1) Lǎoshī duì xuésheng shuō: "Gēn wǒ dú."
老师 对 学生 说："跟 我 读。"
Le professeur a dit aux étudiants: « Lisez après moi. »

(2) Yǒu jiàn shì xiǎng duì xiàozhǎng shuō.
有 件 事 想 对 校长 说。
J'ai quelque chose à dire au directeur.

(3) Nǐ yuànyì dehuà jiù duì tā shuō ba.
你 愿意 的话 就 对 他 说 吧。
Dis-le-lui si tu veux.

(4) Zhè jiàn shì bié duì tā shuō.
这 件 事 别 对 他 说。
Ne le lui dites pas.

B 是 A 说话的对象。
B est l'interlocuteur de A.

153. A 对 B + 态度　A + attitude + B

(1) Tā duì wǒ fēicháng guānxīn.
他 对 我 非常 关心。
Il témoigne une sollicitude extrême envers moi.

(2) Tā duì wǒmen zhàogù de hěn zhōudào.
他 对 我们 照顾 得 很 周到。
Il nous entoure de soins particuliers.

(3) Nǐ duì gǔwán gǎn xìngqù ma?
你 对 古玩 感 兴趣 吗？
Vous intéressez-vous aux antiquités?

(4) Wǒ duì zhège jìhuà yǒu yìjiàn.
我 对 这个 计划 有 意见。
Je ne suis pas d'accord sur ce projet.

这个格式表示 A 对 B 有某种看法或采取某种行动。
Cette phrase-type marque l'attitude de A envers B ou le fait que A va faire quelque chose.

154. 对＋人/物＋来说 pour ...

(1) Duì xiǎoxuéshēng lái shuō, zhège wèntí tài nán le.
对小学生来说，这个问题太难了。
Ce problème est trop difficile pour les écoliers.

(2) Duì tā lái shuō, zhè shì zuì hǎo de lǐwù.
对他来说，这是最好的礼物。
Pour lui, c'est le meilleur cadeau.

(3) Duì wàiguórén lái shuō, Hànyǔ zuì nán de shì shēngdiào.
对外国人来说，汉语最难的是声调。
Pour les étrangers, le ton du chinois est le plus difficile à apprendre .

(4) Duì shēngwù lái shuō, kōngqì hé shuǐ zuì zhòngyào.
对生物来说，空气和水最重要。
Pour les êtres vivants, l'air et l'eau sont les plus importants.

这个格式表示从某人、某事的角度去看，得出某个结论。

Cette phrase-type marque le fait qu'on donne son point de vue au sujet de quelqu'un ou de quelque chose.

155. 关于…… sur / en ce qui concerne / à propos de

(1) Guānyú zhège wèntí, yào shuōmíng yíxià.
关于这个问题，要说明一下。
Donnez une explication sur ce problème.

(2) Guānyú kǎo dàxué de shì, yào hǎohāor kǎolǜ.
关于考大学的事，要好好儿考虑。
En ce qui concerne le concours pour entrer à l'université, il faut y bien réfléchir.

(3) Tā zài xiě guānyú Zhōngguó fēngsú de shū.
他在写关于中国风俗的书。
Il écrit un livre sur les mœurs chinoises.

(4) Tāmen zài tánlùn guānyú jiàoyù
他们在谈论关于教育
Ils parlent des problèmes divers à propos de

de gè zhǒng wèntí.
的各种问题。 l'éducation.

156. 除了……以外 **outre / en plus / sauf / ne ... que**

Chúle Měiguó yǐwài, tā hái qùguo Yīngguó.
(1) 除了美国以外，他还去过英国。 Outre les États-Unis, il a été aussi en Angleterre.

Chúle Hànyǔ yǐwài, tā hái xué Yīngyǔ.
(2) 除了汉语以外，他还学英语。 En plus du chinois, il apprend aussi l'anglais.

Chúle tā yǐwài, dàjiā dōu zànchéng.
(3) 除了他以外，大家都赞成。 Tout le monde est d'accord sauf lui.

Chúle Mǎlì yǐwài, wǒ méiyǒu bié de wàiguó péngyou.
(4) 除了玛丽以外，我没有别的外国朋友。 Je n'ai d'autres amis étrangers que Marie.

157. A 和/跟 B **A + et / avec + B**

Wǒ mǎile píngguǒ hé lí.
(1) 我买了苹果和梨。 J'ai acheté des pommes et des poires.

Bàba gēn māma sànbù qù le.
(2) 爸爸跟妈妈散步去了。 Mon père et ma mère sont allés se promener.

Xiǎo Chén hé Xiǎo Wáng jiéhūn le.
(3) 小陈和小王结婚了。 Xiao Chen s'est marié avec Xiao Wang.

Zuótiān yéye qùle Nánjīng Lù hé Huáihǎi Lù.
(4) 昨天爷爷去了南京路和淮海路。 Hier mon grand-père est allé rue de Nanjing et rue de Huaihai.

“和”、“跟”是连词，表示 A、B 是并列的关系。

«和» et «跟» est une conjonction, A est l'apposition de B.

158. A 跟 B + 动词　　auprès de / à

(1) Wǒ gēn Ānnī xuéxí Yīngyǔ.
我 跟 安妮 学习 英语。　　J'apprends l'anglais auprès d'Annie.

(2) Tā gēn Xiǎo Zhōu jièle yìbǎi kuài qián.
他 跟 小 周 借了 一百 块 钱。　　Il a emprunté 100 yuans à Xiao Zhou.

(3) Wǒ gēn tā shuōle nà jiàn shì.
我 跟 他 说了 那 件 事。　　Je le lui ai dit.

(4) Dìdi gēn māma yàole wǔshí kuài qián.
弟弟 跟 妈妈 要了 五十 块 钱。　　Mon petit frère a demandé 100 yuans à ma mère.

(5) Wǒ gēn Hú Jiān liánxì le.
我 跟 胡 坚 联系 了。　　Je me suis adressé à Hu Jian.

这里的"跟"是介词,指示与动作有关的对方。与句型 151 中的"向"意思大致相同。强调动作方向时多用"向",其他情况时多用"跟"。

Dans cette phrase-type,«跟» est une préposition,équivalente à la préposition « à » de la langue française et à «向» de la phrase-type 151. On utilise plutôt «向» pour souligner le sens dans lequel l'action se déroule, mais plutôt «跟» dans les autres cas.

159. A 和/跟 B……　　A + aussi ... que / ressembler à + B

(1) Tā de shēngāo hé bàba yíyàng.
他 的 身高 和 爸爸 一样。　　Il est aussi grand que son père.

(2) Tā huà de xióngmāo gēn zhēn de yíyàng.
他 画 的 熊猫 跟 真 的 一样。　　Le panda qu'il a peint ressemble à un panda vivant.

(3) Tā zhǎng de gēn Xīfāngrén chàbuduō.
他 长 得 跟 西方人 差不多。　　Il ressemble à un Occidental.

Shànghǎi de tiānqì gēn Běijīng
(4) 上海的天气跟北京 — Le climat de Shanghai est différent de celui
(de tiānqì) bù tóng.
(的天气)不同。 — de Pékin.

这里的"和"、"跟"是介词,引进比较的对象B。

«和» et «跟» sont prépositions, qui introduisent l'objet comparatif de B.

160. 太+形容词/动词 — trop + adjectif

Zhè jiàn chènyī tài cháng le.
(1) 这件衬衣太长了。 — Cette chemise est trop longue.

Zhège tài guì, wǒ bù xiǎng mǎi.
(2) 这个太贵,我不想买。 — C'est trop cher, je ne veux pas le prendre.

Zhège cài tài là le.
(3) 这个菜太辣了。 — Ce plat est trop piquant.

Qǐng bié jiǎn tài duǎn.
(4) 请别剪太短。 — Ne coupez pas trop court, s'il vous plaît.

Nín tài kuājiǎng le.
(5) 您太夸奖了。 — Vous me flattez.

这里的"太"是副词,表示程度过头。

Dans cette phrase-type, «太» est un adverbe qui exprime le degré excessif.

161. 不太+形容词/动词 — ne ... pas très / bien / beaucoup ...

Zhège cài bú tài hǎochī.
(1) 这个菜不太好吃。 — Ce plat n'est pas très bon.

Zhège zhìliàng bú tài hǎo.
(2) 这个质量不太好。 — La qualité n'est pas très bonne.

Wǒ bú tài shúxi Shànghǎi de
(3) 我不太熟悉上海的 — Je ne connais pas bien les rues de Shanghai.
dàolù.
道路。

Zài kǒuyǔ zhōng, zhège cír
(4) 在口语中,这个词儿 — On n'utilise pas beaucoup ce mot dans la lan-
bú tài yòng.
不太用。 — gue parlée.

“不太”减弱了否定的程度，“不太好吃”比“不好吃”程度轻，语气比较婉转。

«不太» est une expression qui sert à atténuer le degré du sens négatif. Par exemple, le sens de «不太好吃(pas très délicieux)» est moins fort que celui de «不好吃(pas délicieux)».

162. 不怎么＋形容词/动词　　ne ... pas très / tellement ...

(1) Zhè xīguā bù zěnme tián.
这 西瓜 不 怎么 甜。
Cette pastèque n'est pas très douce.

(2) Wǒ bù zěnme xǐhuan chī xīcān.
我 不 怎么 喜欢 吃 西餐。
Je n'aime pas tellement la cuisine occidentale.

(3) Nǎinai bù zěnme pàng.
奶奶 不 怎么 胖。
Ma grand-mère n'est pas très grosse.

(4) Mèimei bù zěnme yònggōng.
妹妹 不 怎么 用功。
Ma petite sœur n'est pas très travailleuse.

这个格式跟句型161的意思大致相同。

Cette phrase-type a la même fonction que la phrase-type 161.

163. 很/挺＋形容词/动词　　très / beaucoup

(1) Zhè běn shū hěn yǒu yìsi.
这 本 书 很 有 意思。
Ce livre est très intéressant.

(2) Tā tǐng piàoliang.
她 挺 漂亮。
Elle est très jolie.

(3) Wǒ hěn xiǎng jiā.
我 很 想 家。
Ma famille me manque beaucoup.

(4) Dìdi hái méi huí jiā, māma hěn dānxīn.
弟弟 还 没 回 家，妈妈 很 担心。
Mon petit frère n'est pas encore retourné à la maison, ma mère en était très inquiète.

“很”、“挺”表示程度高。

«很», «挺» veut dire « très, beaucoup », exprime le haut degré.

164. 非常＋形容词/动词 **extrêmement + adjectif**

(1) Jīnmào Dàshà fēicháng gāo.
金茂 大厦 非常 高。
Le batiment Jinmao est extrêmement haut.

(2) Néng rènshi nǐ fēicháng gāoxìng.
能 认识 你 非常 高兴。
Je suis vraiment très content de faire votre connaissance.

(3) Tā fùqīn qùshì le, tā fēicháng shāngxīn.
他 父亲 去世 了，他 非常 伤心。
Son père est mort, il en est extrêmement triste.

(4) Tā fēicháng shēngqì.
他 非常 生气。
Il est extrêmement faché.

“非常”表示程度极高。
«非常» veut dire « extrêmement »,exprime le degré extrême.

165. 有时…… **tantôt ... tantôt / quelquefois**

(1) Zuìjìn de tiānqì yǒushí lěng, yǒushí rè.
最近 的 天气 有时 冷，有时 热。
Ces jours-ci,il fait tantôt froid,tantôt chaud.

(2) Zhèli yǒushí xià xuě.
这里 有时 下 雪。
Ici,il neige quelquefois.

(3) Wǒ yǒushí yòng Hànyǔ shuōhuà.
我 有时 用 汉语 说话。
Je parle chinois quelquefois.

(4) Bàba yǒushí bù huílai chī fàn.
爸爸 有时 不 回来 吃 饭。
Quelquefois mon père ne rentre pas à la maison pour dîner.

166. 常(常)…… **souvent ...**

(1) Bàba chángcháng chūchāi.
爸爸 常常 出差。
Mon père va souvent en mission.

(2) Wǒ dōngtiān cháng gǎnmào.
我 冬天 常 感冒。
Je suis souvent enrhumé l'hiver.

Zhèli de chūntiān cháng xià yǔ.
(3) 这里 的 春天 常 下 雨。 Au printemps il pleut beaucoup dans ce pays.

Tā chángcháng quēxí.
(4) 他 常常 缺席。 Il est souvent absent.

167. 先＋动词…… d'abord / à l'avance

Wǒmen xiān fùxí yíxià.
(1) 我们 先 复习 一下。 D'abord nous faisons une révision.

Wǒ xiān jièshào yíxià.
(2) 我 先 介绍 一下。 Je fais d'abord une présentation.

Nǐ xiān qù ba.
(3) 你 先 去 吧。 Tu y vas d'abord.

Tā bù shūfu, xiān huíqu le.
(4) 他 不 舒服，先 回去 了。 Il ne va pas bien, donc il rentre chez lui à l'avance.

168. 再＋动词…… encore / refaire ...

Qǐng zài dú yí biàn.
(1) 请 再 读 一 遍。 Lisez encore une fois.

Zài gěi wǒ yì bēi ba.
(2) 再 给 我 一 杯 吧。 Donnez-moi encore un verre.

Wǒ bǎo le, bù néng zài chī le.
(3) 我 饱 了，不 能 再 吃 了。 J'ai bien mangé à ma faim, je n'en veux plus.

Míngtiān wǒ zài lái.
(4) 明天 我 再 来。 Je reviendrai demain.

这里的“再”表示动作重复或继续。多指未进行的动作。

«再» exprime la répétition ou la continuité de l'action, qui généralement n'a pas en lieu.

169. 又 + 动词　　**verbe + encore**

Wǒ yòu dúle yí biàn.
(1) 我 又 读了 一 遍。　Je l'ai lu encore une fois.

Tā yòu hēle liǎng bēi jiǔ.
(2) 他 又 喝了 两 杯 酒。　Il a bu encore deux verres.

Xiǎo Zhōu yòu qùle yí cì Xīzàng.
(3) 小 周 又 去了 一 次 西藏。　Xiao Zhou est allé au Tibet encore une fois.

Tā yòu hēzuì le.
(4) 他 又 喝醉 了。　Il a trop bu encore une fois.

这里的“又”表示动作已经重复进行了。
«又» marque la répétition de l'action, qui a déjà eu lieu.

170. 只 + 动词　　**ne ... que**

Lǐtáng li zhǐ yǒu yǐzi.
(1) 礼堂 里 只 有 椅子。　Il n'y a que des chaises dans la salle.

Wǒ zhǐ mǎi zhège.
(2) 我 只 买 这个。　Je n'ai pris que ça.

Zhège bān zhǐ yǒu yí ge Rìběn xuésheng.
(3) 这个 班 只 有 一 个 日本 学生。　Dans cette classe, il n'y a qu'un étudiant japonais.

Wǒ zhǐ xuéguo yìdiǎnr Yīngyǔ, bù néng dāng fānyì.
(4) 我 只 学过 一点儿 英语，不 能 当 翻译。　J'ai appris très peu l'anglais, je ne peux pas servir d'interprète.

“只”表示仅限于某一范围。
«只» veut dire « seulement, ne ... que ».

171. 都 + 动词/形容词　　**tout / toute / tous / toutes**

Tāmen dōu shì xuésheng.
(1) 他们 都 是 学生。　Ils sont tous étudiants.

Zhèxiē shū dōu shì túshūguǎn de.
(2) 这些 书 都 是 图书馆 的。　Tous ces livres appartiennent à la bibliothèque.

(3) Zuòyè wǒ dōu zuòhǎo le.
作业我都做好了。 J'ai fini tous mes devoirs.

(4) Zhèxiē chènyī dōu hěn piàoliang.
这些衬衣都很漂亮。 Toutes les chemises sont très jolies.

"都"表示包括全部。

«都» veut dire « tout/toute/tous/toutes ».

172. 才 + 动词 venir de

(1) Nǐ zěnme cái lái jiù zǒu?
你怎么才来就走? Tu viens d'arriver, pourquoi veux-tu partir tout de suite?

(2) Wǒ cái dào Běijīng, hái méi gēn Wáng Píng liánxì shang.
我才到北京,还没跟王平联系上。 Je viens d'arriver à Pékin, et le temps ne me permet pas de téléphoner à Wang Ping.

(3) Tā cái xià fēijī, ràng tā xiūxi yíxià ba.
他才下飞机,让他休息一下吧。 Il vient de descendre de l'avion, laissez-le se reposer un peu.

(4) Wǒ cái kāishǐ xué Hànyǔ, hái tīng bu dǒng.
我才开始学汉语,还听不懂。 Je viens de commencer à apprendre le chinois, je n'arrive pas à le comprendre.

这里的"才"表示动作在不久前发生。

Dans cette phrase-type, «才» veut dire que l'action s'est déroulée peu de temps avant.

173. 时间 + 才 + 动词 ne ... que / seulement

(1) Zuówǎn wǒ shí'èr diǎn cái shuì.
昨晚我十二点才睡。 Hier soir, ce n'est qu'à minuit que je suis allé me coucher.

(2) Huìyì qī diǎn cái jiéshù, wǒ
会议七点才结束,我 La réunion n'a fini qu'à 7 heures, j'avais une

èjí le. 饿极 了。	faim de loup.
Tiānqì yùbào shuō dàyǔ yào (3) 天气 预报 说 大雨 要 wǎnshang cái tíng. 晚上 才 停。	Le météo a annoncé que seulement le soir, il cesserait de pleuvoir à torrents.
Yuándìng èr hào chūfā, jiéguǒ (4) 原定 二 号 出发，结果 sān hào cái zǒu. 三 号 才 走。	On a décidé de partir le 2, mais en réalité on n'a pu partir que le 3.

这里的"才"强调动作发生或结束得晚。这个格式跟句型 179 的意思相反。

Dans cette phrase-type, «才» est utilisé pour souligner le fait que l'action se déroule ou finit plus tard que d'habitude. Cette phrase-type a le sens contraire à celui de la phrase-type 179.

174. 数量/时间 + 才 + 结果 　　**ne ... que**

Wǒ dúle wǔ biàn cái jìzhù. (1) 我 读了 五 遍 才 记住。	Ce n'est qu'après l'avoir lu 5 fois que je l'ai retenu.
Wǒ jiǎngle sān biàn, tā cái (2) 我 讲了 三 遍，他 才 míngbai. 明白。	Ce n'est qu'après que je lui aie répété 3 fois qu'il est arrivé à me comprendre.
Nà běn shū jiǔ yuè cái néng (3) 那 本 书 九 月 才 能 chūbǎn. 出版。	Ce livre ne sera publié qu'en septembre.
Jìdào Měiguó de xìn yào shí (4) 寄到 美国 的 信 要 十 tiān cái dào. 天 才 到。	Le courrier envoyé aux États-Unis a besoin de 10 jours pour y arriver.

这里的"才"强调结果出现的条件是数量多、历时长或时间晚。与句型 180 的意思相反。

Dans cette phrase-type, «才» est utilisé pour souligner le fait que l'action ne se déroule ou accomplie qu'après une répétition, ou une longue durée de temps. Cette phrase-type a le sens contraire à celui de la phrase-type 180.

175. 条件＋才＋结果　　ne ... que

(1) Rènzhēn xuéxí cái huì yǒu jìnbù.
认真学习才会有进步。
On ne fera de progrès qu'en travaillant dur.

(2) Zhèyàng zuò cái néng jiějué wèntí.
这样做才能解决问题。
On ne pourra résoudre ce problème que de cette manière.

(3) Déle bìng cái zhīdao jiànkāng de kěguì.
得了病才知道健康的可贵。
Ce n'est qu'après être tombé malade qu'on connaît l'importance de la santé.

(4) Wǒ tīngle nǐ de huà cái fàngxīn.
我听了你的话才放心。
Ayant entendu ce que vous avez dit, je me rassure.

176. 才＋数量　　ne ... que

(1) Tā cái shí suì, yǐjīng hěn dǒngshì le.
他才十岁，已经很懂事了。
Il n'a que 10 ans, mais il comprend déjà beaucoup de choses.

(2) Zhè cì kǎoshì, wǒ cái déle liùshí fēn.
这次考试，我才得了六十分。
Je n'ai obtenu qu'une note de 60 points à cet examen.

(3) Zhè shuāng xié hěn piányi, cái yìbǎi kuài.
这双鞋很便宜，才一百块。
Cette paire de chaussures ne coûte pas cher, ça ne fait que 100 yuans.

(4) Zhège gōngsī kāibàn shí cái yǒu wǔshí ge rén.
这个公司开办时才有五十个人。
Au début, cette compagnie n'avait qu'une équipe de 50 personnes.

这里的“才”表示数量少、程度低。

Dans cette phrase-type, «才» est utilisé pour souligner une quantité peu importante ou un degré inférieur.

177. 就+动词/形容词 — verbe + tout de suite

(1) Wǒ jiù lái.
我 就 来。
J'arrive tout de suite.

(2) Fàn jiù hǎo le.
饭 就 好 了。
Le repas sera prêt tout à l'heure.

(3) Qǐng děng yíxià, huìyì jiù jiéshù le.
请 等 一下，会议 就 结束 了。
Patientez un peu, la réunion va finir très bientôt.

(4) Yùndònghuì jiù kāishǐ le.
运动会 就 开始 了。
Les jeux (de sport) commenceront tout de suite.

这里的"就"表示动作或事情将在很短的时间内发生。

Dans cette phrase-type, «就» est utilisé pour souligner le fait qu'une action ou un événement se déroulera dans un bref moment.

178. 动词 1+就+动词 2 — dès que / une fois / aussitôt

(1) Wǒ zuòwán shì jiù huí jiā.
我 做完 事 就 回 家。
Aussitôt après le travail, je rentrerai chez moi.

(2) Nǐ zuòwán zuòyè jiù shuìjiào ba.
你 做完 作业 就 睡觉 吧。
Va te coucher dès que tu auras fini tes devoirs.

(3) Tā zuòxia jiù kàn diànshì.
他 坐下 就 看 电视。
Une fois assis, il commença à regarder la télévision.

(4) Tā tǎngxia jiù shuìzháo le.
他 躺下 就 睡着 了。
Il s'endormit aussitôt qu'il se coucha.

这个格式表示动作 1 完成后动作 2 马上开始。

Cette phrase-type souligne que les deux faits se succèdent.

179. 时间 + 就 + 动词　　... déjà ...

(1) Tā bù shūfu, bā diǎn jiù shuì le. 他不舒服，八点就睡了。	Il ne se sent pas bien et il se couche dès 8 heures.
(3) Huìyì sān diǎn jiù jiéshù, chéng wǔ diǎn de fēijī, láidejí. 会议三点就结束，乘五点的飞机，来得及。	La réunion finira à 3 heures, on peut prendre l'avion de 5 heures et on a encore le temps.
(3) Dàyǔ zuówǎn bànyè jiù tíng le. 大雨昨晚半夜就停了。	Il a cessé de pleuvoir déjà cette nuit à minuit.
(4) Tā shíbā suì jiù gōngzuò le. 他十八岁就工作了。	Il a commencé à travailler déjà à l'age de 18 ans.

这个格式强调动作发生或结束得早。跟句型 173 的意思相反。

Cette phrase-type souligne le fait qu'une action se déroule ou finit tôt par rapport à une autre ou à un moment considéré. Elle a le sens contraire de la phrase-type 173.

180. 数量/时间 + 就 + 动词　　ne ... que

(1) Wǒ dúle yí biàn jiù jìzhù le. 我读了一遍就记住了。	Je ne l'ai lu qu'une seule fois, mais je l'ai retenu.
(2) Wǒ jiǎngle yí cì tā jiù míngbai le. 我讲了一次他就明白了。	Quand je lui en ai parlé, il l'a compris tout de suite.
(3) Nà běn shū zhège yuèdǐ jiù néng chūbǎn le. 那本书这个月底就能出版了。	Ce livre sera publié à la fin de ce mois-ci.
(4) Qù Sūzhōu kāichē yí ge xiǎoshí jiù dào le. 去苏州开车一个小时就到了。	Ce n'est qu'en une heure de voiture qu'on peut arriver à Suzhou.

这里的“就”强调结果出现的条件是数量少、历时短或时间早。这个格式与句型 174 的意思相反。

Dans cette phrase-type,«就» est utilisé pour souligner que soit les deux faits se succèdent immédiatement,soit l'action se déroulera très prochainement ou elle a une courte durée. Le sens est contraire à celui de la phrase-type 174.

181. 就 + 动词 + 宾语　　ne ... que / juste

(1)	Wǒ jiù mǎi zhèxiē. 我 就 买 这些。	Je n'ai acheté que ça.
(2)	Chē jiù tíng zài zhèli ba. 车 就 停 在 这里 吧。	On va garer la voiture juste ici.
(3)	Xiànzài bàngōngshì jiù shèng wǒ yí ge rén. 现在 办公室 就 剩 我 一 个 人。	Pour le moment,je suis tout seul dans le bureau.

这里的“就”表示动作只在宾语的范围内进行。这个格式与句型 170 的意思相似。

Dans cette phrase-type,«就» veut dire « seulement,justement,ne ... que ». Cette phrase-type a presque le même sens que celle de 170.

182. 还……　　encore ...

(1)	Wǒ hái zài lǎo dìfang zhù. 我 还 在 老 地方 住。	J'habite dans la même maison depuis toujours.
(2)	Tā hái zài Xīnhuá Yīyuàn gōngzuò. 他 还 在 新华 医院 工作。	Il travaille encore à l'hôpital Xinghua.
(3)	Zhè jiàn dàyī chuānle sān nián, hái hěn xīn. 这 件 大衣 穿了 三 年，还 很 新。	Je porte ce manteau depuis 3 ans,mais il reste encore tout neuf.
(4)	Wǒ yǐjīng qīshí suì le, hái hěn jiànkāng. 她 已经 七十 岁 了，还 很 健康。	Malgré son age de 70 ans,elle est encore en bonne santé.

这里的“还”表示动作或状态在持续，没有变化或者变化很小。

Dans cette phrase-type,«还» marque le fait qu'une action ou un état dure sans changement ou avec peu de changement.

183. 还…… encore ...

(1) Jīntiān bǐ zuótiān hái lěng.
今天 比 昨天 还 冷。
Aujourd'hui il fait encore plus froid qu'hier.

(2) Nà běn shū hái yào sān ge yuè cái néng chūbǎn.
那 本 书 还 要 三 个 月 才 能 出版。
Il faut attendre encore 3 mois pour que ce livre soit publié.

(3) Tā chúle Yīngyǔ, hái huì Fǎyǔ.
他 除了 英语，还 会 法语。
Outre l'anglais, il sait encore parler français.

(4) (Chúle zhèxiē,) nín hái yào shénme?
（除了 这些，）您 还 要 什么？
Avec ça, que désirez-vous encore?

这里的"还"表示程度、数量的增加或范围的扩大。

Dans cette phrase-type, «还» marque une idée de supplément .

184. 还…… pas mal / tant bien que mal

(1) Yéye de shēntǐ hái hǎo.
爷爷 的 身体 还 好。
Mon grand-père va tant bien que mal.

(2) Zhèli de jiāotōng hái fāngbiàn.
这里 的 交通 还 方便。
Ici, on peut dire que les moyens de transport sont commodes.

(3) Zhège cài de wèidao hái búcuò.
这个 菜 的 味道 还 不错。
Ce plat n'est pas mal.

(4) Zhè běn xiǎoshuō hái kěyǐ.
这 本 小说 还 可以。
Ce roman n'est pas mal écrit.

这里的"还"表示事物的程度勉强过得去。

Dans cette phrase-type, «还» veut dire « tant bien que mal, pas mal, assez bien ». On l'utilise pour atténuer une affirmation ou exprimer la modestie.

185. 还……呢　　même / tellement que

(1) Tā Zhōngwén hěn hǎo, hái dāngguo fānyì ne.
他中文很好，还当过翻译呢。
Il parle assez bien le chinois et il a servi même d'interprète.

(2) Tā de shūfǎ zuòpǐn hái zhǎnlǎnguo ne.
他的书法作品还展览过呢。
Ses œuvres de calligraphie(sont assez belles) elles sont même exposées au public.

(3) Tā de huàr hái déguo yī děng jiǎng ne.
他的画儿还得过一等奖呢。
Sa peinture a même remporté le premier prix.

(4) Tā chàng de hěn hǎo, hái dēngtái biǎoyǎnguo ne.
他唱得很好，还登台表演过呢。
Il chantait tellement bien qu'il a chanté sur la scène.

这里的"还……呢"表示赞叹的语气。
«还……呢» marque le ton de l'admiration.

186. 还……呢　　encore ...

(1) Wǒ xiànzài bù néng shuì, zhège bàogào hái méi xiěwán ne.
我现在不能睡，这个报告还没写完呢。
Je ne peux pas aller me coucher, car je n'ai pas encore fini d'écrire ce rapport.

(2) Xiànzài bù néng zǒu, hái méi dào xiàbān shíjiān ne.
现在不能走，还没到下班时间呢。
On ne peut pas s'en aller, parce que ce n'est pas encore l'heure de finir le travail.

(3) Nǐ bié wán le, xià xīngqī hái yào kǎoshì ne.
你别玩了，下星期还要考试呢。
Ne t'amuse plus, tu auras un examen la semaine prochaine.

(4) Zài zuò yíhuìr ba, hái zǎo ne.
再坐一会儿吧，还早呢。
Restez avec nous, il est encore tôt.

这里的"还……呢"是在提醒对方或说明某件事的时候用的。
«还……呢» est utilisé pour donner une explication à l'interlocuteur.

187. 果然…… **effectivement / juste**

(1) Guǒrán rúcǐ.
果然如此。
C'est juste comme prévu.

(2) Wǒ xiǎng tā huì tóngyì de, guǒrán tā tóngyì le.
我想他会同意的，果然他同意了。
Je croyais qu'il serait d'accord et il l'est effectivement.

(3) Wǒ xiǎng tā huì lái de, guǒrán tā lái le.
我想他会来的，果然他来了。
Je croyais qu'il viendrait et il est venu effectivement.

(4) Tā shàngwǔ shuō yào xià xuě, guǒrán xiàwǔ xià xuě le.
他上午说要下雪，果然下午下雪了。
Il a dit ce matin qu'il allait neiger, et il neige effectivement cet après-midi.

"果然"表示事实跟所估计的相符。
«果然» veut dire que le fait se conforme à ce qu'on a prévu.

188. 千万(要)+动词
千万+别+动词
surtout / de toute façon / à tout prix / absolument / en aucun cas

(1) Nǐ qiānwàn yào zhùyì ānquán.
你千万要注意安全。
Surtout fais attention à la sécurité.

(2) Nǐ qiānwàn zǎo diǎnr huí jiā.
你千万早点儿回家。
De toute façon, retourne à la maison le plus tôt possible.

(3) Dàoshí nǐ qiānwàn yào lái.
到时你千万要来。
Tu dois venir à tout prix au moment prévu.

(4) Nǐ qiānwàn yào jiānchí dàodǐ.
你千万要坚持到底。
Tu dois à tout prix tenir jusqu'au bout.

(5) Shíwù huài le, qiānwàn bié chī.
食物坏了，千万别吃。
Les aliments sont gatés, il ne faut absolument pas les manger.

(6) Zhè jiàn shì nǐ qiānwàn bié
这件事你千万别
En aucun cas, tu ne dois pas le lui dire.

duì tā shuō.
对 他 说。

这里的"千万"是副词，表示恳切的叮咛。

Dans cette phrase-type, « 千万 » est un adverbe, utilisé pour renforcer la recommandation.

189. 一定＋动词/形容词 **certainement / sans aucun doute**

(1) Tā xià ge yuè yídìng huí guó.
他下个月一定回国。
Il retournera certainement dans son pays natal le mois prochain.

(2) Tā hěn yònggōng, yídìng kǎo de hǎo.
他很用功，一定考得好。
Il est bien travailleur et réussira certainement à son examen.

(3) Tā chuān de dōu shì míngpái, yídìng hěn yǒu qián.
他穿的都是名牌，一定很有钱。
Tous ce qu'il porte sont des grandes marques, il est sans aucun doute très riche.

(4) Tā tiāntiān duànliàn, shēntǐ yídìng hěn hǎo.
他天天锻炼，身体一定很好。
Il s'entraîne tous les jours et il a certainement une bonne santé.

这里的"一定"表示必然、确实无疑。

Dans cette phrase-type, « 一定 » veut dire « certainement, absolument, sans aucun doute », etc.

190. 一定＋动词 **à tout prix / absolument / ne plus jamais**

(1) Wǒ yídìng bāng nǐ (de) máng.
我一定帮你（的）忙。
Je t'aiderai à tout prix.

(2) Yǐhòu wǒ yídìng nǔlì xuéxí.
以后我一定努力学习。
Je travaillerai avec tous mes efforts.

(3) Yǐhòu wǒ yídìng bù sāhuǎng.
以后我一定不撒谎。
Je ne mentirai plus jamais.

Nǐ míngtiān yídìng lái a!
(4) 你 明天 一定 来 啊! Venez demain sans hésitation!

这里的“一定”表示说话人对做某事意志坚决,或者要求别人坚决做某事。

Dans cette phrase-type, «一定» marque la volonté ferme du locuteur ou de l'interlocuteur pour faire quelque chose ou demander à quelqu'un de faire quelque chose.

191. 不一定 **On ne peut pas dire que ...**

Yǒumíng de shípǐn bù yídìng hǎochī.
(1) 有名的食品不一定好吃。 On ne peut pas dire que tous les aliments de grande marque sont délicieux.

Shū shang shuō de bù yídìng duì.
(2) 书上说的不一定对。 On n'est pas sûr que ce qu'on a écrit dans ce livre soit correct.

Tā míngtiān bù yídìng néng lái.
(3) 他明天不一定能来。 Il n'est pas certain qu'il vienne demain.

Shíyàn bù yídìng néng chénggōng.
(4) 实验不一定能成功。 L'expérimentation ne réussira peut-être pas.

“不一定”表示根据估计,不能确认某一个结论。

«不一定» exprime qu'on ne peut pas donner un jugement affirmatif.

192. 幸亏/幸好…… **heureusement ...**

Xià yǔ le, xìngkuī wǒ dàile sǎn.
(1) 下雨了,幸亏我带了伞。 Il pleut, heureusement j'ai mon parapluie.

Wǒ mílù le, xìngkuī dàile dìtú.
(2) 我迷路了,幸亏带了地图。 Je suis perdu, heureusement j'ai un plan sur moi.

Wǒ fāshāo le, xìnghǎo jīntiān búyòng shàngbān.
(3) 我发烧了,幸好今天不用上班。 J'ai de la fièvre, heureusement je n'ai pas besoin d'aller au travail aujourd'hui.

Wǒ qiánbāo diū le, xìnghǎo
(4) 我钱包丢了,幸好 J'ai perdu mon porte-monnaie, heureusement

méi duōshao qián.
没 多少 钱。　il n'y a pas beaucoup d'argent dedans.

"幸亏"、"幸好"表示由于偶然有某种有利因素，避免了某种不好的事情。
«幸亏» et «幸好» veut dire « heureusement ».

193. ……了。 **(passé composé)**

Tā zuótiān qù Běijīng le.
(1) 他 昨天 去 北京 了。　Il est parti pour Pékin hier.

Māma shàngwǔ xiě xìn le.
(2) 妈妈 上午 写 信 了。　Maman a écrit une lettre ce matin.

Jiāng Tāo qiántiān lái Shànghǎi le.
(3) 江 涛 前天 来 上海 了。　Jiang Tao est arrivé à Shanghai avant-hier.

Wǒ chīle fàn le.
(4) 我 吃了 饭 了。　J'ai pris mon repas.

这里的"了"放在句末，表示肯定的语气，肯定某件事已经发生。
Dans cette phrase-type, «了», mis en fin de la phrase, exprime un fait passé et achevé.

194. 都……了 **... déjà ...**

Dōu shí'èr diǎn le, tā hái méi shuì.
(1) 都 十二 点 了，他 还 没 睡。　Il est déjà minuit, mais il ne s'est pas encore couché.

Tiān dōu hēi le, kuài huí jiā ba.
(2) 天 都 黑 了，快 回 家 吧。　Il fait déjà noir, dépêche-toi de rentrer chez toi.

Cài dōu liáng le, kuài chī ba.
(3) 菜 都 凉 了，快 吃 吧。　Les plats vont être froids, sers-toi.

Wǒ dōu sānshí suì le, hái méiyǒu nǚpéngyou.
(4) 我 都 三十 岁 了，还 没有 女朋友。　J'ai déjà 30 ans, mais je n'ai pas encore de copine.

这里的"都"是"已经"的意思。
Dans cette phrase-type, «都» veut dire «已经».

195. 动词/形容词/名词 + 了 ... déjà ...

(1) Mèimei zhǎnggāo le.
妹妹长高了。
Ma petite sœur a grandi.

(2) Tiān qíng le.
天晴了。
Il commence à faire beau.

(3) Qiūtiān le, hái zhème rè.
秋天了，还这么热。
Nous sommes déjà en automne, mais il fait encore chaud.

(4) Xiànzài yǐjīng jiǔ diǎn le.
现在已经九点了。
Il est déjà 9 heures.

这里的"了"表示肯定事态出现了变化。
Dans cette phrase-type, «了» exprime l'affirmation du changement.

196. 越来越…… de plus en plus ...

(1) Yǔ yuèláiyuè dà le.
雨越来越大了。
Il pleut de plus en plus fort.

(2) Tiānqì yuèláiyuè rè le.
天气越来越热了。
Il fait de plus en plus chaud.

(3) Wǒ yuèláiyuè xǐhuan yīnyuè le.
我越来越喜欢音乐了。
J'ai une passion de plus en plus grande pour la musique.

(4) Wǒ dùzi yuèláiyuè téng le.
我肚子越来越疼了。
La douleur dont je souffre au ventre devient de plus en plus vive.

"越来越"表示程度随时间的推移而变化。
«越来越» exprime que le degré du fait monte avec le temps.

197. 是 + A + 动词 + 的(+ 宾语) **C'était ... que ...**

Hú Ān shì qiántiān qù de.
(1) 胡安是前天去的。 C'était avant-hier que Hu An est parti.

Sūn Píng shì qùnián qù de Měiguó.
(2) 孙平是去年去的美国。 C'était l'année dernière que Sun Ping est allé aux États-Unis.

Tā shì qíchē lái de.
(3) 他是骑车来的。 C'était en vélo qu'il est venu.

Tā shì chéng chuán qù de Rìběn.
(4) 他是乘船去的日本。 C'était en bateau qu'il est allé au Japon.

Tā shì zài Yīngguó xué de Yīngyǔ.
(5) 他是在英国学的英语。 C'était en Angleterre qu'il a appris l'anglais.

A 是动作的时间、地点或方式。需要说明过去的动作发生的时间、地点或者方式的时候可用这个格式。

A est le temps, le lieu ou la manière de l'action. On peut utiliser cette phrase-type quand on souligne le temps, le lieu ou la manière de l'action qui s'est déroulée dans le passé.

198. ……等(等) **... etc./et d'autres**

Jiāyòng diànqì bāokuò diànshìjī、wēibōlú、diànbīngxiāng děngděng.
(1) 家用电器包括电视机、微波炉、电冰箱等等。 L'appareil électrique familial comprend la télévision, le four à micro-ondes, le réfrigérateur, etc.

Xiǎoxué de kèchéng yǒu Yǔwén、Shùxué、Yīngyǔ děngděng.
(2) 小学的课程有语文、数学、英语等等。 Les cours de l'école primaire comprennent le chinois, les mathématiques, l'anglais, etc.

Běn xiào yǒu Měiguó、Yīngguó děng guójiā de xuésheng.
(3) 本校有美国、英国等国家的学生。 Notre école a des étudiants américains, anglais et d'autres pays.

Míngtiān Chángchūn、Shěnyáng
(4) 明天长春、沈阳 Demain il y aura de la neige à Changchun,

děng dì jiāng xià dàxuě.
等 地 将 下 大雪。　　Shenyang et dans d'autres régions.

"等(等)"用在两个或几个并列词语的后面,代表省略的部分,表示列举未尽。多用于书面语。

«等(等)», utilisé après deux ou plusieurs expressions juxtaposées, représente la citation omise. C'est une expression de la langue écrite.

199. ……什么的　　... etc.

Hē diǎnr kāfēi shénmede ba.
(1) 喝 点儿 咖啡 什么的 吧。　　Prends quelque chose, par exemple, du café.

Tā xǐhuan dú xiǎoshuō、 shīgē shénmede.
(2) 他 喜欢 读 小说、 诗歌 什么的。　　Il aime lire, par exemple, le roman, la poésie, etc.

Wǒ mǎile xiāngjiāo、 pútáo shénmede.
(3) 我 买了 香蕉、 葡萄 什么的。　　J'ai acheté de la banane, des raisins, ect.

Shǒutíbāo li yǒu qiánbāo、 shēnfènzhèng shénmede.
(4) 手提包 里 有 钱包、 身份证 什么的。　　Il y a un porte-monnaie, une carte d'identité, etc. dans son sac.

"什么的"跟句型198的"等"意思相同,多用于口语。

«什么的» a le même sens que «等» dans la phrase-type 198. On l'utilise souvent dans la langue parlée.

200. (一)边+动词1+(一)边+动词2　　... en ...

Tā yìbiān zǒu yìbiān sīkǎo.
(1) 他 一边 走 一边 思考。　　Il réfléchit en marchant.

Mèimei biān tán qín biān chàng gē.
(2) 妹妹 边 弹 琴 边 唱 歌。　　Ma petite sœur jouait du piano en chantant.

Dīng Lì biān gōngzuò biān xuéxí.
(3) 丁 丽 边 工作 边 学习。　　Ding Li fait ses études en travaillant.

Dàjiā biān hē chá biān shuōhuà.
（4）大家边喝茶边说话。　On bavarde en prenant du thé.

这个格式表示两个以上的动作同时进行。

C'est le gérondif de la langue française. Il marque deux actions qui se déroulent parallèlement.

201．又……又……　**... et ...**

Yòu xià yǔ yòu guā fēng.
（1）又下雨又刮风。　Il pleut et il fait du vent.

Tā yòu chōuyān yòu hē jiǔ.
（2）他又抽烟又喝酒。　Il fume et boit.

Zhège yòu piányi yòu hǎo.
（3）这个又便宜又好。　Ce n'est pas cher et de bonne qualité.

Zhège fángjiān yòu dà yòu míngliàng.
（4）这个房间又大又明亮。　Cette chambre est grande et claire.

这个格式表示几种情况或状态同时存在。

Cette phrase-type exprime que plusieurs actions se déroulent en même temps ou plusieurs situations coexistent.

202．不但/不仅＋A＋而且＋B
不但/不仅＋A，B＋也　**non seulement ... mais aussi ...**

Tā búdàn cōngming érqiě yònggōng.
（1）她不但聪明而且用功。　Elle est non seulement intelligente mais aussi travailleuse.

Tā bùjǐn xuéxí chéngjì hǎo, érqiě rénpǐn yě hǎo.
（2）他不仅学习成绩好，而且人品也好。　Il a non seulement bien réussi dans ses études, mais il est aussi très gentil.

Lóngjǐngchá búdàn zài guónèi, zài
（3）龙井茶不但在国内，在　Le thé de Longjing est non seulement connu en

guówài yě hěn yǒumíng.
国外 也 很 有名。 | Chine, mais aussi à l'étranger.

Zhège cài búdàn hǎochī,
(4) 这个 菜 不但 好吃, | Ce plat est non seulement délicieux, mais ses
yánsè yě hěn hǎokàn.
颜色 也 很 好看。 | couleurs sont aussi belles.

这个格式表示肯定A的同时,进一步肯定B。
Cette phrase-type marque la qualité de A ainsi que celle de B.

203. (先+)动词1+再+动词2 **d'abord ... , ensuite ... / ... avant de ...**

Wǒ xiǎng xiān xǐzǎo zài
(1) 我 想 先 洗澡 再 | Je voudrais d'abord prendre un bain, ensuite
chī fàn.
吃 饭。 | prendre mon repas.

Nǐ yīnggāi xiān zuò zuòyè zài
(2) 你 应该 先 做 作业 再 | Il te faut finir tes devoirs avant de regarder la
kàn diànshì.
看 电视。 | télé.

Wǒ xiān qù yínháng zài qù
(3) 我 先 去 银行 再 去 | Je vais d'abord à la banque, ensuite au bu-
gōngsī.
公司。 | reau.

Wǒmen hē bēi kāfēi zài
(4) 我们 喝 杯 咖啡 再 | Avant de commencer à travailler, prenons un
kāishǐ gōngzuò ba.
开始 工作 吧。 | café.

204. (等)……再+动词 **ne ... avant que ...**

Xiànzài méi kòng, dào qiūtiān
(1) 现在 没 空, 到 秋天 | On n'a pas le temps de s'en occuper, il faut
zài qù ba.
再 去 吧。 | attendre jusqu'en automne.

Děng yǔ tíngle zài chūqu.
(2) 等 雨 停了 再 出去。 | Ne sors pas avant que la pluie ne cesse de tomber.

(3) Děng lǐngle gōngzī zài mǎi ba.
等领了工资再买吧。
Ne l'achète pas avant d'avoir touché ton salaire.

(4) Děng rén qíle zài kāihuì.
等人齐了再开会。
La réunion n'aura pas lieu avant que tout le monde ne soit présent.

这个格式表示动作要等某种情况出现以后才进行。

Cette phrase-type exprime que l'action ne se déroule que sous certaines conditions.

205. 再……就+结果　Si ...

(1) Nǐ zài chī zhème duō, jiù huì chéng dàpàngzi le.
你再吃这么多，就会成大胖子了。
Tu deviendrais gros si tu continuais à manger beaucoup.

(2) Nǐ zài zhèyàng huā qián, yuèdǐ jiù méi fàn chī le.
你再这样花钱，月底就没饭吃了。
Si tu continuais à dépenser ton argent de cette manière, tu n'aurais plus un sou pour payer ta nourriture.

(3) Wǒ zài bù zǒu jiù láibují le.
我再不走就来不及了。
Si je ne pars pas tout de suite, ce sera trop tard.

(4) Nǐ zài bù qǐchuáng jiù yào chídào le.
你再不起床就要迟到了。
Si tu ne te lèves pas tout de suite, tu seras en retard.

这个格式表示如果某种情况继续下去就会出现某种结果。

Cette phrase-type exprime le fait que, si une condition continue à exister, on verra bientôt son résultat.

206. 一……就……　　dès / tout de suite

(1) Yí dào chūntiān, huā jiù kāi.
一到春天，花就开。
Les fleurs s'épanouissent dès l'arrivée du printemps.

(2) Zhège hěn jiǎndān, wǒ yí kàn jiù míngbai.
这个很简单，我一看就明白。
C'est très simple, je l'ai compris à la première vue.

(3) Tā hěn cōngming, yì xué jiù huì.
他很聪明，一学就会。
Il est tellement intelligent qu'il l'a maîtrisé tout de suite.

(4) Dōngběi yí dào dōngtiān jiù xià xuě.
东北一到冬天就下雪。
Il commence à neiger dans la région nord-est quand l'hiver arrive.

这个格式表示两件事紧接着发生。
Cette phrase-type exprime que deux faits se succèdent l'un après l'autre.

207. 只要＋必要条件＋就＋结果　　à condition que / pourvu que / pour que

(1) Zhǐyào bú xià dàyǔ, wǒ jiù qù.
只要不下大雨，我就去。
J'y irai à condition qu'il ne pleuve pas.

(2) Zhǐyào nǔlì jiù huì chénggōng.
只要努力就会成功。
On pourra réussir pourvu qu'on soit travailleur.

(3) Zhǐyào dǎ ge diànhuà, tā jiù huì sònglai.
只要打个电话，他就会送来。
On n'a besoin que de lui donner un coup de téléphone pour qu'il nous l'apporte.

(4) Zhǐyào jiānchí, jiù néng zǒudào zhōngdiǎn.
只要坚持，就能走到终点。
On pourra arriver jusqu'au bout si l'on tient bien.

这个格式表示产生某种结果的必要条件。
Cette phrase-type sert à souligner la condition nécessaire pour avoir un certain résultat.

208. 只有＋唯一条件＋才＋结果　　ne ... que

Zhǐyǒu tuánjié cái yǒu lìliàng.
（1）只有 团结 才 有 力量。
Il n'y a que l'union qui fait la force.

Zhǐyǒu duō dú、duō tīng cái néng xuéhǎo wàiyǔ.
（2）只有 多 读、多 听 才 能 学好 外语。
Ce n'est qu'en lisant et écoutant davantage qu'on peut bien apprendre une langue étrangère.

Zhǐyǒu zài jǐnjí de qíngkuàng xià, cái kěyǐ kāi zhège mén.
（3）只有 在 紧急 的 情况 下，才 可以 开 这个 门。
On ne peut ouvrir cette porte qu'en cas d'urgence.

Zhǐyǒu kāidāo, cái néng zhìhǎo tā de bìng.
（4）只有 开刀，才 能 治好 他 的 病。
L'opération est la seule moyen de guérir de sa maladie.

这个格式表示产生某种结果的唯一条件。

Cette phrase-type exprime que ce n'est qu'après avoir satisfait la condition, qui est souvent unique, qu'on aura le résultat qu'on attend.

209. 不管＋A＋都＋B　　quel que / si + A, B ...

Bùguǎn duō máng, dōu yào duànliàn shēntǐ.
（1）不管 多 忙，都 要 锻炼 身体。
Si occupés que nous soyons, nous devons faire des exercices sportifs.

Bùguǎn yùdào shénme kùnnan, wǒmen dōu bú pà.
（2）不管 遇到 什么 困难，我们 都 不 怕。
Quelles que soient les difficultés, nous n'en aurons pas peur.

Bùguǎn xià bu xià yǔ, wǒ dōu chūxí.
（3）不管 下 不 下 雨，我 都 出席。
Qu'il pleuve ou non, j'y participerai.

Bùguǎn nǐ qù bu qù, wǒ dōu qù.
（4）不管 你 去 不 去，我 都 去。
Que tu ailles ou non, j'y irai.

A 代表所有情况，B 是结论。这个格式表示在任何情况下，结论都不改变。“不管”常用于口语。书面语中常用“不论(búlùn)”、“无论(wúlùn)”。

C'est la proposition adverbiale de concession qui indique qu'il n'y a pas la relation logique attendue entre le fait exprimé par A qui est le verbe de la subordonné et celui de B qui est le verbe principal. Cette phrase-type énonce notamment une cause non efficace, contrariée, qui n'a pas eu l'effet que l'on pouvait prévoir. On utilise souvent «不管» dans la langue parlée, «不论 búlùn » ou «无论 wúlùn » dans la langue écrite.

210. (如果/要是+)A(的话)，就+B　S'il ...

(1) Rúguǒ xià yǔ dehuà, wǒ jiù bú qù.
如果下雨的话，我就不去。　S'il pleut, je n'y irai pas.

(2) Rúguǒ xià yǔ, wǒ jiù bú qù.
如果下雨，我就不去。　S'il pleut, je n'y irai pas.

(3) Xià yǔ dehuà, wǒ jiù bú qù.
下雨的话，我就不去。　S'il pleut, je n'y irai pas.

(4) Xià yǔ, wǒ jiù bú qù.
下雨，我就不去。　S'il pleut, je n'y irai pas.

(5) Rúguǒ tiānqì hǎo, jiù kěyǐ kàndào yuèliang.
如果天气好，就可以看到月亮。　S'il faisait beau, on pourrait voir la lune.

(6) Yàoshi qíchē qù jiù láidejí.
要是骑车去就来得及。　Si on y allait en bicyclette, on ne serait pas en retard.

(7) Jiàqian piányi dehuà, wǒ jiù duō mǎi yìdiǎnr.
价钱便宜的话，我就多买一点儿。　Si c'était bon marché, j'en prendrais plus.

(8) Yǒu shì jiù dǎ diànhuà lai.
有事就打电话来。　Appelle-moi si tu as besoin de mon aide.

A 是假设的情况，B 是结论。有时“如果”、“要是”和“的话”可以省略。

Cette phrase-type est l'équivalent du conditionnel présent du français. Quelquefois «如果», «要是» et «的话» peuvent être omis.

211. 即使/就是 + A + 也 + B **même si**

Jíshǐ tiānqì bù hǎo, wǒ yě qù.
(1) 即使 天气 不 好，我 也 去。 J'y irai, même s'il fait mauvais.

Jíshǐ guì, wǒ yě yào mǎi.
(2) 即使 贵，我 也 要 买。 Même s'il coûte cher, je veux l'acheter.

Jiùshì lěng, wǒ yě bú zàihu.
(3) 就是 冷，我 也 不 在乎。 Je ne reculerai pas, même s'il fait froid.

Nǐ jiùshì wǎn diǎnr lái yě méi guānxi.
(4) 你 就是 晚 点儿 来 也 没 关系。 Si tu arrivais un peu trop tard, il n'y aurait aucun inconvénient.

A 是假设的情况，B 是结论。这个格式表示 B 不受 A 的影响。

A est une supposition, B est le fait qui va se passer. Entre A et B, il n'y a pas la relation logique attendue.

212. 因为 + 原因 + 所以 + 结果 **comme / car**

Yīnwèi xīguā tián, suǒyǐ wǒ xǐhuan chī.
(1) 因为 西瓜 甜，所以 我 喜欢 吃。 J'aime la pastèque, car elle est douce.

Yīnwèi xià yǔ suǒyǐ zhěngtiān zài jiā.
(2) 因为 下 雨 所以 整天 在 家。 Comme il pleut, je reste toute la journée à la maison.

Yīnwèi qián búgòu, suǒyǐ wǒ méi mǎi.
(3) 因为 钱 不够，所以 我 没 买。 Je ne l'ai pas acheté, car je n'avais pas assez d'argent.

Lǐ Míng fāshāo, suǒyǐ huí jiā le.
(4) 李 明 发烧，所以 回 家 了。 Li Ming avait de la fièvre et il est rentré chez lui.

Wǒ gǎnmào le, suǒyǐ qǐngjià le.
(5) 我 感冒 了，所以 请假 了。 Comme j'avais une grippe, j'ai pris congé.

(6) Yīnwèi tiānqì hǎo, dàjiā dōu chūqu le. 因为 天气 好，大家 都 出去 了。	Comme il fait beau, tout le monde sort.
(7) Dìdi yīnwèi shuìlǎnjiào, chídào le. 弟弟 因为 睡懒觉，迟到 了。	Ayant fait la grasse matinée, mon petit frère a été en retard.

这个格式表示因果关系，与句型 214 的意思相同，多用于口语。有时在“因为”、“所以”中，可以省略其中的一个。

Cette phrase-type est l'équivalent de la proposition adverbiale de cause. Elle a presque le même sens que la phrase-type 214. On peut parfois omettre soit «因为», soit «所以».

213. 结果＋是＋因为＋原因　　car / parce que

(1) Wǒ zuótiān méi qù shì yīnwèi yǒu jíshì. 我 昨天 没 去 是 因为 有 急事。	Je n'y suis pas allé hier, car j'avais quelque chose d'urgent à régler.
(2) Wǒ chídào shì yīnwèi lù shang dǔchē. 我 迟到 是 因为 路 上 堵车。	Si j'ai été en retard, c'est parce qu'il y a eu un embouteillage dans la rue.
(3) Tā bù gōngzuò shì yīnwèi shēntǐ bù hǎo. 他 不 工作 是 因为 身体 不 好。	Il ne travaille pas, car il n'est pas en bonne santé.
(4) Dìdi méi kǎoshang dàxué shì yīnwèi bù nǔlì. 弟弟 没 考上 大学 是 因为 不 努力。	Si mon petit frère n'a pas réussi à entrer à l'université, c'est parce qu'il n'a pas assez travaillé.

这个格式是在需要说明或解释事情发生的原因的时候用的。

C'est encore la proposition adverbiale de cause, mais utilisée pour donner une explication.

214. 由于 + 原因(+ 所以) + 结果 **étant donné / à cause de / comme**

(1) Yóuyú shíjiān guānxì, huìyì jiù kāidào zhèli ba.
由于时间关系，会议就开到这里吧。
Étant donné le temps limité, nous terminons notre réunion.

(2) Yóuyú tiānqì guānxì, fēijī yào tuīchí yì xiǎoshí qǐfēi.
由于天气关系，飞机要推迟一小时起飞。
À cause du temps, l'avion décollera dans une heure.

(3) Yóuyú bù liǎojiě qíngkuàng, wǒ zànshí bù fābiǎo yìjiàn.
由于不了解情况，我暂时不发表意见。
Comme je ne suis pas assez informé, je n'ai aucune idée.

(4) Yóuyú jīngfèi búgòu, zhè jiàn shì bàn bu chéng le.
由于经费不够，这件事办不成了。
Faute de moyens, on ne peut plus rien.

这个格式跟句型212的意思相同，多用于书面或公众场合。

Cette phrase-type a presque le même sens de la phrase-type 212, mais celle-là est souvent utilisée dans la langue écrite ou dans le discours.

215. (虽然 +) A + 但是/可是/不过 + B **mais / bien que / malgré**

(1) Zhèli suīrán mǎi dōngxi fāngbiàn, dànshì hěn chǎonào.
这里虽然买东西方便，但是很吵闹。
Cet endroit est bien situé pour les magasins, mais trop bruyant.

(2) Suīrán wǒ hěn xǐhuan, dànshì mǎibuqǐ.
虽然我很喜欢，但是买不起。
Bien que je l'aime beaucoup, c'est hors de ce que mon budget me permet.

(3) Yǐjīng qiūtiān le, kěshì hái zhème rè.
已经秋天了，可是还这么热。
On est déjà en automne, mais il fait encore très chaud.

Yánsè bú tài hǎo, búguò
(4) 颜色 不 太 好，不过 yàngzi búcuò.
样子 不错。 Malgré la couleur, le style n'est pas mal.

这个格式表示前后的转折关系。先承认 A 是事实，然后强调 B。A 跟 B 的意思是对立的。“不过”表示转折的程度比“但是”、“可是”轻，多用于口语。

Cette phrase-type marque une idée contraire, une restriction ou une transition. Le sens exprimé par A s'oppose à celui de B. Le ton de «不过» est modéré par rapport à «但是», «可是», et utilisé souvent dans la langue parlée.

216. 请…… **s'il vous plaît**

Qǐng zuò!
(2) 请 坐！ Asseyez-vous, s'il vous plaît.

Qǐng gēn wǒ dú.
(2) 请 跟 我 读。 Lisez après moi, s'il vous plaît.

Qǐng yòng Hànyǔ shuō.
(3) 请 用 汉语 说。 Parlez chinois, s'il vous plaît.

Qǐng míngtiān zǎo diǎnr lái.
(4) 请 明天 早 点儿 来。 Venez plus tôt demain, s'il vous plaît.

Qǐng dǎkāi chuāng.
(5) 请 打开 窗。 Ouvrez la fenêtre, s'il vous plaît.

“请”是希望对方做某事时用的尊敬、礼貌用语。句子的主语和被请的对方一般省略。比如“请坐”的意思是“我请您坐。”

« 请 » est utilisé pour exprimer une politesse, équivalent à l'impératif du français. Par exemple, «请坐» veut dire «我请您坐».

217. (因为＋)原因＋请…… **(raison) ... s'il vous plaît**

Hěn rè, qǐng kāi chuāng.
(1) 很 热，请 开 窗。 Il fait chaud, ouvrez la fenêtre, s'il vous plaît.

Hěn lěng, qǐng kāi kōngtiáo.
(2) 很 冷，请 开 空调。 Il fait froid, ouvrez le chauffage, s'il vous plaît.

Zhèli hěn àn, qǐng xiǎoxīn.
(3) 这里 很 暗，请 小心。 Il fait sombre ici, faites attention, s'il vous plaît.

Zhèli wēixiǎn, qǐng zǒukāi!
(4) 这里 危险，请 走开！ C'est dangereux ici, écartez-vous!

(5) Yīnwèi dǔchē chídào le, qǐng yuánliàng. 因为堵车迟到了，请原谅。	Je suis en retard à cause de l'embouteillage, excusez-moi.

218. ……吧。 **(impératif)**

(1) Zuò ba. 坐吧。	Asseyez-vous.
(2) Nǐ qù ba. 你去吧。	Vas-y.
(3) Nǐ míngtiān zǎo diǎnr lái ba. 你明天早点儿来吧。	Demain viens plus tôt.
(4) Nǐ hǎohāor xiǎngxiang ba. 你好好儿想想吧。	Réfléchis-y bien.

"吧"在这里是希望对方做某事。在对方是同辈、下一辈或关系密切的人时使用。

Cette phrase-type est équivalente à l'impératif du français. «吧» est une formule optative et aussi injonctive quelquefois.

219. ……吧。 **(impératif)**

(1) Nánjīng Lù Bùxíngjiē hěn rènao, nǐ qù zǒuzou ba. 南京路步行街很热闹，你去走走吧。	La rue Nanjing piétonnière est très animée, vas-y te promener.
(2) Zhè běn shū búcuò, nǐ fānfan ba. 这本书不错，你翻翻吧。	Ce livre n'est pas mal, ça vaut le coup de le feuilleter.
(3) Nín fàngxīn ba. 您放心吧。	Rassurez-vous.
(4) Nǐ kuài huí jiā ba. 你快回家吧。	Retournez vite chez vous.

这里的"吧"表示向对方建议或者催促对方的语气。

Dans cette phrase-type, «吧» est une formule utilisée pour donner à l'interlocuteur une proposition, un conseil, etc.

220. ……吧。 **(impératif)**

(1) Wǒ lái bāng nín ná ba.
我来帮您拿吧。
Laissez-moi vous aider à l'apporter.

(2) Wǒ lái máidān ba.
我来埋单吧。
Laisse-moi payer l'addition.

(3) Wǒmen zǒu ba.
我们走吧。
On y va. (Si nous y allons?)

(4) Wǒmen qù Ōuzhōu lǚxíng ba.
我们去欧洲旅行吧。
Si nous allons faire un voyage en Europe?
(Nous allons faire un voyage en Europe.)

这里的"吧"表示说话人希望做某事。有跟对方商量的语气。

Dans cette phrase-type,«吧» exprime que le locuteur veut ou se propose de faire quelque chose.

221. (请)别/不要…… **ne ... pas + (impératif)**

(1) Qǐng bié zài jiàoshì chōuyān.
请别在教室抽烟。
Ne fumez pas dans la classe.

(2) Qǐng bié jiǎn tài duǎn.
请别剪太短。
Ne coupez pas très court, s'il vous plaît.

(3) Xiànzài kāishǐ bié shuōhuà.
现在开始别说话。
Ne bavardez pas dès maintenant.

(4) Nín búyào shēngqì.
您不要生气。
Ne soyez pas en colère.

这个格式是在对方还没做某事时,加以禁止或劝阻。跟句型222的意思略有不同。

On utilise cette phrase-type pour donner un conseil à quelqu'un de ne pas faire quelque chose ou l'empêcher de faire quelque chose avant que l'interlocuteur ne commence à le faire. Elle est un peu différente de celle de 222.

222. 别/不要……了　　ne ... pas + (impératif)

(1) Nǐ bié zài jiàoshì chōuyān le.
你别在教室抽烟了。 Arrête de fumer dans la classe.

(2) Yào kǎoshì le, nǐ búyào wán le.
要考试了，你不要玩了。 Ne t'amuse plus, l'examen va commencer.

(3) Xiànzài kāishǐ bié shuōhuà le.
现在开始别说话了。 Taisez-vous.

(4) Xià yǔ le, nǐ bié zǒu le.
下雨了，你别走了。 Ne t'en vas pas, il commence à pleuvoir.

这个格式是在对方正在做或正想做某事时，加以禁止或劝阻。跟句型 221 的意思略有不同。

On utilise cette phrase-type pour arrêter le déroulement de l'action que l'interlocuteur fait ou pour l'empêcher de faire ce qu'il s'apprête à faire. Elle est un peu différente de celle de 221.

223. 太……了!　　très ...

(1) Zhè bù diànyǐng tài yǒu yìsi le!
这部电影太有意思了! Ce film est très intéressant!

(2) Zhè chǎng qiúsài tài jīngcǎi le!
这场球赛太精彩了! Ce match est très impressionnant!

(3) Yǎnyuán de fúzhuāng tài piàoliang le!
演员的服装太漂亮了! Les habits des acteurs sont très jolis!

(4) Tā chàng de tài hǎo le!
他唱得太好了! Il chante très bien !

这是表示赞美、惊叹时用的句型。句末用感叹号(!)。

C'est une phrase-type pour exprimer l'admiration ou l'étonnement. On met le point d'exclamation «!» à la fin de la phrase.

224. 多(么)/真……啊！ Quel / Que ...

(1) Zhèli de fēngjǐng duō měi a!
这里的风景多美啊！
Quels beaux paysages!

(2) Nà zhī xióngmāo duōme kě'ài a!
那只熊猫多么可爱啊！
Qu'il est mignon ce panda!

(3) Zhèli zhēn ānjìng a!
这里真安静啊！
Ici c'est vraiment silencieux!

(4) Jīntiān zhēn liángkuai a!
今天真凉快啊！
Qu'il fait frais aujourd'hui!

这个格式跟句型 223 的意思相同。

Cette phrase-type est pareille à celle de 223.

225. 形容词/动词 + 极/死 + 了！ Qeul ... / vraiment / être ravi de

(1) Tiānqì hǎojí le!
天气好极了！
Quel beau temps!

(2) Zhège bànfǎ hǎojí le!
这个办法好极了！
C'est une idée merveilleuse!

(3) Zuìjìn wǒ mángjí le!
最近我忙极了！
Ces jours-ci, je suis horriblement occupé!

(4) Wǒ gànle yì tiān, lèisǐ le!
我干了一天，累死了！
J'ai travaillé toute la journée, je meurs de fatigue!

(5) Tā duì wǒ sāhuǎng, wǒ qìsǐ le!
他对我撒谎，我气死了！
Il m'a menti, je suis vraiment irrité!

(6) Tā zhòngjiǎng le, gāoxìng sǐ le!
他中奖了，高兴死了！
Il a gagné un lot, il en est ravi de joie!

这是表示感叹的格式。这里的"极"和"死"表示程度达到最高点。

On utilise cette phrase-type pour exprimer l'exclamation. «极» et «死» veulent dire que quelque chose a atteint un degré extrême.

LE CHINOIS POUR LES FRANCOPHONES

法国人学汉语

RUBRIQUES DE LECTURE
阅读专栏

1 Chūn Jié 春节 LA FÊTE DU PRINTEMPS

Chūn Jié shì Zhōngguó nónglì de xīnnián. Chūn Jié shì chūntiān kāishǐ de yìsi.
春节是中国农历的新年。春节是春天开始的意思。

Chūn Jié qián, jiājiā-hùhù dōu mángzhe dàsǎochú、 mǎi niánhuò. Zài wàidì gōngzuò
春节前，家家户户(1)都忙着大扫除(2)、买年货(3)。在外地工作
de rén dōu jǐnliàng gǎnhuí jiāli guònián. Chūn Jié de qiányìtiān jiào chúxī, yě jiào
的人都尽量赶回家里过年(4)。春节的前一天叫除夕，也叫
dàniányè. Dàniányè quánjiā rén tuánjù zài yìqǐ, gāogāo-xìngxìng de chī niányèfàn. Xiànzài
大年夜(5)。大年夜全家人团聚(6)在一起，高高兴兴地吃年夜饭。现在
yě yǒu rén dào fàndiàn chī niányèfàn. Niányèfàn yòu jiào tuányuánfàn. Niányèfàn shì
也有人到饭店吃年夜饭。年夜饭又叫团圆(7)饭。年夜饭是
yì nián zhōng zuì fēngshèng de yí dùn jiāyàn. Zài hěn duō měiwèi jiāyáo zhōng
一年中最丰盛(8)的一顿家宴。在很多美味佳肴(9)中
yídìng yǒu yì pán yú. Zhè jiào "niánniányǒuyú". Yīnwèi "yú" hé "yú" tóng yīn,
一定有一盘鱼。这叫"年年有余(10)"。因为"鱼"和"余"同音，
"niánniányǒuyú" jiù shì xīwàng láinián shēnghuó fùyù de yìsi. Chīwán niányèfàn,
"年年有余"就是希望来年(11)生活富裕(12)的意思。吃完年夜饭，
quánjiā rén yìbiān liáotiān yìbiān děngzhe xīnnián de dàolái. Zhè jiào "shǒusuì".
全家人一边聊天一边等着新年的到来。这叫"守岁"。

Xīnnián yí dào, wúlùn zài chéngshì háishi xiāngcūn, dōu xiǎngqǐ biānpào shēng,
新年一到，无论在城市还是乡村，都响起(13)鞭炮声，
yǒu de chéngshì hái fàng yànhuǒ, shǐ jiérì de tiānkōng gèngjiā měilì. Dànshì wèile
有的城市还放焰火(14)，使节日的天空更加美丽。但是为了
jiǎnshǎo wūrǎn hé yìwài shìgù, xiànzài yǒu de chéngshì jìnzhǐ fàng biānpào le.
减少(15)污染(16)和意外事故，现在有的城市禁止放鞭炮了。

Xīnnián li, dàrén yào gěi xiǎohái yāsuìqián. Guònián de shíhou zuì gāoxìng de
新年里，大人要给小孩压岁钱(17)。过年的时候最高兴的
shì xiǎoháizi, yīnwèi guò xīnnián yǒu hěn duō hǎochī de, yòu yǒu xīn yīfu chuān,
是小孩子，因为过新年有很多好吃的，又有新衣服穿，
yòu néng nádào yāsuìqián.
又能拿到压岁钱。

Xīnnián de dì-yī tiān jiào "niánchūyī". Cóng
新年的第一天叫"年初一"。从
niánchūyī dào niánchūwǔ, dàjiā chuāndài zhěngqí,
年初一到年初五，大家穿戴整齐(18)，
dào qīnqi péngyou jiā bàinián. Dàjiā jiànmiàn de
到亲戚朋友家拜年(19)。大家见面的
shíhou dōu shuō "gōngxǐ! gōngxǐ!" huò "xīnnián hǎo!"
时候都说"恭喜！恭喜！"或"新年好！"

Chūn Jié shì Zhōngguórén zuì lóngzhòng de
春节是中国人最隆重(20)的
jiérì.
节日。

☆　词　语　☆

1. 家家户户 jiājiā-hùhù （名） toutes les familles
2. 大扫除 dàsǎochú （动） nettoyer
3. 年货 niánhuò （名） les achats pour la Fête du Printemps
4. 过年 guònián （动） passer le Nouvel An
5. 大年夜 dàniányè （名） la veillede la Fête du Printemps
6. 团聚 tuánjù （动） se réunir
7. 团圆 tuányuán （动） se réunir
8. 丰盛 fēngshèng （形） copieux,se
9. 美味　佳肴 měiwèi　jiāyáo lesmets très savoureux
10. 余 yú （动） rester
11. 来年 láinián （名） l'année prochaine
12. 富裕 fùyù （形） riche
13. 响起 xiǎngqǐ retentir
14. 放　焰火 fàng　yànhuǒ lancer des feux d'artifices
15. 减少 jiǎnshǎo （动） réduire
16. 污染 wūrǎn （动） polluer
17. 压岁钱 yāsuìqián （名） argent donné aux enfants comme étrennes la veille du Nouvel An
18. 穿戴　整齐 chuāndài　zhěngqí s'habiller comme il faut
19. 拜年 bàinián （动） souhaiter une bonne et heureuse année à quelqu'un
20. 隆重 lóngzhòng （形） solennel

2 Duānwǔ Jié 端午节 LA FÊTE DU DRAGON

Nónglì wǔ yuè chūwǔ shì Duānwǔ Jié. Zhè shì jìniàn Qū Yuán de jiérì. Qū Yuán
农历五月初五是端午节。这是纪念屈原的节日。屈原
shì liǎngqiān nián qián Chǔguó de guānyuán, yě shì zhùmíng de shīrén. Tā hěn
是两千年前楚国的官员(1)，也是著名的诗人。他很
rè'ài zìjǐ de guójiā, tíchū liánhé bié de xiǎo guó dǐkàng Qínguó. Dànshì guójūn
热爱(2)自己的国家，提出联合(3)别的小国抵抗(4)秦国。但是国君(5)
tīngle xiǎorén de chányán, bú xìnrèn tā, bǎ tā gǎnchule guódū. Hòulái guódū bèi
听了小人(6)的谗言(7)，不信任(8)他，把他赶出(9)了国都(10)。后来国都被
Qínguó gōngpò le. Qū Yuán hěn shāngxīn, jiù tóu Mìluó Jiāng zìshā le. Chǔguó de
秦国攻破(11)了。屈原很伤心(12)，就投(13)汨罗江自杀(14)了。楚国的
bǎixìng huázhe chuán yán jiāng dǎlāo Qū Yuán de shītǐ. Yǒude rén yòng
百姓(15)划(16)着船沿(17)江打捞(18)屈原的尸体(19)。有的人用
ruòyè bāozhe mǐfàn rēngjìn jiāng li jìdiàn tā. Hòulái mànman de xíngchéngle
箬叶(20)包(21)着米饭扔进(22)江里祭奠(23)他。后来慢慢地形成了
xísú, Duānwǔ Jié zhè tiān jǔxíng lóngzhōu bǐsài, yòng ruòyè bāo zòngzi chī.
习俗(24)，端午节这天举行(25)龙舟比赛，用箬叶包粽子(26)吃。

Zòngzi de cáiliào zhǔyào shì nuòmǐ, yòng ruòyè bāozhe, zài yòng xiàn
粽子的材料(27)主要是糯米(28)，用箬叶包着，再用线(29)
zājǐn. Yǒude zài nuòmǐ zhōng jiā ròu, wèidao xián, jiào "ròuzòng". Yǒude jiā
扎紧(30)。有的在糯米中加(31)肉，味道咸，叫"肉粽"。有的加
hóngdòu huò dòushā, jiào "hóngdòuzòng". Yǒude shénme yě bù jiā, jiào "báizòng",
红豆(32)或豆沙(33)，叫"红豆粽"。有的什么也不加，叫"白粽"，
chī de shíhou zhàn táng. Xiànzài bùjǐn Duānwǔ Jié chī zòngzi, píngshí shāngdiàn li
吃的时候蘸(34)糖。现在不仅端午节吃粽子，平时(35)商店里
yě yǒu zòngzi mài.
也有粽子卖。

☆ 词 语 ☆

1.	guānyuán 官员	（名）	fonctionnaire
2.	rè'ài 热爱	（动）	adorer
3.	liánhé 联合	（动）	associer
4.	dǐkàng 抵抗	（动）	résister
5.	guójūn 国君	（名）	roi *m.*
6.	xiǎorén 小人	（名）	malfaiteur *m.*
7.	chányán 谗言	（名）	calomnie *f.*
8.	xìnrèn 信任	（动）	se confier
9.	gǎnchu 赶出		expulser
10.	guódū 国都	（名）	la ville capitale
11.	gōngpò 攻破	（动）	conquérir
12.	shāngxīn 伤心	（形）	triste
13.	tóu(jiāng) 投(江)	（动）	se jeter dans le fleuve
14.	zìshā 自杀	（动）	se suicider
15.	bǎixìng 百姓	（名）	peuple *m.*
16.	huá 划	（动）	ramer
17.	yán 沿	（介）	le long de
18.	dǎlāo 打捞	（动）	repêcher
19.	shītǐ 尸体	（名）	cadavre *m.*
20.	ruòyè 箬叶	（名）	la feuille du bambou
21.	bāo 包	（动）	envelopper
22.	rēngjìn 扔进		jeter dans quelque chose
23.	jìdiàn 祭奠	（动）	organiser une cérémonie mortuaire pour quelqu'un
24.	xísú 习俗	（名）	coutume *f.*
25.	jǔxíng 举行	（动）	avoir lieu
26.	zòngzi 粽子	（名）	le gateau de riz en forme de pyramide enveloppé d'une feuille de roseau
27.	cáiliào 材料	（名）	les matériaux
28.	nuòmǐ 糯米	（名）	le riz glutineux
29.	xiàn 线	（名）	fil *m.*
30.	zājǐn 扎紧		attacher
31.	jiā 加	（动）	ajouter
32.	hóngdòu 红豆	（名）	le pois d'amour
33.	dòushā 豆沙	（名）	la purée de haricot rouge
34.	zhàn 蘸	（动）	tremper
35.	píngshí 平时	（名）	d'ordinaire

3 Zhōngqiū Jié 中秋节 LA FÊTE DE LA MI-AOÛT

Nónglì bā yuè shíwǔ rì shì Zhōngqiū Jié. Ànzhào Zhōngguó de nónglì, qī、bā、jiǔ
农历八月十五日是中秋节。按照中国的农历，七、八、九
yuè shì qiūjì, bā yuè shíwǔ zhènghǎo zài qiūjì de zhōngjiān, suǒyǐ jiào Zhōngqiū Jié.
月是秋季，八月十五正好在秋季的中间，所以叫中秋节。

Zhōngqiū Jié shǎngyuè shì Zhōngguó rénmín de yí ge chuántǒng xísú. Zhōngqiū Jié de
中秋节赏月(1)是中国人民的一个传统(2)习俗。中秋节的
wǎnshang, quánjiā rén zuò zài yìqǐ, yìbiān chī yuèbing、huāshēng、yùnǎi、shuǐguǒ,
晚上，全家人坐在一起，一边吃月饼(3)、花生、芋艿(4)、水果，
yìbiān shǎngyuè. Zhè shíhou qiūgāo-qìshuǎng, yuèliang yòu dà yòu yuán yòu liàng.
一边赏月。这时候秋高气爽(5)，月亮又大又圆(6)又亮(7)。
Rénmen chángcháng huì xiǎngqi Cháng'é bèn yuè de gùshi, hǎoxiàng kàndào yuèliang
人们常常会想起(8)嫦娥奔月的故事，好像看到月亮
shang de Guǎnghángōng, kàndào Cháng'é zài guìshù xiàmian bàozhe xiǎo báitù
上的广寒宫，看到嫦娥在桂树(9)下面抱(10)着小白兔(11)
zhèng wàngzhe rénjiān ne.
正望(12)着人间呢。

Yuèbing shì Zhōngqiū Jié bìbùkěshǎo de shípǐn. Yuèbing zhǔyào yǒu liǎng zhǒng:
月饼是中秋节必不可少(13)的食品。月饼主要(14)有两种：
yì zhǒng shì guǎngshì, yánsè bǐjiào shēn; yì zhǒng shì sūshì, yánsè bǐjiào qiǎn.
一种是广式(15)，颜色比较深；一种是苏式，颜色比较浅。
Yuèbing de xiànr yǒu gè shì gè yàng de, bǐrú guǎngshì de yǒu yēróng、
月饼的馅儿(16)有各式各样的，比如(17)广式的有椰(18)蓉(19)、
liánróng、dòushā、huǒtuǐ、xiándànhuáng děngděng. Sūshì de xiānròu yuèbing hěn yǒumíng.
莲(20)蓉、豆沙、火腿、咸蛋黄(21)等等。苏式的鲜肉月饼很有名。
Yuèbing shì yuán de, hé
月饼是圆的，和
tiānshang de yuèliang yíyàng,
天上的月亮一样，
xiàngzhēng tuányuán.
象征(22)团圆。

Zhōngqiū Jié shì tuányuán de
中秋节是团圆的
jiérì.
节日。

☆ 词 语 ☆

1.	shǎngyuè 赏月		admirer la pleine lune
2.	chuántǒng 传统	（形）	traditionnel, le
3.	yuèbing 月饼	（名）	le gateau de lune
4.	yùnǎi 芋艿	（名）	taro *m.*
5.	qiūgāo-qìshuǎng 秋高气爽		le ciel dégagé et l'air vif de l'automne
6.	yuán 圆	（形）	rond, e
7.	liàng 亮	（形）	clair, e
8.	xiǎngqi 想起		se souvenir
9.	guìshù 桂树	（名）	laurier *m.*
10.	bào 抱	（动）	embrasser
11.	báitù 白兔	（名）	lapin, e
12.	wàng 望	（动）	regarder au loin
13.	bìbùkěshǎo 必不可少		nécessaire
14.	zhǔyào 主要	（形）	principal, e
15.	shì 式	（名）	type *m.*
16.	xiànr 馅儿	（名）	farce *f.*
17.	bǐrú 比如	（动）	par exemple
18.	yē 椰	（名）	la purée de pulpe de coco
19.	róng 蓉	（名）	purée *f.*
20.	lián 莲	（名）	lotus *m.*
21.	xiándànhuáng 咸蛋黄	（名）	jaune d'œuf
22.	xiàngzhēng 象征	（动）	symboliser

4 Cháng'é Bèn Yuè 嫦娥 奔 月(1) CHANG'E SE RÉFUGIE DANS LA LUNE

Hěn jiǔ yǐqián, tiānshang yǒu shí ge tàiyáng. Rénmen rè de shòubuliǎo. Yǒu yí
很 久 以前(2)， 天上 有 十 个 太阳。 人们 热 得 受不了。 有 一
ge jiào Yì de rén, shè xiàlai jiǔ ge tàiyáng. Rénjiān de tiānqì hǎoduō le. Yì
个 叫 羿 的 人， 射(3) 下来 九 个 太阳。 人间 的 天气 好多 了。 羿
chéngle yīngxióng. Tā yǒu ge měilì de qīzi, jiào Cháng'é.
成了 英雄。 他 有 个 美丽 的 妻子， 叫 嫦娥。

Yǒu yì tiān, Yì zhào jìngzi de shíhou, fāxiàn zìjǐ yǒule bái tóufa, hěn kǔnǎo.
有 一 天， 羿 照 镜子 的 时候， 发现(4) 自己 有了 白 头发， 很 苦恼(5)。
Tā tīngshuō zhù zài Kūnlún Shān shang de Xīwángmǔ yǒu xiānyào. Yúshì tā jīnglìle
他 听说 住 在 昆仑 山 上 的 西王母 有 仙药(6)。 于是 他 经历(7)了
qiánxīn-wànkǔ láidào Kūnlún Shān, zhǎodào Xīwángmǔ.
千辛万苦(8) 来到 昆仑 山， 找到 西王母。

Xīwángmǔ zhīdao tā shì shè rì yīngxióng, jiù gěile tā yí lì yào, shuō: "Zhè lì
西王母 知道 他 是 射 日 英雄， 就 给了 他 一 粒 药， 说：" 这 粒
yào zhǐ chī yíbàn jiù néng chángshēng-bùlǎo." Yì xiǎng: wǒ hé Cháng'é yì rén chī
药 只 吃 一半 就 能 长生不老(9)。" 羿 想： 我 和 嫦娥 一 人 吃
yíbàn, nàme wǒmen liǎng rén dōu bú huì sǐ le. Yì huídào jiā li gāogāo-xìngxìng de
一半， 那么 我们 两 人 都 不 会 死 了。 羿 回到 家 里 高高兴兴 地
bǎ zhè jiàn shì gàosu Cháng'é, ránhòu tā bǎ yào gěi Cháng'é, ràng tā xiān yǎo
把 这 件 事 告诉 嫦娥， 然后(10) 他 把 药 给 嫦娥， 让 她 先 咬(11)
yíbàn. Kěshì Cháng'é bù xiǎoxīn bǎ yào quán tūn xiaqu le. Tūrán, tā de shēntǐ
一半。 可是 嫦娥 不 小心(12) 把 药 全 吞 下去(13) 了。 突然(14)， 她 的 身体
biàn de qīngpiāopiāo de, cóng chuāngkǒu fēile chūqu. Tā de xiǎo báitù xiàng shàng
变 得 轻飘飘(15) 的， 从 窗口 飞(16)了 出去。 她 的 小 白兔 向 上
yí tiào, yǎozhùle tā de qúnzi, yě yìqǐ fēi xiàng tiānkōng. Tāmen fēi ya, fēi ya,
一 跳(17)， 咬住了 她 的 裙子， 也 一起 飞 向 天空。 她们 飞 呀， 飞 呀，
yìzhí fēidào yuèliang shang. Cóngcǐ Cháng'é jiù zhùzài Guǎnghánggōng li. Xiǎo báitù
一直 飞到 月亮 上。 从此(18) 嫦娥 就 住在 广寒宫 里。 小 白兔
péibànzhe tā. Tiānqì qínglǎng de wǎnshang,
陪伴(19)着 她。 天气 晴朗(20) 的 晚上，
rénmen huì kàndào zài Guǎnghánggōng
人们 会 看到 在 广寒宫
qiánmian de guìshù xià, Cháng'é bàozhe xiǎo
前面 的 桂树 下， 嫦娥 抱着 小
báitù zhèng shēnqíng de wàngzhe rénjiān.
白兔 正 深情(21) 地 望着 人间。

☆ 词 语 ☆

1.	bèn yuè 奔 月		se réfugier dans la lune	2.	hěn jiǔ yǐqián 很 久 以前		il y a longtemps
3.	shè 射	（动）	lancer	4.	fāxiàn 发现	（动）	découvrir
5.	kǔnǎo 苦恼	（形）	angoissé, e	6.	xiānyào 仙药	（名）	panacée *f.*
7.	jīnglì 经历	（动）	passer par	8.	qiānxīn-wànkǔ 千辛万苦		des épreuves nombreuses
9.	chángshēng-bùlǎo 长生不老		retrouver toujours la jeunesse et bannir la vieillesse	10.	ránhòu 然后	（连）	puis
11.	yǎo 咬	（动）	mordre	12.	bù xiǎoxīn 不 小心		imprudent, e
13.	tūn xiaqu 吞 下去		avaler	14.	tūrán 突然	（副）	soudain
15.	qīngpiāopiāo 轻飘飘	（形）	léger, ère	16.	fēi 飞	（动）	voler
17.	tiào 跳	（动）	sauter	18.	cóngcǐ 从此	（副）	dès lors
19.	péibàn 陪伴	（动）	accompagner	20.	qínglǎng 晴朗	（形）	serein, e
21.	shēnqíng 深情	（形）	de profonds sentiments				

5 Shuōhuǎng de Háizi
说谎(1) 的 孩子 L'ENFANT MENTEUR

Wáng Xiǎo'èr gǎnzhe yángqún shàng shāngāng. Tā juéde wúliáo, jiù xiàng shān-
王 小二 赶(2)着 羊群(3) 上 山冈(4)。他 觉得 无聊(5)，就 向 山
xià dàhǎn: "Láng lái le! Láng lái le!"
下 大喊(6)："狼 来 了！狼 来 了！"

Cūn li de rén tīngjian le, jímáng názhe gùnzi pǎoshàng shān lai. Dànshì
村 里 的 人 听见 了，急忙(7) 拿着 棍子(8) 跑(9)上 山 来。但是
shānshang gēnběn méiyǒu láng.
山上 根本(10) 没有 狼。

Jǐ tiān yǐhòu, Wáng Xiǎo'èr yòu dàjiào: "Láng lái le!" Rénmen yòu pǎoshàng
几 天 以后，王 小二 又 大叫："狼 来 了！"人们 又 跑上
shān lai. Tāmen yòu shàngdàng le.
山 来。他们 又 上当(11) 了。

Hòulái yǒu yì tiān, láng zhēn de lái le. Wáng
后来 有 一 天，狼 真 的 来 了。王
Xiǎo'èr xià de pīnmìng jiàohǎn: "Láng lái le!
小二 吓(12) 得 拼命(13) 叫喊："狼 来 了！
Jiùmìng! Jiùmìng!" Kěshì cūnli de rén shuí yě bù
救命(14)！救命！"可是 村里 的 人 谁 也 不
lǐcǎi tā le.
理睬(15) 他 了。

☆ 词 语 ☆

1. shuōhuǎng 说谎 （动） mentir
2. gǎn 赶 （动） faire paître
3. yángqún 羊群 （名） un troupeau de moutons
4. shāngāng 山冈 （名） monticule *m.*
5. wúliáo 无聊 （形） ennuyeux,se
6. dàhǎn 大喊 （动） crier
7. jímáng 急忙 （副） précipitamment
8. gùnzi 棍子 （名） baton *m.*
9. pǎo 跑 （动） courir
10. gēnběn 根本 （副） pas du tout
11. shàngdàng 上当 （动） se laisser duper
12. xià 吓 （动） faire peur
13. pīnmìng 拼命 （副） de toutes ses forces
14. jiùmìng 救命 （动） au secours
15. bù lǐcǎi 不 理睬 ne pas prêter attention

6 Yì Bǎ Kuàizi 一把筷子 UN BAQUET DE BAGUETTES

Yì jiā rénjiā yǒu jǐ ge háizi. Xiōngdì jǐ ge yí jiànmiàn jiù chǎojià. Yǒu yì
一家人家(1)有几个孩子。兄弟几个一见面就吵架(2)。有一
tiān, bàba nálai yì bǎ kuàizi shuō: “Nǐmen shìshi zhéduàn tā.” Kěshì xiōngdì jǐ ge
天，爸爸拿来一把筷子说：“你们试试折(3)断(4)它。”可是兄弟几个
shuí yě zhé bu duàn. Bàba bǎ kuàizi
谁也折不断。爸爸把筷子
chāisàn, měi rén gěi yì gēn, shuō:
拆散(5)，每人给一根(6)，说：
“Nǐmen zài shìshi.” Zhè cì tāmen yì zhé
“你们再试试。”这次他们一折
kuàizi jiù duàn le. Bàba shuō: “Yì gēn
筷子就断了。爸爸说：“一根
kuàizi róngyì zhéduàn, dànshì yì bǎ kuàizi
筷子容易折断，但是一把筷子
jiù hěn nán zhéduàn. Nǐmen yǐhòu búyào
就很难折断。你们以后不要
chǎojià le. Tuánjié qilai cái yǒu
吵架了。团结(7)起来才有
lìliàng.”
力量(8)。”

☆ 词语 ☆

1. rénjiā 人家 （名） famille *f.*
2. chǎojià 吵架 （动） quereller
3. zhé 折 （动） briser
4. duàn 断 （动） casser
5. chāisǎn 拆散 （动） désunir
6. gēn 根 （量） un spécificatif
7. tuánjié 团结 （动） unir
8. lìliàng 力量 （名） force *f.*

7 Zìxiāng-máodùn 自相矛盾 SE CONTREDIRE

Yǒu yí ge mài máo hé dùn de rén, zài shìchǎng shang bǎikāi tā de
有一个卖矛(1)和盾(2)的人，在市场上摆开(3)他的
tānzi. Kěshì kàn de rén duō, mǎi de rén shǎo. Yúshì tā náqi yí kuài dùnpái
摊子(4)。可是看的人多，买的人少。于是(5)他拿起一块盾牌
shuō: "Zhè dùnpái kě jiāngù le, shénme ruìlì de wǔqì dōu bù néng chuōchuān
说："这盾牌可坚固(6)了，什么锐利(7)的武器(8)都不能戳穿(9)
tā." Guòle yíhuìr, tā yòu náqi yì zhī máo shuō: "Zhè shì wǒ jīngxīn zhìzuò
它。"过了一会儿，他又拿起一支(10)矛说："这是我精心(11)制作(12)
de máo, shénme dùn dōu dǎngbuzhù tā."
的矛，什么盾都挡不住(13)它。"

Wéiguān de rén zhōng, yǒu yí ge rén shuō: "Rúguǒ yòng nǐ de máo chuō nǐ
围观(14)的人中，有一个人说："如果用你的矛戳你
de dùn, jiéguǒ huì zěnmeyàng ne?"
的盾，结果(15)会怎么样呢？"

Mài máo hé dùn de rén yíxiàzi liǎn hóng le, shénme huà yě shuō bù chūlai.
卖矛和盾的人一下子(16)脸红了，什么话也说不出来。

Hòulái rénmen yòng "zìxiāng-máodùn" bǐyù yǔyán、xíngdòng qiánhòu zìxiāng dǐchù.
后来人们用"自相矛盾"比喻(17)语言、行动前后自相抵触(18)。

☆ 词 语 ☆

1.	máo 矛	（名）	pique *f.*	2.	dùn(pái) 盾(牌)	（名）	écu *m.*
3.	bǎikāi 摆开	（动）	dresser (un éventaire)	4.	tānzi 摊子	（名）	éventaire *m.*
5.	yúshì 于是	（连）	donc	6.	jiāngù 坚固	（形）	solide
7.	ruìlì 锐利	（形）	aigu,ë	8.	wǔqì 武器	（名）	arme *f.*
9.	chuōchuān 戳穿	（动）	percer	10.	zhī 支	（量）	un spécificatif
11.	jīngxīn 精心	（形）	méticuleux,se	12.	zhìzuò 制作	（动）	fabriquer
13.	dǎngbuzhù 挡不住		ne pas pouvoir empêcher	14.	wéiguān 围观	（动）	former un cercle autour de quelqu'un
15.	jiéguǒ 结果	（连）	en conséquence	16.	yíxiàzi 一下子	（副）	d'un seul coup
17.	bǐyù 比喻	（动）	faire une métaphore	18.	dǐchù 抵触	（动）	résister

8 守(1)株(2)待(3)兔

Shǒuzhū-dàitù

ATTENDRE QUE LES ALOUETTES VOUS TOMBENT TOUTES RÔTIES DANS LA BOUCHE

Gǔ shíhou yǒu yí ge nóngfū, yǒu yì tiān tā zhèngzài dì li gànhuór. Tūrán
古 时候 有 一 个 农夫(4)，有 一 天 他 正在 地(5) 里 干活儿(6)。突然
yì zhī yětù cuānle chūlai, zhuàng zài dìbiān de shùgēn shang, sǐle. Nóngfū
一 只 野(7)兔 蹿(8)了 出来， 撞(9) 在 地边 的 树根(10) 上， 死了。农夫
jímáng rēngxia nóngjù, pǎodào shù xià jiǎnqi nà zhī yětù. Tā bú zài gànhuór
急忙 扔下 农具(11)， 跑到 树 下 捡起(12) 那 只 野兔。他 不 再 干活儿
le. Názhe yětù huíle jiā. Nà tiān wǎnshang tā
了。拿着 野兔 回了 家。那 天 晚上 他
měiměi de chīle yí dùn.
美美(13)地 吃了 一 顿。

Cóngcǐ yǐhòu, tā měi tiān zuò zài dàshù
从此 以后， 他 每 天 坐 在 大树
pángbiān, xīwàng zài yǒu tùzi cuān chūlai. Tā děng
旁边， 希望 再 有 兔子 蹿 出来。他 等
a, děng a, kěshì zài yě méiyǒu kàndào tùzi. Tā
啊，等 啊，可是 再 也 没有 看到 兔子。他
de dì li zhǎngmǎnle yěcǎo.
的 地 里 长满了 野草。

☆ 词 语 ☆

1.	shǒu 守	（动）	garder	2.	zhū 株	（名）	souche *f.*
3.	dài 待	（动）	attendre	4.	nóngfū 农夫	（名）	fermier,ère
5.	dì 地	（名）	champ *m.*	6.	gànhuór 干活儿		travailler
7.	yě 野	（形）	sauvage	8.	cuān 蹿	（动）	s'enfuir
9.	zhuàng 撞	（动）	heurter	10.	shùgēn 树根	（名）	la racine d'arbre
11.	nóngjù 农具	（名）	les instruments aratoires	12.	jiǎnqi 捡起		ramasser
13.	měiměi 美美	（副）	bien manger				

9　Huàshé-tiānzú 画蛇(1)添(2)足(3)　AJOUTER DES PATTES AU SERPENT QU'ON DESSINE

Gǔ shíhou yǒu yí ge rén, zài bàijì zǔxiān yǐhòu, xiǎng bǎ yí dà bēi jiǔ
古时候有一个人，在拜祭(4)祖先(5)以后，想把一大杯酒
shǎnggěi bàn shì de rén hē.
赏(6)给办事的人喝。

Yǒu yí ge bàn shì de rén shuō: "Yì bēi jiǔ jǐ ge rén hē bú guòyǐn.
有一个办事的人说："一杯酒几个人喝不过瘾(7)。
Zhèyàng ba, wǒmen jǐ ge rén gè huà yì tiáo shé. Shuí xiān huàhǎo shuí jiù hē
这样吧，我们几个人各画一条蛇。谁先画好谁就喝
zhè bēi jiǔ." Dàjiā dōu zànchéng zhège bànfǎ. Yúshì gè rén jiù mǎshàng dòngshǒu.
这杯酒。"大家都赞成(8)这个办法。于是各人就马上动手(9)。

Yǒu yí ge rén xiān huàhǎo le. Tā náqi nà
有一个人先画好了。他拿起那
bēi jiǔ, zhèng xiǎng hē, zhè shí tā déyì de
杯酒，正想喝，这时他得意(10)地
xiǎng: wǒ zài gěi shé tiānshang jiǎo. Dāng tā huà
想：我再给蛇添上脚。当他画
shéjiǎo de shíhou, lìng yí ge rén yě huàhǎole
蛇脚的时候，另一个人也画好了
shé, duóguò nà bēi jiǔ shuō: "Nǐ huà de bú shì
蛇，夺(11)过那杯酒说："你画的不是
shé, zhè bēi jiǔ gāi wǒ hē."
蛇，这杯酒该我喝。"

☆ 词语 ☆

1. shé 蛇 （名） serpent *m.*
2. tiān 添 （动） ajouter
3. zú 足 （名） patte *f.*
4. bàijì 拜祭 （动） organiser une cérémonie mortuaire pour quelqu'un
5. zǔxiān 祖先 （名） ancêtres *m. pl.*
6. shǎng 赏 （动） gratifier
7. guòyǐn 过瘾 （形） satisfaire un désir
8. zànchéng 赞成 （动） approuver
9. dòngshǒu 动手 （动） se mettre à
10. déyì 得意 （形） fier,ère
11. duó 夺 （动） s'emparer de

10 Tiěchǔ móchéng zhēn
铁杵(1) 磨成 针(2)

TRANSFORMER UNE BARRE DE FER EN AIGUILLE

Tángcháo yǒu ge dà shīrén jiào Lǐ Bái. Tā xiǎo shíhou hěn tānwán, bù
唐朝 有 个 大 诗人 叫 李 白。他 小 时候 很 贪玩(3)，不
zhuānxīn xuéxí. Yǒu yì tiān, tā diūxia shūběn pǎodào xiǎoxī biān wán. Tā kànjian
专心(4) 学习。有 一 天，他 丢下(5) 书本 跑到 小溪(6) 边 玩。他 看见
yí ge lǎopópo názhe yì gēn tiěbàng zài shítou shang mó. Lǐ Bái juéde hěn
一 个 老婆婆(7) 拿着 一 根 铁棒(8) 在 石头 上 磨(9)。李 白 觉得 很
qíguài, zǒushang qián wèn: "Lǎopópo, nín zài gàn shénme ya?"
奇怪(10)，走上 前 问："老婆婆，您 在 干 什么 呀？"

Lǎopópo yìbiān bùtíng de mó yìbiān huídá shuō: "Wǒ yào bǎ tiěbàng
老婆婆 一边 不停 地(11) 磨 一边 回答 说："我 要 把 铁棒
móchéng yì gēn zhēn."
磨成 一 根 针。"

Lǐ Bái chījīng de shuō: "Zhè yào módào shénme shíhou?"
李 白 吃惊(12) 地 说："这 要 磨到 什么 时候？"

Lǎopópo xiàozhe shuō: "Zhǐyào wǒ tiāntiān mó, zǒng huì yǒu chénggōng de yì tiān."
老婆婆 笑着 说："只要 我 天天 磨，总 会 有 成功 的 一 天。"

Lǐ Bái tīngle yǐhòu, bú zài wán le. Tā mǎshàng bēnhuí jiā, náqi shūběn,
李 白 听了 以后，不 再 玩 了。他 马上 奔(13)回 家，拿起 书本，
yònggōng de xuéxí.
用功 地 学习。

☆ 词 语 ☆

1. 杵 chǔ （名） la barre de fer
2. 针 zhēn （名） aiguille *f.*
3. 贪玩 tānwán ne penser qu'à jouer
4. 专心 zhuānxīn （形） appliqué,e
5. 丢下 diūxia （动） abandonner
6. 小溪 xiǎoxī （名） ruisseau *m.*
7. 老婆婆 lǎopópo （名） une vieille dame
8. 棒 bàng （名） baton *m.*
9. 磨 mó （动） aiguiser
10. 奇怪 qíguài （形） bizarre
11. 不停地 bùtíng de sans arrêt
12. 吃惊 chījīng （动） étonner
13. 奔 bēn （动） courir à toute vitesse

11 Liànzì de Mìjué 练字的秘诀(1) LE SECRET D'ÉCRITURE

Jìncháo shūfǎ dàjiā Wáng Xīzhī yǒu yí ge érzi jiào Wáng Xiànzhī. Wáng Xiànzhī yě
晋朝 书法(2) 大家(3) 王 羲之 有 一 个 儿子 叫 王 献之。 王 献之 也
xǐhuan shūfǎ, xīwàng zìjǐ yě chéngwéi xiàng fùqīn nàyàng de shūfǎjiā.
喜欢 书法， 希望 自己 也 成为(4) 像(5) 父亲 那样 的 书法家。

Yǒu yì tiān, tā wèn mǔqīn: "Liànzì yǒu shénme mìjué?"
有 一 天，他 问 母亲："练字 有 什么 秘诀？"

Tā mǔqīn mōzhe tā de tóu shuō: "Yǒu de, nǐ gēn wǒ lái." Ránhòu lāqi Xiànzhī
他 母亲 摸(6)着 他 的 头 说："有 的，你 跟 我 来。" 然后 拉起(7) 献之
de xiǎo shǒu zǒudào hòuyuàn. Xiànzhī kànjian hòuyuàn páiliè zhe shíbā ge shuǐgāng, gāng li
的 小 手 走到 后院(8)。 献之 看见 后院 排列 着 十八 个 水缸(9)， 缸 里
chéngmǎn yǔshuǐ. Mǔqīn zhǐzhe nàxiē gāng shuō: "Liànzì de mìjué jiù zài zhè shíbā ge
盛满(10) 雨水。 母亲 指(11)着 那些 缸 说："练字 的 秘诀 就 在 这 十八 个
shuǐgāng li." Xiànzhī gǎndào hěn qíguài. Zhè shí mǔqīn hěn rènzhēn de shuō: "Rúguǒ nǐ
水缸 里。" 献之 感到(12) 很 奇怪。 这 时 母亲 很 认真(13) 地 说："如果 你
měi tiān yòng gāng zhōng de shuǐ mó mò liànzì, děng nǐ bǎ zhè shíbā gāng shuǐ yòngwán,
每 天 用 缸 中 的 水 磨 墨 练字，等 你 把 这 十八 缸 水 用完，
jiù zhīdao xiězì de mìjué le."
就 知道 写字 的 秘诀 了。"

Xiànzhī dītóu xiǎngle yíhuìr, zhōngyú míngbai le. Cóng zhè yǐhòu tā měi tiān
献之 低头(14) 想了 一会儿， 终于(15) 明白 了。 从 这 以后 他 每 天
qínfèn de xuéxí, yòngxīn de liànzì. Shuǐgāng li de shuǐ yuèláiyuè shǎo, tā de zì xiě de
勤奋(16) 地 学习，用心(17) 地 练字。 水缸 里 的 水 越来越 少， 他 的 字 写 得
yuèláiyuè hǎo le. Hòulái Wáng Xiànzhī yě chéngle yí wèi yǒumíng de shūfǎjiā.
越来越 好 了。后来 王 献之 也 成了 一 位 有名 的 书法家。

☆ 词　语 ☆

1.	mìjué 秘诀	（名）	secret *m.*
2.	shūfǎ 书法	（名）	calligraphie *f.*
3.	dàjiā 大家	（名）	le grand maître
4.	chéngwéi 成为	（动）	devenir
5.	xiàng 像	（动）	comme
6.	mō 摸	（动）	caresser
7.	lāqi 拉起		entrainer
8.	hòuyuàn 后院	（名）	la cour en arrière de la maison
9.	shuǐgāng 水缸	（名）	une jarre à eau
10.	chéngmǎn 盛满		être plein de
11.	zhǐ 指	（动）	indiquer
12.	gǎndào 感到	（动）	trouver
13.	rènzhēn 认真	（形）	sérieux,se
14.	dītóu 低头	（动）	baisser la tête
15.	zhōngyú 终于	（副）	enfin
16.	qínfèn 勤奋	（形）	studieux,se
17.	yòngxīn 用心	（形）	appliqué,e

12 Zá Gāng Jiù Rén 砸(1)缸救人(2) CASSER LE CURE POUR SAUVER LA PERSONNE

Sīmǎ Guāng shì Sòngcháo de lìshǐxuéjiā. Tā xiǎo shíhou chángcháng hé xiǎopéngyou
司马光是宋朝的历史学家。他小时候常常和小朋友
yìqǐ wán. Yǒu yì tiān zhuōmícáng de shíhou, yí ge xiǎopéngyou bù xiǎoxīn diàodào dà
一起玩。有一天捉迷藏(3)的时候，一个小朋友不小心掉到(4)大
shuǐgāng li qu le. Qítā de xiǎopéngyou dōu huāng le, yǒude jiào, yǒude kū, yǒude
水缸里去了。其他(5)的小朋友都慌(6)了，有的叫，有的哭，有的
wǎng wài pǎo. Zhè shí Sīmǎ Guāng méiyǒu huāng, tā zhèndìng de cóng dì shang bānqi
往外跑。这时司马光没有慌，他镇定(7)地从地上搬起(8)
yí kuài dà shítou, shuāngshǒu jǔqi shǐjìnr zá nàge gāng. Shuǐgāng bèi shítou zápò
一块大石头，双手(9)举起(10)使劲儿(11)砸那个缸。水缸被石头砸破
le. Gāng li de shuǐ cóng pòdòng zhōng liú chūlai le. Zài gāng li de xiǎopéngyou
了。缸里的水从破洞(12)中流出来了。在缸里的小朋友
déjiù le. Zhè shí dàrénmen yě pǎolai le. Dàjiā dōu chēngzàn Sīmǎ Guāng. Yǒu rén shuō:
得救(13)了。这时大人们也跑来了。大家都称赞(14)司马光。有人说：
"Zhè háizi zhēn jīling." Yǒu rén shuō: "Zhè háizi dǎnzi dà." Yǒu rén shuō: "Zhè
"这孩子真机灵(15)。"有人说："这孩子胆子大(16)。"有人说："这
háizi lìqi dà." Nàge déjiù de háizi de bàba māma duì Sīmǎ Guāng gèng shì gǎnjī bú
孩子力气(17)大。"那个得救的孩子的爸爸妈妈对司马光更是感激不
jìn.
尽(18)。

☆ 词 语 ☆

1.	zá 砸	（动）	casser	2.	jiù rén 救 人		sauver la vie à qqn
3.	zhuōmícáng 捉迷藏		le jeu de cache-cache	4.	diàodào 掉到		tomber dans
5.	qítā 其他	（代）	d'autre	6.	huāng 慌	（形）	affolé,e
7.	zhèndìng 镇定	（形）	calme	8.	bānqi 搬起		prendre
9.	shuāngshǒu 双手	（名）	des deux mains	10.	jǔqi 举起		lever
11.	shǐjìnr 使劲儿	（动）	s'efforcer	12.	dòng 洞	（名）	trou *m.*
13.	déjiù 得救	（动）	être sauvé	14.	chēngzàn 称赞	（动）	faire l'éloge de qqn
15.	jīling 机灵	（形）	intelligent,e	16.	dǎnzi dà 胆子 大		audacieux,se
17.	lìqi 力气	（名）	force *f.*	18.	gǎnjī bú jìn 感激 不 尽		manifester toute sa gratitude à qqn

13 Míyǔ 谜语 L'ÉNIGME

1. 一个红脸老公公，
晴天站在天空中。
下雨刮风不见面，
傍晚回到西山中。

☆ 词 语 ☆

qíngtiān
晴天 （名） le beau temps

guāfēng
刮风 （动） faire du vent

bàngwǎn
傍晚 （名） la fin de l'après-midi

提示：自然现象

2. 有时落在山腰，
有时挂在树梢。
有时像个圆盘，
有时像只香蕉。

☆ 词 语 ☆

shānyāo
山腰 （名） le flanc d'une montagne

shùshāo
树梢 （名） la cime d'un arbre

提示：自然现象

3.　千条线，万条线，
　　落到河里看不见。

☆　词　语　☆

xiàn
线　（名）　fil *m*.

提示：自然现象

4.　像糖不甜，
　　像盐不咸。
　　冬天满天飞，
　　夏天看不见。

☆　词　语　☆

mǎntiānfēi
满天飞　voler partout dans le ciel

提示：自然现象

5.　上边有毛，
　　下边有毛，
　　中间有颗黑葡萄。

☆　词　语　☆

kē
颗　（量）　un grain de

提示：身体的一部分

6.　左边有一片，
　　右边有一片，
　　永远不相见。

☆ 词 语 ☆

piàn 片	（量）	un morceau
yǒngyuǎn 永远	（副）	pour toujours

提示：身体的一部分

7. 小小一把伞，
   长在树林中，
   要是撑开来，
   再也收不拢。

☆ 词 语 ☆

chēngkāi 撑开	ouvrir
shōu bu lǒng 收 不 拢	ne peuvoir plus reserrer

提示：蔬菜

8. 紫树开紫花，
   紫花结紫瓜，
   紫瓜肚里有芝麻。

☆ 词 语 ☆

jiē 结	（动）	donner
zhīma 芝麻	（名）	sésame *m.*

提示：蔬菜

谜底（Corrigés）：

1. 太阳 2. 月亮 3. 雨 4. 雪 5. 眼睛 6. 耳朵 7. 蘑菇 8. 茄子